MARCEL AYMÉ

UN HONNÊTE HOMME

DU MÊME AUTEUR

La Comédie humaine de Marcel Aymé. La Manufacture. 1985. (essai)

La Fille du Shérif. Gallimard. 1987. (Nouvelles de Marcel Aymé)

Marcel Aymé. La Manufacture. 1988. (biographie)

Du côté de chez Marianne. Gallimard. 1989. (Articles de Marcel Aymé)

Manoirs du Pays de Caux. Corlet. 1992.

La Franc-Maçonnerie au Havre (1738-1815). Co-auteur. Bertout. 1994.

Confidences et Propos. Les Belles Lettres. 1996. (Articles et préfaces de Marcel Aymé)

Rire à l'école (chapitre 11). De Boeck Université. 1997.

De l'amour et des femmes. Les Belles Lettres. 1997. (Textes de Marcel Aymé)

En préparation :

Églises rurales du Pays de Caux. Co-auteur. Bertout.

Œuvres romanesques complètes de Marcel Aymé. La Pléiade. Volume II.

Michel Lécureur

MARCEL AYMÉ
UN HONNÊTE HOMME

LES BELLES LETTRES / ARCHIMBAUD

1997

Directeur d'ouvrage :

Éric Adda

À Christiane

95, bd Raspail 75006 Paris.

ISBN : 2-251-44107-7

I

Joigny

Au village de Joigny, naquit un jour Marcel Aymé. À vrai dire, le 29 mars 1902, lorsqu'il vient au monde, Joigny, dans le département de l'Yonne, entre Sens au nord et Auxerre au sud, est une petite ville d'environ six mille habitants. À l'origine, elle a été fondée sur la rive droite de l'Yonne, entre la rivière et les collines toutes proches du massif d'Othe. Le site est stratégique puisqu'il permet de contrôler les routes vers Paris, Lyon, Dijon et Orléans. Un château fort s'y implanta donc au Moyen-Âge, puis une forteresse qui donna naissance à la ville. Au XIIIe siècle, une enceinte fut construite pour protéger les nouveaux quartiers qui s'étaient développés au pied des anciennes murailles. Quatre portes, situées aux quatre points cardinaux, permettaient alors d'accéder à la ville. L'une d'elles, la porte du Bois, au nord, existe toujours. Le pont sur l'Yonne, initialement en bois, a été transformé à plusieurs reprises avant de reposer sur les arches de pierre qu'on lui connaît aujourd'hui. Il joua, lui aussi, un rôle déterminant dans l'histoire de la ville. En dehors de rares périodes de basses eaux, il était indispensable de l'emprunter pour se déplacer du nord au sud ou d'est en ouest. Ce n'est donc pas un hasard si Joigny devint une ville de garnison au XVIIe siècle et si cette tradition s'y est maintenue, tout en s'adaptant à l'évolution de l'armement et des conceptions militaires.

Une première caserne, construite à partir de 1650, au bas de l'actuelle rue de l'Étape en aval du pont, fut abandonnée au siècle suivant au profit d'une construction nouvelle, en amont cette fois. Elle abrite actuellement la cité administrative et l'Hôtel de Ville. Devenu en 1830 Quartier Dubois-Thainville, du nom d'un volontaire de 1792 qui finit général et baron d'Empire, il a accueilli de 1897 à 1914 l'état-major et deux des escadrons du 1er régiment de Dragons dans lequel Faustin Aymé, père de Marcel, était Brigadier Maître Maréchal-Ferrant. Les trois autres escadrons qui composaient alors le régiment étaient stationnés plus à l'est, dans le quartier Davout. À l'époque, ces casernes n'étaient pas des plus confortables puisqu'en 1908, dans son rapport annuel sur l'état des casernements de la Garnison de Joigny, le Chef de Bataillon Pagès signale que :

« Deux des trois cours sont inutilisables par la présence d'abreuvoirs et de dépôts de fumier, qui sont fréquemment la source d'odeurs désagréables pour le quartier et les maisons avoisinantes. » Soucieux de la qualité de l'environnement, il ajoute même : « La cour centrale suffit à peine pour les rassemblements quotidiens. Dans ce vieux quartier il n'y a aucun arbre, aucun jardin, ce qui le rend triste ; de plus, le grand mur de soutènement nord lui donne un aspect de prison. On pourrait le rendre plus gai en l'enduisant convenablement et en dégageant les deux cours des dépôts de fumier »[1]. Le quartier Davout ne semble pas mieux loti car le même Chef de Bataillon note qu'il est « bâti sur un terrain peu perméable », si bien que « le

1. *Joigny ville de garnison*. Pierre et Jean Bertiaux. Autoédition 1991.

sol des cours devient boueux à la moindre pluie ». Quant à l'eau, elle est « fournie gratuitement par la ville, mais en quantité insuffisante. Les directives prévoient 70 litres au minimum par jour, par homme et par cheval. L'effectif du régiment étant de 650 hommes, il faudrait au minimum 66 m^3, or il n'est alloué que 23 m^3 ! ! ! » En outre, « pour rejoindre le Quartier Dubois-Thainville, siège de l'état-major du 1er régiment de Dragons, il faut faire « un tour assez considérable en zigzaguant ». Pour le raccourcir, les dragons isolés empruntent une traverse dans une propriété privée. Pour éviter des réclamations, le colonel commandant le 1er Dragons a été obligé de prendre en location une bande de terrain qu'il a aménagé en chemin ! »[1].

La décision d'affecter le 1er Dragons à la garnison de Joigny n'était donc pas forcément bienveillante et certains avaient parlé de mutation disciplinaire à la suite de scandales dans quelques maisons de tolérance de Lure, en Haute-Saône, où il cantonnait depuis 1891. Mais rien n'est moins sûr. *Le Petit Comtois*, journal pourtant bien informé d'habitude, avait été très laconique pour annoncer le départ du 1er Dragons. « À l'automne prochain, avait-il écrit dans son édition du 17 mars 1897, le 1er régiment de Dragons, en garnison à Lure, permutera avec le 13e régiment de Dragons, en garnison à Joigny ». Revenant sur l'information le 18 septembre suivant, il avait noté : « Nous avons annoncé en son temps que les manœuvres une fois effectuées, le 1er Dragons quitterait Lure pour aller en garnison à Joigny et que le 13e Dragons viendrait à Lure. Quel est le motif de la permutation de ces deux régiments ? On n'en a donné aucun. Le résultat le plus immédiat de ces changements est que cela coûte très cher à l'État — quelquefois plusieurs centaines de mille francs pour un régiment — et qu'au point de

1. *Ibid.*, p. 34.

vue de la mobilisation il en résulte un bouleversement général ». Il faut dire que la défaite cuisante de 1870 était encore présente dans tous les esprits et que l'on était fort sensible aux problèmes d'organisation...

Quoi qu'il en fût, les dragons n'avaient pas été mécontents de quitter Lure où les distractions étaient rares. Gros bourg agricole, à mi-distance entre Vesoul et Belfort, Lure s'était développé après la guerre de 1870 en accueillant des industriels alsaciens comme Grünn, Rieger ou Ringwald qui n'acceptaient pas l'occupation de leur pays. Desservie par une ligne de chemins de fer importante, celle du Paris-Bâle, Lure s'était agrandie en construisant une caserne et en y accueillant le 1er Dragons à l'automne de 1891. Mais, bien qu'elle ait été la patrie de Georges Colomb, alias Christophe, père de *La Famille Fenouillard* (1889) et du *Sapeur Camember* (1890), la ville de Lure paraissait bien terne aux soldats en garnison. Dès le 19 février 1891, le journal *La France militaire* n'avait pas craint d'écrire : « Lure est définitivement désignée pour servir de berceau à l'un des premiers régiments de cavalerie à créer, par application des lois des 25 juillet 1885 et 18 février 1890 : peut-être le 18e de Hussards ? peut-être le 13e de Dragons ? Peut-être le 13e de Cuirassiers ? (...) Quel que soit le régiment auquel le sort assignera cette garnison nouvelle, nous adressons à nos camarades nos sincères compliments de condoléances. Lure est, en effet, un minuscule chef-lieu d'arrondissement, bâti au milieu de marais infects, sur les bords de l'Ognon. C'est plutôt un gros bourg qu'une petite ville. Là végète tristement, dans la somnolente monotonie d'une existence dépourvue de toute distraction, une population de 3 500 âmes, heureusement — ou malheureusement — assez riche pour consacrer 200 000 francs à la construction d'un quartier de cavalerie. Bref, nous pouvons prévoir que cette garnison ne sera pas très recherchée ni très demandée ». Le correspondant local du *Petit Comtois* n'en avait pas pour autant perdu son humour en écrivant : « C'était bien la peine, pour se faire arranger aussi cavalièrement, de dépenser sans compter l'or des contribuables, de contracter un emprunt de 500 000 francs, (sans parler de ceux qu'il faudra faire encore par la suite), et d'obérer, pour plus de cinquante ans, les finances de la ville ! Que nos futurs cavaliers se rassurent ! non, Lure ce n'est pas une grenouillère ! Nous possédons à notre tête une municipalité qui n'a rien d'aquatique et... qui fera bien les choses, quand nous aurons un régiment : elle se propose d'ores et déjà d'offrir à nos officiers des distractions si nombreuses, si variées et si choisies, que notre petite ville sera bientôt l'une des garnisons les plus recherchées et les plus enviées ! ».

La municipalité s'était, en effet, employée à séduire les militaires. L'arrivée du 1er Dragons avait été l'occasion de festivités dignes de l'événement. Le 26 octobre 1891, la première colonne conduite par le colonel s'était présentée à 9 h 30, saluée par une salve d'artillerie et par une sonnerie de cloches. Après la réception d'usage des officiers, divers jeux avaient eu lieu à partir de 14 h et, une heure plus tard, une grande fête avait été donnée par les sociétés chorale et de gymnastique avec le concours de l'Union musicale de Lure. À 20 h, des salves d'artillerie s'étaient à nouveau fait entendre et les principaux édifices publics avaient été illuminés. D'ailleurs, tous les habitants avaient été conviés à décorer leurs demeures. Le 29 octobre, après l'arrivée des deux autres colonnes, une distribution de vin avait été organisée pour la troupe à 17 h au quartier de cavalerie, tandis qu'un vin chaud attendait les sous-officiers au café d'Alsace-Lorraine, rue Carnot. À 20 h, une retraite aux flambeaux avait été conduite par l'Union musicale et les officiers avaient été invités à un punch d'honneur.

Mais il avait bien fallu ensuite se rendre à l'évidence. Lure était une très petite ville et l'animation de la rue de la Font et de la Grand'Rue le mardi, jour de marché, les promenades au Mont Châtel, et les divers cafés devinrent bien vite monotones. Aussi l'annonce du départ à Joigny avait-elle plutôt réjoui les dragons. Ils y arrivèrent le 23 septembre 1897, accueillis par le maire, M. Besnard et par M. Feneux, l'un des adjoints. Des allocutions furent échangées et le colonel Papillon, qui commandait alors le 1er Dragons, s'était félicité publiquement de trouver une population aussi bien disposée à l'égard de son régiment. Beaucoup de maisons avaient été pavoisées et l'on organisa même un feu d'artifice, grâce à une souscription. La Lyre jovinienne avait donné une aubade devant le domicile du nouveau colonel, faubourg de Paris, avant d'aller se faire entendre au Café du Commerce, à l'Hôtel de la Poste, au Café du Siècle et à l'Hôtel Gallet où dînaient séparément... officiers et sous-officiers.

Bien qu'elle fût plus importante que celle de Lure, la ville était petite au point que l'un de ses médecins, le docteur Breuillet, la présentera même, en 1914, au banquet des anciens du collège, comme « une petite ville qui n'a pas de statues, partant, pas de grands hommes ». En cette fin de XIXe siècle, malgré les ravages causés par le phylloxera, Joigny vivait encore au rythme de ses vignerons et de leurs fêtes, en automne et au début de l'année, à la Saint-Vincent. Ils confiaient alors la garde de sa statue à l'un des leurs et se réunissaient chez lui pour chanter en chœur des couplets en l'honneur de tous ceux qui participaient aux vendanges. La galanterie n'était pas toujours de mise et l'on y entendait volontiers des couplets comme celui-ci :

> « Femme qui a mauvais mari
> N'osera pas se réjouir
> De cette bonne année
> Car elle aura le dos talé
> Et la tête érallée ! »

Mais on pardonnait beaucoup à ces vignerons car ils

produisaient, et sont encore quelques-uns à le faire, un surprenant vin gris, à la robe très claire, dit de la Côte Saint-Jacques, l'une des collines qui dominent Joigny. Experts dans l'art de manier les outils habituels du vigneron, les Joviniens y avaient même gagné le surnom de Maillotins, parce que leurs ancêtres s'étaient révoltés en 1420 contre leur seigneur en l'assaillant à coups de maillet. À la fin du XIXe siècle, ils s'étaient calmés, mais leur ville n'était pas assoupie pour autant.

Ainsi, deux jours après l'arrivée du 1er Dragons, deux séances « du cinématographe et du gramophone haut-parleur, dernière création d'Edison », étaient proposées au public du théâtre. Parmi les tableaux représentés : « Une exécution capitale en Allemagne », « La bataille de neige », « Le départ de la Normandie », « Les artilleurs de Fontainebleau », « La partie de cartes », etc. Pour ceux que rebutait le modernisme, la Lyre jovinienne interprétait, le dimanche de trois à quatre heures, sur la promenade du Midi, des concerts traditionnels avec des marches, des mazurkas ou des valses. Le spectacle était prisé, et la bonne société y montrait généralement ses chapeaux, ses nouvelles robes et ses costumes. Les uniformes des dragons retenaient particulièrement l'attention des jeunes filles et de leurs mères. On prit vite l'habitude aussi à Joigny d'aller écouter la fanfare des dragons qui commença à se produire en 1898, à partir de Pâques, et participa chaque année aux fêtes du 14 juillet. Parfois même, les distractions étaient nombreuses : des cirques venaient s'installer, ainsi que des théâtres où l'on jouait essentiellement des opéras-comiques et des opérettes. Lorsqu'ils ne pouvaient dresser leur chapiteau sur la promenade, des représentations avaient lieu dans certains cafés, comme ceux du Siècle et du Méridien. *La Porteuse de pain* fut donnée plusieurs fois au théâtre de Joigny, ainsi que *Madame Sans-Gêne*, avec notamment Gabrielle Berny dans le rôle de la maréchale Lefebvre. Le 7 mars 1898, on y joua même le grand succès du théâtre réaliste : *La Râleuse*, pièce de mœurs en quatre actes, de MM. de Chirac et Racot ! ! ! Il était, de plus, précisé : « Les dames pourront y assister »...

Mais le 29 mars 1902, lorsque Marcel Aymé vint au monde, Joigny ne pensait pas qu'à se distraire. Le climat de guerre de religion, qui allait empoisonner une partie de son enfance à Villers-Robert, dans le Jura, régnait déjà dans sa Bourgogne natale. Depuis la fin du XIXe siècle, les républicains avaient entrepris de laïciser l'État et de contrôler les religieux. Le 1er juillet 1901, la loi sur les associations imposa aux congrégations de demander l'autorisation d'exister. Toutes celles qui refusaient de se soumettre aux nouvelles dispositions légales devenaient passibles de dissolution. Ainsi en advint-il à Joigny, des Dames du Sacré-Cœur de Jésus, en vertu du jugement du tribunal daté du 9 avril alors que les pieuses demoiselles étaient déjà parties depuis le 12 janvier... Le seul objectif des représentants de la force publique, qui voulurent visiter le 19 avril leur ancienne demeure, rue Davier, était de dresser un inventaire des biens qu'elles avaient pu laisser. Las ! la maison était habitée par un certain colonel de Guilhermy et sa famille, qui, par deux fois, refusèrent d'ouvrir. Toutefois, dans la mesure où l'ordre doit toujours l'emporter sur le désordre, l'on alla quérir des échelles et un agent de police put ainsi prendre pied dans la citadelle assiégée, non sans soulever une violente colère de la part du colonel, locataire des lieux. La maréchaussée, appelée en renfort, arriva trop tard... Une serrure avait été forcée et une vitre brisée, pour livrer... quelques tables, bancs et chaises d'écoliers. Beaucoup de bruit pour rien, en somme. Mais l'intolérance et la dérision hantaient déjà le monde de Marcel Aymé.

Quelques semaines plus tard, des élections législatives eurent lieu et le radical Loup retrouva facilement son siège. Cependant l'opposition ne désarma pas pour autant, et *Le Courrier de Joigny*, tout en saluant sa probité politique, le taxa de « machine à voter » en ajoutant : « On commence à être las de M. Loup. Nombre de voix ont été à lui faute de mieux et par intérêt de parti. Nous dirons plus. Si certains radicaux en vue de l'arrondissement n'avaient pas été aussi froussards, nous aurions peut-être eu dans huit jours un député « plus reluisant », comme dit un de nos confrères, sans que le parti radical en ait été amoindri. ». Saluant ensuite son adversaire malheureux, le colonel Moreau, *Le Courrier de Joigny*, philosophe et sarcastique, conclut ainsi : « Pendant quatre années, nous allons donc être représentés encore par M. Loup. Nous n'en tirons aucun orgueil ; il ferait bien de faire comme nous ». Aux radicaux triomphants s'opposent alors des conservateurs goguenards. Le manichéisme est à nouveau en place et dresse une fois de plus les Français les uns contre les autres. La toile de fond de la vie et de la carrière de Marcel Aymé est plantée. Il n'y échappera plus.

Mais en 1902, il ne s'en soucie pas encore. Il voit le jour au 76 de la rue Jacques d'Auxerre, dans une modeste maison en briques où demeurent ses parents depuis leur arrivée à Joigny en 1897. Le quartier Saint-André, où elle est située, s'érigera une vingtaine d'années plus tard en commune libre, comme celle de Montmartre... À l'époque, il est principalement occupé par des vignerons dont les habitations se caractérisent par une entrée de cave et de salle commune ouvrant sur la rue, une petite cour intérieure, une porte à deux battants donnant sur la vinée où l'on garde les cuves et, sous le toit, un grenier éclairé d'une lucarne, souvent surmontée d'une poulie. Les Aymé, eux, logent dans une petite maison strictement utilitaire avec une porte d'entrée assez étroite, deux fenêtres au rez-de-chaussée, et trois à l'étage. Aucune fantaisie ne s'est glissée dans la construction de sa façade uniquement en briques. On devine aisément que la richesse n'y est pas le trait dominant.

Faustin et Emma Aymé ne sont pas, en effet, des bourgeois cossus et la solde de brigadier maître maréchal-ferrant de Faustin suffit à peine à subvenir aux besoins de la famille. Marcel n'est pas leur seul enfant. Six autres l'ont précédé : Arthur (1887), Camille et son jumeau Maurice (1888), Georges (1889), Raymond (1892) et Suzanne (1900). Les quatre premiers sont nés à Gray, en Haute-Saône, alors que le 1er Dragons y était en garnison, mais Maurice a été emporté par une méningite en novembre 1888. Raymond est venu au monde à Lure et Suzanne, comme Marcel dont elle sera toujours très proche, à Joigny.

La famille vivait chichement, mais les parents avaient à cœur de pousser leurs enfants à faire des études pour qu'ils s'élèvent dans la société. C'est pourquoi, dès son arrivée à Joigny, Faustin s'employa à obtenir la gratuité de l'enseignement pour ses aînés. Alors que le 1er Dragons avait fait son entrée à Joigny à la fin de septembre 1897, le conseil municipal eut à examiner, le 3 octobre, une demande de dispense de la rétribution collégiale pour Arthur et Georges. La nouvelle année scolaire allait s'engager. Il ne fallait donc pas perdre de temps car les dépenses s'annonçaient élevées pour les modestes revenus de Faustin. Mais il n'était pas le seul à solliciter la bienveillante attention des autorités. Deux gendarmes et un instituteur avaient déposé une demande en même temps que la sienne, les deux premiers pour leurs fils et le troisième pour son pupille, fils d'un inspecteur primaire décédé dans l'exercice de ses fonctions à Pondichéry. Faustin était inconnu à Joigny, si bien qu'il n'eut pas gain de cause. Toutefois les autorités firent un geste à son égard, puisque le coût des études de Georges fut pris en charge par les finances communales qui n'eurent pas à le regretter car Georges, suivant l'exemple d'Arthur, fut un élève brillant. Il termina en tête sa 6e, en 1900, passa avec succès, en avril 1902, le concours des bourses pour les lycées et collèges et fut classé 2e en 1903, à l'issue de sa 3ᵉ, avec cinq nominations, derrière un certain Besnard qui en avait obtenu sept. Quant à Arthur, ses résultats furent également remarquables : deuxième prix d'excellence, avec cinq nominations, à la fin de sa 4ᵉ, il obtint ensuite le prix d'excellence ex-aequo à l'issue de la 3ᵉ. Reçu à l'examen des bourses pour les lycées et collèges en avril 1902, comme Georges, il fut admis, en novembre de la même année, à la première partie du baccalauréat de l'enseignement secondaire classique, avec dispense d'âge. Il avait alors quinze ans ! L'année suivante, il fut reçu au baccalauréat de philosophie et, en 1904, à celui de mathématiques. Titulaire de prix de dissertation et de versions grecque et latine, il récitait aussi des poèmes. Ainsi, le 1er mai 1902, il participe à la commémoration du centenaire de la naissance de Victor Hugo. Quelques semaines plus tard, il joue le rôle de Marjorin dans *Le Voyage de Monsieur Perrichon* et reçoit du *Républicain de l'Yonne* « un éloge particulier » pour la tâche ingrate d'avoir su « traduire par le ton et l'attitude la basse jalousie remplaçant la gratitude pour le service rendu »[1]. Le discours pour les vœux de 1903 lui est dû et, quand l'Association sportive du Collège de Joigny offre une matinée littéraire et musicale, en mars 1903, il récite *Napoléon II*, de Victor Hugo.

Le troisième fils d'Emma et de Faustin, Raymond, commença aussi de solides études à Joigny. En 1900, il obtint le 2ᵉ prix d'excellence avec six nominations, à la fin de sa 8ᵉ et, en 1903, termina la 6ᵉ avec sept nominations, derrière les trois premiers ex-aequo.

Camille, longtemps la seule fille avant la naissance de Suzanne, en 1900, n'était pas en reste. Après avoir passé facilement son certificat d'études en 1899, elle s'était vu offrir un livret d'épargne de cinq francs par « un généreux ami de l'instruction laïque ». En 1900, elle était entrée à l'École Supérieure de Jeunes Filles

1. 23 mars 1902.

et avait reçu sept nominations après la première année. En 1902, elle avait été admise au concours des bourses pour les établissements d'enseignement primaire supérieur, et en 1903, elle finit sa deuxième année première ex-aequo, avec huit nominations.

Ces enfants aux résultats remarquables firent la joie des parents et de leur famille. En effet, à Joigny, les Aymé n'étaient pas seuls. Emma avait eu le plaisir de voir l'une de ses sœurs, Cécile, épouser un militaire, Jean Girardon, maître tailleur, qui fut affecté, lui aussi, au 1er Dragons. C'est elle que Marcel Aymé a évoquée dans sa préface à *Enfance et adolescence* de Tolstoï lorsqu'il écrit :

« Un jour, j'avais déjà dix ans (...), je fis la découverte d'un grand livre dont la couverture de carton doublé d'une fine toile était d'une jolie couleur bleu marine. Sur la page de garde était collé un encart portant cette inscription : « Collège de jeunes filles de Poligny. Prix décerné à Cécile M. ». Ce prix était celui d'une de mes tantes, celle qui avait des yeux bleu marine, de la couleur du livre. Dans ce temps-là, environ 1880, les directrices de collège ne regardaient pas à assortir les prix à la couleur des yeux de leurs élèves »[1].

À Joigny, Cécile et Jean Girardon habitaient Quai Henri Ragobert, au quartier Dubois-Thainville, et les deux sœurs se voyaient de temps à autre. L'on peut imaginer que les résultats scolaires des jeunes Aymé étaient l'un de leurs sujets de conversation, outre les enfants à venir. En 1900, chacune d'elles mettra une fille au monde. Emma, en février, accouchera de Suzanne, tandis que Cécile fera de même en novembre avec une petite Jeanne.

En dehors de cette proche famille, Emma et Faustin fréquentèrent les Tourgon, âgés comme eux à l'époque d'une quarantaine d'années. Lui, Cyprien

---

1. Marcel Aymé. *Confidences et propos littéraires*. Les Belles Lettres, 1996, p. 224.

Tourgon était greffier au tribunal et servit de témoin lorsque Faustin alla déclarer la naissance de Suzanne, puis celle de Marcel. Elle, Marie Viault, de son nom de jeune fille, avait le même âge qu'Emma, à quelques mois près, et était institutrice, comme le fut sa sœur qui devint également directrice de l'École Primaire Supérieure de Jeunes Filles de Joigny. Toutes deux eurent donc l'occasion de s'intéresser aux jeunes Aymé qui promettaient beaucoup. Il s'ensuivra une longue et constante amitié entre les deux familles à laquelle Suzanne et Marcel, en particulier, seront fidèles toute leur vie.

En 1911, Suzanne séjournera plusieurs mois à Joigny, chez les Tourgon, après le décès du mari de l'une de ses tantes, Léa Cretin qui l'avait recueillie. Sans cesse ensuite, les deux familles se rencontreront, tantôt à Joigny, tantôt à Dole. Ainsi, le 22 février 1926, Marcel apprend par lettre à sa sœur aînée Camille et à son beau-frère, Paul Muster, que « Mme et M. Tourgon sont à Dole depuis quelque temps » et « qu'il s'en réjouit ». « Mme Tourgon, poursuit-il, a prononcé votre éloge en termes définitifs et l'éloge a rebondi tout autour de la table. Je vous dis cela, parce que c'est une chose agréable de savoir qu'on est apprécié à une table de cinq personnes. Car nous sommes cinq et j'ai la faveur d'être placé à côté de Mme Tourgon. En général, j'en ai du contentement, bien qu'elle me pose parfois des questions embarrassantes... Ainsi, quand elle me demande : « N'est-ce pas, mon petit Marcel, que je suis trop vieille pour porter telle couleur ? », je réponds presque toujours : « Oh ! oui, madame... ». Je pense que c'est parce que je suis un peu benêt (...). Je tire de la compagnie de M. Tourgon d'inestimables avantages, comme celui de jouer au piquet pendant la plus grande partie de l'après-midi... ». Marcel Aymé raille, c'est évident ! Néanmoins, il conservera toujours beaucoup de tendresse pour ces amis de la première heure. Ainsi, en janvier 1952, il vient à Joigny et écrit à

Camille : « Tu aurais eu plaisir à revoir la maison des Tourgon[1], bien qu'il soit mélancolique de ne pas retrouver autour de Mlle Viault tant de visages disparus. Pour elle, j'ai été surpris de la voir si vaillante et si lucide à quatre-vingt et des ans... Mais le plus surprenant est encore les lettres qu'elle écrit, d'une écriture si nette et d'un tour si aisé qu'on les dirait d'une jeune femme ».

Et pourtant... En janvier 1952, Marcel Aymé est une personnalité. Aux talents de romancier et de nouvelliste qu'on lui accordait depuis longtemps, il vient d'ajouter ceux d'auteur dramatique avec deux succès considérables : *Lucienne et le boucher* en 1947 et *Clérambard* en 1950. Nombreux sont les journaux qui cherchent à faire figurer sa signature dans leurs colonnes et voilà une célébrité qui s'en va savourer en province quelques souvenirs et les plaisirs de l'amitié. Voilà un homme fidèle à ceux qu'il affectionne ! Voilà un écrivain qui évoque ses sentiments avec pudeur, sensibilité et humour. Un premier voile se lève.

1. 19, boulevard Lesire Lacam.

II

Le val d'Orain

Le célèbre humour de Marcel Aymé lui vient peut-être de son père. En effet, dans l'une des rares lettres de Faustin qui nous sont parvenues, il présente, en 1931, sa famille et sa carrière à l'un de ses cousins, Lucien Aymé, non sans un certain sourire. De Georges, sorti de Saint-Cyr, lieutenant-colonel, breveté de l'École de guerre, docteur en droit et Officier de la légion d'honneur, il précise qu'il « vient de se marier avec une noble » et ainsi qu'il « n'a plus qu'à attendre les feuilles de chêne ». Quant à lui, il annonce s'être acheté « une bicoque pensant y finir (ses jours), mais le plus tard possible ». « Vous voyez donc, ajoute-t-il, que mon temps est bien employé, mais comme j'ai des amis, je suis obligé de faire un 4e à la manille, c'est ma permission de détente »[1].

Lucien Aymé, qui vivait alors en Algérie, était à la recherche d'informations sur sa famille et il s'était adressé à Marcel qui l'avait renvoyé à Faustin et celui-ci avait cherché à lui donner satisfaction en lui racontant son enfance et les principales étapes de sa carrière.

---

1. *Cahier Marcel Aymé n° 8*, éd. S.A.M.A., 1991.

Il était né le 29 avril 1859 et avait grandi au Deschaux, village à une dizaine de kilomètres au sud de Dole, dans le Jura, sur la route de Lons-le-Saunier. De cette enfance, il avait gardé le souvenir de son grand-père, Grégoire, qui, comme il l'écrit : « pour ne pas parler des filles, a eu trois fils : l'aîné, Jean-François, mon père ; l'oncle Jean avec une nombreuse famille (dont des jumeaux) ; l'oncle Pierre avec une nombreuse famille (dont des jumeaux) ». D'emblée, Faustin caractérisait avec exactitude sa propre famille par le nombre et la présence de jumeaux. Au Deschaux, depuis des siècles, on ne comptait plus les Aymé et, au XVIIIe siècle, les Sébastien, Pierre, Philibert, Joseph, Jean-Claude, Jean, François, Emiland, Claude, avaient succédé aux Antoine, Balthazard, Charles, Denis, Jean-Baptiste et Jean-Pierre qui vivaient là au XVIIe siècle. Le chartrier des seigneurs du Deschaux, les de Vaulchier, mentionne tous ces Aymé qui louaient des terres et devaient des fermages. Au XIXe siècle, alors qu'un Joseph Aymé était notaire au Deschaux, les de Vaulchier n'étaient plus que des ci-devant nobles, mais ils possédaient toujours beaucoup de terres et en date du 1er janvier 1856, le marquis faisait ainsi établir un acte entre lui-même et le « Sieur Grégoire Aymé, cultivateur », grand-père de Faustin, précisant « qu'il laissait par les présentes le titre de bail à ferme au dit Aymé ci présent (...) acceptant le dit titre pour le temps et aux conditions suivantes :

— deux pièces de terre situées sur le territoire de Villers-Robert, l'une lieu dit à l'essart Humbert de la contenance de 35 acres 64 centiares ; l'autre appelée le Purgatoire (?) de 41 acres, pour 9 ans »[1].

Ce Grégoire Aymé était né à Pleure, petite localité voisine, en 1796 et il survécut à son fils Jean-François, puisqu'il mourut en 1871 alors que celui-ci disparut en 1869. À cette époque, Faustin était âgé de dix ans

1. Archives départementales du Jura.

et, comme il l'a écrit à son cousin Lucien, il était le neuvième d'une famille de onze enfants. Certes quelques-uns étaient morts en bas âge. Ce fut, en particulier le cas de Zélie, née le 7 novembre 1844 et décédée le 12 septembre 1846 ou celui d'Augustine, née le 10 février 1863 et disparue le 12 septembre de la même année. D'autres moururent avant leur père, comme Pierre, qui vécut douze ans, de 1845 à 1857. Après le décès de son mari, Anne Gay se retrouva avec six enfants à finir d'élever et l'on comprend aisément que Faustin soit parti tenter sa chance ailleurs quelques années plus tard. Ce devait être en 1875, ou 76, lorsque sa mère s'est remariée à Jean-Pierre Pernin, un cantonnier, qu'il décida de quitter la ferme familiale en allant à une vingtaine de kilomètres du Deschaux, à La Chassagne, se placer comme apprenti maréchal-ferrant, chez son beau-frère Claude Gauthey et sa sœur Marie Hortense, de cinq ans son aînée. La rupture n'était pas totale, car il restait en famille, mais elle lui permettait d'essayer de connaître une nouvelle existence. La vie était dure au Deschaux et il n'y avait guère d'espoir pour lui car son aîné Claude prendrait probablement la suite de sa mère qui avait bien des difficultés à élever sa famille. Comme son beau-père Grégoire, et aussi son premier mari, elle figure, dans le chartrier du Deschaux. Ainsi en 1874, le Marquis Louis de Vaulchier fait établir un contrat entre lui-même et plusieurs paysans dont « Anne Gay, veuve de François Aymé, cultivatrice demeurant au Deschaux ici présente et retenant les immeubles dont le détail suit, situés sur le territoire du Deschaux :

1) outre les Ponts, 70 ares 26 centiares de terre
2) outre les Ponts, 35 ares 60 centiares de prés
3) au gay (sic) des Vernes, 44 ares de prés
4) à la Guérande, 47 ares de prés

Le tout moyennant le fermage annuel de 8 doubles décalitres de blé et 165 francs d'argent que la dite veuve Aymé s'oblige à livrer et payer chaque année du bail à Monsieur le Marquis ».

À La Chassagne, Faustin vécut dans un autre monde avec Marie Hortense et Claude. Leur forge était dans le village, au bord de la route qui mène à Sergenaux. La bâtisse qui l'abritait était imposante, longue et trapue, comme toutes celles de cette région où l'on place toutes les pièces de travail et d'habitation au rez-de-chaussée, en réservant l'étage aux greniers, et en les recouvrant d'un immense toit qui dépasse largement des murs. Marie Hortense était couturière et exerça son métier jusqu'à sa mort, en 1938. Malheureusement, Claude disparut avant elle, en août 1904, et elle dut céder la forge à Edmond Jacquot, auquel succéda plus tard son fils, André. Mais elle conserva une pièce, où elle rassembla ses souvenirs et ses meubles. C'est à La Chassagne que Faustin commença son apprentissage de « brûlefer » comme l'on disait alors. En lisant ce terme, on ne peut s'empêcher de penser à celui qui donnera son titre au premier roman de Marcel Aymé : Brûlebois. Mais il ne semble pas y avoir de rapport, car Brûlebois était le nom même de celui qui a servi de modèle au romancier.

Durant son séjour à La Chassagne, Faustin a dû rencontrer des Compagnons, car il paraît ensuite avoir effectué son tour de France. Marcel lui-même l'a affirmé dans *Les Jours*[1]. On retrouve ainsi Faustin en 1879, à Bordeaux, où il passe le conseil de révision.

À l'époque, le principe du service militaire obligatoire pour tous avait déjà été proclamé, par la loi du 27 juillet 1872, mais par le biais du tirage au sort, on répartissait les conscrits en soldats qui devaient effectuer soit un an seulement de service, soit cinq ans de service actif. Faustin tira un mauvais numéro, le 23, et dut se soumettre à la loi.

1. *Marcel Aymé*, Pol Vandromme, Gallimard, Bibliothèque idéale, 1960, p. 23.

Présenté alors comme ouvrier maréchal, il est décrit comme plutôt petit, 1,68 m environ, blond aux yeux bleus dans un visage ovale. Il portait un tatouage au bras droit et fut incorporé comme 2e classe, le 13 novembre 1880, au 1er régiment de Dragons, en garnison à Gray, dans la Haute-Saône, à une quarantaine de kilomètres au nord de Dole. Ce n'est donc peut-être pas tout à fait un hasard si l'irrévérencieux Marcel Aymé a placé un dragon, dans *Clérambard*, parmi les clients de la Langouste...

Faustin n'avait pas dû se sentir dépaysé en arrivant à Gray, car la ville ressemblait beaucoup à Dole où il s'était rendu quelquefois. Un même ensemble de maisons à étages, couvertes de tuiles brunes, était groupé autour d'une basilique, comme beaucoup d'habitations de Dole se serraient autour de la Collégiale. Les deux villes anciennes avaient été bâties sur une hauteur, dominant le Doubs à Dole et la Saône à Gray. À l'image de Dole, Gray avait connu, mais à un degré moindre, une certaine splendeur, comme en témoigne son Hôtel de Ville à arcades, de style renaissance, couvert de belles tuiles vernissées. La navigation sur la Saône avait été à l'origine de certaines fortunes grayloises, mais le développement du chemin de fer, au XIXe siècle, avait entraîné leur déclin. La ville essaya un temps de rester active grâce au négoce du vin, à la fabrication de machines agricoles et à la présence d'une garnison. C'est pourquoi elle s'était réjouie en 1879 de l'arrivée du 1er Dragons, venu de Dole.

C'était un régiment prestigieux qui s'enorgueillissait d'un passé illustre depuis sa création en 1656, pour le compte de Louis XIV qui plaça très vite à sa tête le célèbre duc de Lauzun, époux souvent infidèle de la grande Mademoiselle. Lors de l'incorporation de Faustin, les dragons portaient une « tunique en drap bleu foncé à un rang de boutons, passepoil bleu, collet blanc orné dans les angles de pattes bleues portant le numéro du régiment découpé en drap bleu, parements bleus à pattes blanches, boutons en cuivre estampés d'une grenade sans numéro, épaulettes écarlates, pantalon garance à passepoil bleu, casque d'acier à cimier en cuivre, crinière noire, plumet droit écarlate en plume de coq »[1]. Ils avaient fière allure et ne laissaient pas la population grayloise indifférente lors de leurs nombreux défilés. Ainsi, peu de temps avant l'arrivée de Faustin, en septembre 1880, une gigantesque parade avait rassemblé plus de 24 000 hommes à l'issue des grandes manœuvres de la fin de l'été. À Gray, les dragons furent de toutes les manifestations patriotiques, sportives ou musicales. Le 5 juin 1880, *La Presse grayloise* rapporte, par exemple, que, à l'occasion de la Fête-Dieu, « un piquet du 1er Dragons faisait escorte au Saint-Sacrement ». Le 17 juillet suivant, le même journal relate les festivités du 14 juillet en notant que « la musique du 1er Dragons et l'Harmonie de Gray (jouaient) des airs qu'étouffait le bruit de la foule qui avait envahi jusqu'aux rangs des musiciens (...). Une dizaine de dragons à cheval, dont cinq ouvraient la marche et les cinq autres suivaient, s'avançaient graves et raides sur leurs chevaux mélancoliques » (sic !). Le 31 juillet, on peut y lire le récit de la présentation du drapeau au 1er Dragons : « Le régiment arriva par la Porte Haute, se rangea en bataille sur la route de Besançon et la musique joua l'air de la Marseillaise. Bientôt M. le Général Friant parut avec son état-major (...). M. le Colonel arriva au galop devant le front du régiment et aussitôt le drapeau parut et fut porté au centre. Le Colonel se plaça à cheval, en face de la troupe et prononça l'allocution que voici : « — Officiers, Sous-officiers, Brigadiers et Cavaliers du 1er Régiment de Dragons, je vous rapporte l'étendard que le Gouvernement de la République met sous la garde de votre valeur et de votre patriotisme — (...) ». À la belle saison, la fanfare du Régiment donnait des

1. *Joigny, ville de garnison*, *op. cit.*, vol. 1, p. 96.

concerts de musique militaire, bien évidemment, mais elle jouait aussi des airs d'Offenbach, comme *Orphée aux enfers*, ou de Donizetti comme *Lucie de Lammermoor*.

Durant ses permissions, Faustin retournait quelquefois au Deschaux et c'est là qu'il fit la connaissance d'Emma Monamy qui habitait le village voisin de Villers-Robert. Les deux localités sont situées de part et d'autre d'une petite rivière, l'Orain, à quelques centaines de mètres de celle-ci, pour mieux se préserver de ses inondations. Leur passé a beaucoup de points communs, même si Villers-Robert peut revendiquer une plus grande ancienneté. Longtemps, les deux villages, associés à un troisième, Séligney, n'ont formé qu'une seule paroisse. Mais, en 1827, le conseil municipal du Deschaux se mit en tête de posséder sa propre église. Il craignait, en effet, d'avoir à supporter lourdement les réparations de celle de Villers-Robert, sans compter que les inondations fréquentes de l'Orain obligeaient les paroissiens du Deschaux à effectuer un long détour par le pont de pierre de la route de Lons-le-Saunier à Dole. Les édiles de Villers-Robert s'opposèrent véhémentement à ce projet, tentèrent d'annexer Le Deschaux à leur commune, mais en vain. Une église sans grande originalité fut construite au Deschaux en 1847, alors que celle de Villers-Robert ne manque pas d'élégance. La susceptibilité des deux localités fut longtemps vive et l'on comprend mieux ainsi certains passages de *Gustalin*, comme celui où les Jouquier comparent la terre de leur cimetière à celle des voisins.

« — Bien sûr, légère, une terre légère. Dans la main, on ne la garde pas, elle vous coule par entre les doigts.

— Oui, comme dit Clinclin : au cimetière de chez nous, il y a une jolie terre. Que dans la commune d'en face, ils voudraient bien avoir la même.

— Quand on sait ce que c'est, leur cimetière à eux...

Les Jouquier, sauf tante Sarah, se regardèrent avec

orgueil et un rire de mépris courut autour de la table »[1].

Malgré ces rivalités de clocher, Faustin n'en dédaigna pas pour autant la jeune et belle Emma Monamy, dont les parents exploitaient le moulin et la tuilerie de Villers-Robert. Lui, Auguste, était né le 22 juillet 1836, à Tassenières, à quelques kilomètres de là, et avait épousé à Villers-Robert, le 9 novembre 1858, Marie-Françoise Curie dont Marcel Aymé écrit, fort justement, dans *Les Jours* [2] : « Péniblement, elle parvenait à former les lettres de son nom ». Par contre, il se trompe lorsqu'il ajoute : « ce n'était d'ailleurs ni le nom de son mari ni son nom de jeune fille qui était Françoise Curic (sic). Elle signait Françoise Lamarche, du nom d'un oncle à elle, qui avait fait les guerres de la Révolution et entres autres campagnes, celle d'Égypte dont il arrivait à ma grand-mère de m'entretenir ». Or, les actes d'état civil qu'elle a signés le sont bien de son nom de jeune fille, comme c'était l'habitude à l'époque. La signature de Françoise Lamarche que Marcel attribue à sa grand-mère était, en fait, celle de son arrière-grand-mère dont l'écriture parfaitement calligraphiée est bien surprenante pour une paysanne du début du XIXe siècle. Mais l'on peut supposer qu'elle avait reçu une bonne instruction, et que l'ancien officier de l'Empire n'y était pas étranger.

Auguste Monamy était, lui aussi, un personnage. Quand le maire de Villers-Robert dresse, en 1895, un état des services rendus par son concitoyen, il peut écrire :

« 1) Conseiller municipal de Villers-Robert de 1865 à 1895, avec une interruption de 5 ans, soit pendant 25 ans

2) Maire de Villers-Robert-Séligney d'octobre 1870 à février 1871, maire de Villers-Robert de février 1872,

1. *Gustalin*, Chap. VIII, p. 106, E.o.
2. *Op. cit.*, p. 26.

jusqu'en avril 1872, époque à laquelle il donne sa démission

3) Conseiller d'arrondissement de 1883 à 1895, soit pendant douze ans ; élu cinq fois président de cette assemblée

4) Délégué cantonal depuis 10 ans »[1].

Si l'on en croit Marcel Aymé, « la grande aventure de sa vie paraît avoir été la rencontre de Jules Grévy qui était d'un village[2] distant du sien de sept kilomètres. J'ai beaucoup entendu parler de Grévy, toujours avec piété, dans le style : « Il venait à la maison. Il était si simple »[3].

En fait, l'on peut se demander s'il n'a pas surtout été marqué par la venue des Prussiens à Villers-Robert, en 1871. Dans une épreuve de rédaction du 25 avril 1895, consacrée au « souvenir de l'invasion allemande », le Conseiller d'arrondissement Auguste Monamy écrivait, en effet :

« En janvier 1871, les Allemands séjournant à Mont-sous-Vaudrey ont poussé une reconnaissance jusqu'à Villers-Robert. Une centaine d'hommes débouchant de la forêt arrivèrent au milieu du village.

La plupart des maisons furent bientôt envahies. Disséminés par petits groupes de cinq à six soldats, ceux-ci s'empressèrent de réquisitionner des vivres : le lard, le fromage de gruyère excitaient surtout leurs convoitises ; les havresacs furent bientôt bondés de ces aliments ainsi que des bouteilles d'eau-de-vie dont ils ont pu s'emparer.

Leur repas s'effectua dans différents endroits, mais les chefs s'installèrent au centre, ils avaient autour d'eux des ordonnances pour les servir et quelques clairons attendant les ordres de rappel.

1. Document communiqué par M.-H. et J. Sennepin, neveux de Marcel Aymé.

2. Mont-sous-Vaudrey.

3. *Les Jours*, *op. cit.*, pp. 24-25.

Après d'amples libations de vin rouge, ils exigèrent du vin blanc, le maire dut aussitôt se mettre en quête pour leur en procurer. La tâche n'était pas facile et les quelques bouteilles apportées étaient de qualité médiocre. Furieux et désappointés, une dizaine de brutes avinées (...) forcèrent le maire de se mettre à leur tête et la baïonnette dans les reins, ce fonctionnaire dut leur faire visiter les caves.

L'opinion de quelques habitants était que certain Français avait excité le courroux des Prussiens pour jouer un mauvais tour et faire maltraiter un maire républicain »[1].

En lisant ce témoignage, comment ne pas penser à *La Jument verte* où il est dit que Jules Haudouin « pendant la guerre de 1870 (...) connut des jours difficiles. Les Prussiens entrèrent à Claquebue, et comme il était maire du village, il eut beaucoup à souffrir. À plusieurs reprises, les soldats ennemis décidèrent de le faire cuire pour le manger. Une fois même, ils lui passèrent une broche à travers le corps. Heureusement, un officier supérieur arriva et déclara que ça ne comptait pas. Toutefois, on lui rafla son fourrage, ses chevaux, ses pommes de terre, et un matelas presque tout neuf »[2].

À l'instar de celle des Aymé, la famille d'Auguste et de Marie-Françoise Monamy fut nombreuse. Trois garçons et cinq filles vinrent au monde entre 1859 et 1876. Le second des fils ne vécut que quelques jours, du 30 septembre au 6 octobre 1860. L'aîné, Arthur, lieutenant d'infanterie coloniale, fut tué en 1886, à 27 ans, en Cochinchine, l'année du mariage d'Emma et de Faustin. C'est pourquoi ils donnèrent l'année suivante le même prénom à leur premier enfant qui, devenu militaire, trouvera, lui aussi, la mort en Annam. Alix, le troisième frère d'Emma, son aîné de deux ans, eut plus de chance, car il vécut de 1861 à

1. Communiqué par M.-H. et J. Sennepin.
2. Chap. I, pp. 17-18, Collection blanche, Gallimard, 1933.

1944. Son père lui donna le moulin à exploiter et, à son tour, il devint maire de Villers-Robert. Emma, l'aînée des cinq filles Monamy, est née le 1er août 1863. Après elle, vinrent au monde Malte (1865), Cécile (1871), Céline (1873) et Léa (1876).

D'après les quelques photos que l'on a pu retrouver d'elle et certains témoignages, Emma semble avoir été une femme assez grande, distinguée, au visage ovale et aux beaux yeux gris-bleu. Les yeux de Marcel seront de la même couleur et, dans sa jeunesse, il lui ressemblera beaucoup avec son long visage délicat et sa grande douceur.

Emma épousa Faustin le 18 février 1886, à Villers-Robert. Comme on le faisait alors, un contrat de mariage avait été rédigé quelque temps auparavant pour préciser l'apport des deux époux. Il s'agissait, en fait, de biens essentiellement mobiliers. Mais, quelques années après, ils rachèteront la tuilerie, le dernier bâtiment à la sortie du village, en direction de Séligney, aux parents d'Emma. En principe, à cette époque, le futur apportait le lit, le sommier et les chaises, tandis que sa promise, outre son trousseau, fournissait le buffet.

Faustin avait dû demander la permission de se marier au Conseil d'Administration du 1er Dragons et l'avait obtenue le 2 décembre précédent. Toujours en raison de sa qualité de militaire, les publications avaient été faites non seulement à Villers-Robert et au Deschaux, mais aussi à Gray. La loi ayant été scrupuleusement respectée, le mariage avait été prononcé par Émile Cour, maire de Villers-Robert. Pierre-Auguste Curie et Jean-François Curie, tous deux oncles d'Emma, avaient été ses témoins, tandis que Alix Monamy et Joseph Ladimir (sic) Vuillermoz, instituteur, furent ceux de Faustin.

Le jeune couple s'installa ensuite à Gray, où Faustin était brigadier maître maréchal-ferrant. Un an avant, il avait été « commissionné », c'est-à-dire qu'une commission avait accepté de le maintenir au 1er Dragons, à ce grade, après ses cinq années de service militaire. Chaque escadron de cavalerie s'attachait alors les services de deux ou trois maréchaux-ferrants, dont un avait le grade de brigadier et portait le titre de Maître maréchal-ferrant, alors que les autres n'avaient que celui d'aide-maréchal. Dans chaque régiment, l'un des maîtres maréchaux prenait le titre de Premier maître, ce qui lui conférait ainsi le grade de Maréchal des logis. Faustin le deviendra en 1892. Il porta ainsi durant toute sa carrière, sur les manches de son uniforme, les fers à cheval distinctifs de sa fonction, en drap garance tant qu'il fut seulement aide, puis en soie argent lorsqu'il devint brigadier maître et tout en or quand il accéda au rang de Premier maître, maréchal des logis.

À Gray, le couple Aymé habita dans la Grande Rue, puis rue du Marché, au numéro 22. Le changement de logement fut sans doute imposé par les naissances successives, mais le déménagement ne fut pas très important car les deux rues sont voisines, à quelques centaines de mètres de l'Hôtel de ville. Les maisons y sont anciennes, tassées les unes sur les autres, à l'exception de quelques beaux hôtels particuliers, ayant appartenu aux familles les plus fortunées.

Faustin et Emma n'étaient pas en pays complètement inconnu dans cette ville de garnison. Certes, aucun Monamy n'y était établi, mais l'un des receveurs de l'octroi, un certain Auguste Aymé, était natif de Villers-Robert et avait sensiblement le même âge que Faustin, puisqu'il était venu au monde le 1er janvier 1860. Cependant, à Gray, Faustin ne semble pas s'être fait beaucoup de relations dans la population, car les témoins qui l'ont assisté lors de la déclaration de naissance de ses enfants sont tous des militaires. Le nom d'Auguste Nathalin Bresson, brigadier maréchal-ferrant au 1er Dragons, apparaît ainsi sur l'acte concernant Arthur, Camille et Maurice, son jumeau, ainsi que sur celui de Georges. Gabriel Benoît Babad, maréchal des logis, est présent, quant à lui, lors de la naissance des trois premiers. Pour Georges, il est remplacé par Jules Bouquier, brigadier maréchal-ferrant.

La vie de Faustin a dû alors être essentiellement rythmée par celle du régiment qui était évidemment organisée avec précision : lever à 5 h, escrime de 5 h 30 à 6 h 30, course à cheval dans la campagne de 7 h à 11 h 30, bouchonnage de 11 h 30 à 12 h, déjeuner de 12 h à 13 h, voltige de 13 h à 15 h, théorie de 15 h à 16 h, tir de 16 h à 18 h 30 et, le soir, études pour les consignés... L'activité intellectuelle était donc une punition... Fort heureusement, les périodes d'instruction, de revue et de manœuvres venaient varier quelque peu cet horaire immuable, à moins que ce ne fût le changement de colonel. Mais, à Gray, Faustin n'en connut que deux. Le colonel Gosse de Serlay commandait déjà le régiment lorsqu'il y fut incorporé. Il y resta jusqu'en 1887, date à laquelle le colonel Teillard lui succéda. De temps à autre, il est vrai, les dragons se distrayaient en organisant un rallye-paper. Il s'agissait d'un jeu équestre, imité de la chasse à courre, qui a donné au terme « rallye » son sens actuel. Deux cavaliers distingués par une écharpe, partaient en semant sur leur passage à travers bois, de petits morceaux de papier. C'était alors, à la place d'un cerf ou d'un renard, ces cavaliers qu'il fallait découvrir, poursuivre, forcer et atteindre.

L'annonce du départ de Gray du 1er Dragons suscita un certain émoi parmi la population qui s'était habituée à sa présence. Dès le 11 octobre 1890, *La Presse grayloise* s'en fit l'écho.

« On sait qu'il a été question un moment, écrivait-elle, d'envoyer notre régiment de Dragons occuper les nouvelles casernes de Lure et de laisser notre ville privée de garnison, jusqu'à nouvel ordre du moins.

Cette décision, paraît-il, n'aura pas son exécution. Mais le commandement de la brigade sera transféré à Vesoul où il était tout d'abord ou à Dole ».

À plusieurs reprises, en 1891, le journaliste revint sur la question et ses informations se firent de plus en plus nombreuses au cours de l'été. Le 27 juin, il écrit :

« Une éventualité dont on s'occupe beaucoup à Gray en ce moment, et qui d'un jour à l'autre est appelée à recevoir sa solution, est celle du départ du 1er Dragons, qui irait occuper les nouveaux casernements de Lure. Il avait été question tout d'abord de remplacer le 1er Dragons par le 2e régiment de la même arme qui occupe Chartres en ce moment, mais il paraîtrait que c'est le 12e Hussards de Dinan qui viendrait à Gray. »

Le 1er août, c'est la consternation ! « D'après *Le Petit journal*, lit-on dans *La Presse grayloise*, le 12e Hussards qui doit remplacer à Gray le 1er Dragons, quitterait Dinan le 2 octobre prochain pour gagner, par étapes, sa nouvelle garnison. Comme ce voyage ne comprendra pas moins de 25 à 30 jours et que, d'un autre côté, le 1er Dragons part le 16 août pour Châlons, prendre part à des manœuvres d'une durée d'un mois, Gray se trouvera privé de sa garnison pendant deux mois. »

De toute façon, en octobre 1891, il fallut se rendre à la réalité : le 1er Dragons quittait Gray pour Lure et ce fut effectif le samedi 24. À cette date, en effet, *La Presse grayloise* communiquait :

« Ce matin à six heures, une première colonne du 1er régiment de Dragons, s'est mise en route pour se rendre à Lure, la nouvelle garnison de ce beau régiment.

Un assez grand nombre de nos concitoyens s'étaient rendus sur la place des Casernes, portant ainsi au 1er régiment de Dragons qui s'en allait après être resté tant d'années parmi nous, l'adieu de notre population. M. le Colonel Teillard a répondu à cette marque de sympathie et d'estime en saluant nos concitoyens et en leur disant : au revoir !

Cette colonne, après avoir fait étape à Vellexon et à Vesoul, arrivera à Lure lundi. Les deux autres colonnes quitteront Gray les 25 et 26. »

On imagine aisément alors les soucis d'Emma,

enceinte de cinq mois et contrainte de faire ses bagages en compagnie de trois bambins : Arthur est âgé de quatre ans, Camille de trois et Georges de deux ! Faustin, occupé par le déménagement de la maréchalerie de son escadron, n'a pas dû lui être d'une grande utilité.

À Lure, lieu de naissance du quatrième enfant, Raymond, le 1er février 1892, il semble que les Aymé se soient installés au quartier de cavalerie, au moins dans un premier temps, car c'est le domicile que Faustin indique à Joseph Constant Lotz, maire de la ville, lorsqu'il va lui déclarer Raymond en compagnie de deux nouveaux témoins : Pierre Rouget, sous-officier, et Alfred Sarrazin, brigadier maréchal.

Pendant cinq ans, la vie de caserne reprit avec ses contraintes et sa monotonie. Toutefois, la nouvelle existence à Lure ne manqua pas d'inquiéter Faustin et Emma, à cause d'une épidémie de typhoïde. Arrivé absolument indemne, le régiment eut à déplorer environ deux cents malades et trente décès à partir de juin 1892. C'est pourquoi, en avril 94, il quitta Lure pour aller camper à Belfort, sur les glacis du château. Une deuxième épidémie de typhoïde s'était, en effet abattue sur les dragons et comme la municipalité de Lure n'avait pas pris de décision efficace pour lutter contre la contamination de l'eau, les autorités militaires avaient décidé de protéger leurs soldats en les éloignant. En septembre 1894, la ville de Lure n'avait toujours pas terminé ses travaux d'assainissement des eaux et le 1er Dragons, après ses manœuvres de la fin de l'été, s'en alla cantonner à Luxeuil, Magny-près-Lure et Villersexel. Deux escadrons furent affectés à la première localité et un dans chacune des deux autres. On décréta même alors le droit de réquisition pour le logement, le couchage et la subsistance du régiment. À la fin octobre, le régiment n'était toujours pas revenu à Lure car le Ministre de la guerre avait donné des instructions précises au Préfet de Haute-Saône. Les dragons resteraient hors de la ville tant que la municipalité ne serait pas en mesure d'alimenter en eau potable les civils et les militaires. On imagine l'émoi dans la population et surtout parmi les commerçants qui attendaient tant des soldats ! Bref, le régiment réintégra son casernement le 7 novembre 1894. Le puits artésien annoncé n'était toujours pas terminé, mais un appareil stérilisateur avait été installé et, de plus, tous les débits, cabarets et cafés de la ville et des faubourgs étaient consignés à la troupe...

En 1897, lorsque les dragons partirent pour Joigny, ils laissèrent donc quelques mauvais souvenirs derrière eux à Lure, et ne furent pas mécontents de changer de région. On s'y promettait une vie plus facile, et, effectivement, elle le fut un peu plus. Outre les films, les concerts, les cirques et les pièces de théâtre, déjà évoqués, Joigny proposait même des courses automobiles et cyclistes ! Ce fut le cas en 1902, à la fin de mars pour les premières, et en mai pour les secondes dans lesquelles les coureurs pouvaient « avoir des entraîneurs à condition que ces derniers n'emploient pas des machines mues mécaniquement »[1]. Il s'agissait là de la grande course Marseille-Paris !

Au cantonnement, Faustin, promu maréchal des logis depuis quelques années s'employait à mériter son grade de sous-officier, d'autant plus qu'il ne craignait pas les chevaux comme ce pauvre Richard Lahtte qui finit par déserter en 1898 parce qu'il n'arrivait pas à surmonter la peur que lui inspirait sa monture. Faustin, au contraire, avait acquis un bon tour de main et il était très apprécié de ses officiers. Dès que l'un de leurs chevaux avait un sabot un peu malformé, ils s'adressaient à lui pour obtenir les fers qui convenaient. À Joigny, ses talents avaient été rapidement connus et les vignerons, ses voisins de la rue Jacques d'Auxerre, avaient parfois recours à ses services. Il s'était d'autant plus signalé à leur attention qu'il avait

1. *Le Républicain de l'Yonne*, 25 janvier 1902.

été distingué lors de manifestations officielles. Il avait ainsi obtenu un diplôme et une médaille de bronze à l'Exposition universelle de Paris, en 1889-1890, pour un travail de ferronnerie et la présentation d'une superbe collection de fers anciens et modernes. Le 7 septembre 1902, à Brienon, dans l'Yonne, il avait remporté un diplôme d'honneur au concours agricole, pour une exposition de ferrures. En 1903, il fut à nouveau primé à Paris, lors d'un concours général agricole, grâce également à un tableau de ferrures. Il triompha de la trentaine d'exposants, tant militaires que civils, réunis dans la Galerie des Machines par la Fédération des maréchaux.

Ce dernier succès fut très important pour lui, car il venait d'être victime d'une fâcheuse affaire. Inspecté en 1901 par le vétérinaire Puetost, il avait fait l'objet d'un rapport accablant qui avait entraîné sa mise à la retraite d'office, juste un mois avant la naissance de Marcel, le 29 avril 1902. Or, en mars 1903, le jury qui l'avait récompensé à Paris était présidé par le même Puetost. Faustin tenait là une belle revanche. Non seulement son amour propre était vengé, mais encore, il allait pouvoir essayer de retrouver sa place dans l'armée. Peu de temps après le décès de sa mère, le 12 avril 1903, il entreprit des démarches qui aboutirent favorablement deux mois après. Une décision ministérielle le réintégra, en effet, d'office, mais au 8e régiment de Cuirassiers en garnison à Tours, ce qui plongea Faustin et Emma dans la joie et la consternation à la fois. D'une part, la valeur professionnelle de Faustin avait triomphé et se trouvait reconnue. Mais, d'autre part, il fallait quitter Joigny où l'on avait pris des habitudes et où l'on s'était fait des amis, sans compter que l'année scolaire des enfants n'était pas terminée. Faustin devait rejoindre sa nouvelle unité le 26 juin, alors que les classes se poursuivaient jusqu'en juillet et qu'il était absolument hors de question d'en retirer ses fils et sa fille avant la fin. Qu'importe ! Faustin partirait pour Tours où il commencerait à s'occuper du nouveau logement et Emma le rejoindrait plus tard avec les enfants. Il en fut ainsi fait et cette famille si unie connut sa première grande séparation. Ce n'était, hélas, que le début d'une longue série de difficultés et de bouleversements qui allaient les entraîner dans des directions fort différentes.

III

Tours

Toute la famille partit pour Tours où Faustin avait trouvé un modeste logement au 21 bis de la rue Du-Plessis. On s'y installa tant bien que mal et l'on chercha de nouveaux établissements scolaires pour les aînés, alors que les deux cadets, Suzanne et Marcel, restaient avec leur mère. Désireux de préparer le concours d'entrée à Saint-Cyr, Arthur alla passer son baccalauréat de mathématiques à Paris, alors que Georges et Raymond furent inscrits au lycée Descartes de Tours. Quant à Camille, elle devint élève de l'école primaire supérieure de jeunes filles de l'avenue Grammont, dont la directrice était alors Mlle Parent. Elle voulait en effet y préparer le concours d'entrée aux Écoles normales de jeunes filles, qu'elle réussit effectivement l'année suivante. Georges se fit à nouveau remarquer par d'excellents résultats en version et thème latins, à la fin de sa 2e, en 1904. Faustin lui-même passa avec succès des examens afin de pouvoir s'installer comme receveur buraliste. Après vingt-cinq ans de carrière, « au moment d'aller planter (ses) choux », comme il l'a écrit à Lucien[1], il pensait, en

1. *Cahier Marcel Aymé n° 8*, pp. 144 et suivantes.

effet, pouvoir se livrer à cette activité qui aurait augmenté quelque peu sa pension. Mais le sort en décida autrement, à cause du décès brutal d'Emma. Âgée de quarante et un ans, cette femme encore belle s'apprêtait à mettre au monde son huitième enfant. Mais l'accouchement lui fut fatal et ni la mère, ni l'enfant ne survécurent.

Devant ce coup du sort, Faustin ne sut pas d'abord comment réagir. Habitué à une vie réglée de militaire, il ne s'était jamais soucié des tâches ménagères et familiales qui reposaient entièrement sur Emma. Que faire ? Il se sentait complètement isolé dans cette Touraine où sa réintégration l'avait obligé à séjourner. À Joigny, il eût pu encore s'appuyer sur les Tourgon, sur les Girardon ou sur son neveu, Léon Faustin Aymé, lui aussi maréchal-ferrant au 1er Dragons, qui était venu habiter au 52 de la rue Jacques d'Auxerre. Mais à Tours, personne... À peine une année s'était écoulée depuis leur arrivée et ils n'avaient guère eu le temps de nouer des relations. Un homme seul ne pouvait élever les deux plus jeunes, Suzanne et Marcel, âgés de quatre et deux ans. Les aînés pouvaient à la rigueur faire face à la situation. Arthur venait de passer son baccalauréat à Paris, et il était fort capable de se prendre en charge. Camille allait entrer dans une École normale et ne posait donc aucun problème. Restaient Georges, Raymond et les deux petits. Il fut décidé que le premier irait à Dole, au Collège de l'Arc. Le second, grand gaillard de douze ans, ne voulut pas se plier aux volontés paternelles et se retrouva aux enfants de troupe. Il ne le pardonna jamais à Faustin et les deux hommes ne se revirent pas. Suzanne et Marcel furent recueillis par les parents d'Emma, à Villers-Robert. La grand-mère, en particulier, comptait bien donner aux deux enfants l'affection que leur mère ne pouvait plus leur prodiguer. Faustin, qui avait toujours lutté jusqu'alors contre l'adversité, ne put que s'incliner : cette séparation était la solution raisonnable...

Resté à Tours, il connut des moments très pénibles. On ne tire pas un trait sur dix-huit ans de vie familiale sans souffrances. Emma lui manquait et l'été 1904 lui parut interminable. Ce fut pour lui l'occasion de se rapprocher de certains militaires et d'échanger des idées. Lui, qui s'en tenait d'habitude à des rapports professionnels, se laissa aller à participer à quelques discussions. Son radicalisme et son hostilité à l'égard de l'Église, qui s'étaient manifestés dans son refus de laisser baptiser Marcel, le signalèrent alors à l'attention de francs-maçons qui lui proposèrent de les rejoindre. C'était une nouvelle famille qui s'ouvrait à lui, comme il avait autrefois connu celle des Compagnons. Les luttes anticléricales faisaient rage à cette époque et il se rangea volontiers aux côtés du Grand Orient de France pour réduire l'influence des gens d'église et militer pour la laïcisation de l'État. Il fut initié en octobre 1904 et resta franc-maçon jusqu'à sa mort, en 1947. À quatre-vingt-un ans, en 1940, lorsque Marie-Antoinette Aymé, épouse de Marcel, ira le chercher à Tours pour le ramener dans la région parisienne, il transportera, au milieu des troupes d'occupation, ses biens les plus précieux : des fers à cheval, des outils et ses décors maçonniques. On imagine ce qui aurait pu se passer si un quelconque officier allemand soupçonneux avait décidé de fouiller les bagages du vieil homme...

L'entrée en maçonnerie de Faustin Aymé fut déterminante pour la suite de son existence. En effet, retraité de l'armée en 1909, à cinquante ans, il trouva une place de régisseur à Reugny, dans le canton de Vouvray, au château de Launay que possédait alors Victor Lefébure, conseiller général et vénérable de la loge où Faustin avait été admis. Malgré la sanction dont il avait été l'objet en 1902, le colonel du 8ᵉ cuirassiers tint à saluer son départ en vantant « sa bonne tenue, sa ponctualité et sa compétence dans l'art de la maréchalerie et des soins à donner aux chevaux ».

Faustin quitta alors le 5, boulevard Preuilly, où les Aymé s'étaient installés après avoir vécu rue Du-Plessis, pour aller retrouver la campagne à Reugny et le plaisir de continuer à ferrer les chevaux. Victor Lefébure possédait, en effet, un bel équipage et menait grand train. Les libres penseurs, comme on les appelait au village de Reugny, se réunissaient fréquemment autour de Victor Lefébure, maudissaient la réaction et le parti clérical, sans engendrer pour autant la tristesse. Les soirées étaient nombreuses et toujours ponctuées d'agapes, comme il se doit entre gens de bonne compagnie... Faustin Aymé dut s'y plaire car il resta à Reugny jusqu'à son départ, en 1940, pour une maison de retraités de Ris-Orangis, où il mourut en 1947.

Toutefois, avant d'en arriver là, il connut encore quelques épreuves puisque, en juillet 1913, son fils aîné, Arthur, disparut en Annam. Après de brillantes études secondaires, couronnées par d'excellents résultats à Saint-Cyr, Arthur Gaston Aymé, beau et grand jeune homme blond aux yeux bleus, s'était engagé au 4e d'Infanterie et sa carrière s'annonçait très prometteuse. En 1913, à vingt-six ans, il était lieutenant en Indochine, officier topographe, quand il se noya dans la Sélanong, en même temps que son ami le plus proche, le lieutenant Montaigu. Dans la famille Aymé, sa mort resta longtemps mystérieuse. Le 28 novembre 1931, Faustin en parlait en ces termes à son cousin Lucien :

« Le père de Montaigu qui était colonel m'a écrit qu'ayant ses entrées au Ministère et partout, il avait remué ciel et terre pour retrouver nos enfants (et qu'il) n'avait rien pu obtenir. Dans sa dernière lettre il (mon fils) réclamait 25 fusils, c'est-à-dire 25 hommes armés. Les journaux ont annoncé que la mission précédente avait été massacrée »[1]. En fait, il semble bien que les deux jeunes lieutenants aient surestimé leurs forces.

1. *Cahier Marcel Aymé n° 8*, p. 145.

En effet, le rapport qui relate l'accident mortel dont ils furent victimes montre bien qu'ils ont voulu franchir la Sélanong, entre deux rapides proches l'un de l'autre, alors que la rivière était en crue et malgré l'opposition des coolies. Le lieutenant Aymé fit monter son ami Montaigu dans une embarcation avec son ordonnance et un milicien de la brigade de Saravane. Mais le courant était si fort, qu'ils furent très vite entraînés vers un rapide où ils se trouvèrent projetés de rocher en rocher. « Il est probable que, conclut le rapport[1], bien que sachant nager, ces deux officiers et les deux indigènes avaient perdu leur sang-froid et s'étaient cramponnés à la pirogue qui sous leur poids ne put remonter à la surface. »

Toute la famille Aymé ressentit durement cette mort car Arthur était un homme fort apprécié pour sa beauté, sa distinction et ses multiples talents. À la fin de cette douloureuse année 1913, Faustin éprouva le besoin de posséder une maison, pour s'y enfermer dans ses souvenirs, sans rentrer pour autant dans le Jura, car son emploi de régisseur lui demandait de rester en Touraine. Il acheta donc, selon ses propres termes, « une bicoque », près de l'église de Reugny, au 18 de l'actuelle rue Gambetta. Composée de deux petites pièces, elle ne lui permettait guère de réunir ses enfants, qui ne firent qu'y passer. Faustin y accrocha ses panoplies de fers à cheval et ses collections de sabres et de casques de uhlans.

En 1914, âgé de cinquante-cinq ans, il fut rappelé au 1er Dragons et mobilisé à Luçon où deux escadrons du régiment étaient cantonnés, alors que les deux autres se trouvaient aux Sables d'Olonne. En compagnie de celles des autres membres du troisième peloton, sa signature figure au bas d'un document touchant, à l'adresse du lieutenant Geoffroy qui les

1. Communiqué par J. et M.-H. Sennepin.

commandait et qui devait être empêché de partir pour le front. Ce texte, daté du 3 août 1914, est le suivant :

« À notre Lieutenant,

Avant de partir le 3e peloton tient à vous dire qu'il suivra le chemin que vous lui avez toujours tracé, c'est-à-dire le chemin du devoir et de la victoire.

Vous pouvez être fier des hommes que vous avez ; ils se battront comme si vous étiez à notre tête ; nous voulons l'Alsace et la Lorraine.

(suivent trois colonnes de signatures : deux pour les cavaliers et une pour les brigadiers, dont celle de Faustin en deuxième ligne) [1] ».

Faustin survécut fort heureusement à la Grande Guerre et revint à Reugny où il reprit ses fonctions de régisseur, tout en leur adjoignant celles de courtier en grains. Il y vieillit doucement, prenant peu à peu une belle figure de patriarche à la barbe et aux cheveux blancs. Appuyé sur une canne et souvent coiffé d'une casquette en cuir à visière, il se promenait à pied. « Le père Aymé », comme on l'appelait au village, impressionnait par sa prestance, son cou de taureau et sa corpulence. Doué, semble-t-il, d'une belle vitalité, il fut longtemps sensible aux charmes féminins, au point même de se faire détrousser par deux jolies manouches auxquelles il avait ouvert sa porte inconsidérément. Au début de la Seconde Guerre mondiale, quand il fallut déclarer les armes de guerre que l'on possédait, Faustin accepta de faire état de ses sabres, mais refusa catégoriquement de démonter ses panoplies et de s'en séparer. On les lui laissa.

Absorbé par la nouvelle vie qu'il se fit après la mort d'Emma, Faustin se désintéressa-t-il vraiment de ses enfants, comme Marcel l'a prétendu dans *Les Jours* ?

---

1. Document communiqué par le Lieutenant Gaignault, auteur d'un *Historique du 1er Régiment de Dragons*, Poly Print Agence, 1997, Paris.

« Devenu veuf, il mit les aînés en pension, confia les plus jeunes à sa belle-famille et se détacha très vite de ses enfants. J'imagine qu'ayant eu neuf frères et sœurs et plus tard six enfants, il était saturé de la vie familiale et qu'il avait été tout à fait charmé par la révélation de la solitude et de ses plaisirs tranquilles (...). De tous ses enfants, j'étais celui qu'il avait connu le moins longtemps et qui lui était le plus indifférent. »

Il semble bien que ce ne soit pas tout à fait exact. Certes, Faustin confia l'éducation de Marcel et de Suzanne à ses beaux-parents Monamy, mais il continua à s'en préoccuper. Le jeune Marcel, lui-même, en fait état dans une lettre touchante adressée le 19 décembre 1909 à sa sœur Camille :

« J'ai reçu des nouvelles de papa, écrit-il. Il me dit qu'il ne pourra pas venir le jour de l'An. Il est trop occupé à distribuer de l'argent au pauvre (sic) ».

Marcel avait alors sept ans et Faustin devait lui paraître bien lointain, d'autant plus qu'il avait pris l'habitude d'appeler ses grands-parents « papa » et « maman Monamy ». Néanmoins, Faustin resta présent. Les archives de la bibliothèque de Dole conservent, par exemple, une correspondance dans laquelle il sollicite « une fraction de bourse » en faveur de son fils Marcel, élève de 1re au collège de l'Arc, en 1918. L'écriture est fine et bien calligraphiée, à l'image de celle du futur écrivain. À l'intention du président de l'Association des anciens élèves du Collège, Faustin déclare :

« Les nécessités du temps que nous traversons m'ont obligé à le mettre interne depuis un an. Il a fait toutes ses classes au collège. Son frère, capitaine d'infanterie coloniale [1], fait partie de votre association. Je n'ai que ma retraite, très modeste, et j'ai eu la lourde charge d'élever six enfants. »

Prenons-en acte, et n'oublions pas, non plus, que

1. Il s'agit bien sûr de Georges.

Marcel se souciera toute sa vie durant de son père. Le 12 janvier 1928, il annonce ainsi à Camille :

« J'ai reçu une lettre de papa répondant à la mienne. Très aimable. Il me dit qu'il remet depuis six ans pour venir à Paris voir un de ses bons amis. Peut-être viendra-t-il ? Il ne me dit pas s'il me verra par la même occasion... »

En bon fils, l'écrivain ne manque jamais, d'ailleurs, de lui envoyer ses livres. À Georges, il apprend, le 8 janvier 1930 :

« Suzanne et Édouard[1] sont allés à Reugny il y a quelques jours. Papa est en belle santé, florissant, barbu, a été très aimable. Il y a eu de grandes libations et on a fait la tournée des amis. Papa se réjouit du prix Renaudot et déplore que les journaux n'aient pas, sinon donné de photographie, au moins mentionné ses nom, prénom et qualité « afin que les anciens du 8e Cuir (sic) sachent bien qu'il s'agissait de mon fils ». Pourtant, il n'a jamais répondu à l'envoi que je lui ai fait de *La Table* ».

Marcel est un peu de mauvaise foi car il savait très bien que son père n'était pas à l'aise dans le genre épistolaire. Mais ses silences et, à l'occasion, la rudesse de son accueil, n'excluaient pas la tendresse et l'intérêt d'un père, malgré tout flatté par la notoriété de son fils. À son cousin Lucien, Faustin résumait ainsi, en novembre 1931, les débuts de Marcel :

« Marcel préparait Polytechnique et n'a pu se présenter, étant malade, et depuis son temps militaire, ayant refusé tout galon, est revenu chez sa tante où il a écrit son premier livre *Brûlebois*. Comme il (aurait dû) avoir (...) 35 ans pour le sujet qu'il a traité, (et qu') il n'en avait que 22, il a reçu 3 000 francs. C'était un encouragement pour continuer ; à son 4e il a obtenu le prix Théophraste Renaudot pour *La-Table-*

1. Son mari.

aux-Crevés. Il en est à son 7e livre. Le métier d'écrivain n'est pas très lucratif, les débuts sont très durs. »

Faustin Aymé, maréchal-ferrant, se souvenait très bien de la production littéraire de son petit dernier et il en connaissait certains détails importants... Il se préoccupait donc de Marcel, au point de lui écrire parfois. Il arrivait alors au fils de se faire du souci pour son vieux père. Le 31 janvier 1934, alors que Faustin est âgé, il est vrai, de soixante-quinze ans, Marcel confie ainsi à Camille et à son mari Paul Muster :

« Papa m'a écrit jeudi qu'il regagnait Reugny vendredi 29 janvier dans la voiture de Duprat. J'espère qu'il ne s'est pas trop pressé. On a fait une analyse de son sang qui a été tout à fait satisfaisante. Il me charge de transmettre les civilités de sa sœur Adolphine et du ménage Grigny. Je lui écris en lui suggérant de prendre quelqu'un pour faire son ménage et préparer ses repas. Penser qu'il s'entêtera à rester seul n'est tout de même pas bien rassurant. Quand vous lui écrivez, vous pourriez, avec plus d'autorité que moi, lui suggérer la même chose. Je crois qu'il y aurait à faire dans ce sens par le canal de Duprat qui serait mieux écouté qu'aucun de nous. Mais je ne le connais pas et n'ai pas son adresse. »

Au-delà des inévitables séparations, cette famille Aymé a donc conservé des liens assez solides au fil des années. Quant à l'influence des rapports un peu distendus entre Faustin et Marcel sur l'œuvre de celui-ci, il ne semble pas qu'elle ait été importante. Aucun personnage de père n'est présenté avec une férocité qui laisserait supposer que l'écrivain ait été profondément blessé dans son enfance. Un homme comme Honoré Haudouin, dans *La Jument verte*, est même très proche de ses enfants. Une seule situation véritablement conflictuelle entre un père et son fils apparaît en 1931, dans *Le Vaurien*. Bernard étouffe littéralement dans son milieu bourgeois, et son père, comme sa mère d'ailleurs, se révèlent incapables de le comprendre.

« Mon père ne retrouva pas (après la Première Guerre) le fils que son orgueil avait souhaité : abondant en gueule et en épaules, qui sût tout à la fois réviser un moteur, trousser les filles et réfuter grassement le dogme de l'infaillibilité du pape ; un costaud débrouillard, « capable de se mesurer avec les dures réalités d'après guerre... ». Cette mauvaise impression qu'il eut à mon abord fut le départ d'une mésentente qui aboutit bientôt à un climat d'hostilités ouvertes ».

Il n'en fut pas ainsi entre Faustin et Marcel Aymé. Même si ce dernier a souffert de se sentir très différent de son père, il ne l'a jamais rejeté et a toujours nourri à son égard de la tendresse et du respect, d'autant plus qu'il a toujours été imprégné d'un très grand sens de la famille.

IV

Villers-Robert

« Chez mes grands-parents, à Villers-Robert, j'ai passé six années qui m'apparaissent aujourd'hui une longue existence... À l'extrémité du village, dont elle était séparée par un petit bois dissimulant les autres maisons, mon grand-père avait une tuilerie construite presque au bord de la forêt. Le pays est assez pauvre, la terre d'un médiocre rendement, mais, à certains endroits, c'était justement cette terre lourde, une glaise collant aux sabots et coupée de quelques veines de sable, qui fournissait la matière première pour la fabrication de la tuile et des briques. »[1]

Ces confidences de Marcel Aymé sont capitales pour comprendre toute une partie de son œuvre car le village de Villers-Robert et la campagne environnante ont largement nourri son imagination littéraire. Même lorsqu'il aura quitté le Jura de son enfance, il ne l'oubliera pas et s'en inspirera sans cesse. Ainsi, les paysages de bois, d'étangs et de champs dans lesquels il a

---

1. *Marcel Aymé, Les Jours*, Pol Vandromme, pp. 23-24, Gallimard, 1960.

situé ses romans paysans sont facilement identifiables dans la région de Villers-Robert.

La forêt où vivent les charbonniers dans *La-Table-aux-Crevés*, si différents des gens de Cantagrel, le village voisin, a été découverte près de la tuilerie. Il y alla jouer même très jeune, car ses « grands-parents, sans aucune appréhension, [l']y laissaient aller à sa guise, bien qu'elle fût assez profonde pour s'y perdre tout un jour. » Raymond Aymé lui-même, interviewé par Claude Jean-Philippe en 1974, a déclaré : « Quand j'étais jeune, pendant les vacances, j'étais presque tout le temps fourré dans la forêt, évidemment. Il y avait des gens très intéressants : les charbonniers, des types comme ça, j'étais toujours avec eux, moi, je les aimais bien [...]. Ils habitaient le pays, ils habitaient le village, comme les autres. Mais alors, au lieu de cultiver la terre, ils partaient en forêt, quoi, tous les matins, et ils revenaient le soir. C'est tout. » Marcel, lui, « probablement qu'il les connaissait, tout au moins il connaissait toutes les histoires et les rapports des gens entre eux. Il les observait beaucoup ».

Les étangs au bord desquels la Vouivre dépose son célèbre rubis, avant d'aller se baigner, sont très certainement ceux que l'on peut voir à quelques kilomètres à peine de Villers-Robert. On est en pleine forêt et, tout à coup, l'on découvre une trouée d'eau et de lumière, envahie parfois par les herbes et les roseaux, et toujours retenue par des vannes qui laissent passer de minces filets d'eau. L'étang est mystérieux car l'on y devine une vie complexe, abondante, riche, sans toutefois l'apercevoir véritablement. On comprend aisément alors qu'il ait été un lieu de légendes dans lesquelles l'homme a projeté ses craintes et ses espoirs. C'est dans ce décor que Arsène Muselier rencontre la Vouivre pour la première fois.

« Il marchait depuis quelques minutes et il vit, presque sans émoi, déboucher une vipère sur un croisement de sentiers. (...) Derrière la vipère apparut une fille jeune, d'un corps robuste, d'une démarche fière. (...) À la suite de la vipère, elle s'engagea dans le sentier menant à l'étang des Noues (...). Le premier moment de surprise passée, il ne pensa plus qu'à la rejoindre et à son tour entra dans le sous-bois. (...) En débouchant de la forêt, il fut d'abord ébloui. Le soleil était à l'autre bout de l'étang que partageait dans toute sa longueur un sillon étincelant. Vers le milieu, là où les eaux se resserraient dans un étranglement, des nappes d'herbes pâles brillaient comme un argent vif. Plus près, sur la droite, dans une anse profonde, des roseaux épais accrochaient encore un large pan de brouillard blanc qui s'étirait sur le rivage jusqu'à la forêt »[1].

Quant aux champs de seigle ou de blé que cultivent les héros de *La Jument verte*, ils évoquent ceux que Marcel Aymé avait connus dans son enfance et dont l'accalmie du dimanche l'avait tant frappé.

« En effet, le dimanche était jour de trêve dans la maison d'Honoré comme sur toute la campagne, une grande syncope des habitudes de la vie quotidienne. La plaine des labours et des prés perdait pour un jour une certaine unité de vie que les hommes au travail, les appels aux bêtes, le murmure de l'effort, l'arroi des attelages lui prêtaient dans la semaine. Quand Honoré poussait la charrue dans son champ, il n'avait qu'à lever la tête pour voir, labourant, les autres hommes du village, qui multipliaient son image jusqu'au loin, et il éprouvait un sentiment de sécurité à être ainsi associé dans le grand effort de la terre. »[2]

À Villers-Robert, Marcel Aymé a mené l'existence d'un petit paysan qui avait parfois la charge d'un troupeau et qui prenait souvent du bon temps.

« Je m'amuse bien avec Georges [son cousin Monamy], écrit-il le 3 août 1911 à Camille. Nous

1. *La Vouivre*, Chap. I et II, pp. 10-13-14, Gallimard, 1943.
2. *La Jument verte*, Chap. XI, p. 209, Gallimard, 1933.

allons à la pêche le matin et nous prenons du poisson. [...]. Nous allons nous baigner tous les jours. Georges et André [Monamy] savent nager ; Suzanne et moi, nous ne savons pas. »

La tuilerie qu'il a connue n'était pas celle que l'on peut voir de nos jours. La tante, Léa Cretin, à qui elle échut après la disparition des grands-parents, puis Suzanne et Édouard Muller, ainsi que Marie-Hélène et Jacques Sennepin, l'ont remaniée et considérablement embellie, en aménageant notamment la maison d'habitation, en plantant les magnifiques sapins et peupliers qui descendent jusqu'à l'Orain, la rivière toute proche, et en faisant creuser un étang. L'actuel bois de sapins, en particulier, occupe l'ancien emplacement de deux bâtiments où l'on fabriquait les tuiles. Quand Marcel vint vivre à la tuilerie à partir de 1904, elle périclitait, comme il l'a écrit lui-même dans *Les Jours* :

« La tuilerie, quand je l'ai connue, était sur son déclin et n'occupait plus, de façon régulière, que trois ou quatre ouvriers. »

Les grands-parents ne vivaient pas dans l'opulence, et le jeune Marcel eut l'occasion d'apprendre le sens de l'économie. Âgé de sept ans, le 15 mars 1909, il écrit à Camille en profitant d'une lettre de son frère Raymond, « pour que le gouvernement ne profite pas de mes dix centimes », précise-t-il. S'agit-il de l'ironie d'un esprit précoce ? Sans doute. Mais il se pourrait également que les adultes aient aussi tenu ce genre de propos autour de lui et qu'il se bornât à les répéter. De même, lorsqu'il demande au Père Noël quelques mois plus tard, « une boîte de compas entouré (sic) de papillotes », on devine qu'on lui a inculqué le sens du cadeau « utile ».

Bien qu'elle se déroulât dans une certaine gêne, la vie à la tuilerie n'en connaissait pas moins beaucoup de chaleur et d'affection. La sensibilité du jeune Marcel fut comblée par la qualité des liens qui unissaient les uns aux autres les membres de cette famille. Le ton de certaines de ses phrases ne trompe pas. À sa tante Léa, il écrit, le 21 mars 1910 :

« Pour te prouver que je pense à toi, cher (sic) tante, je te souhaite ta fête, en t'envoyant une fleur de violette. C'est tout ce que je trouve sous ma main. »

Quand il prend congé de Camille, il le fait toujours avec beaucoup de tendresse :

« Au revoir, chère sœur, lit-on à la fin d'une lettre du 15 mars 1909, je t'embrasse bien fort ainsi que la maman et les tantes. »

Au-delà des différences de caractères, de tempéraments, et d'intérêts, la famille de Marcel Aymé a toujours su préserver une unité certaine. D'ailleurs les grands-parents s'étaient employés à créer cette cohésion. Tous les étés, en particulier, Auguste Monamy et son épouse, Françoise, aimaient réunir leurs petits-enfants : Georges et André Monamy, fils d'Alix, Arthur, Camille, Georges, Raymond, Suzanne et Marcel Aymé, enfants d'Emma, ainsi que Jeanne et Renée Girardon, dite Nénette, filles de Cécile. « Cette joyeuse bande de cousins germains »[1] formait trois groupes. D'une part, les aînés, Georges et André Monamy, Arthur, Camille, Georges et Raymond Aymé, d'autre part, les cadettes, Suzanne et Jeanne, et, enfin, les benjamins, Marcel et Nénette. Il faut noter, du reste, que ces jeunes Monamy et Aymé ne se limitaient pas aux jeux des enfants de leur âge : parties de pêche, promenades, etc. Ils ajoutaient aussi des activités plus intellectuelles comme les discussions, la composition de poèmes aux rimes riches, le dessin, etc.

« Camille, notre sœur, a écrit Suzanne[2], s'intéressait à nous de très près. Elle nous a initiés à la musique, à la peinture, à l'histoire de France, racontant des

1. Lettre à l'auteur de Françoise Lepeley, fille de Jeanne Girardon.

2. *Cahier dolois n° 4*, p. 17, Bibliothèque de Dole.

légendes, récitant des poèmes, chantant des vieilles chansons(...). Arthur, notre frère aîné, alors élève à Saint-Cyr, était, après Camille, le plus proche de notre enfance. Il dessinait très bien. Je me rappelle combien il avait le souci de consoler Marcel, enfant hypersensible, quand il pleurait. Je le revois dessinant un saint-cyrien en grande tenue qui sortait de son crayon comme par enchantement. Pour finir, il le nimbait des rayons de la gloire, mais, depuis un moment déjà, Marcel ne pleurait plus. »

À son tour, d'ailleurs, il s'exercera au dessin, et, quelques années plus tard, lorsque Jeanne Girardon demandera à ses cousins de lui confectionner un album de souvenirs, elle obtiendra plusieurs croquis de Marcel, représentant le moulin de Vlarouba, nom local de Villers-Robert, la ferme qui jouxte la maison d'habitation de la tuilerie et divers personnages. Ces familles Monamy, Aymé et Girardon, qui se distinguent par leur culture et leurs talents, sont très représentatives de beaucoup d'autres qui, issues de milieux paysans, vont profiter, à la fin du XIXe siècle et au début du XXe, de la généralisation de l'instruction publique pour entreprendre une ascension sociale qui leur permettra d'accéder aux classes moyennes ou supérieures. Grâce à l'armée, Arthur Monamy et Arthur Aymé commenceront deux brillantes carrières, que Georges Aymé connaîtra à son tour jusqu'au grade de Général. Georges Monamy choisira de rester au Moulin, mais son frère André deviendra ingénieur et parcourra le monde pour y construire des routes et des ponts. Camille et Suzanne Aymé, ainsi que Jeanne et Renée Girardon firent de solides études qui les menèrent vers des carrières d'enseignante ou de bibliothécaire. Renée Girardon aura ainsi la responsabilité de la Bibliothèque du Conservatoire de Paris, puis celle de la Bibliothèque de la Faculté de Médecine de Montpellier. Marcel, lui, sera écrivain et témoignera souvent dans son œuvre de ces évolutions sociales dues principalement à la démocratisation de l'enseignement. Un personnage comme Lardut, dans *Le Bœuf clandestin*, en est un bon exemple. « J'étais d'un village, déclare-t-il. La maison, les bœufs, les prés, le temps de tout. J'avais des dispositions pour les maths. L'habileté à des petits jeux d'algèbre, ce n'est pas ce qu'il y a de mieux dans un homme, vous êtes d'accord. Ça vous mène pourtant à Polytechnique, à l'École des Mines, ça vous arrache d'un métier qui vous venait plein les mains. Et pour quoi faire ? Naturellement, je serai un bon ingénieur et mon patron sera content. Bûcheur comme je suis et prudent et radin, il y a même des chances pour que j'arrive à l'aisance, hargneux, décoré, aboyeur. »[1]

À Villers-Robert, le cercle de famille était même élargi, à la limite, aux journaliers car les repas de midi étaient pris en commun et ne manquaient pas d'animation. Auguste Monamy, le grand-père, les présidait, la carrure imposante, le crâne dégarni, le visage orné d'une moustache et d'une barbe blanches bien fournies. Il s'était intéressé très tôt à la politique, fut maire de Villers-Robert et conseiller d'arrondissement.

« Pendant les grandes vacances, lorsqu'il avait à table une quinzaine de ses enfants et qu'il prenait la parole, un silence religieux s'établissait aussitôt. Il parlait de la mort de la patrie ou du péril clérical sur un ton de gravité dont le souvenir m'est resté, a écrit Marcel Aymé dans *Les jours*. [...] On était anticlérical et radical. Il faut dire que les lois de la séparation de l'Église et de l'État étaient récentes et les esprits encore très montés. »

Françoise Monamy, sa femme, lui obéissait mais ne partageait pas toutes ses idées. En particulier, elle était restée croyante, ne manquait jamais d'esquisser une croix sur le pain avant de le couper et aurait bien envoyé Marcel à l'église. Mais Faustin l'avait interdit et Auguste l'approuvait. Néanmoins, après son décès,

1. Chap. XI, p. 91, Gallimard, 1939.

elle passera outre l'interdiction paternelle et conduira le plus jeune des Aymé à Dole, où elle le fera baptiser le 8 mai 1910. Le jeune prosélyte, âgé de huit ans, signera lui-même son acte de baptême en présence de son parrain, André Monamy, et de sa marraine, Suzanne Aymé. Il faut dire qu'à cette époque, l'on baptisait et communiait, même chez les radicaux. Ainsi, le 15 mars 1909, Marcel écrit à Camille : « Gaston fait sa première communion dans quinze jours à Chaussin. J'irai peut-être. » D'ailleurs, il communia lui-même le 29 septembre 1913.

Quel bonheur que la tuilerie pour l'imagination déjà fertile de deux enfants comme Suzanne et Marcel ! Tout les portait à croire à l'existence d'un monde merveilleux, peuplé de fées, de bêtes faramines et d'animaux doués de la parole... Ne disait-on pas alors que, la nuit de Noël, les bêtes se mettaient à parler... Le bestiaire de Marcel Aymé se constitua peu à peu durant ces années d'enfance. Bœufs, canards, vaches, poules, chiens, chats firent partie de son univers quotidien. « Maman a des poulets en cage, ils sont bons à vendre. Ont (sic) vous attend pour en manger dimanche », écrit-il à Camille le 19 décembre 1909. Le loup même était présent car il rôdait non loin, dans la forêt. On évoquait sa présence le soir venu, devant les grandes flammes du four qui réconfortait et inquiétait à la fois. Symbole de vie, de puissance, mais aussi d'anéantissement, le feu était l'objet de soins attentifs car il ne devait jamais s'éteindre. La cuisson des tuiles en dépendait et, de temps à autre, à leurs côtés, se glissaient de petits objets ou personnages que les ouvriers préparaient pour les deux jeunes enfants. On les aimait bien à la tuilerie. Ils étaient souvent là, dans les jambes, à suivre les travaux, à regarder, inquiets, le cheval aveuglé d'un sac pour tourner le malaxeur de terre glaise, ou à courir après la carriole qui allait chercher la matière première de l'autre côté du chemin, à la lisière de la forêt, là où existait déjà une tuilerie autrefois.

Plutôt silencieux et réfléchi, Marcel Aymé se signalait déjà, à cette époque, par ses talents d'observateur qu'il exprimait par le dessin. Beaucoup de ses croquis de jeunesse ne sont d'ailleurs que des reproductions de l'œuvre de Hansi, célèbre imagier alsacien de la première moitié du XXe siècle, qui incarna l'esprit patriotique et revanchard. De cette fréquentation de l'œuvre de Hansi, Marcel Aymé garda le goût de la caricature. Tout au long de sa vie, il s'est plu à tracer sur ses manuscrits des silhouettes de personnages typiques : gueux aux vêtements rapiécés, bourgeois aux ventres rebondis, femmes acariâtres ou accueillantes, enfants des rues, etc. Suzanne a confié, par exemple, que, très jeune, il avait dessiné la noce d'une Joséphine qui avait fait, « comme on dit en Franche-Comté, Pâques avant les Rameaux [et] il avait très bien observé la rotondité de sa silhouette [...]. Il l'avait rendue, alors que tous les autres personnages de la noce avaient un profil normal. » Ses cahiers d'écolier témoignent tous de cette passion pour les croquis qui annonce son art de l'évocation rapide qui est plus une suggestion qu'une réelle description. Point de tableaux fouillés, point de grandes fresques chez Marcel Aymé, mais des silhouettes traitées à la façon des caricatures, avec seulement un ou deux traits mis en évidence... Ainsi, dans *La Vouivre*, le maire de Vaux-le Dévers, Faustin Voiturier, était « un petit homme sec, dont les jambes de pantalon bouffaient sur des leggings en cuir verni jaune ». Quant à sa fille, Rose, elle est dépeinte comme « longue, maigre, voûtée, ni hanches ni mollets, un visage ingrat, étroit, pourtant bouffi et camus, et vingt-cinq ans d'âge qui étaient comme trente et plus et même davantage ».

Villers-Robert, comme beaucoup de villages, fut très instructif pour le jeune Marcel. Il put y observer des personnages bien typés dont il se souviendra dans son œuvre, comme Pierre Curie, dit « La Patte », qui lui suggéra Requiem, ou l'oncle Alix, dont la bonhomie se retrouve chez Honoré Haudouin qui « avait une merveilleuse facilité à être heureux et ne croyait pas qu'il y eût un sort plus enviable que le sien ». Gustalin rappelle aussi un certain garagiste de la région, et l'on peut se demander également si des nobles ruinés comme les Clérambard n'auraient pas été inspirés par les de Vaulchier du Deschaux. Cette famille habitait en effet un château de l'autre côté de l'Orain, près du moulin et tout le pays les connaissait. Un de Vaulchier avait même été élève-officier au 1er Dragons à Joigny, à l'époque où Faustin y était maître maréchal-ferrant. Les de Vaulchier du Deschaux, après avoir été à la tête d'une fortune considérable qui leur avait permis de mener grand train et d'avoir beaucoup d'employés, connurent le déclin et la ruine. Dans la mesure où la comtesse et sa sœur tricotaient beaucoup pour les pauvres, il est possible que cette activité ait suggéré à Marcel Aymé celle que le comte de Clérambard a finalement retenue pour sauver son château et nourrir sa famille. Mais il est vrai aussi que c'était là le passe-temps favori des femmes de la noblesse. De toute façon, Marcel Aymé n'a jamais été très bavard au sujet de ses modèles, et s'il s'est inspiré de l'un ou de l'autre, il l'a toujours fait avec habileté, sans transposer directement la réalité dans la fiction. Ses ouvrages ne sont jamais à clés car la mystérieuse alchimie littéraire a toujours mêlé les traits de caractère et les différentes scènes observées ici et là. C'était « un enregistreur extraordinaire, un magnétophone de génie », a pu déclarer Suzanne à Claude Jean-Philippe en 1974. Mais elle a eu raison d'ajouter que « même s'il est parti d'une réalité [...], toute son œuvre est d'imagination ». Toutefois, il est un domaine dans lequel il a largement puisé : celui des expressions et du vocabulaire franc-comtois. Outre quelques termes techniques qu'il a glissés dans ses romans de la campagne, comme la « seille » et la « bouille », il a pris aussi beaucoup de plaisir à rapporter des tournures que l'on employait volontiers à Villers-Robert. Il semble en être ainsi des propos de Gustalin au sujet de la Flavie :

« Elle a des fois des mots vexants, mais ce ne serait pas la mauvaise femme. Ce qu'il y a, c'est qu'elle est en train de faire sa ménopause, vous comprenez ? Quand les sangs de retour la travaillent, c'est tout de suite les humeurs qui remontent et son caractère qui redomine. Autrement que ça, je vous dis, pas mauvaise femme. »

Il faut dire aussi que l'on parlait français à la tuilerie, alors que l'on utilisait le patois dans beaucoup d'autres familles. Un esprit naturellement observateur et ironique comme celui du jeune Marcel a dû en tirer très tôt des remarques amusées, ne serait-ce qu'à l'école où les différences dues à l'intelligence et au langage ne faisaient que s'accentuer. Il se signala d'ailleurs par sa précocité et son aisance à suivre les leçons. L'instituteur lui confiait même parfois la responsabilité d'une division, et Marcel ne se privait pas d'utiliser la règle du maître pour taper sur les doigts de ses camarades. Juste revanche à l'égard de ce que certains lui faisaient subir sur le chemin de l'école ! Le trajet était en effet assez long entre la tuilerie et celle-ci, si bien que les enfants en profitaient pour régler leurs comptes, ou ceux de leurs parents. Quand Marcel « passait entre deux hauts talus boisés, endroit sombre qu'on appelait « les bauches » des camarades s'y cachaient, lui criant au passage « Tignassou, barbe à pou ». C'était là l'insulte de leurs parents à l'adresse du député d'alors, radical, anticlérical à barbe noire, qui venait à la tuilerie et au moulin. On était à l'époque de la séparation de l'Église et de l'État et des « inventaires ». L'hostilité entre Français était vive, voire féroce. Marcel s'en est toujours souvenu comme de ce qu'il y avait de plus détestable au monde : la haine. »[1] Il est vrai que cer-

1. *Les jeunes années de Marcel Aymé*, Suzanne Muller, *Cahier Dolois n° 4*, p. 17, 1980.

taines scènes qu'il a vécues à cette époque l'ont vivement impressionné puisque cinquante ans après, il les a encore évoquées dans la préface au livre de Paul Sérant *Où va la droite ?* :

« Mes compagnons d'école, écrivait-il, je veux dire ceux qui faisaient avec moi le chemin du retour et souvent celui de l'aller, me menaient la vie dure. On me reprochait hargneusement d'appartenir au clan abhorré qu'on assimilait à une tribu de sauvages, à une bande de malfaiteurs. On tournait en dérision tout ce que je disais, quand on ne m'empêchait pas de parler en couvrant ma voix. On se moquait de mes bérets et de mes bretons que je détestais pourtant, mon rêve étant de porter comme mes condisciples des casquettes et des canotiers. Il y avait aussi la quarantaine, et c'était le plus dur. Pendant un jour ou deux, parfois davantage, on ne me parlait pas, on conversait entre cléricaux en ignorant ma présence. »

On comprend mieux ainsi pourquoi Marcel Aymé détesta toute sa vie les querelles de clans, quelles qu'elles fussent. Sa volonté de ne pas en être prisonnier vient de ces années d'enfance où il eut tant à souffrir des rivalités politico-religieuses qui dressaient même les enfants les uns contre les autres.

Il faut se garder cependant de dramatiser car les écoliers savaient s'instruire et s'amuser en oubliant les divisions des adultes. Le maître leur faisait la morale et leur apprenait des formules édifiantes comme : « Tant vaut la famille, tant vaut la société », « La désobéissance aux parents est toujours punie », « L'enfant à tout âge doit honneur et respect à ses père et mère » ou « Bien voter, c'est bien choisir ». En mathématiques, Marcel Aymé a reconnu lui-même que « l'hectare ou le quintal n'étaient pas pour (lui) des notions abstraites, l'un étant représenté par un certain enclos et l'autre par les sacs de farine qu'(il) voyait manipuler au moulin chez (son) oncle ».

Il est certain que cet enseignement était bien

concret. Ainsi, le 29 octobre 1909, il s'agissait de résoudre le problème suivant : « Un ouvrier gagne 6 F par jour mais chaque lundi, il passe son temps à l'auberge où il dépense 4,25 F en moyenne. Il fume en outre pour 0,35 F. Combien ces déplorables habitudes lui feront-elles perdre pendant l'espace de vingt-cinq ans ? ». Le 13 novembre, il fallait savoir combien l'on avait déboursé, compte tenu du fait qu'on avait acheté « à 95 F l'are deux propriétés ayant comme surface, l'une 7 hectares 15 ares 25 centiares, l'autre 425 ares et 6 centiares ». En matière de rédaction, les écoliers devaient développer aussi des sujets qu'ils connaissaient bien. Il leur était ainsi demandé :

« 1. Combien avez-vous de livres de classe et quels sont-ils ?

2. Quel soin prenez-vous de vos livres ? ».

À cette seconde question, le jeune Marcel répondit avec beaucoup d'application :

« J'ai bien soin de mes livres ; je les protège par une couverture, j'évite les taches d'encre ; je ne mouille pas mon doigt pour tourner les feuillets ; j'évite aussi d'arracher les feuillets et d'écrire dessus ».

Voilà qui est parfaitement édifiant mais n'annonce guère l'écrivain. Par contre, il n'est peut-être pas très loin lorsqu'il évoque la journée du chasseur, le 6 novembre 1909, en écrivant :

« 1. Dès l'aube, le chasseur se lève, s'habille, ouvre la porte, regarde le ciel. “Beau temps, se dit-il, je vais aller faire un tour au bois. ”

2. Il déjeune, prend son fusil, regarde s'il ne lui manque rien, allume sa pipe, siffle son chien et part. À la sortie du village, il charge son fusil, le place sous son bras et s'éloigne.

3. Le chasseur traverse les champs en marchant tranquillement, l'œil au guet ; il traverse un champ de betteraves, rien ; un champ de pommes de terre, rien ; un champ de trèfle, rien ; il est midi, il casse la croûte avec son chien qui est couché devant lui ; l'après-midi

il retourne à la chasse ; il entre dans le bois, il passe un lièvre, pan, il le manque ».

Mais la journée que préféraient les enfants, c'était quand même le jeudi car ils pouvaient se réunir et s'amuser. L'un d'eux, Célestin, a confié à Claude Jean-Philippe : « Le jeudi, c'était rassemblement chez eux, avec son cousin, Georges Monamy, mon frère Francis, Raymond Gravier ; bien... on allait, et puis lui, Marcel, demandait la permission à sa grand-mère pour aller jouer dans une petite maisonnée qui leur appartenait, qui était dans leur propriété, à deux cents mètres de l'habitation. Alors, on allait là-bas et puis on était très bien placés pour faire nos petites fredaines par là (...). Georges trouvait toujours du tabac, des pipes. Il apportait tout ça et puis on fumait la pipe. Ma foi, on se racontait des histoires à celui qui pouvait dire la plus belle. Mais c'était pas souvent du catéchisme ! Quand on avait fini, on rentrait à la maison chez lui, sa grand-mère nous donnait chacun un morceau de chocolat ou un bonbon, quelque chose, et puis on s'en allait contents ».

Mais le grand-père décéda en 1908 et son épouse ne lui survécut que deux ans. Cette famille Monamy n'a pas été épargnée par le sort. Auguste et Françoise avaient eu huit enfants et, déjà, l'aîné, Arthur, lieutenant d'infanterie de marine, était mort en Cochinchine à vingt-sept ans, préfigurant étrangement le destin du frère aîné de Marcel, prénommé également Arthur. Puis ce fut le décès d'Emma en 1904, et, en 1909, celui de l'une de ses sœurs, Malte, âgée de quarante-quatre ans.

« Nous avons tante Malte depuis dix-huit jours », écrit Marcel à Camille, le 15 mars 1909, « elle a vomi beaucoup de sang. Elle ne prend que du lait, et du champagne, avec de la glace ».

Elle laissa cinq enfants et « c'est ainsi que nous avons pu être onze orphelins à la table de la tuilerie », remarque Suzanne dans le *Cahier dolois N° 4*. De son vivant, le grand-père enseigna toujours le stoïcisme en déclarant volontiers : « Ne pleurez pas les morts. Vivez comme s'ils étaient là ». Il n'empêche que la vie quotidienne fut parfois bien assombrie à la tuilerie.

À la mort des grands-parents, la propriété revint à l'une de leurs filles, Léa Cretin, qui vécut à Dole et y tint une mercerie à l'enseigne du Fuseau d'Or, 6 rue des Arènes. Courageuse, peu fortunée, Léa fit d'abord quelques frais pour aménager la tuilerie, mais elle finit, quelques années après, par être contrainte de la mettre en vente. Fort heureusement, aucun acheteur ne se présenta et cette propriété put rester dans la famille. C'eût été un déchirement pour tous s'il avait fallu la céder car ils y étaient très attachés.

À la fin de la vie de ses parents, Léa Cretin avait accueilli Suzanne, afin de les soulager, mais venait leur rendre visite presque tous les dimanches.

« De Dole, un petit train, supprimé depuis, nous déposait en gare de Parcey où la voiture du grand-père nous attendait. Robinson était un cheval capricieux. Au bas d'une côte, il ne repartait pas toujours volontiers — il y en avait sept de Villers-Robert à l'As de Pique [près de la gare] — et le lundi, revenant à Dole, la peur nous prenait au bas de la Veuge de manquer le train à la gare de Parcey. Parfois, l'aimable chef de gare, heureusement, entendant le pas de Robinson sur le pont de la Loue, patientait avant de siffler le départ du train. Dans le compartiment, ma tante et moi nous nous remettions de notre angoisse. »[1]

Lorsque sa mère fut décédée, Léa continua à veiller sur l'éducation de Suzanne mais ne put immédiatement prendre en charge Marcel, car elle devait soigner son propre mari, qui mourra deux ans plus tard, en 1911. Pendant quelque temps, Marcel fut recueilli par un de ses oncles, Alix, qui avait hérité du moulin et de la scierie de Villers-Robert, de l'autre côté de l'Orain,

---

1. *Cahier dolois n° 4*, pp. 13-14.

non loin de la tuilerie. Figure célèbre de la région, Alix Monamy fut maire de son village de 1904 à 1944, après avoir été adjoint pendant huit ans. Gens du village, cultivateurs, gendarmes de la brigade de Chaussin en tournée, tout le monde venait au moulin prendre les avis et les conseils de cet homme qui fut véritablement très populaire.

« Je retrouvais d'ailleurs au moulin, a écrit Marcel Aymé dans *Les Jours*, une certaine manière d'être avec les gens qui était celle de mes grands-parents et qui pourrait se définir comme le respect de la personne. On témoignait la même attention, la même considération à tous, sans distinction de rang ni de condition, mais avec une recherche de gravité et de cordialité lorsqu'on avait affaire aux plus misérables, aux disgraciés et aux pauvres d'esprit. »

Ce témoignage a d'ailleurs été confirmé par Raymond qui a raconté à Claude Jean-Philippe que son cousin Georges, un jour, pour venir en aide à « une femme du pays qui n'avait pas d'argent et qui n'avait pas de bois pour se chauffer l'hiver [...], est allé lui couper du bois à la scierie et [...] s'est coupé trois doigts de la main droite. Alors, il écrivait après [...] avec le pouce et le petit doigt ». Georges trouva tout à fait naturel d'avoir été charitable, même si son acte s'était retourné contre lui, et Marcel en fut très impressionné. Des années après, il en parlait encore et fit siens le respect d'autrui et la générosité. Tout être humain mérite la considération aux yeux de Marcel Aymé, et même le plus abject peut être sauvé. Il aura toujours de la sympathie pour tous ses personnages et se sentira toujours prêt à regarder avec sollicitude celui que la société rejette. Il en sera ainsi du condamné à mort à l'exécution duquel il avait assisté pour le compte de l'agence Radio, en 1925 :

« C'était un petit homme trapu, un peu gras, dont le visage rond rayonnait la franchise et la bonté. Ses yeux étaient pleins de douceur et de tendresse. L'innocence de cet homme ne pouvait être mise en doute, même s'il était vrai qu'il avait coupé sa femme en morceaux. Quelques pas seulement me séparaient de lui, je le voyais de face et je le reconnaissais pour un frère, un homme tout proche de moi, infiniment plus proche que ne pouvaient l'être ceux qui l'avaient condamné. »

On peut dire aussi que le soutien qu'il apportera en 1945 à Robert Brasillach pour tenter de lui éviter le poteau d'exécution vient, outre l'amitié qu'il avait pour lui, de cet attachement profond au respect de l'être humain, quel qu'il soit et quoi qu'il ait dit ou pensé. Au moulin, l'oncle Alix, à la voix forte et rude, ne mâchait pas ses mots, surtout contre les cléricaux, et Marcel Aymé a dû souvent penser à lui en mettant en scène ses villageois hostiles aux porteurs de soutane. Il est bien possible, par exemple, que Philibert Messelon, le maire républicain de Claquebue dans *La Jument verte*, lui doive quelques-uns de ses traits de caractère, notamment lorsqu'il s'inquiète des manœuvres des cléricaux pour le remplacer à la mairie.

« Il y en a qui ont presse de me voir passer pour prendre ma place, déclare-t-il à Honoré. Va, les cléricaux ne s'endorment pas.

— Ils ne sont tout de même que quatre au conseil, objecta Honoré.

— Mais des têtus et des dangereux. Et s'il n'y avait que ceux-là, encore... »

Marcel Aymé a souvent été le témoin d'attitudes ou de propos anticléricaux de la part de son oncle, en particulier lorsque, devenu adulte, il reviendra au pays de son enfance. Ainsi, dans une lettre à son frère Georges, non datée mais qui doit être de 1925 ou 1926, il remarque :

« L'oncle Alix, à qui on faisait l'éloge du défunt (curé de Dole), a observé un silence réticent. Mais j'ai senti frémir en lui la fibre anticléricale des Monamy et une langueur a passé dans son œil, comme s'il avait pensé à Georges Ponsot. »

Dans une autre lettre à Georges, non datée également mais probablement de 1928, il prend un visible plaisir à noter :

« Oncle Alix est venu la semaine dernière, très ému parce qu'on envoie à Villers-Robert une institutrice dont le mari est sacristain. Il voyait déjà ledit sacristain ouvrant le portail de la maison commune à tous les calotins, et se disposait à aller trouver le préfet pour éliminer l'institutrice. Tante et moi l'en avons dissuadé ».

Le 24 avril 1929, en pleine rédaction de *La-Table-aux-Crevés*, il annonce à Georges : « Moi, dans deux semaines à peine, à Dole et à Villers-Robert, suppôt du radicalisme et chasse-soutane ».

Marcel Aymé ne resta pas longtemps au moulin car sa tante le trouvait sournois. En fait, c'était un enfant qui ne s'extériorisait guère et qui avait été marqué par les décès successifs de sa mère et de ses grands-parents. Il parlait assez peu et écoutait beaucoup, surtout en présence des adultes. Avec les autres enfants, il savait rire, parler, jouer, et s'entendait très bien avec ses deux cousins Georges et André Monamy. Il restera d'ailleurs toujours proche d'eux, ne manquant pas de leur rendre visite ou de donner de leurs nouvelles. Ainsi, lorsque André, devenu ingénieur, travaillera en Amérique du nord, notamment à la construction d'un pont sur le Saint-Laurent, Marcel Aymé informera souvent Camille de ses déplacements.

« André a quitté New York pour Boston, lui écrit-il le 24 mai 1927, où il a trouvé une situation satisfaisante. Je n'ai pas de détails car la tante Berthe, malgré les invitations de l'oncle Alix, ne veut pas me faire voir les lettres que mon regard profanerait, sans doute. »

Deux ans plus tard, André est en France et Marcel le signale à Camille :

« André Monamy est arrivé hier soir de New York mais nous l'avons vu à peine cinq minutes. Il est

Faustin Aymé *(D. R.)*.

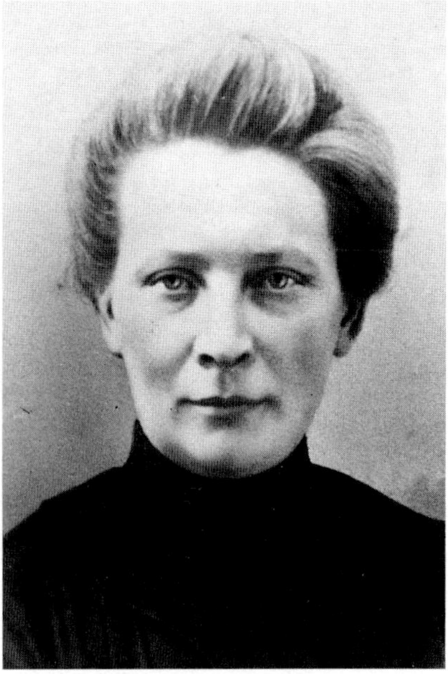

Emma Aymé *(D. R.)*.

Léa Cretin *(D. R.)*.

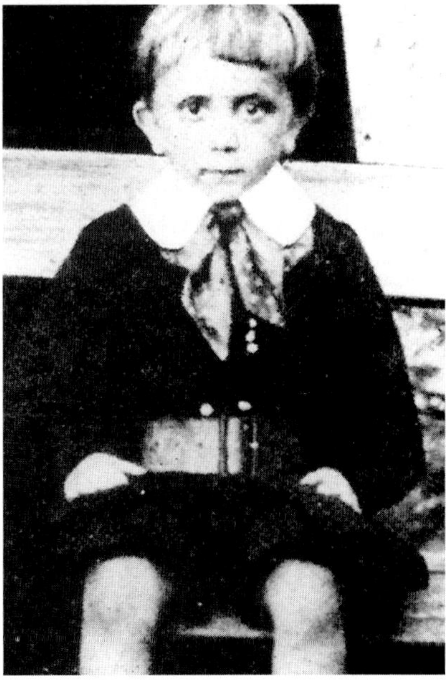

Marcel écolier *(D. R.)*.

Photo prise à la Tuilerie vers 1905. En bas, de gauche à droite : Gaston Bessey, Georges Monamy, Jeanne Girardon, Suzanne et Marcel Aymé. Au milieu, de gauche à droite : Albert Bessey, Malte Bessey, Françoise Monamy, Auguste Monamy, Cécile Girardon, un cousin Bessey. En haut, de gauche à droite : Pierre Cretin, Léa Cretin, Madame Tourgon, Alix Monamy, Berthe Monamy, Camille Aymé, Georges Aymé *(D. R.)*.

Marcel et Suzanne *(D. R.)*.

Arthur Aymé *(D. R.)*.

Georges Aymé *(D. R.)*.

Camille Aymé, à droite, à côté de Mademoiselle Viaud et d'une amie *(D. R.)*.

Le 1er Dragons à Joigny *(D. R.)*.

Le quartier de Cavalerie Dubois-Thainville à Joigny *(D. R.)*.

Le Collège de Joigny *(D. R.)*.

Maison natale de Marcel Aymé à Joigny *(D. R.)*.

Église, cure et école de Villers-Robert *(D. R.)*.

L'ancienne Tuilerie de Villers-Robert *(D. R.)*.

Collégiale de Dole *(D. R.)*.

Rue des Tanneurs, à Dole *(D. R.)*.

L'ancien Moulin de Villers-Robert *(D. R.)*.

Marcel face à lui-même *(D. R.)*.

Groupe de collégiens : en bas, à gauche Marcel Aymé *(D. R.)*.

Mariage de Camille et de Paul Muster *(D. R.)*.

Au mariage de Camille, Marcel, à gauche, et Georges, à droite *(D. R.)*.

De gauche à droite : Raymond, Camille, Suzanne et Marcel Aymé *(D. R.)*.

reparti aussitôt pour Villers-Robert en auto. Peut-être le Moulin viendra-t-il à Dole le jour de Noël. »

Cet André Monamy aura un fils, prénommé comme lui, qui mourra très jeune. Marcel Aymé se souviendra alors de l'amitié qu'il avait eue pour son père et de leurs liens familiaux, en soutenant du mieux qu'il pourra, sa veuve Jacqueline. Une enfance perturbée et attristée par de nombreux deuils explique aussi son sens très profond de la famille et sa grande disponibilité pour secourir les uns ou les autres, qu'ils fussent proches de lui ou plus éloignés.

V

Études

En octobre 1910, Marcel Aymé entra en 7e au collège de Dole, et il a souvent déclaré ou écrit, à propos de ses études, qu'il avait été un mauvais élève. Dans *Les Jours*[1], par exemple, on lit :

« La guerre de 1914 fit de moi pendant trois ans le dernier des cancres. »

Il a même raconté un incident significatif qui l'a opposé à sa tante Léa qu'il aimait pourtant beaucoup :

« Ma tante regrettait que je fusse un mauvais élève mais ne m'en faisait pas de trop vifs reproches, et disait avec l'aînée de mes sœurs qu'elle avait néanmoins confiance en moi. Une seule fois, elle laissa paraître son dépit. C'était en juillet 1914, après la distribution des prix. Mon cousin André déjeunait à la maison avec ses parents. Reçu au bac avec la mention « très bien », il avait eu quatorze prix qui étaient empilés sur la desserte de la salle à manger. Pour ma part, je n'avais eu qu'un prix d'encouragement qu'on appelait, par charité, prix d'honneur et de mérite. Pendant tout le temps du déjeuner, je m'étais tenu coi car ma tante,

1. *Op. cit.*, p. 41.

qui avait assisté aux prix, donnait des signes de nervosité. André et ses parents évitaient généreusement de rien dire qui pût me mettre dans une situation difficile. À la fin du repas, je me croyais tiré d'affaire lorsque ma tante, regardant la pile des quatorze prix, avait prononcé : « Marcel, je n'ai pas vu tes prix ». Le silence s'était fait autour de la table, tandis que je me sentais blêmir. « Va chercher tes prix », ordonna-t-elle d'une voix dure. J'allai chercher dans le coin où je l'avais dissimulé mon prix d'honneur et de mérite. C'était un petit livre de rien du tout, intitulé *L'Amiral Pothuaux*. Je le tendis à ma tante qui me le flanqua à la tête ».

En fait, lorsqu'il raconte cet incident, Marcel Aymé se trompe. Certes, la réprimande de la tante Léa a bien dû avoir lieu, mais *L'Amiral Pothuaux* n'est pas le prix qu'il a reçu en 1914. Ce volume lui avait été décerné en 1911, à l'issue de sa 7e, ainsi que Marie-Hélène et Jacques Sennepin, neveux du romancier, l'ont fait remarquer, preuve à l'appui, lors de la remise officielle du livre à la bibliothèque de Dole, en avril 1997. Deux souvenirs se télescopent donc dans sa mémoire à propos de cette scène. Toutefois, le fait qu'il s'en souvienne encore quand il rédige *Les Jours*, en 1960, souligne combien il a été marqué.

Il est vrai que les résultats scolaires de Marcel Aymé ont été moins brillants que ceux de ses aînés ou de ses cousins. En particulier, à l'époque où il fréquentait le collège de l'Arc, André Monamy se distinguait dans presque toutes les disciplines. Ainsi, la distribution des prix de 1911 le récompensa en orthographe, composition française, histoire et géographie, morale, allemand, mathématiques, comptabilité, sciences naturelles, physique, chimie et dessin.

Marcel, lui, avait bien profité des leçons de l'instituteur de Villers-Robert car ses résultats de fin de 7e furent très satisfaisants, dans la mesure où son nom fut cité onze fois dans les différents prix et accessits. Le 3 août 1911, il écrit fièrement à Camille :

« J'ai eu le prix d'honneur, un prix d'histoire et deux prix de gymnastique et j'ai été appelé quatorze fois ». Quatre mois plus tard, il confie à Suzanne :

« Je me plais toujours bien au collège. Je suis encore au tableau d'honneur ce mois-ci ».

Toutefois, l'année suivante, il redoubla sa 6e « parce que (...) comme je me présentais au concours des bourses, on m'avait jugé trop faible pour affronter celui de la 5e et j'avais concouru pour la 6e » [1].

Après ce redoublement, son nom fut cité neuf fois lors de la distribution des prix, en orthographe, narration française, version latine, thème latin, allemand, histoire et géographie, arithmétique, dessin et récitation. En juillet 1913, il termina également sa 5e en bon rang mais fut un élève médiocre en 4e et 3e. Il se reprit en 2e, 1re et terminale. Son livret scolaire fournit peu d'appréciations de ses professeurs pour la classe de 2e qui se termina en juillet 1917, mais un relevé de notes le présente plutôt comme un bon élève. S'il lui arrive de ne pas obtenir la fatidique moyenne en version latine, physique, chimie ou allemand, il obtient de très bonnes notes en composition française et en mathématiques. En juin 1918, à la fin de la 1re C, ses professeurs lui décernent des éloges et, pour le moins, des encouragements. Le proviseur résume l'opinion générale en le présentant comme un « élève d'une intelligence très vive qui a fait des progrès particulièrement satisfaisants en sciences ». En terminale, il tient la tête de classe, avec des places de premier en mathématiques, de deuxième en français, histoire, sciences naturelles. En allemand et physique-chimie, il est troisième et quatrième. Ses professeurs le tiennent toujours pour un élève intelligent, consciencieux et travailleur. Le chef d'établissement note qu'il a « beaucoup de facilité » et que « travail et progrès » ont été « très satisfaisants ». Ce n'est donc pas un heureux hasard s'il

1. *Les Jours*, *op. cit.*, p. 38.

obtient, le 8 juillet 1919, son baccalauréat latin-sciences-mathématiques, alors qu'il est seulement âgé de dix-sept ans.

Est-ce à dire que Marcel Aymé a été un élève modèle ? Certainement pas. La mercuriale de la tante Léa, qui l'a tant impressionné en juillet 1914, s'imposait car il était en train de gâcher ses chances. « Marcel, il était un p'tiot peu chahuteur, se souvient Henri Besson, dit Caisson. Avec le père Duclos entre autres, un pion qui habitait rue du Gouvernement. Il était sourd. Marcel lui demanda un jour : « M'sieur, j'peux aller coucher avec vot' fille ? — Oui, répondit le vieux... Et mon Marcel sortit faire un petit tour ! » (*Les Dépêches*, 28 juin 1977). Dans le même registre, l'un de ses anciens condisciples, Armand Saget, nous a raconté aussi que des professeurs à la retraite avaient repris du service pendant la Première Guerre, pour remplacer tous ceux qui avaient été rappelés. Or, ils n'étaient plus de la première jeunesse et avaient parfois du mal à entendre, ce qui réjouissait les collégiens. Avec un nommé Vigneron, ils prenaient ainsi un malin plaisir à lui demander de sortir pour aller aux toilettes. Marcel Aymé se présentait en quatrième position et disait au vieil homme qu'il s'en allait avec sa femme. Invariablement, il s'entendait répondre : « Mais non ! Il y en a déjà trois ! ». On rapporte aussi que lorsque le principal du collège, un dénommé Crébessac, qui fumait toujours des cigarettes attachées l'une au bout de l'autre, lisait son journal tout près de ses yeux myopes, sur le pas de la porte, Marcel Aymé, jeune potache hardi, se glissait entre le journal et le mur... À l'occasion, Marcel se signalait aussi en jetant du poivre sur le poêle à charbon, ce qui rendait l'atmosphère irrespirable, entraînait des punitions collectives, mais aucune dénonciation.

Toutes ces plaisanteries sont, bien sûr, à l'origine de nouvelles comme *A et B*, dans laquelle un certain élève Salignon perturbe le cours de français en faisant brûler du caoutchouc :

« Salignon était coupable. La veille au soir, en quittant la classe, il avait disposé sur le poêle éteint de menus morceaux d'une vieille chambre à air de bicyclette ; ce matin, un quart d'heure après l'entrée, la fonte s'échauffait, provoquant la puanteur désirée. »

On se souvient également de l'élève Martin, « un enfant de douze ans qui en paraissait quatorze, au visage blême et osseux, une peau boutonneuse, des paupières gonflées et des lèvres épaisses, crevassées »[1], qui est accusé par le surveillant général Escuelle d'être l'auteur du cryptogramme « L.N.S.Q.L. » désignant sa femme, Hélène Escuelle, associé à un dessin obscène.

De ses années de collège, Marcel Aymé a retenu aussi quelques noms ou modèles pour ses futurs personnages. Il y eut ainsi au collège de l'Arc, un René Duxin, nom du boucher dans *Lucienne et le boucher*, et un Georges et un Jules Michaud, patronyme que l'on retrouve dans *Le Chemin des écoliers*. Les proches de Marcel Aymé ont aussi pensé que Brûlebois avait la nonchalance de Charles Laurent, grand ami de l'auteur depuis leurs études au collège de l'Arc. Le Bombé d'*Aller retour* porte le surnom d'un fonctionnaire de la Recette des Finances, selon le témoignage de Mme Varéchon, ancienne employée de la tante Léa.

Il garda beaucoup de souvenirs de cette période, comme cette curieuse photo, publiée par *Paris-Match* en octobre 1967, lors de son décès, qui le montre... face à lui-même. Elle a beaucoup intrigué tous ceux qui l'ont vue et l'on a parlé de truquage en brodant sur son goût pour le fantastique. Or, il n'en est rien. Grâce à Jean Vernier[2], auteur de ce document, l'on sait qu'il a été « laborieusement exécuté au cours d'un jeudi après-midi passé ensemble vers 1912. Utilisant comme fond une grande couverture rouge uni, j'avais pris une première photo de Marcel Aymé, sans béret...

1. *Derrière chez Martin*, Gallimard, 1938, p. 74.
2. *Paris-Match*, 25-11-67.

mais avec son habituel air rêveur. Puis, ayant fermé l'obturateur de mon appareil à plaques rigoureusement immobilisé pendant le laps de temps qui permit à Marcel d'aller s'asseoir, coiffé du béret cette fois, de l'autre côté de la table, je repris une deuxième photo... ».

Tous ces jeunes gens aimaient bien la plaisanterie, les longues parties de pêche dans le canal du Doubs et les flâneries dans certains cafés. On sirotait une grenadine pendant des heures pour le plaisir de jouer au billard. Parfois, il fallait s'enfuir à toutes jambes car on venait de crever le tapis vert... Il leur arrivait même d'aller rôder du côté de chez Antoine, place du Champ de Foire, mais les muses qui y invitaient les jeunes gens aux plaisirs d'Eros ont omis de nous laisser leurs Mémoires... Seule l'une d'elles, Manon, pensionnaire du 16 rue des Prisons, est passée à la postérité grâce à sa photographie parue dans un *Crapouillot* consacré aux maisons closes. Elles ont aussi probablement inspiré « les filles à Tétère » du *Moulin de la Sourdine*, qui ne sont, pour le brigadier Maillard, que « deux bougres de salopes ! (...), des roulures à quarante sous ! des sans-jupons ! de la viande à Kabyles ! la honte du quartier ! la pire pouillerie de la Malleboine ! ».

À Dole, la tante Léa veillait sur les études et les fredaines de Marcel. Après le décès de son mari, en 1911, et après avoir placé quelque temps Suzanne et Marcel chez les Tourgon, à Joigny, elle avait repris les deux enfants qui logèrent dans sa maison des Tilleuls, rue Dusillet, aujourd'hui rue Marcel Aymé. La maison était assez grande et surplombait le canal du Doubs. La tante était locataire du premier étage qui donnait sur une terrasse. Elle fut, pour Marcel, « la plus vigilante et la plus tendre des mères », a-t-il écrit dans *Les Jours*.

« Âgée de trente-quatre ans, elle avait un beau visage grave, une élégance sans apprêt, aussi bien dans la parole que dans la démarche, une tête bien organisée et une merveilleuse générosité de cœur. Elle était alors employée de magasin et, tout en travaillant neuf heures par jour au dehors, elle avait dans sa maison une présence chaleureuse. »[1]

Cette femme de tête influença considérablement Marcel Aymé durant son adolescence et ses premières années d'adulte. Longtemps partagé entre Paris et Dole, il trouvera toujours refuge aux Tilleuls où l'attendront sans cesse sollicitude, compréhension, tendresse et admiration. Non seulement il ne fit pas naufrage, grâce à elle, mais encore il subit et apprit quelques règles de vie utiles pour sa carrière. Il semble, en particulier, qu'elle lui inculqua le goût du travail régulier, bien fait, ainsi qu'un certain sens des responsabilités. Quoi qu'il en ait dit, il sera toute sa vie le contraire d'un dilettante. C'est sans doute en voyant sa tante s'user au travail et faire face continuellement à ses engagements qu'il en prit l'habitude pour lui-même. Pendant la Première Guerre mondiale, elle se dévoua pour soigner les blessés, et suivait leur enterrement quand aucun membre de leur famille ne venait les accompagner. Marcel gardera toujours beaucoup de tendresse à son égard et s'adressera toujours à elle avec une extrême gentillesse.

« Je n'ai pas de nouvelles depuis quelque temps, lui écrit-il le 24 janvier 1927, et comme je sais les petits malades[2] et que tu es surmenée, il me tarde d'en avoir ». « Petite Tante », l'appelle-t-il le 12 janvier 1928, avant de lui confier : « il me semble qu'il y a longtemps que je ne t'ai pas vue ». « Tante a été très souffrante la semaine dernière, une manière d'angine, annonce-t-il à Camille le 26 mai 1928. Elle va mieux maintenant mais elle a besoin du beau temps pour se rétablir. Écris-lui souvent, elle en est si heureuse ».

Mais il ne faudrait pas croire que la tante Léa, à

1. *Op. cit.*, p. 38.
2. Les enfants de Raymond, Simone et André.

cause de toutes ses difficultés, était triste et faisait régner la morosité autour d'elle. Ayant eu à assumer les conséquences des décès de ses sœurs, de ses parents, de son mari, elle acceptait néanmoins, le cas échéant, l'enthousiasme et la joie débordante de ses neveux et nièces. Dans une petite ville comme Dole, où les distractions étaient rares, elle les laissait volontiers organiser des soirées où l'on invitait des amis comme Charles Laurent, René Chausset ou René Monneret. On avait alors recours à de petits billets pour annoncer, par exemple, que Mlles Jeanne Girardon, Suzanne et Marcelle (sic) Aymé donneraient une séance le soir, à neuf heures précises, dans la salle à manger. Sur l'un de ces programmes, on peut lire : « *La Bergère*, pièce en un acte, chant, et *La Reine s'ennuie*, pièce en un acte de Victor Hugo ».

À l'époque des vacances, les jeunes Aymé se retrouvaient chez leur tante et « c'était un déferlement intellectuel, un bouillonnement de récits, de discussions, de plaisanteries, a confié Suzanne à Claude Jean-Philippe, en 1974. Les aînés avaient pour nous un grand prestige, n'est-ce pas, par exemple les trois frères, bien sûr... Il y avait Georges, le futur général de corps d'armée, là, tout général qu'il devait être, il aimait beaucoup les facéties, alors il nous en racontait. Et puis, il était très grand lecteur, très bibliophile, alors, il savait tout. On était devant lui [...] pleins d'admiration. Raymond, que vous avez rencontré, ah, c'était... il était tellement séduisant, grand, sportif, et tout ce qu'il racontait, le moindre récit, c'était irrésistible. Il avait un humour ! [...] Et puis, il était très généreux, alors il nous racontait ses voyages, il nous rapportait des dents d'éléphants, des figurines africaines, des crocodiles en ivoire... tout ça c'était très drôle. » Quant à Marcel, « il pouvait même être intarissable parce qu'il aimait les histoires drôles et puis il demandait... il posait des questions. Naturellement, il était extrêmement curieux d'esprit [...]. Seulement, comme il n'a jamais parlé de lui ni de sa famille, on ne s'en doutait pas. On a retenu surtout ses grands silences parce qu'il écoutait, ce n'était pas parce qu'il n'avait rien à dire, non, parce que ce qu'il avait à dire, il l'a dit ensuite, dans son œuvre. »

Durant toutes ces années, Marcel Aymé a passé des vacances entières à lire des auteurs comme Spengler, Thomas Hardy, Faulkner ou Hemingway. On peut d'ailleurs se demander si Oswald Spengler et sa philosophie de la décadence ne sont pas à l'origine d'une certaine nostalgie présente dans beaucoup de ses propos. À plusieurs reprises, en effet, il a condamné le présent et regretté le passé. Selon lui, il y aurait déclin. Le monde dans lequel il vit, ne serait que le pâle reflet de celui d'autrefois et le moindre détail est l'occasion de le faire remarquer. Il estime ainsi que les plaisirs de la chasse sont délaissés à tort. « Il est admis maintenant que la chasse est une distraction de barbon, et un homme ne peut plus compter sur les guêtres, le fusil et le chapeau à plume, pour se rajeunir »[1]. Il déplore aussi « la fin de la piquette »[2] qui n'était pas un vin de mauvaise qualité, mais « un sous-produit du raisin, obtenu en arrosant d'eau du marc déjà pressé ». Avec le « pain actuel, en pâte d'amidon » qui ne vaut pas « le pain noir de jadis », écrit-il, « nous avons déjà le pain unique, et nous allons à la boisson unique. Demain nous aurons le légume unique, la coiffure unique, etc. ». En aucune circonstance, Marcel Aymé ne rate l'occasion de célébrer le passé et de médire du présent. Dans le domaine de la chanson, il constate[3] qu'elle n'existe plus comme autrefois pour raconter des faits divers notoires. Il se souvient d'avoir entendu « célébrer, sur l'air de *La Valse brune* », les exploits de Bonnot, Garnier, Raymond-la-Science et autres ». Mais le

1. *Du côté de chez Marianne*, Gallimard, 1989, p. 60.
2. *Ibid.*, p. 256.
3. *Ibid.*, p. 112.

cinéma parlant, le phonographe et la radiophonie ont porté un coup mortel aux chansons populaires. « On ne peut rien contre ces puissances, conclut-il mélancolique, il n'y a qu'à reprendre au refrain ». Le passé était aussi l'époque où les peaux d'un blanc laiteux étaient à la mode et « quand on apercevait un coin de peau nu entre la fesse et la jarretière d'une élégante montant en voiture, les témoins ne trouvaient pas d'expression qui en traduisît la couleur [1]. D'ailleurs, l'événement était si rare qu'il emplissait les colonnes des journaux pendant des semaines, et très souvent, il provoquait des émeutes qui faisaient tomber le gouvernement. Je vous parle d'une époque où l'on savait encore se distraire — les personnages de mon âge me comprendront », écrit le 15 août 1934 notre chroniqueur âgé de... 32 ans. Même le crime n'est plus ce qu'il était. Autrefois, il « obéissait à des lois, à une sorte de nécessité esthétique qui en ordonnait la mise en scène et en déterminait les moyens d'exécution. (...) Aujourd'hui, on assassine autant et plus que par le passé, mais sans goût, sans discipline [2] ». Toute sa vie durant, Marcel Aymé a nourri ce goût pour le passé au détriment du présent, et ce n'est donc pas un hasard si ses romans de la terre se situent tous dans une époque révolue qui, en quelque sorte, constitue pour lui un refuge.

Après avoir obtenu son baccalauréat, influencé probablement par l'exemple d'André Monamy qui avait commencé des études d'ingénieur, il décida d'aller préparer « mathématiques spéciales » à Besançon. Les portes de Polytechnique allaient s'ouvrir à lui ! Mais il n'en fut rien, non pas à cause de mauvais résultats scolaires, mais en raison d'une grippe espagnole qui le ramena très affaibli à Dole, au début de 1920.

1. *Ibid.*, p. 199.
2. *Ibid.*, p. 138.

VI

Des ennuis de santé

Dans une lettre à Camille, du 25 janvier 1929, il a apporté des précisions fort utiles au sujet de ses ennuis de santé.

« En 1920, à Besançon, a-t-il écrit, où j'étais lymphatique et neurasthénique, j'ai eu une première crise. Il y avait évidemment une disposition de mon système nerveux. Mais personne, ni moi non plus, n'a songé qu'elle s'était manifestée à l'occasion d'une grande faiblesse générale — surtout insuffisance de globules rouges. On m'a fait prendre des calmants, on aurait dû me donner des globules. Le docteur a méprisé même les glycérophosphates des familles. »

Plusieurs mois de vie à Dole au grand air, car il fit alors beaucoup de sport, lui redonnèrent une certaine résistance. Mais des sorties nocturnes trop fréquentes et trop épuisantes l'affaiblirent à nouveau, et il fit une autre crise. Au cours d'un séjour en Allemagne, où il était censé perfectionner sa connaissance de la langue, il mène, de son propre aveu, « une vie mouvementée », et subit une nouvelle crise. Revenu à Dole, il entre à la Banque de France, en octobre 1921, délaisse le sport et ne ménage guère sa santé, si bien que le

1er décembre, dans l'après-midi, il tombe, frappé d'une attaque qui présente tous les caractères de l'épilepsie. Quand il se met en route, en mai 1922, pour aller effectuer son service militaire à Neustadt, près de Landau, en Allemagne, au 129e régiment d'artillerie lourde, il se sent trop faible pour profiter véritablement des activités physiques et sportives qu'on lui propose. Sa fin de régiment est, selon son propre témoignage, « un peu agitée », et il est victime d'une crise en allant à Paris, où il reste quelque temps. « Pendant huit mois très calmes, en dépit d'une nourriture très médiocre, je me portais bien », précise Marcel à Camille dans sa lettre du 25 janvier 1929. À cette époque, il s'est inscrit à la faculté de médecine de Paris et demeure déjà dans le XVIIIe arrondissement, 83, rue Damrémont. Mais, aux amphithéâtres, il préfère les tavernes, où il joue au poker, et certains bals, comme celui de Ladira, où les conquêtes sont faciles.

« Syphilis. Traitement, écrit-il le 25 janvier 1929. L'affaire aurait dû être classée, avec les traitements à suivre régulièrement. Je tombe malade — maladie ne résultant sûrement pas de la syphilis bien soignée — mais selon Cantenot, homme sans prétentions et d'un gros jugement solide, d'une encéphalite léthargique grippale. L'opinion m'a toujours paru raisonnable, surtout si on voulait bien l'adosser à cette insuffisance de globules rouges. Cantenot m'a fait les piqûres du docteur Lerède. Elles ne m'ont pas nui puisque je devais suivre un traitement, mais, et j'en avais la conviction avant Cantenot, elles n'ont en rien influé sur le développement de ma maladie ».

Le docteur Cantenot était médecin à Dole où Marcel était revenu en 1925 pour tenter de guérir.

« Quand je suis venu à Paris, poursuivait-il en 1929, j'étais très loin d'être guéri. Je voyais double presque constamment et j'étais si peu solide sur mes jambes que chacun de mes pas risquait de me précipiter sous un autobus. L'année 1927 et même fin 26 m'avaient laissé dans un état stationnaire. C'est fin 1925, courant 26 et l'année 1928 qui m'ont vu progresser. À l'heure qu'il est, et malgré les crises que j'ai eues, je me porte infiniment mieux qu'il y a un an. Je le constate à des résultats qu'il me paraissait invraisemblable de jamais obtenir. Moi qui, en 1927, trébuchais littéralement dans la rue, je puis courir avec la plus parfaite sûreté après un autobus. Et cela, tu ne pourras jamais imaginer quels progrès géants cela représente. Quand tu as voulu que j'aille voir Lacapère, je savais bien qu'un syphiligraphe ne trouverait qu'une cause à tout ce que j'ai eu. Je savais qu'il se tromperait. Lacapère a fini par convenir que la syphilis n'était pas la cause de mes crises. Il ne conviendra pas qu'elle est étrangère à ma longue maladie de 1925. Il se trompe. Tu vas dire que j'ai tort de ne plus aller le voir, et moi, je t'assure que non. Je viens de commencer aujourd'hui un traitement assez dur que l'on applique depuis un an ou deux en Amérique et en Allemagne, et qui vient d'être introduit en France. J'en avais eu connaissance par *Candide* chronique médicale, et un jeune médecin m'a confirmé les résultats extraordinaires et inexplicables. Je mange du foie de veau cru. Un régime de deux mois équivaut à une transfusion de sang. »

Il s'agit là d'une méthode thérapeutique des années trente qui n'a pu que lui faire le plus grand bien. Mais que faut-il penser du long exposé adressé à Camille ? Tout d'abord, la syphilis ne semble pas faire de doute. Mais rapidement et correctement traitée, elle n'a probablement pas laissé de séquelles. D'autre part, il paraît avoir été atteint d'épilepsie, mais partielle. Ainsi s'expliqueraient les crises qu'il mentionne dans sa lettre et le traitement au gardénal qu'il suivait en 1925, à Dole, selon le témoignage de Mme Maillotte. Pour le docteur Cantenot, elles étaient dues à « une encéphalite léthargique grippale », ce qui constitue une hypothèse fort intéressante quand on sait que Marcel Aymé avait été victime de la grippe espagnole en 1920, à Besançon. Le virus de cette maladie était neurotrope et entraînait une très longue asthénie, certainement à l'origine des périodes de faiblesse qu'il qualifie lui-même, à tort, de lymphatisme. Mais il est aussi possible qu'il ait été atteint d'une tuberculose ne se manifestant que par cette immense fatigue, sans autres symptômes, ce qui était assez courant à l'époque. De tels cas guérissaient très souvent spontanément, mais lentement, sans séquelles pulmonaires. Quant aux sensations de vertige associées à la grande faiblesse et à une vision double, ainsi que le ptôsis des paupières, appelé plus familièrement « les yeux en capote de fiacre », ils sont probablement dus à son encéphalite. Il était atteint de myasthénie, déficit moteur qui porte sur la musculature oculaire extrinsèque, mais aussi sur les muscles de la face, de la mastication, de la phonation et de la déglutition. Cela permet de comprendre le port de grosses lunettes noires et certaines difficultés d'élocution.

Ces gros problèmes de santé ont régulièrement perturbé, on l'imagine aisément, la vie de Marcel Aymé. Le 19 octobre 1925, il confie à Camille :

« Quand tu m'as vu, il y a près de trois ans, j'étais malade. Et maintenant je suis malade. »

À la fin de sa lettre, il laisse une page à sa tante qui apporte quelques précisions.

« Oh oui, il s'ennuie le cher enfant, et il est profondément triste, il y a de quoi vraiment. Aussi tout ce qui arrive, lettres, paquets, nouvelles quelconques l'intéressent, lui font plaisir, le distraient un instant de ses pensées sombres. »

En 1926, sa santé s'améliore. Le 24 mars, il avoue à Georges :

« (...) j'ai encore assez de difficulté à mouvoir ma main ». Mais le 1er mai, il reconnaît : « (...) je vais de mieux en mieux, mais lentement ». Le 1er juin, il écrit à Georges : « (...) Je continue à mieux aller, mais je n'en suis pas encore à faire du tennis et du saut à la perche ». Mais, hélas, il connaîtra des rechutes. Ainsi, en octobre 1928, il se réveilla un lundi soir à l'hôpital de la Charité, avec

« un trou dans la mémoire.(...) J'ai été malade, confesse-t-il à Camille le 31 octobre 1928, (...) Je ne sais pas ce que j'ai fait dans l'après-midi de ce lundi, mais je crois n'avoir rien fait. Je suis d'ailleurs sorti de La Charité le jour même. N'en parle à personne. Les jours suivants j'étais déprimé, découragé et je commence seulement à me remettre un peu, bien que j'aie repris mon travail dès le lendemain matin. »

En 1929, quand il obtint le Renaudot, les membres du jury ne manquèrent pas de l'inviter à déjeuner. Mais au moment de passer à table, il fut pris d'une crise si violente « qu'il faillit se jeter par la fenêtre. Il reprit rapidement le contrôle de lui-même et, ayant déjà tout oublié, il voulut participer au déjeuner. Nous eûmes du mal à le persuader qu'il valait mieux qu'il se laisse reconduire chez lui [1] ».

On comprend mieux ainsi les réticences qu'il a toujours manifestées à se produire dans le monde. Outre une timidité et une réserve naturelles, Marcel Aymé a longtemps douté de ses forces et de sa capacité à supporter les réceptions.

Quant à son œuvre, on peut dire qu'elle en a subi une influence à la fois directe et indirecte. Bernard, le personnage principal du *Vaurien* (1931), ne connaît-il pas lui aussi la maladie et l'hospitalisation ?

« Au premier étage d'une maison de santé, j'occupais une chambre claire. La fenêtre grillée donnait sur un jardin ; la pelouse verte était douce comme un ventre de lapin. J'avais un jeu de cubes, un jeu de constructions, et je lisais sans fatigue, dans un livre à gros caractères, l'histoire de l'industrie de la soie. L'infirmière venait souvent dans ma chambre et me

1. *D'une rive à l'autre*, G. Charensol, Mercure de France, 1972, p. 202.

parlait de son village de Normandie ou d'une manière qu'elle savait d'accommoder une viande, un légume. Parfois, elle m'accompagnait pour une promenade dans le jardin. Chaque jour, le médecin aliéniste passait un long moment avec moi. Avec une grande douceur, il m'expliquait pourquoi je n'étais pas fou ; l'inquiétude, le surmenage, le manque de sommeil et une médiocre alimentation avaient provoqué des phénomènes hallucinatoires qui n'engageaient pas l'avenir. »

Mais, dans l'ensemble, l'œuvre de Marcel Aymé ne baigne pas dans la morosité. Si on peut l'identifier, dans une certaine mesure, au romancier Martin qui ne pouvait pas se retenir de faire mourir ses personnages, l'on est aussi frappé par la grande vitalité d'une Germaine Mindeur dans *La Vouivre*, ou d'un Léopold dans *Uranus*.

« Taillée comme un cuirassier, un cent-garde, un grenadier prussien, avec une encolure néronienne et des bras de bûcheron, mais les seins lourds et durs, éclatants, qui bombaient l'étoffe de ceinture, et la croupe pareillement rebondie et toujours inspirée, (Germaine) était la dévorante, la ravageuse, la tempête, l'useuse d'hommes et la mangeuse de pucelages. À trente ans, mariée pour la quatrième fois au percepteur de Sénecières, elle l'avait réduit à l'ombre de lui-même, allant jusqu'à lui démettre l'épaule dans un orage d'effusions, et déculottant les contribuables, buvant la substance et la santé d'un commis de quinze ans qu'il avait fallu envoyer au sanatorium [1]. »

Léopold, lui,

« ancien lutteur de foire, (il) avait une carrure presque monstrueuse et, enfoncée entre les épaules, une énorme tête chauve, écarlate et comme tuméfiée par l'alcool. Avant la guerre, sa force était renommée dans tout le canton et, pour divertir ses clients, lors-

1. *La Vouivre*, Gallimard, 1943, p. 95.

qu'il était d'humeur un peu enjouée, il lui arrivait encore d'écraser le goulot d'une bouteille de champagne entre ses dents [1] ».

Certes, de telles créatures ont pu être inspirées par la réalité. La Dévorante a peut-être pour modèle cette Philomène dont Suzanne a conté l'histoire à Claude Jean-Philippe (1974). « C'était une fille prolongée qui n'avait pas été gâtée par la nature. Disons qu'elle était plutôt disgraciée. Alors, à plus forte raison, elle désirait se marier. Et pour... dans ce but elle avait... elle avait entrepris une neuvaine à la Sainte Vierge dans... la Sainte Vierge qui tenait l'Enfant Jésus dans ses bras dans notre église de Villers-Robert. Après avoir dit ses prières, elle avait l'habitude de dire : « Sainte Vierge, est-ce que je me marierai ? ». Et quelqu'un du village avait... s'était caché derrière un pilier et, imitant une voix enfantine, avait répondu : « Jamais ». Alors, Philomène s'est retournée contre l'Enfant Jésus, courroucée, et lui a dit en patois : (...), ce qui veut dire en français : « Tais-toi, petit galopin, ce n'est pas à toi que je parle, c'est à ta mère ! ». Marcel Aymé adorait entendre ce type d'histoires dans lesquelles il puisait une part de son inspiration. Quant au personnage de Léopold, il a pu lui être suggéré par un article de *Paris-Soir* du 1er avril 1942, publié dans la rubrique des figures curieuses de Paris et intitulé : « Bistro, trois jours par semaine, Cornélius occupe le reste de son temps à faire des vers ». On y apprenait que ce commerçant original possédait une bibliothèque éclectique, dans laquelle il se retirait pour s'adonner à la poésie, quand il ne servait pas à boire à ses clients. Or, Léopold était aussi poète puisqu'il avait à son actif deux alexandrins célèbres :

« Passez-moi Astyanax, on va filer en douce
Attendons pas d'avoir les poulets à nos trousses. »

Mais, au-delà de ces anecdotes, on peut estimer que

1. *Uranus*, Gallimard, 1948, p. 38.

Marcel Aymé a créé des héros particulièrement toniques, parce que lui ne l'était guère. Plutôt timide et réservé, replié sur lui-même, peu à l'aise dans la communication verbale, il s'est nourri de personnages comme Germaine ou Léopold. Leur grande vitalité lui apportait ce qu'il n'avait pas et, à la limite, ses créatures rabelaisiennes lui étaient indispensables. Elles tenaient le rôle d'un complément essentiel dans le développement de sa vie. À l'image des clochards de *La Bonne peinture* qui existaient grâce à l'œuvre de Lafleur, « il avait besoin de l'expansion verbale et gestuelle de certains des êtres qu'il rencontrait pendant qu'il se trimbalait dans Paris, muet comme toujours, écoutant et regardant comme toujours[1] ». Ainsi s'expliquent en partie, sans doute, sa longue amitié avec Gen Paul et Louis-Ferdinand Céline, ainsi que ses fréquentations de la Butte, *Chez Pomme*, rue Lepic, ou *Au Clairon des Chasseurs*, place du Tertre. Leur truculence, leurs excès même satisfaisaient chez lui une aspiration à la vie que sa propre physiologie ne lui offrait pas.

1. Jacques Laurent à Claude Jean-Philippe, 1974.

VII

Brûlebois

Les ennuis de santé de Marcel Aymé sont aussi à l'origine d'une autre création littéraire, celle de *Brûlebois*. En effet, c'est parce qu'il était malade, en 1925, qu'il est revenu à Dole, et qu'il y a écrit cette savoureuse histoire d'un doux alcoolique qui portait les bagages à la gare. L'idée lui en avait été donnée par Camille qui commençait alors une carrière littéraire. Elle avait fait « un beau mariage », en 1921, avec Paul Muster, industriel italien, et avait ainsi pu délaisser sa carrière d'enseignante pour aller vivre à Palerme où elle logeait dans un somptueux hôtel particulier. Tentée par l'écriture, elle avait songé à raconter l'histoire de Brûlebois, mais en abandonna l'idée à son jeune frère. Ce fut pour eux, d'ailleurs, le début d'une longue collaboration littéraire faite d'encouragements et de critiques réciproques, voire de brouilles passagères, mais toujours d'un total dévouement à la cause de l'autre. Le 5 novembre 1926, Marcel se permit ainsi de faire remarquer à son aînée que son ouvrage, *Les Belles Pensives*, lui avait paru écrit « sans souci du lecteur moyen, à cause des moyens mis en action pour la minceur de l'intrigue qui se gonfle juste à la fin, des digressions et de la négligence avec laquelle (Camille) revient à ses moutons sans bien remettre le lecteur dans la voie. Ce dernier point surtout, ajoute-t-il, a une grande importance. Proust a suffisamment éduqué le public qui peut s'accommoder de peu d'action et de longues digressions, mais Proust ne néglige rien pour qu'on puisse reprendre le fil d'une histoire et ne craint même pas de se répéter pour être mieux suivi. Il y a autre chose. L'ironie qui se donne libre cours au long des B.P. réside autant dans l'expression que dans la pensée ; et qu'elle soit dans la forme trahit une préoccupation d'aguicher le lecteur et cette contradiction avec l'insouci de la construction m'a frappé ; d'une part tu tapes sur le ventre du public et d'autre part tu le sèmes sans un regard d'encouragement ».

Marcel Aymé ne ménage donc pas sa sœur quand il le juge utile. Par contre, il sait aussi, le cas échéant, décerner des louanges. À propos de l'un de ses autres ouvrages, il lui écrit ainsi le 9 juin 1927 :

« Je suis ravi de *Fanchette.* C'est simple, délicat et très émouvant. On en pleurerait bien facilement. (...) Je suis convaincu du succès. »

De toute façon, qu'il approuve ou réprouve, il soutiendra sans cesse sa sœur pour trouver un éditeur. « Je continue à solliciter des réponses pour *Fanchette* (N.R.F.) et *Les Provinciales* (Jonquières), annonce-t-il à Georges le 2 février 1927. Je t'assure que je voudrais ardemment que Camille obtienne satisfaction et je m'y emploie autant que je peux. Cam m'a envoyé aujourd'hui un conte pour un concours de contes francs-comtois. Il est très joli, vraiment. Il s'appelle *Les Grenouilles en Paradis.* Je le porterai après demain lundi ». On peut même affirmer que ce genre de propos et de préoccupation revient constamment dans la correspondance de Marcel Aymé. Et lorsque, par malheur, les démarches n'aboutissent pas, il en est contrarié au point de penser que l'on s'interroge sur sa bonne volonté.

« Je voudrais savoir aussi, écrit-il à sa tante le 24 janvier 1927, si Camille ne se fait pas trop de souci pour ses manuscrits. J'ai peur qu'elle croie que je ne m'agite pas assez. Pourtant je souffre autant qu'elle de tous ces retards et je suis malheureux quand je ne peux pas lui donner une réponse. Il me semble qu'elle ne ferait pas grand-chose de plus que moi si elle était ici. En tout cas, il ne faut pas qu'elle se désole, j'ai l'espoir que cela s'arrangera. J'ai envie de porter l'un des deux manuscrits chez Rieder où est éditée Marie Le Franc (prix Fémina). Je pourrais également aller voir Firmin Roze. S'il n'a pas de réponse à me donner, je lui reprendrai le manuscrit. Que Camille me donne son avis là-dessus. »

Si Raymond Aymé a pu déclarer à Claude Jean-Philippe (1974) que « l'esprit critique » était avant tout ce qui caractérisait cette famille, il n'en est pas moins vrai que tous ses membres ont toujours été très solidaires les uns des autres. Camille en donna aussi l'exemple en laissant son frère exploiter l'histoire de Marcel Eugène Brûlebois.

Ce personnage était bien connu à Dole où l'état civil a enregistré son décès le 8 octobre 1921. Il portait couramment les bagages des Aymé aux Tilleuls. C'était un aimable ivrogne, bien élevé et poli, qui s'exprimait dans un langage tout à fait châtié. L'épisode du tonneau, au cours duquel il dépense en libations l'argent que lui confie l'une de ses clientes pour aller retirer une barrique à la gare, est authentique. « Ma tante avait donné cinq francs à Brûlebois, a raconté Suzanne[1] pour retirer son tonneau de vin d'Arbois, et il les avait bus dans la collerette de cafés qui entouraient la gare. » Selon Mme Gaby Maillotte, vendeuse à cette époque au magasin de mercerie de la tante Léa, Marcel Aymé était rentré malade de Paris, et il sortait peu, venait au magasin, écrivait, se promenait. Commencé

1. À Claude Jean-Philippe.

en 1925, *Brûlebois* fut terminé au début de 1926, et Camille suivit attentivement ce que faisait son frère. Il écrit ainsi à Georges, le 22 février 1926 :

« J'ai reçu les travaux de Camille, mais un peu tard. Mon *Brûlebois* est déjà orienté et je ne peux plus le remanier aussi complètement que les pages de Camille me le feraient désirer. J'en tirerai cependant un très grand profit. »

Le 28 avril 1926, notre jeune romancier est heureux car *Brûlebois* est fini.

« Je l'ai donné à taper à Laurent (Louis Laurent), qui n'aura guère fini avant le 8 ou le 10 mai », précise-t-il à Georges. D'ailleurs, il découvre, « autour du 15 ou 20 mai, qu'il (Laurent) en avait à peine tapé quelques pages et j'ai dû me lever pendant six jours à cinq heures du matin pour aller lui faire la dictée [1]. (...) Camille me fait beaucoup d'éloges, poursuit-il, qui m'ont été bien agréables, mais elle me dit « qu'il y a, dans *Brûlebois*, trop de caleçons et trop de contenus des susdits interpellés, apostrophés à trop de pages ». Elle condamne l'expression « gonfler une femme ». Il y a, dans son avis, d'autres manières plus agréables d'évoquer ces choses. Condamnés aussi : « température rectale », « engrosser les deux bonnes » et les mots « cochon » et « cocu ». « Fausse couche » lui est pénible. Je te soumets donc la question. Tu seras gentil dans ta prochaine lettre de me donner ton avis là-dessus. Après quoi, je dresserai une liste des corrections que tu voudras bien transmettre à Reboul quand tu en auras l'occasion (si toutefois *Brûlebois* est agréé). »

Jacques Reboul assurait les fonctions de directeur littéraire d'une revue mensuelle paraissant à Poitiers, les *Cahiers de France*, dont le comité de rédaction comprenait une certaine Françoise Lamarche, pseudonyme de Camille, aux côtés d'Henri Chomel, Jacques Chaudun, René Dioune et Robert Auvray. Le direc-

1. Lettre à Georges du 1er juin 1926.

teur en était Robert Maury qui, en 1967, a précisé aux lecteurs du *Figaro littéraire* qu'il avait été le premier éditeur de Marcel Aymé dont le roman, paru intégralement dans les numéros 6 et 7 de la revue, « a été tiré à 3 300 exemplaires sur alpha des Papeteries Sorel-Moussel, à 500 exemplaires grand papier sur papier d'Arches numérotés et à 100 exemplaires grand papier sur papier de Madagascar numérotés ».

En fait, Camille avait retiré son propre manuscrit, *Les Provinciales* pour s'effacer devant *Brûlebois*.

« Georges m'a écrit que tu me cédais ton tour aux *Cahiers de France*, lui dit Marcel le 17 juin 1926. Je suis chagriné que *Les Provinciales* ne paraissent pas à la date convenue. Ça pressait davantage que *Brûlebois*. »

Et, en bon disciple de sa sœur aînée, il ajoute :

« J'ai fait les corrections que tu demandais et je te les envoie. »

Ces *Cahiers de France* se présentaient comme « un périodique d'art et de littérature » donnant « chaque mois, alternativement, sous une forme originale, des œuvres complètes de jeunes auteurs et écrivains capables de servir de guides artistiques ou spirituels à la jeunesse nouvelle[1]. » La revue assurait, en outre, qu'elle n'était « inféodée à aucune chapelle, à aucune coterie, à aucun parti », qu'elle s'intéressait « à la peinture, à la musique, à la poésie, comme à toutes les formes d'activité spirituelle » et qu'elle accepterait « toutes les collaborations connues ou inconnues, pourvu qu'elles marquent du talent et qu'elles soient sincères ». Jacques Reboul eut le mérite d'apprécier *Brûlebois* et les qualités de son jeune auteur. Il pensa même au Goncourt, ce qui, en apparence du moins, ne tourna pas la tête de notre romancier.

« Je pense que c'est une exaltation passagère, déclare-t-il à Camille le 17 juin 1926, mais dont je suis

---

1. Édition originale de *Brûlebois*, Cahiers de France n° 6-7, Août-Septembre 1926.

cependant très flatté. Tout cela ne m'a pas été aussi agréable, à beaucoup près, que les louanges que tu m'as adressées. Je garde ta lettre sur moi et je la relis souvent. »

Georges, d'ailleurs, n'est pas en reste. Il revoit *Brûlebois* et, le 11 juillet, Marcel lui écrit :

« Je te remercie tant que je peux de tout ce que tu fais pour moi en ce moment et je regrette vraiment de n'avoir pas été sur place pour t'épargner l'épluchage des épreuves. »

Brûlebois parut en août 1926 avec une belle prière d'insérer de Jacques Reboul :

« Peinture savoureuse d'un ivrogne séraphique, déclarait-il, un de ces types inoubliables de la province française, ce livre forme le sixième Cahier de la belle production des *Cahiers de France*. On murmure de son auteur, jeune écrivain réfugié près des pentes tranquilles de notre Jura, qu'il s'est inspiré d'un personnage réel pour nous en livrer l'hallucinante fiction. Quoi qu'il en soit, ce roman fera un début remarqué. Pureté de sa langue, art très sobre de la composition, le vêtement donné par M. Marcel Aymé à son *Brûlebois* lui assure une place de choix dans la bibliothèque des amis des lettres. Il nous apporte un type. Conduisant par la main la séduisante jeunesse de son auteur et son effort éloigné des chapelles littéraires, *Brûlebois*, frère subtil de *Crainquebille*, sera célèbre demain ».

La bande publicitaire qui entourait le volume comportait même un jugement de Roland Dorgelès qui affirmait : « C'est un curieux et beau roman que *Brûlebois*, riche d'observation, d'invention, de fantaisie, et qui lance de par le monde des personnages que nous ne connaissons pas... » Les choses avaient été très bien faites. Ces lignes de Dorgelès parurent même le 8 octobre 1926 dans la *Bibliographie de France*, sous la forme d'une publicité que l'auteur paya de ses propres deniers... Il envoya en outre de nombreux services de presse à des personnalités comme Émile Henriot, Frédéric Lefèvre, Jean Paulhan, André Billy, Léo Larguier, Pierre Mac Orlan, Albert Thibaudet, Pierre Gaxotte, Jacques Bainville, Pierre Mille, etc. Le résultat fut plutôt satisfaisant car l'ouvrage a été bien accueilli. Abonné à *Lit tout*, Marcel Aymé reçut des articles qui présentaient son roman et en dressa une liste dans sa correspondance avec Georges. Si certains journaux comme *Le Temps* ou *Paris-Soir* se contentèrent de mentionner *Brûlebois* dans la liste des ouvrages qui venaient de paraître, d'autres s'y intéressèrent plus longuement. Ce fut tout d'abord le cas des journaux de province en vente à Joigny et à Dole. Parmi eux, *Le Républicain de l'Yonne* fut le premier, le 16 octobre 1926, à signaler sur quatre colonnes ce « curieux roman de mœurs provinciales » qui « révèle un vrai tempérament d'écrivain à l'observation pénétrante, au style net et incisif ». Un peu plus d'un mois après, le 27 novembre 1926, Pierre Lenoctam présenta à son tour *Brûlebois* dans *L'Action jurassienne* et, d'emblée, il situa bien l'ouvrage : « Si vous aimez les romans à la guimauve, au dénouement prévu, où inévitablement le beau saint-cyrien s'unit à la blanche enfant sortie, à son intention, de quelque couvent des Oiseaux, alors, ne lisez pas *Brûlebois* ! Mais si, par contre, vous vous intéressez aux œuvres d'observation où nous est révélée sans fard — ce qui ne veut pas dire sans art — l'humanité de tous les jours, avec ses tares, ses petites joies, ses grandes douleurs et aussi ce qu'elle recèle de pitié furtive et parfois sincère, procurez-vous sans tarder le livre de Marcel Aymé, votre compatriote ». Pierre Lenoctam annonçait « un talent sincère, vigoureux, original », et observait à juste titre la sensibilité et la pitié du jeune romancier. Il remarquait également l'aptitude de Marcel Aymé à créer « une ambiance, un milieu où évoluent normalement, sans effort, ses personnages ». Voilà qui annonçait beaucoup de sympathie pour *Brûlebois*. En revanche, l'auteur anonyme de l'article qui parut en janvier 1927 dans *La Vie doloise* ne semblait guère avoir d'affinités avec l'esprit de l'écrivain. Certes, il reconnaissait en lui « un débutant déjà maître de sa plume », ainsi qu' « une verve truculente et un peu narquoise ». Mais il regrettait qu'une idée morale ne se dégageât pas de *Brûlebois*, et il concluait à l'intention des lecteurs bien-pensants de son journal conservateur : « En regardant attentivement autour de lui, (l'auteur) verra que, même dans les petites villes grises et dolentes, à côté des personnages burlesques, il y a des êtres à l'âme ardente et généreuse, qui font énergiquement leur "humble et lourde tâche", et que ceux-là seraient dignes aussi d'être célébrés par la plume du romancier ».

À ces articles de la presse régionale vinrent s'ajouter ceux de la presse nationale, ce qui, pour un jeune auteur, est un début de consécration. Le 5 octobre 1926, les Treize, dans *L'Intransigeant*, présentèrent bien l'ouvrage et son auteur en écrivant qu'il s'agissait de « l'histoire délectable d'un brave homme de pochard, "doux comme une fleur de cassis". De l'humour, de l'observation. M. Aymé pourra s'attaquer à des sujets plus larges, il ne manque ni de psychologie, ni d'aisance ». Le 17 octobre, *Paris-Midi* allait plus loin en publiant la confession de Brûlebois dans sa rubrique « Nos bonnes pages ». Marcel confia alors à Georges, le 20 octobre 1926, que « le choix aurait pu être plus heureux » à son avis. Mais il convint néanmoins que quelque chose avait été fait et que c'était l'essentiel. Il n'avait effectivement pas à se plaindre d'une presse qui, non seulement parlait de son roman, mais, qui plus est, lui réservait un accueil favorable, même si elle était parfois un peu déroutée, comme le critique de *Candide*[1], qui écrivait : « Il est très inattendu, ce roman léger, inégal. De l'émotion, de la malice : le dosage est fort curieux. » Cependant, certains adhérèrent tout de suite et sans réserve à la cause

1. Qui signe P.F., le 28 octobre 1926.

de Marcel Aymé. « M. Marcel Aymé est un humoriste à l'âme pleine de délicatesse », concluait Marc Varenne dans *Le Gaulois*[1]. « *Brûlebois* fourmille de notations à la fois très simples et très exactes, et j'ai pris, je l'avoue, un plaisir infini à faire connaissance des personnes aimables avec qui j'ai pu être en relation grâce à M. Marcel Aymé. » Ravi par tous ces éloges, il connut même le comble du contentement en recevant quelques lettres d'encouragement. Léo Larguier l'assura par exemple, qu'il avait lu *Brûlebois* « avec un plaisir infini. C'est un bouquin comme je les aime, sans trucage inutile et sans fausses imageries. Il est si facile de piper le lecteur avec une belle histoire, mais cela n'a aucun intérêt. L'art véritable est où vous l'avez placé. Votre livre est rugueux, naturel et vivant, et je suis sûr désormais que vous possédez le grand don et je vais vous suivre avec la plus amicale sollicitude ».

Pour un premier coup, Marcel Aymé venait de frapper un coup de maître. Mais *Brûlebois* était-il bien son premier ouvrage ? La question mérite d'être posée car certains avancent qu'un petit roman à l'eau de rose, intitulé *La Terre enjôleuse*[2] et publié en 1925 sous le nom de « M. Aymé » (sic), pourrait bien être une œuvre de jeunesse qu'il aurait ensuite reniée. En outre, comme le titre l'indique, l'action se passe à la campagne, à l'image de plusieurs de ses romans. Mais cette histoire larmoyante pour midinettes ne préfigure aucune des œuvres ultérieures. Elle raconte les mésaventures d'un fils de paysans, André Lambert, qui a abandonné la terre pour aller vivre en ville, et qui finit par revenir au pays, malgré la malédiction paternelle. Reconnu par sa mère, il se fait embaucher dans la ferme familiale comme valet. Son père ne découvrira sa véritable identité qu'à la fin, et lui pardonnera sa désobéissance. C'est parfaitement édifiant mais totale-

1. *Le Gaulois*, 1er janvier 1927.
2. La Bonne Presse, 5, rue Bayard, Paris VIIIe.

ment différent du ton propre à Marcel Aymé dès *Brûlebois*. En effet, dans ce roman, on trouve déjà l'ironie irrespectueuse qui caractérise si bien son œuvre, alors que *La Terre enjôleuse* n'est qu'un mauvais mélodrame dont les platitudes et le ton moralisateur font bien sourire aujourd'hui. Ainsi, André Lambert « avait subi la fascination d'un mirage. Ce mirage, c'est la ville, vers laquelle s'en va la fleur de notre jeunesse. Celui-là, plus ardent que les autres, s'était précipité pour étreindre cette chimère ; mais il n'avait embrassé que le vide, et il en était demeuré tout meurtri. ». Par ailleurs, on ne peut que s'amuser de cette description : « Il montait, d'un pas rapide, une côte assez raide, nommée la montée de Laveau, s'allongeant entre deux talus herbeux, piquetés de marguerites blanches et de boutons d'or. Des chèvres, des troupeaux de moutons paissaient sur ce talus, sous la garde d'une vieille femme au visage ridé comme une pomme de reinette, ou d'une fillette aux yeux éveillés. » Rien, dans cette expression pesante et affectée, n'annonce la maîtrise du style que Marcel Aymé aura dès *La Table-aux-Crevés* et qui est déjà très sensible dans *Brûlebois*.

Mais un autre texte plaide peut-être en faveur de l'attribution de *La Terre enjôleuse* à Marcel Aymé. En effet, Jean-Pierre Gervais, Président des Anciens Élèves du Collège de l'Arc a retrouvé récemment dans *L'Action jurassienne* de 1917 un article signé M.A. (sic) précédé du chapeau suivant :

« Voici une page d'impressions, écrite pour *L'Action jurassienne*. Nos lecteurs la parcourront avec d'autant plus de plaisir que nous leur annonçons que notre collaborateur est un enfant de quinze ans, élève du Collège de l'Arc. Nous n'avons pas changé un mot à sa copie. »

Or, en 1917, Marcel Aymé avait quinze ans... et le style lourdement descriptif nous paraît bien proche de celui de *La Terre enjôleuse*, comme en témoignent ces premières lignes :

« Avec la nouvelle année, janvier apporta le compagnon terrible des misères, des douleurs et des larmes : le froid. L'hiver fut rude. Fleuves larges et calmes, ruisseaux impétueux et bruissants se recouvrirent d'une épaisse couche de glace ; là où, l'été, les nageurs se meuvent en longeant les barques qui laissent derrière elles un mince sillon d'écume, les patineuses aux maillots de couleurs décrivirent, par les jours de bise cinglante, des cercles rythmiques pareils à ceux que fait le cygne voguant élégamment sur l'onde. »

S'agit-il de l'une des premières tentatives d'un jeune talent, influencé par ses professeurs et sa sœur aînée ? C'est possible. Mais dans cette prose empesée, l'on ne devine pas l'auteur de *Brûlebois*. D'autre part, aucun document, aucune lettre connue à ce jour, ne nous permet de lui en attribuer la paternité, d'autant plus qu'il n'y a jamais fait allusion. Ainsi, en 1960, il répondit à Noëlle Greffe qui interrogeait les romanciers sur leurs premiers écrits :

« Mon premier manuscrit, c'est mon roman *Brûlebois*. Je l'avais écrit pendant l'hiver 1925-1926, sur un cahier format écolier, sans savoir à quelles dimensions j'aboutirais, si ce seraient celles d'une nouvelle ou d'un roman. Quand j'ai pu comprendre qu'il serait assez long pour faire un roman, j'ai été content de moi. Auparavant, j'avais eu très envie d'écrire, mais sans rien savoir de mes dispositions et de mon endurance[1]. »

Toutefois, il lui est arrivé de demander à Georges, en décembre 1927, d'apporter « le roman, ou plutôt l'ébauche de roman qui date de 23 ou de 24. Je n'en ai pas besoin. C'est une simple curiosité. » Mais il ne s'agit pas de *La terre enjôleuse* qui, elle, est une œuvre achevée. D'autre part, Raymond Aymé a déclaré[2] : « Le premier bouquin, il n'y a que moi qui l'ai lu et il

1. *Les Nouvelles littéraires*, 17 mars 1960.
2. À Claude Jean-Philippe, 1974.

l'a foutu en l'air, il l'a déchiré, il l'a brûlé, je ne sais pas quoi. Mais le premier, c'est quand il était à Paris [...] avant qu'il tombe malade et qu'il soit obligé d'aller chez ma tante à Dole. Mais ce bouquin-là, je l'ai lu, je ne me rappelle plus beaucoup de quoi il était question. Enfin, ça ne devait pas beaucoup lui plaire. » Il y aurait donc eu quelques tentatives avant *Brûlebois*, mais, dans la mesure où elles n'ont pas abouti, elles excluent ainsi *La Terre enjôleuse*. Le témoignage de Raymond Aymé fait peut-être allusion à ces pages évoquées dans *La Gazette des Lettres* du 6 septembre 1947, lorsqu'il parle « d'un début de roman qui se passait en Turquie... où, bien entendu, je n'avais jamais mis les pieds. Du reste, cet essai ne vit jamais le jour et je ne sais pas ce qu'il est devenu ».

Les seuls textes antérieurs à *Brûlebois* que nous pouvons attribuer avec certitude à Marcel Aymé, en plus de quelques lettres, sont, d'une part, une amusante préface à son carnet de dessins.

« Ce carnet, écrit-il, m'appartient en propre à moi, Marcel Aymé, natif de Joigny dans l'Yonne, Franc-Comtois dans l'âme. Ce carnet qui contient un tas de reproductions mérite le Grand Prix de Rome de 1915. Celui qui héritera de ce recueil de chefs d'œuvres (sic) pourra se vanter d'avoir été bien partagé. Gloire à celui-là car je ne le céderai pas à n'importe quel mortel. Celui qui aura l'honneur d'avoir en partage ces croquis fera certainement son chemin dans le monde car je saurai choisir mon homme. Ainsi soit-il. Décret du 7 août 1915. 2e année de guerre. »

Il avait alors treize ans ! D'autre part, un autre document nous a été communiqué il y a peu de temps par Françoise Lepeley, petite-fille de Cécile Girardon. Il date du 19 septembre 1921, comporte quelques lignes seulement, mais annonce parfaitement bien le ton spirituel qui sera le sien.. Le voici in extenso :

« Ça y est. J'ai tout ce qu'il faut pour écrire : une plume, de l'encre, du papier. Il ne me manque plus que l'inspiration. Je me bats les flancs avec désespoir. En vain — Me voilà forcé de conclure à la médiocrité de mon intellect et c'est là une découverte pénible pour ma suffisance. Je jette les yeux sur ces quelques lignes et je m'aperçois qu'elles couvrent la moitié de la page. Allons, encore quelques mots et la page sera complètement gribouillée. En somme, c'est tout ce qu'on me demande. Plus qu'une ligne. Par exemple les arbres sont verts et le ciel est pur. C'est fini, je signe Marcel Aymé. »

VIII

Des années difficiles

Marcel Aymé aurait écrit l'ébauche de roman dont a parlé Raymond, en 1924-1925, alors qu'il était journaliste à l'Agence Radio. En effet, il a souvent cherché à occuper un emploi rémunéré, bien que la tante Léa n'ait jamais refusé de l'aider. Ainsi, le 19 janvier 1928, il reconnaît dans une lettre à Camille : « J'ai bien reçu la lettre de Tante et le mandat qui tombait tout juste. » Mais, huit jours après, il est contraint de lui dire : « Il faut que je paie ma chambre à la fin de ce mois, le 31. Je voudrais que tu m'envoies donc de quoi la payer et des subsides pour quinze jours. » En avril 1929, il raconte à Georges : « Tante m'expose un projet qu'elle a élaboré pour moi. Elle voudrait que j'habite Paris sans rien faire d'autre qu'écrire, pour quoi elle m'allouerait une mensualité jusqu'à ce que je sois "arrivé". »

Il est vrai que, pendant dix ans, de 1920 à 1930, Marcel Aymé a eu besoin d'être aidé pour subvenir à ses dépenses, et il en a souffert. D'une part, ses frères et sœurs avaient réussi à entreprendre une carrière après leurs études, alors que lui n'avait obtenu aucun diplôme après son baccalauréat. D'autre part, il n'est jamais agréable pour un homme de dépendre matériellement des autres, même si Bernard, dans *Le Vaurien*, finit par se complaire dans sa situation.

« Dernièrement, raconte-t-il[1], une voisine de palier me faisait une querelle à propos d'une boîte de lait ou d'un paillasson, et me reprochait, avec le mot convenable, de vivre aux crochets de Mme Ruche.

— Mais oui, ai-je répondu, je suis bien ce que vous dites, parfaitement.

Et j'ai ri sans me forcer. J'étais fier, j'étais heureux. »

Rien de tel chez Marcel Aymé qui portait en lui des valeurs comme le goût de la liberté et le désir d'être autonome. À ce sujet, en janvier 1929, il répondit à sa sœur Camille qui lui conseillait de rester à Dole :

« As-tu réfléchi, si peu que ce soit, combien il est dur de n'avoir plus d'indépendance. (Tu vas me dire que je n'en ai pas [...]. Mais charbonnier trimant et marié n'est-il pas maître chez soi ?). Quand je dis plus d'indépendance, j'entends bien que je suis chez Tante comme bien peu de fils ont la chance d'être chez leur mère. Mais j'ai comme un besoin d'avoir une atmosphère de possession touchant aux choses matérielles. C'est un besoin que tu as aussi. Et je n'exprime pas tout ce que je voudrais. Tu me parles de Flaubert, R. de Gourmont. Ils étaient riches. »

Il lui a donc fallu chercher des revenus, et ce ne fut pas facile. On lui a prêté les activités les plus diverses durant ces difficiles années, mais rien n'est sûr. Les souvenirs sont flous et les confidences de l'intéressé plutôt rares. Grâce à sa correspondance avec Georges, qui l'a toujours soutenu et aidé, l'on sait qu'il a failli entrer comme secrétaire chez Lair Dubreuil, « le commissaire-priseur. Par des amis de Chomel, j'ai fait la connaissance d'un commissaire-priseur qui m'a donné le tuyau. Lair Dubreuil a un secrétaire incapable qu'il a pris par amitié pour son père. Celui-ci est

1. *Le Vaurien*, Gallimard, 1931, pp. 233-234.

en voyage. Dès son retour, Lair me convoquera. Ce serait 1 200 F par mois pour débuter et trois jours libres par semaine ». Mais l'affaire ne se fit pas. Une autre fois, dans une lettre sans date, probablement de 1927, il annonce à Georges :

« J'ai peut-être trouvé une situation. Barbé qui est aux Messageries Maritimes me fait entrevoir la possibilité d'y entrer. Les Messageries demandent des gens. Il conseille d'aller trouver un écrivain connu de Deberly (Goncourt 26) lequel Deberly est chef de service à la publicité. Nanti d'une lettre de l'écrivain, aller trouver Deberly et lui dire mon désir. Après quoi je pose ma candidature et je passe un petit examen fait exprès pour moi. Demander la publicité, si possible. Heures de travail : 9-12 et 14-18. Très peu de travail. Peu payé la 1re année (entre 8 et 900), j'ai 1 100 la 2e ». Mais là encore, il échoua.

Il a évoqué lui-même aussi des activités d'agent d'assurances sur la vie à Saint-Ouen, avant d'ajouter : « Mon éloquence n'était pas appréciée comme elle le méritait et j'ai donné ma démission [1] ». À ce propos, lors de l'inauguration, en 1984, de la plaque à sa mémoire, 26, rue Norvins, devenu depuis le 2, place Marcel Aymé, à Montmartre, Yves Mathieu, l'actuel propriétaire du Lapin Agile, nous a raconté une anecdote savoureuse. Marcel, guidé par un professionnel des assurances, tentait de convaincre les habitants d'un immeuble d'accepter ses services. Parvenus à un étage, les deux hommes se font éconduire car le locataire est en train de déboucher les W.C. « Qu'à cela ne tienne, s'écrie le mentor de Marcel, je vais vous aider ! » Ce qui fut dit fut fait, et il plaça ainsi un contrat d'assurances. En sortant, il se tourna vers son compagnon en déclarant : « C'est aussi simple que cela ! »

1. Entretiens avec Frédéric Lefèvre, *Les Nouvelles littéraires*, 7 décembre 1929.

Marcel ne dut pas être convaincu, car il n'y fit pas carrière. Il a déclaré aussi [1] qu'il avait été occasionnellement baron à la foire de la République, et manœuvre à Issy-les-Moulineaux.

« Le baron est un homme décemment habillé qui fait, pendant des heures entières, le simulacre de tenter sa chance à la roulette du forain pour attirer le public à la baraque délaissée. C'était de mon temps une place très enviée et qui, pour une journée de travail, rapportait vingt francs. L'inconvénient de cette profession était d'être intermittente et monotone. Celle de manœuvre à Issy-les-Moulineaux était plus sûre. »

Mais elle n'avait rien de passionnant car il s'agissait de balayer les hangars de la S.I.T.A. Il y fit sensation un jour en s'y présentant les mains protégées par de magnifiques gants de peau que sa tante Léa lui avait offerts. Il a également confié à Frédéric Lefèvre qu'il avait été figurant de cinéma, ce qui semble bien être à l'origine de la nouvelle *Noblesse*, parue dans *Candide* le 3 juillet 1930 [2]. On y assiste, en effet, au tournage d'un film historique dans les studios de Paris-Cinéma, et aux rivalités que suscite la répartition des figurants en nobles et en hommes du peuple. L'un d'eux finira même par être blessé d'un coup d'épée, heureusement sans gravité car elle était mal acérée... Le principal personnage, Nicolet, fait penser à l'auteur lui-même, surtout quand il le présente, au début :

« à l'écart des conversations, (...) appuyé contre la grille d'entrée et (considérant) ses compagnons avec un peu de gêne. C'était, poursuit-il, un garçon paisible de vingt-cinq ans, bien vêtu, de bonne mine, et qui avait dix francs dans sa poche. Un mois auparavant, il était employé dans un établissement de crédit qui l'avait congédié pour son manque d'assiduité ».

Il s'agit de la succursale de la Banque de France de

1. *Ibid.*
2. Cf. aussi *La Fille du Shérif*, Gallimard, 1967.

Dole où il travailla, en qualité de stagiaire, d'octobre 1921 à avril 1922, et qu'il a évoquée ainsi devant Frédéric Lefèvre :

« Je prétendis entrevoir un très bel avenir dans la banque. J'entrai dans un grand établissement de crédit, mais je n'y restai guère que deux mois ; le chef de service était susceptible et me reprochait d'arriver en retard ».

En fait, si les responsables de la succursale de la Banque de France de Dole avaient apprécié son caractère doux et sa bonne éducation, ils n'en avaient pas moins compris que leur métier ne présentait absolument aucun attrait pour lui et qu'il n'y ferait pas carrière.

Il faut croire que Marcel Aymé n'était pas fait pour la vie de bureau, et il put encore s'en rendre compte en 1928 et 1929 lors de son passage à Paris-Exportation. C'était une affaire organisée par Raymond. Il

« apporte une somme importante non encore définie, écrivait-il à Georges le 14 juin 1928, et Stitelmann (Suisse allemand) apporte son portefeuille de courtage. Raymond a un pourcentage sur tous les bénéfices et la priorité sur les achats de marchandises. Comme il faut quelqu'un à Raymond pour surveiller la comptabilité de Stitelmann, veiller au droit de priorité, il a songé à moi. J'entrerais donc aux appointements de mille francs par mois, pour l'apprentissage de deux mois qui m'est nécessaire, avec augmentations progressives, deux cents francs au bout du troisième mois. Le bureau est à la Halle aux grains. L'affaire semble en bonne voie de réalisation, mais il n'y a encore rien d'assuré ».

Elle vit le jour cependant quelque temps plus tard, et Marcel Aymé fut employé, ce qui le changea de sa vie antérieure.

« Je suis pris chez Stitelmann, en moyenne jusqu'à sept heures et demie le soir, écrit-il à Camille le 27 juillet 1928, et je ne peux guère espérer que cela s'améliore avant plusieurs mois. Je déplore le temps d'avant, perdu à flâner par les rues, nez au vent. J'aurais pu travailler davantage et mieux (...). Quand Raymond m'a fait entrer à Paris-Exportation, j'allais partir pour Madagascar dans l'administration civile. »

Au début, du moins, il s'intéressa à ce qu'il faisait.

« D'ailleurs, mon métier ne me déplaît pas, dit-il à Georges le 29 août 1928. Je n'y suis pas aussi maladroit que j'aurais cru d'abord, et la rédaction des lettres commerciales ne me rebute pas, non plus que la muflerie du juif Stitelmann. Je le remets en place ».

Mais leurs rapports vont vite se dégrader. Il confie à Georges le 31 octobre 1928 :

« Je commence à me sentir moisir à prendre l'autobus chaque matin pour la Bourse de Commerce où c'est laid, où Stitelmann n'est pas toujours très agréable. »

En mars 1929, les affrontements commencent entre les deux hommes, et Marcel Aymé confessera même à Georges qu'il n'a pas été très poli.

« Je lui ai flanqué une boule de papier par le nez en lui disant qu'il m'em... C'était d'ailleurs la pure vérité. Depuis, il est d'une amabilité presque excessive avec moi. »

En mai, le conflit n'est pas réglé, bien au contraire.

« Mes relations avec Stitel, écrit-il à Georges, deviennent de plus en plus pénibles. Il fait tout son possible pour m'exaspérer, mais je suis assez calme. Bien entendu, je ne manque pas une occasion de l'exaspérer non plus. L'autre jour, veille d'Ascension, il me disait qu'on pourrait travailler le matin. À quoi je lui ai répondu que nous autres catholiques ne travaillons jamais un matin d'Ascension. Il est très très certain que je le quitterai fin juin. J'aurais aimé prendre les devants et l'envoyer promener fin mai. Malheureusement, je n'ai rien trouvé qui me permette de le faire. C'est d'autant plus difficile que je vais faire une période en juillet ou en août, je ne sais pas encore exactement. »

Fin juin 1929, Marcel Aymé quitta Paris-Exportation, riche de souvenirs amers au sujet de la vie de bureau qu'il avait déjà évoquée en 1927 dans *Aller retour* et à laquelle il reviendra avec des nouvelles comme *Je suis renvoyé* ou *Le Proverbe*. Par exemple, en lisant les mésaventures d'Aberdame, on ne peut évidemment penser qu'à l'auteur et à tout ce qu'il a pu éprouver pendant ces années. La scène du renvoi, en particulier, sonne très juste et fait inévitablement référence à un vécu.

« Le directeur du personnel, écrit-il, considérait avec autant de gêne que de pitié ce visage résigné, doux comme un reproche de bête. D'habitude, ses arrêts étaient accueillis avec une certaine fierté. Jamais, dans l'exercice de sa profession, il n'avait eu affaire à un homme aussi pénétré de sa faiblesse. À la dérobée, il jeta encore un coup d'œil au dossier, et s'étant convaincu que sa justice n'était pas en défaut, il pensa ne pouvoir mieux faire que d'offrir à Aberdame des paroles de sympathie et d'encouragement :

— Croyez bien, monsieur Aberdame, que nous nous privons avec beaucoup de regrets de votre concours. C'est une mesure à laquelle nous ont obligés les circonstances que je vous exposais tout à l'heure. Elle ne diminue en rien l'estime et la confiance que vous nous avez toujours inspirées. C'est ce qui me fait croire que vous trouverez à vous employer ailleurs. Et pendant les dernières semaines que vous avez à passer chez nous, je vous accorderai toute la liberté possible pour faciliter vos recherches...Vous avez trente-six ans ? À cet âge-là, rien n'est compromis... [1] » C'était l'âge de l'écrivain lors de la publication de *Derrière chez Martin*...

Durant ses difficiles années de formation, une autre

1. *Derrière chez Martin*, Gallimard, 1938, pp. 52-53.

expérience allait le marquer : celle de journaliste. Il le fut, en effet, à l'agence Radio dont les bureaux étaient à la Bourse, comme ceux de Havas qui devint l'A.F.P. Selon Joseph Barsalou[1] : « La plupart des journaux régionaux y étaient abonnés et ils recevaient un pli cinq à six fois par jour, alors que le service Havas était transmis par télex. Le service Radio avait une grande utilité parce qu'il était plus riche, moins froid dans ses récits des faits divers et ses comptes rendus de procès ». Marcel Aymé pouvait s'y sentir à l'aise. Néanmoins, il ne semble pas en avoir gardé un très bon souvenir.

« Je connus les commissariats[2], les réunions publiques et les banquets politiques où les convives se séparent presque toujours sur cette fin de phrase : "Pour que vive la République française, laïque, démocratique et sociale". Les Chambres en vacances, et lorsque le crime n'allait pas, il fallait de la copie. Je fis, entre autres, pour l'agence Radio, une enquête de douze pages sur l'espéranto, qui me donna pour moi-même une estime durable ».

Il est revenu quelquefois sur cet épisode de sa vie, et Henri Magnan a précisé, par exemple, le 28 juin 1954 dans *Combat*, que c'était Lucien Piéchaud qui l'avait présenté à l'agence Radio en 1923, et qu'on l'y trouva « trop sec » dans sa façon de relater les faits divers. Il est probable qu'il eut alors l'occasion de réfléchir au style fleuri qu'utilisaient ses collègues, et de méditer sur celui qu'il souhaitait pour ses propres ouvrages. Il tordra ainsi le cou à l'adjectif excessif pour privilégier le verbe et le substantif. Ses maîtres ne seront pas les grands romanciers de la fin du XIXe siècle et du début du XXe, mais les conteurs du XVIIIe. Il s'est également soucié de littérature en tant que journaliste,

1. Lettre à l'auteur du 13 janvier 1986.
2. Entretiens avec F. Lefèvre, *op. cit.*

car il eut à assister à un dîner surréaliste en l'honneur de Saint-Pol Roux, à la Closerie des Lilas.

« C'était amusant. Il y a eu des batailles. On a cassé toutes les vitres[1] ». Il y vit aussi « tous les surréalistes de Paris conspuer Lugné-Poe, flétrir son arrivisme, son conformisme, pour enfin le chasser du banquet en l'abreuvant d'insultes, et notez, a-t-il précisé le 24 janvier 1957 dans *Paris-Presse*, qu'il traversa l'ouragan avec dignité, et aussi qu'Aragon, beau, impavide, ne craignant ni le blasphème ni la réprobation, n'était qu'une flamme ».

Cette rencontre avec le surréalisme influença-t-elle Marcel Aymé ? C'est probable, même si elle a suscité quelque ironie de sa part. Il est ainsi possible que le personnage de Jouvedieu, dans *Le Vaurien*, lui ait été inspiré par l'un de ces poètes excentriques dont il avait fait la connaissance. Ne croit-il pas, par exemple, que l'avenir de la poésie est dans la statistique qu'il présente comme « un mot de passe qui vous installe dans le mystère sensuel des réalités ». N'écrit-il pas ces vers tout à fait à la mode, lors de l'arrivée d'un iceberg au large des côtes d'Irlande :

« Capricieux du morne lucide, un éclat de Grand Boréal
Se mire sur l'opaque
Où sa candeur frugale
A grand soleil ».

De plus, certaines divagations de Bernard, personnage principal du *Vaurien*, font penser à des tableaux de René Magritte ou Max Ernst. Il confie ainsi qu'il est « obsédé par des fleurs de pavot qui tournent autour de (sa) tête en rondes serrées. Des problèmes monstrueux m'assaillent à chaque instant, poursuit-il ; un pavot d'angoisse dont la fleur a les dimensions d'une cathé-

1. *Les Nouvelles littéraires*, 6 février 1938.

drale est allongé à côté de moi ; il me faut l'introduire dans mon oreille droite et le faire sortir par mon oreille gauche. Je m'épuise à le mouvoir, je tire sur la tige pour l'amenuiser, je compose avec l'impossible, je me dilate, et lorsque le pavot est rentré dans mon oreille droite, il ne veut plus en sortir, il reste dans ma tête[1]. »

Outre les surréalistes, Marcel Aymé a fréquenté d'autres hommes de lettres avant de connaître la célébrité.

« Je connaissais Jean Prévost pour l'avoir vu à la N.R.F. et avoir causé longuement avec lui chez André Maurois », raconte-t-il à Camille le 8 février 1928.

Celui que l'on présentera ensuite comme un solitaire de la littérature se soumet, en cette période de débuts difficiles, à quelques mondanités. En décembre 1927, il signale à Georges, peut-être même avec plaisir :

« L'autre jour, j'ai été invité à un thé par Mme André Maurois, charmée, disait son invitation, par mes produits. J'ai vu Pourtalès, Bedel, Goncourt, Jean Prévost, Maurois, Jaloux, [...], de La Rochefoucauld, Mme Henri Bernstein... »

Tout en restant ironique devant ses proches, il cultive les relations qui peuvent lui permettre d'être admis dans le monde des lettres.

« J'ai fait une longue conversation[2] avec Léon Frapié, un peu ramolli, un général âgé et une veuve d'officier supérieur qui m'a dit sa gande admiration pour Henry Bordeaux et Bourget. »

Il calcule au mieux de ses intérêts le choix d'un éditeur.

« Je m'attendais bien, annonce-t-il à Georges le 25 mars 1927, à ce que la réédition de *B.* [*Brûlebois*] ne soit pas acceptée aux éditions de F. [France], et je crois qu'il faut décidément en faire son deuil, j'en suis

1. *Le Vaurien*, Gallimard, 1931, p. 188.
2. Lettre à Georges datée du 10 janvier (probablement 1928).

même sûr. Mais l'accueil des éditions de F. me paraît intéressant pour toutes les raisons que tu dis. Je suis même assez perplexe sur le choix d'un éditeur, Calmann, Grasset et Ed. (éditions) de F. me paraissent tous trois avantageux. Je pense qu'il serait bon de prendre conseil d'Estaunié, en faisant la part de son dévouement à Grasset. Pour la publication préalable à *La Revue de France*, je crois qu'il faut être assez prudent, car le tirage de quatre mille cinq cents doit porter préjudice au tirage du bouquin lui-même. Mais peut-être y a-t-il une consolation en espèces... »

À cette époque, Marcel Aymé essaie de déployer une stratégie habile pour s'imposer et, comme il défend en même temps les intérêts de Camille, il se permet à son tour de lui donner quelques leçons.

« Je te conseille, lui écrit-il le 13 octobre 1928, plus de ménagements envers *Les Nouvelles littéraires* qui vont donner un compte rendu de *Fanchette*[1] (sans parler des *Jumeaux* et d'un conte que je vais probablement y publier dans une quinzaine). La maison t'est amie. Quels que soient les idiots qui y pontifient, ce n'est pas la peine de te les mettre à dos pour une mince satisfaction. Quant à Gallimard (éditeur forban, voilà votre paquet), c'est un peu dur. Dis-le plus légèrement si tu y tiens. Gallimard, s'il lit, et il lira, ne manquera pas de te faire un article désagréable. Je te parle sur un ton arriviste et tu feras comme tu voudras. Mais si tu gazes un peu, *Le Crapouillot* sera tout de même ton ami. »

Gallimard venait de refuser *Florian l'imparfait*, et Camille n'avait pas apprécié. Marcel tenta de la calmer car Gaston Gallimard s'intéressait à lui, et il cherchait à préserver l'avenir. En effet, peu de temps après la parution de *Brûlebois*, il avait été sollicité pour entrer à la N.R.F. Homme d'intuition, Gaston Gallimard avait

1. Ouvrage de Camille Aymé, éditions de La Vraie France, 1928.

pressenti le talent de Marcel Aymé et voulut devenir son éditeur. Ce fut le début d'une longue collaboration qui ne cessa qu'à la mort de Marcel Aymé, non sans avoir connu quelques péripéties. Dès son deuxième roman, *Aller retour*, le jeune romancier commence à pencher pour Gallimard car il écrit à Georges le 27 février 1927 :

« Puisque réédition impossible, je pense qu'il ne faut pas trop se laisser aller à des raisons de sympathie pour choisir l'éditeur du deuxième bouquin, mais surtout faire état des promesses qui paraîtront les plus fermes. Je ne doute pas que Brun Grasset soit très sérieux, mais il reste qu'il nous a un peu lanternés et, je crois, en connaissance de cause. Tu devrais tâter N.R.F., ou plutôt demander l'avis de quelque écrivain de ta connaissance pour savoir si vraiment l'opinion d'Estaunié est fondée. Il ne faut pas oublier que N.R.F. commande à une revue dont les portes nous seraient probablement fermées si nous leur tournions le dos. Toutefois, si tu as une opinion arrêtée, je m'en remets complètement à toi. »

Mais Marcel Aymé n'est pas très enthousiaste à l'égard des éditions Gallimard.

« J'aimerais tellement mieux Grasset. On a l'air triste dans cette maison de la rue de Grenelle[1]. »

Néanmoins, il y publie *Aller retour* à la fin de 1927. Commencé au début de cette même année, il a été écrit dans le Jura où Marcel Aymé est retourné très fréquemment au début de sa carrière. Le 27 février il annonce aussi à Georges :

« Je suis très occupé par mon roman auquel je travaille chaque après-midi et que j'ai entrepris de recopier le matin. Je pense avoir terminé le 15 mai. Je dois te dire que je n'ai à peu près rien fait à Dole par suite d'un état cafardeux qui m'ôtait toute espèce de moyens, mais à V.-R. [Villers-Robert], je travaille très

1. Lettre à Georges sans date.

régulièrement et si je ne fais pas d'étincelles, ce n'est pas par défaut de courage. »

Le cas échéant, il recourt à Georges pour se documenter. « Je voudrais, mais quand tu auras le temps, lui demande-t-il le 11 février 1927, que tu ailles dans une maison de jeux pour me donner quelques tuyaux dont j'ai besoin pour le roman : décors, gens etc. (garçons, patron). Il y en a une au 6 du Boulevard ou du Faubourg Montmartre (Un type de Radio y était assidu). On peut entrer sans être présenté ou très sommairement par un type que tu vois sortir. Mais cela n'est pas pressé ».

À cette époque, d'ailleurs, il n'est guère satisfait de lui, et Georges partage son avis.

« Tu as raison, admet-il le 25 mars, Galuchey n'est pas écrit dans l'airain et je ne le sais que trop. »

Il le mène cependant à terme et peut écrire à Georges le 19 mai :

« Je t'envoie la fin de *L'Ornière* [voir Bibliothèque nationale], sinon *La Chape de plomb*. Ne crois pas que j'ai voulu battre un record en écrivant ces quarante pages numérotées de 94 à 134 ; mais vraiment, j'en avais plein le dos. Un roman ne devrait pas traîner plus de quatre mois quand il ne demande pas un travail d'érudition. »

Son frère, en définitive, se déclare satisfait de ce dernier roman, et le préfère même à *Brûlebois*.

« J'espère, dit-il à Camille le 24 mai, que l'éditeur sera de cet avis, mais je n'y compte pas beaucoup. Je crains que le bouquin, qui s'appellera vraisemblablement *La Chimère poussive*, ne paraisse un peu rasoir. »

En fait, ses inquiétudes viennent de ce qu'il s'est efforcé de tenir compte des critiques émises à propos de *Brûlebois*. Il confie ainsi à Camille :

« J'ai voulu éviter le reproche que m'ont fait plusieurs critiques d'user d'une ironie facile, et peut-être suis-je allé un peu loin dans la note opposée. J'ai voulu éviter aussi un autre reproche au sujet de *B.* (*Brûlebois*) qui était de n'avoir pas bâti une intrigue et d'avoir présenté une succession de tableaux sans liens. Mais je n'y ai guère réussi. Mon intrigue est assez mince. C'est pourquoi il ne m'est pas possible de te faire un résumé qui puisse te donner une idée de *La Chimère poussive* ».

Les éditions Grasset firent la fine bouche et provoquèrent une belle colère chez Marcel Aymé.

« Il me dégoûte, ce lecteur au poil blanc, répondit-il à Georges le 14 juillet. Il faut qu'il ait sauté une bonne dizaine de pages pour ne pas voir comment Justin se décide à changer de vie. Conventionnel, l'oncle Suprême ? Pas du tout. J'ai soin de prévenir que son scepticisme et son pessimisme sont en grande partie affectés (voir début du chapitre V). Pour Raymonde, je ne sais pas, mais elle n'est là que comme un prétexte à faire évoluer Justin et son importance est mince. J'imagine que ce lecteur professionnel a dû commencer à barbouiller du papier au beau temps du naturalisme et que *Pot-Bouille* lui tient lieu de Bible. Si j'ai mis en lumière des personnages de second plan, les seuls côtés qui importaient à la vie de Justin, il ne s'ensuit pas nécessairement que j'ai manqué à la vérité. Quand on résout une équation du second degré, on peut bien se servir de la formule sans se croire obligé de l'établir à chaque coup. Je ne suis pas surpris qu'il ait été séduit par le début qui exprime des relations purement matérielles. C'est très à sa portée : on dirait du mauvais Huysmans ».

Refusé par Grasset, le deuxième roman de Marcel Aymé fut soumis à Gallimard, alors que le jeune romancier commençait à se décourager.

« Sur refus de la N.R.F, écrit-il à Georges le 13 juillet 1927, je suis d'avis, non seulement de suspendre les sollicitations mais de m'en tenir là définitivement. Rien de plus embêtant que de courir les éditeurs en faisant figure de génie méconnu ou d'incompris. C'est ridicule. Quand je me remettrai au travail (pas avant la réponse de Paulhan), je me propose d'écrire un livre cochon, une histoire de gonsses (sic) avec langues de velours et détails circonstanciés par exemple, que je servirai fumante ».

Mais il n'eut pas à recourir à cette extrémité car, le 8 août, il reçut l'accord de Gaston Gallimard, assorti de quelques conseils judicieux : « Jean Paulhan m'a remis votre manuscrit de *La Chimère poussive*. Je suis décidé à le publier et à l'imprimer tout de suite. Je fais établir un contrat que vous allez recevoir dans quelques jours. Ceci dit, je vous conseille de choisir un autre titre, de réduire deux ou trois passages sentimentaux (par exemple, page 26 et autres passages soulignés), d'écourter les déclarations et théories de l'oncle Suprême (page 48 et suivantes). Il y aurait avantage, il me semble, à écourter la théorie de l'avarice ».

Non seulement Gaston Gallimard était doué d'intuition, mais encore il possédait un solide bon sens littéraire. *La Chimère poussive*, en particulier, méritait d'être changée. D'ailleurs, il est très curieux de constater que Marcel Aymé n'a pas souvent été heureux dans le premier choix de ses titres. Lorsqu'il a terminé un ouvrage, il donne l'impression d'être épuisé au point d'avoir quelque difficulté à le présenter d'un mot. Toujours est-il que *Aller retour* était sur le point de paraître, et que son auteur aurait dû se réjouir. Mais il n'en fut rien. Avant de connaître son premier grand succès avec *La Table-aux-Crevés*, en décembre 1929, Marcel Aymé traversa de graves crises de doute et de découragement. L'été 27 lui fut particulièrement pénible.

« (...) pas de situation sinon très problématique, écrit-il à Georges le 13 juillet. Je vois s'allonger à l'infini la perspective de rester en carafe encafardé et ça me dégoûte comme tu ne peux pas savoir ».

« Je crois parfaite la preuve que je ne suis bon à rien. Ce n'est pas si drôle », ajoute-t-il le 7 septembre.

Aller retour parut malgré tout en octobre. Le roman

eut moins de succès que *Brûlebois*, mais retint néanmoins l'attention de la presse nationale. Marcel Arland, dans le numéro de janvier 1928 de la N.R.F, lui reconnut un certain sens de la pitié et de l'ironie, ainsi que la réussite, dans sa création, d'une atmosphère à la fois réaliste et poétique. Cet article se révélait très juste et caractérisait d'emblée tout un aspect de l'œuvre de Marcel Aymé. Il répondit d'ailleurs avec beaucoup de politesse :

« Par Madame Pascal, j'ai eu connaissance de la critique que vous avez bien voulu faire de mon livre dans la N.R.F. Je tiens à vous dire que j'ai été très satisfait car c'est la première, entre celles données jusqu'ici (29 novembre 1927), qui soit compréhensible ».

Dans *Le Journal*[1], Georges Lecardonnel, l'un de ses admirateurs de la première heure, estima qu'il s'agissait d'un « bon roman d'observation », et les Treize, dans *L'Intransigeant* du 10 janvier 1928, y virent « une amusante illustration des doctrines freudiennes ». Marcel Aymé n'avait nullement eu cette intention et, furieux, leur adressa une lettre de protestation dont ils firent état bien volontiers. Il était, en effet, sujet à des foucades. Ainsi s'expliquent certaines de ses prises de position qui feront scandale ultérieurement dans le monde des lettres ou de la politique.

Dans l'immédiat, il continue à écrire et annonce à Georges, dès le 12 septembre 1927 [2] :

« J'avais commencé quelque chose sur la campagne (deux ou trois pages). En vain je me battais les flancs. Ça n'allait pas. Alors, je fais autre chose. Je ne te dis pas quoi, tu m'engueulerais sans doute. Je te ferai voir le premier chapitre lorsque terminé. Ça s'appelle, mais ne le dis à personne, *Les Jumeaux du Diable* (ou de Satan). »

---

1. *Le Journal*, 1er décembre 1927.
2. En fait, la lettre est seulement datée du 12 septembre. Mais il est très probable qu'elle soit de 1927.

Au début de 1928, le roman est déjà bien avancé et, le 3 mars, il écrit à Léa :

« J'ai vu Paulhan l'autre jour, à qui j'ai porté le premier tiers des *Jumeaux du Diable*. Il en est très satisfait, à part qu'il trouve le prologue trop long. »

Hélas, ce premier résultat encourageant fut suivi d'un incident qu'il a ainsi raconté à Camille[1] :

« Paulhan, très emballé du premier tiers qu'il avait lu, en parlait en termes dithyrambiques. Sur quoi Gallimard m'avait dit que *Les Jumeaux* étaient acceptés pour l'édition à paraître en octobre. Huit jours, revirement. Une critique très acerbe avait retourné tout le monde, Paulhan y compris. Cependant, Paulhan m'assurait qu'il allait faire tout son possible pour faire prendre. Deux jours plus tard, j'apprenais que Gallimard refusait. “Malgré tous mes efforts”, disait Paulhan. Impossible de voir Gallimard. Finalement, il y a huit jours, je le vois. Explication d'abord très vive (vous ne tenez pas vos promesses) et puis adoucie. Après une heure de parlotes, Gallimard me redemande le manuscrit pour l'examiner à nouveau. Parenthèse et duplicité de Paulhan : pendant l'entrevue, je dis à Gallimard : “Je suis surpris qu'un livre pour lequel vous vous étiez engagé et pour lequel Paulhan a si vivement combattu soit maintenant refusé.” Stupéfaction de Gallimard : “Paulhan vous a défendu ? C'est lui qui vous a le plus démoli. Je vais le faire venir.” Tête de Paulhan, bredouillant. J'en avais envie de rire. Paulhan sorti, Gallimard me lit son avis, écrit dans ces termes : “J'avais toujours dit à Aymé que le sujet ne lui convenait pas du tout.” Il m'a été facile de dire à Gallimard : “Vous souvenez-vous que Paulhan vous a dit devant moi : Aymé a fait un début de livre tout à fait remarquable ?” Ce matin, je suis passé à la N.R.F. Lecoq m'a dit que, finalement, *Les Jumeaux* seraient proba-

1. Le 26 mai 1928.

blement édités. J'aurai la réponse mercredi soir. Mais je ne suis pas rassuré le moins du monde. »

Cette fois-ci, ses craintes n'étaient pas fondées car *Les Jumeaux du Diable* parurent à l'automne 1928. Toutefois, dès la relecture des épreuves, Marcel Aymé n'en fut pas satisfait.

« Je trouve que ce n'est pas bien, franchement, écrit-il à Camille le 27 juillet. Ne le dis pas. J'ai l'impression d'avoir gâché un sujet qui aurait pu être intéressant. Aussi, je corrige sans aucun enthousiasme, il me semble que c'est rasant. »

Dans cette même lettre, il avoue à nouveau son découragement :

« Quelquefois, j'ai de durs moments où il me semble que mon destin flasque est de tout rater, de me trimballer toute la vie avec une échelle sur les reins sans l'ajuster jamais. Souvent, quand je vois autour de moi des gens trépidants, pleins de foi, même la plus élémentaire, exactement, je me dégoûte. Quand Raymond m'a fait entrer à Paris-Exportation, j'allais partir pour Madagascar dans l'administration civile. Maintenant, je suis quelquefois tenté de le regretter. Là-bas, ma solitude aurait été à moi. »

Les difficultés qu'il a rencontrées pour la publication semblent l'avoir bien ébranlé.

« Je mets le moins possible les pieds à la N.R.F., écrit-il à Camille[1]. Tous ces gens normaliens ou ratés de Normale m'embêtent, gonflés de leurs diplômes au fond. J'ai l'air d'un parent pauvre. »

Il est possible qu'il ait parfois eu un sentiment d'infériorité à ce sujet, d'autant plus que ses frères, sœurs et cousins avaient réussi de brillantes études. C'est sans doute pourquoi il sera très prudent devant les journalistes qui l'interrogeront sur ses lectures. Il feindra même, le cas échéant, d'être plutôt inculte, ce qui est parfaitement faux.

1. Le 27 juillet.

Les Jumeaux du Diable furent accueillis avec réserve par la presse. L'auteur lui-même signala à son frère Georges :

« Les articles semblent un peu embarrassés. Ils voudraient bien trouver une intention philosophique (qui n'y est pas) et tournent autour d'un pot imaginaire. »

Dans *Études*[1], Louis de Montadon retint que « leur dépravation montre bien qu'ils viennent du Diable. » Par contre, R. Dalsème, dans *Les Nouvelles littéraires*, assura que le style du roman était à la fois précis, rapide et surprenant. Mais ce ne fut pas suffisant pour enlever l'adhésion du public et même de l'auteur. En effet, Marcel Aymé refusa toujours ensuite de laisser rééditer ses *Jumeaux du Diable*. Il déclara même à Henri Poulain[2] :

« Vous savez, ce livre est une bêtise, et le remords de ma vie. Je ne savais pas bien si je serais capable de tracer mon modeste sentier dans la littérature. »

Il douta tellement de lui à cette époque, qu'il cessa même d'écrire. Mais il avait signé un contrat avec Gaston Gallimard qui le relança. Pris de court et amateur de canular, il répondit qu'il préparait un nouveau roman intitulé *Oraison sur la gouttière*... Ce titre ne manquait pas d'intérêt... Bref, il n'y avait plus qu'à le développer en deux cent cinquante pages et le tour était joué... Quelques-unes furent écrites, mais leur nombre n'excéda jamais la dizaine et leur brillant auteur changea de sujet...

Encouragé par ses proches, il entreprit, plus sérieusement, d'écrire des nouvelles. Ainsi, au moment même où il prépare *Aller retour*, il ne refuse pas une suggestion de Georges, et lui répond : « Je verrai à essayer une nouvelle comme tu me le conseilles[3]. » Alors qu'il rédige *Les Jumeaux du Diable*, en janvier

1. 5 février 1929.
2. *Je suis partout*, 14 février 1941.
3. Lettre du 27 janvier 1927.

1928, il annonce à Camille : « Je suis aussi attelé à une nouvelle. » On ne sait malheureusement pas avec précision quels contes ou nouvelles il a ainsi composés avant les années trente. Néanmoins, l'on connaît *Et le monde continua*[1] car il l'a évoqué, le 26 janvier 1927, dans une lettre à Georges.

« Le conte ne s'appelle plus *En l'an 1000* mais *Et le monde continua*. Voici la fin : [...] ne repousse pas l'offre de Satan... Vaincu, le Père inclina la tête : "Que les hommes de la Terre regagnent leurs cités et leurs labours." Le monde continue... Le Soleil avait repris sa course et, dans la Vallée déserte où Dieu rêvait à des vengeances, grandissait l'ombre de la Croix — au lieu de "à ses pieds, des gouttes de sang tachèrent la nuée blanche", "au pied de la croix, des gouttes..." etc. »

On peut être surpris de trouver de telles lignes sous la plume de Marcel Aymé et penser que le sujet est inhabituel dans son œuvre. Mais peut-être s'agit-il de préoccupations de jeunesse, troublant un esprit encore peu sûr de ses convictions métaphysiques. En fait, outre cette nouvelle et le sujet des *Jumeaux du Diable*, Marcel Aymé ne s'est jamais détourné des réflexions sur le sens de la vie. Il a même entrepris, dans un article inédit, de réfuter une étude de Julien Benda intitulée *De l'idée d'ordre et de l'idée de Dieu*. Très à l'aise dans le raisonnement mathématique et philosophique, le jeune romancier ne fait aucune concession et juge sans aucune nuance. Il écrit, par exemple :

« Remarquons en passant qu'au début de l'étude, lorsque M. Benda pose les termes de sa série, nous pouvons encore garder l'illusion d'avoir à faire à des qualités, ceci par la vertu des habitudes qui nous attachent au sens large de certains mots : nous ne réfléchissons pas que l'expression « degré de perfection » est une catachrèse. La substitution d'un principe à l'autre

1. *Cahier Marcel Aymé n° 3*, 1984.

nous choque du moment où M. Benda, situant Dieu à l'extrémité de la série, nous le montre considérant l'extrémité opposée comme s'il en était séparé par une distance. Il suffit de reprendre l'idée de perfection en dehors de toute préoccupation mathématique pour se rendre compte de la gratuité et de l'inexactitude de cette hypothèse. »

En 1943, *La Vouivre* reviendra sur un thème métaphysique, puisque la divinité y semblera prisonnière de son immortalité. Devant le cadavre d'Arsène, « la Vouivre, penchée sur le visage du mort, cherchait dans ses yeux sans regard le secret du grand mystère qu'elle ne devait jamais connaître ». En 1950, *Clérambard* posera à nouveau la question de l'existence de Dieu, mais de manière burlesque. Oscillant sans cesse entre une exagération comique et l'expression respectable d'une foi récente mais enthousiaste, Hector de Clérambard pose bel et bien le problème de la grâce donnée à quelques-uns et refusée aux autres.

« Je ne valais pas mieux que lui, dit-il de son fils à la Langouste, et Notre Seigneur m'a fait miséricorde et le petit pauvre d'Assise m'a ouvert les yeux ».

Mais Marcel Aymé n'est pas François Mauriac... même s'il lui est arrivé de soutenir le curé de Grosrouvre en lui dédicaçant quelques livres et d'être présenté par celui-ci comme l'un des deux plus grands écrivains français, en compagnie de... Daniel-Rops ! Après *Et le monde continua*, d'inspiration métaphysique, il est revenu à des préoccupations plus terre à terre avec *La Fée du métro*[1], dont il parle, le 15 février 1927, dans une lettre à Georges.

« Quand tu en auras l'occasion, disait-il, demande donc à P. Mille ou ailleurs un débouché pour des contes. Non pas que je veuille m'enfoncer dans les contes, mais je pense qu'il est bon de faire voir sa signature de temps à autre pour ne pas tomber dans

1. *De l'amour et des femmes*, Les Belles Lettres, 1997.

l'oubli. À ce propos, je relisais tout à l'heure *La Fée du métro*. Je trouve que c'est présentable ».

Il s'agit de l'histoire d'un modeste employé de banque..., qui finit par épouser une riche héritière, rencontrée pendant un match de rugby ! Ce dénouement heureux est l'œuvre d'une fée, déguisée en mendiante dans l'escalier du métro, d'où le titre...

Toujours désireux d'asseoir sa notoriété d'écrivain, il annonce également à Georges le 20 octobre 1927 :

« J'ai délaissé *Les Jumeaux* momentanément pour écrire une nouvelle. Elle est terminée. Je te l'amènerai. Peu ébouriffante, d'ailleurs : *Les Amants du puits* ».

Il s'agit, bien sûr, du *Puits aux images* que publia la *N.R.F* en décembre 1927.

Ces contes et nouvelles devaient être aussi pour Marcel Aymé une source de revenus. Quand il s'installe pour quelque temps à Villers-Robert, en janvier 1927, la tante Léa fait aménager le logement de la tuilerie, qui était alors sale et délabré. Mais l'argent manque, et Marcel écrit à son frère :

« Je sens que Tante est un peu inquiète de toutes ces dépenses dans un moment où les affaires languissent, et je voudrais bien pouvoir la soulager en gagnant quelque argent. Je songe que quatre contes par mois me rapporteraient dans les six cents francs et me permettraient de vivre à V.-R. sans rien coûter ou à peu près ».

Quelque temps après, en juillet, son frère Georges croit pouvoir lui trouver un emploi dans une maison d'édition populaire, et il accepte bien volontiers :

« Je pense que je me mettrai très vite au courant du travail de lecture et de corrections d'aventures à trémolos, lui répond-il. Mon goût pour Arsène Lupin m'en est presque une garantie. Les mille francs par mois me satisfont. Nulle part on ne m'offrira davantage. Si je peux faire trois contes par mois (minimum), cela fera quatorze ou quinze cents (...), cela suffit ».

Marcel Aymé manque donc d'argent à cette époque,

et c'est pourquoi il s'intéresse tant aux prix littéraires. Déjà, en février 1927, il avait obtenu pour *Brûlebois* le prix Corrard, du nom d'un romancier mort pour la France durant la Première Guerre mondiale. Un seul tour de scrutin avait été nécessaire pour qu'il recueillît treize voix sur les seize membres du jury présents, et la somme de trois mille francs. En février 1928, il déclare à Camille :

« Je viens de poser ma candidature au prix de la Renaissance, sans grande conviction d'ailleurs. Je pense aller voir Pierre Mille samedi à ce sujet. »

Le 3 mars, c'est à Georges qu'il apprend :

« Mille m'a promis sa voix en me disant que le jury avait à peu près décidé l'attribution du prix à Luc Durtain pour son *40e étage.* »

Celui-ci le reçoit effectivement et Marcel Aymé, dépité, informe brièvement son frère le 7 mai.

« Le prix de la Renaissance a été décerné à Luc Durtain. Je le savais depuis quatre mois. Au premier tour, deux voix ont été à Emmanuel Bove. Rien pour moi. »

En octobre, on lui fait à nouveau des promesses et il en fait part à Georges le 31 :

« Je suis très bien (j'ai dû te le dire déjà) avec Jules Lévy, secrétaire du syndicat des gens de lettres, vieillard un peu radoteur, bonhomme au demeurant. Il y a un mois, il m'annonçait avec fracas qu'il soutenait ma candidature au prix Figuière de cinquante mille francs, et qu'il en tenait le succès pour assuré. Je ne me suis pas emballé une minute, sachant ce que valent pareilles affirmations. Plaisir d'épater, de jouer les mécènes, d'être pendant un mois l'homme qu'on chérit de reconnaissance. Hier, je l'ai revu dégonflé, il me faut faire mon deuil des cinquante mille francs, le candidat étant déjà choisi, paraît-il. Je te dis que je m'y attendais en plein. »

Mais la grande ambition de Marcel Aymé à cette époque est d'obtenir une bourse de la fondation Blumenthal, d'un montant de vingt mille francs. Le

8 février 1928, il écrit à Camille que Jean Prévost va favoriser sa candidature et, le 3 mars, que, selon Jean Paulhan, Paul Valéry a promis de voter pour lui.

« Paulhan, continue-t-il, va s'enquérir auprès de Thibaudet et de Giraudoux pour m'assurer leurs voix. L'autre dimanche, je vois Hackin, lequel a parlé de moi à Jaloux. D'autre part, j'ai écrit à Noré Brunel pour qu'il parle de moi à Riou, autre membre du jury. Je me suis abonné à son *Fleuve*, et l'ai complimenté sur son œuvre dont je ne sais rien. Je vais essayer de toucher la comtesse de Noailles par Reboul. J'ai bon espoir pour les vingt mille francs. »

Le 7 mai, il prévient Georges qu'il va tenter de rencontrer Dorgelès. Le 25 mai, c'est chose faite, et l'auteur des *Croix de bois* lui affirme que l'abbé Brémond, membre du jury, s'intéresse fortement à lui, car depuis la lecture d'*Aller retour*, il lui est acquis. « J'ai quelques espoirs », avoue-t-il. Mais il lui faut déchanter car aucune bourse ne lui est attribuée le 29 juin 1928. Le 30, il annonce la nouvelle à Camille :

« Dorgelès m'a dit téléphoniquement qu'il avait été fortement question de moi, mais qu'on m'avait jugé trop jeune. Tant pis... J'avoue que j'y comptais un peu. »

Pas de prix de la Renaissance, pas de bourse Blumenthal, le sort s'acharne contre Marcel Aymé. Georges Charensol lui apprend même qu'il a eu tort de nourrir des espoirs, car tout écrivain ayant déjà eu un prix d'un minimum de trois mille francs, ce qui est son cas, ne peut espérer être candidat. C'est seulement en 1930 qu'il obtiendra la fameuse bourse, en même temps qu'Alexandre Vialatte et Jean Guirec. D'ailleurs, il n'en bénéficiera pas immédiatement car on lit dans une lettre à Georges d'octobre 1930 :

« Rassure-toi, la bourse Blumenthal [...] n'est pas encore dévorée. La raison en est que je n'en ai pas encore touché le montant. C'est un événement qui arrivera seulement dans le courant de 1931. Encore n'aurai-je que la moitié, l'autre étant réservée pour 1932. »

Cette quête permanente de l'argent était devenue peu à peu une nécessité vitale, non seulement pour qu'il pût assurer sa propre existence mais aussi celle de sa femme Marie-Antoinette. Il l'avait connue à Dole en 1921, où elle était en vacances chez les Humbert, ses beaux-parents, qui tenaient un magasin de porcelaine, non loin de la Collégiale. Son mari, Gustave, était employé de banque. La jeune femme, mère d'une petite fille, Colette, avait un an de moins que Marcel. Leur liaison ne fut pas appréciée du reste de la famille. Néanmoins, la Tante accepta de recevoir Marie-Antoinette dans la maison des Tilleuls, mais sans grand enthousiasme. Les deux femmes ne s'aimaient guère et se lançaient volontiers des piques. Les sœurs de Marcel, elles aussi, réprouvaient la liaison. Au début de 1929, si l'on en croit une lettre de Marcel à Camille, celle-ci n'avait pas dû ménager ses critiques.

« Ma chère Petite Camille,

Je ne te garde pas du tout rancune, lui répond-il, de la lettre que je viens de recevoir, je sais quel tendre sentiment t'a guidée. Je pense simplement que je n'ai peut-être pas mérité tout ce que tu me dis, que si tu as quelquefois touché juste, plus souvent au hasard. D'abord ce que tu dis de Madame Humbert est au moins gratuit et ne repose que sur des suppositions : car, sans la connaître, tu fais moins que l'épargner. Les expressions « femelles inassouvies » et autres très directement appliquées ne me donnent pas de colère, mais plutôt une grande tristesse. Est-ce qu'on ne peut pas me juger capable d'un sentiment propre, et les affections que je peux avoir sont-elles cataloguées automatiquement comme les simples instincts d'une brute lymphatique aux yeux exorbités. Je ne sais pas sur quoi pareils jugements se peuvent fonder. Si je n'ai pas toujours mené une existence très collet monté, du moins je ne croyais pas que c'était au point de faire préjuger d'un penchant pour ce qui est salissant.

Je ne veux pas essayer de redresser ton opinion sur quelqu'un qui m'est cher d'autre façon que tu penses et dis. Ce qui est très certain, c'est que jamais je n'ai eu de règles de vie aussi sérieuses que maintenant. Tu peux bien l'imputer à qui tu voudras, mais tout de même.

Je pensais que ta jeunesse dure et tes habitudes mêmes d'écrivain t'avaient enseigné qu'un mode de vie ne se résout pas comme une règle de trois. Et je crois que c'est parce que tu négliges, dans le cas, des facteurs qui comptent dans toutes les vies. Les niaiseries romantiques ont toujours le même aspect lorsqu'on les voit de son fauteuil. Les sentiments du voisin ne paraissent en rien comparables aux siens propres. Mais là encore, c'est une question de crédit, je croyais que tu me l'aurais accordé ».

Eh oui ! Marcel était bel et bien amoureux et Marie-Antoinette prit très vite de l'ascendant sur lui, au grand dam de la famille qui l'accusait des calculs les plus sombres. Longtemps, il s'entendit reprocher sa faiblesse, dont il convenait volontiers, d'ailleurs.

« Pour le manque de volonté dont j'ai fait montre au cours des années d'après lycée, accordait-il à Camille en janvier 1929, ce n'est peut-être qu'un manque physique, un état permanent de lymphatisme [...] qui m'abattait. »

Marie-Antoinette, réaliste et décidée, a dû représenter peu à peu pour lui un élément stable pour bâtir le foyer qu'il n'avait pas connu. Elle était sans aucun doute la femme, mais aussi la mère qu'il n'avait jamais vraiment eue à ses côtés. En effet, elle possédait de grandes qualités de dévouement. Dès qu'elle sentait un proche en danger ou en difficulté, elle ne ménageait ni sa peine ni son temps pour l'aider. Il est probable que le jeune Marcel, affaibli par ses maladies et souvent inquiet de ne pas se faire une situation durable, digne de celles de ses frères, sœurs et cousins, a dû trouver auprès d'elle du réconfort et des raisons d'espérer. Elle a fini par représenter pour lui un de ces êtres forts dont il avait besoin pour exister, lui qui était de santé fragile.

En outre, Marie-Antoinette ne manquait pas de vivacité d'esprit et d'une certaine volubilité qui a dû réjouir Marcel. Elle adorait raconter des anecdotes et faire rire autour d'elle. Il y a fort à parier qu'il y puisa une part de son inspiration. On peut ainsi douter qu'il ait observé lui-même les réactions des clients dans la file d'attente qu'il a placée rue Caulaincourt, pendant la Seconde Guerre mondiale, dans la célèbre nouvelle *En attendant*[1]. Par contre, son épouse a sûrement dû lui faire part de ses remarques et lui raconter ses déboires de ménagère, au point de lui donner l'idée de ce texte.

Mais Marcel et Marie-Antoinette ne vécurent pas immédiatement ensemble. Plusieurs années passèrent au cours desquelles ils se revirent et envisagèrent peu à peu la vie en commun. En 1929, c'était chose faite, mais il fallait obtenir le divorce. Cette formalité remplie, ils purent se marier, le 16 avril 1931, et s'installèrent 9, rue du Square-Carpeaux, dans le XVIIIe arrondissement. On imagine volontiers les difficultés qu'ils rencontrèrent alors. L'opinion publique de Dole, où les parents de Gustave Humbert étaient commerçants, en fit des gorges chaudes, et la famille Aymé désapprouva. Fort heureusement, Marcel trouva une alliée importante en la personne d'Hermance, la deuxième femme de Raymond. Elle considérait le jeune écrivain comme un jeune frère et elle l'aida beaucoup dans ses débuts parisiens. De plus, Hermance sut convaincre la tante Léa en faveur de Marie-Antoinette parce qu'elle allait jouer, selon elle, le rôle bénéfique de mère et d'infirmière dont Marcel avait grand besoin. La famille finit par acquiescer. Toutefois, lors du mariage, Édouard, mari de

1. *En attendant*, *Le Passe-muraille*, 1943.

Suzanne, leur offrit un volume de Charles Maurras, intitulé *Principes*... Tout n'était pas oublié... Marcel choquait car il ne faisait rien comme les autres. Non seulement, il n'avait pas suivi d'études supérieures, mais encore, il s'amourachait d'une femme mariée, mère d'un enfant ! Il aurait mieux fait de prendre exemple sur ses sœurs qui avaient trouvé de beaux partis. Camille avait épousé un industriel italien, Paul Muster, en 1921, et Suzanne un ingénieur de belle prestance, Édouard Muller, en août 1928. Mais il est vrai que ses propres frères ne furent pas des modèles pour lui dans leur vie matrimoniale. Raymond ne donna jamais l'exemple de la fidélité conjugale, et c'est Marcel lui-même qui fit remarquer à Georges, le 7 août 1929 :

« Je te félicite de ton épouse laotienne, mais pourquoi songer à la répudier ; ton inconstance me navre. »

Le temps aidant, Marie-Antoinette finit par être acceptée par la famille. En mars 1931, elle fut même sollicitée pour aider Suzanne.

« Marie-Antoinette a reçu les renseignements concernant l'oncle à particule, lui écrit Marcel Aymé. Il habite Lille et ne vient que rarement à Paris. La mère de Marie-Antoinette affirme qu'il est néanmoins très puissant et peut te faire nommer à Paris. [...] Je voudrais de tout mon cœur que tu sois nommée à Paris. »

À l'occasion, on chargea Marie-Antoinette, la divorcée, de missions de confiance.

« Marie-Antoinette s'est occupée des actions de l'Aérospatiale, écrit-il à Georges[1], mais il manquait une formule bleue qu'Alix[2] avait oublié de remplir. La banque a fait quelques paperasses supplémentaires, et Marie-Antoinette doit retourner ces jours-ci pour liquider l'affaire ».

Le clan Aymé commençait à s'habituer à l'intruse.

1. Le 25 février 1935.
2. L'épouse de Georges.

IX

La Table-aux-Crevés

Prix Renaudot 1929

Grâce à une lettre adressée à Georges le 20 mars 1929, l'on sait précisément à quelle date Marcel Aymé a commencé la rédaction de *La Table-aux-Crevés*.

« Je travaille toujours avec régularité, et je te dirai même que je ne suis pas mécontent. Je ne dis rien de la qualité, mais de l'aisance à pondre. Je crois pouvoir annoncer que le dit roman, commencé le 4 mars, sera terminé vers la fin juin, si rien ne vient contrecarrer ».

Le roman fut effectivement achevé dans les délais prévus, sans grands problèmes, semble-t-il, si ce n'est parfois, pour la documentation. En la circonstance, il eut recours à sa tante Léa et signala ainsi à Georges, le 17 avril 1929 :

« Reçu une lettre de Tante à qui j'avais demandé des renseignements d'un ordre agricole pour nourrir mon roman qui est de terre grasse ».

En juin, le titre n'était pas trouvé mais le manuscrit fut néanmoins soumis à Gaston Gallimard qui l'accepta d'emblée avec enthousiasme.

« On m'a seulement dit[1] que le livre était jugé très supérieur aux précédents (je ne suis pas sûr que ce soit au pluriel). On m'a seulement fait part des critiques qui sont : des négligences de style et pas mal de fautes d'orthographe. La rapidité avec laquelle j'ai écrit les explique suffisamment. Enfin, je suis bien heureux que le manuscrit soit pris sans l'ombre d'une discussion, alors que je m'attendais à le voir refusé ».

La seule difficulté qui surgit vint du titre. En août, l'auteur proposa *La Table-aux-Crevés*, mais

« Gallimard et Hirsch ont trouvé d'abord (qu'il) était mauvais et m'en ont demandé un autre[2]. André Malraut (sic) (*Les Conquérants*) a lu le livre pour essayer de trouver un titre. Entre-temps, Hirsch se travaillait et trouvait des inepties. Hier matin, Malraut (sic) avait lu et disait que le premier titre était bon. Gallimard à qui j'avais proposé *La Clé de bois*, était flottant. À consulté André Gide et Beucler qui étaient dans son cabinet. Gide a trouvé *La Table-aux-Crevés* excellent et a tout décidé ».

Le roman était de qualité et il fut tout de suite remarqué, notamment par Robert Brasillach dans *L'Action française* du 21 novembre. S'il était réservé au sujet de la qualité de la langue, il n'en vantait pas moins la composition, la grandeur et la force d'évocation. Marcel Aymé apprécia et fit remarquer à Georges, le 22 :

« Je crois aussi que R. le D.[3] a été très satisfait de sa lecture et sa chronique sent la sincérité. J'espère qu'il va donner le branle à d'autres journaux, et que la prospérité de *La Table-aux-Crevés* s'en trouvera bien ».

Il en fut ainsi et André Billy, André Rousseaux et Daniel-Rops lui décernèrent, les jours suivants, des

1. Lettre à Georges du 14 juillet 1929.
2. Lettre à Georges, 25 septembre 1929.
3. Robert le Diable, pseudonyme de Robert Brasillach, fut utilisé quelque temps dans *L'Action française*.

éloges dans *L'Oeuvre*, *Candide* et *La République*. Le premier se déclara frappé, le 26 novembre, par le grand talent de conteur du jeune romancier ; le second, le 28, par le paganisme de certaines scènes, qui permettait d'atteindre le sublime ; et le troisième, le 4 décembre, par la poésie, certes moins expressive que celle de Jean Giono, mais néanmoins « d'une saveur fort agréable ». Il ajoutait même : « L'on ne manquera pas de lui savoir gré de la simplicité avec laquelle il a mené et présenté ses effets. » Marcel Aymé tenait là une belle réussite, et l'on commença à parler de lui pour le Goncourt qui devait être attribué le 4 décembre. Gaston Gallimard y crut tellement qu'il envoya son candidat chez le photographe Henri Manuel pour lui faire préparer quelques portraits. Le 22 décembre, Marcel Aymé raconte à Camille :

« L'opérateur, rosette de la Légion d'Honneur et cravate lavallière, m'a serré la main en me disant « Au revoir, maître », avec la gravité qu'il fallait. (...) Je m'entendais répéter de tous les côtés que j'aurai le Goncourt. Thibaudet, que j'avais rencontré aux *Nouvelles littéraires*, faisait des vœux pour moi, et Dorgelès, après une voix au premier tour à Cendrars, avait décidé de faire campagne pour moi ».

Hélas, il fallut déchanter car le Goncourt fut décerné à Marcel Arland.

« Au dernier moment, tout a été retourné [1]. Dorgelès, que j'ai vu après, ne m'a pas dit ce qui s'était passé, mais je croirais volontiers que Rosny aîné m'a porté un coup mortel en rappelant le prix Corrard, lequel m'enlevait de ma virginité aux yeux de l'Académie. Gallimard, qui comptait me sortir à cent mille, a été très déçu parce qu'Arland trois volumes est d'un placement ingrat. Il s'est consolé avec le prix Renaudot et, devant moi, a décidé qu'il me serait fait la même publicité qu'au Goncourt ».

1. Lettre à Camille, 22 décembre 1929.

Marcel Aymé obtint effectivement le prix Renaudot en guise de consolation et s'en accommoda.

« Ce prix (...), quoique ne comportant nulle récompense pécuniaire, m'aura fait un grand bien, écrit-il à Georges le 18 décembre. Il y a déjà douze mille bouquins vendus. Gallimard m'en garantit vingt mille et espère davantage. Il y a eu une grande publicité spontanée des journaux, sans compter celle de Gallimard en placards, et même en cinéma (je passe dans sept cent cinquante-sept cinémas de France, devisant avec Marcel Arland) ».

La presse s'empara effectivement de l'événement et lui conféra une notoriété que n'avait pas encore le Renaudot à l'époque, car il n'existait que depuis trois ans. Il était alors décerné par dix informateurs littéraires : Espiau, Gaston Picard, Marcel Sauvage, G. Le Fèvre, Georges Charensol, Noël Sabord, De Lys, André Obey, Demartre et Odette Pannetier, et il ne fallut que deux tours de scrutin pour désigner Marcel Aymé avec sept voix sur dix. Beaucoup de membres du jury le connaissaient et l'appréciaient. En particulier, Noël Sabord l'avait remarqué dès 1926 et avait été à l'origine de la publication de la confession de Brûlebois dans *Paris-Midi*, le 17 octobre. Georges Charensol l'avait connu en 1925 lors de ses débuts dans le journalisme. « Le choix de Marcel Aymé, a-t-il noté dans son ouvrage *D'une rive à l'autre* [1], m'avait été d'autant plus agréable qu'il était un de mes plus anciens amis. Alors qu'il révisait les dépêches de la modeste agence Radio, nous prenions chaque jour nos repas à une table qui nous était réservée à la Maison des journalistes, récemment ouverte rue du Louvre ». Mais « la précipitation des journalistes bien intentionnés, mais mal informés, qui composaient le jury bénévole du prix Théophraste Renaudot (...) a privé le jeune romancier d'une aide matérielle qui lui eût per-

1. *Mercure de France*, 1973.

mis de s'affranchir pendant quelques semaines de ses besognes matérielles, et de se consacrer à une nouvelle œuvre », remarqua fort justement *Chantecler*. En effet, il aurait pu obtenir le prix Fémina-Vie heureuse qui avait l'avantage de comporter une bourse de cinq mille francs. Elle échut à Georges Bernanos pour *La Joie*, et Marcel Aymé se consola en constatant combien la presse lui accordait de place. Son nom fut repris par tous les journaux à grand tirage aussi bien que par la presse spécialisée. Le 5 décembre, *Paris-Midi* vanta la justesse du ton, la vérité d'observation, la tendresse et l'art de *La Table-aux-Crevés*. Maurice Bourdet, dans *Le Petit Parisien*, prédit un avenir brillant au jeune conteur. *L'Humanité* parla d'un « honnête roman paysan », et *Le Populaire* d'un « roman rustique ». Au *Figaro*, l'on fut surpris par l'attribution du Renaudot à une œuvre que l'on ne connaissait sans doute pas car on l'intitula *Le Tableau crevé*... Mais l'on se rattrapa les jours suivants grâce à Luc Varenne qui fut surtout sensible à la langue solide et claire ainsi qu'à la vérité des expressions du terroir. Durant deux mois, des articles ne cessèrent de paraître au sujet de *La Table-aux-Crevés*. *Gringoire*[1] s'attachera à la poésie et au réalisme, et *Les Nouvelles littéraires*[2] le présenteront comme un livre « puissant et sain ». *La Quinzaine critique* du 10 janvier 1930 appréciera la simplicité, la véracité, le talent de l'auteur et son style, tandis que le *Mercure de France*[3] aimera la langue drue et le « fatalisme animal qui ne manque pas de grandeur ». Dans le numéro de janvier 1930 de la *N.R.F*[4], Jean Prévost, qui a été l'un de ceux qui ont encouragé Marcel Aymé à écrire, annonce « un grand talent » et estime que « cette œuvre drue, vigoureuse sans être tendue, intelli-

1. 6 décembre 1929.
2. 7 décembre 1929.
3. 15 janvier 1930.
4. *Nouvelle Revue Française*.

gente sans pédantisme, marque un progrès qui mettra bientôt, s'il se continue, Marcel Aymé au premier rang ».

Content mais serein, le jeune romancier accueillit le succès avec flegme.

« J'étais à la *N.R.F* quand on a téléphoné le résultat, précise-t-il à Georges[1]. J'ai été très calme et j'ai presque consolé Gallimard qui songeait à la vente difficile du bouquin en trois tomes de Arland ».

L'éditeur et son lauréat allèrent ensuite fêter l'événement dans un petit restaurant de la rue Chomel où les rejoignirent les journalistes. Marcel Aymé n'avait même pas retiré son manteau de cuir et il surprit tout le monde par sa réserve et sa timidité. On nota également sa pâleur, sa minceur, la finesse de son visage et la douceur de sa voix. « Il signe des livres, serre des mains, pose pour les caricaturistes et les photographes accourus ; il assure de sa considération, de sa sympathie des gens qu'il connaît seulement depuis quarante secondes. La gloire, quoi ! »[2]. Marcel Aymé sera toujours ainsi, à la fois satisfait de connaître le succès mais en même temps profondément ennuyé d'avoir à répondre aux questions et aux compliments flatteurs. Il se prêtera autant qu'il le faudra aux mondanités mais les fuira à la première occasion. Ainsi, le 15 décembre 1950, lorsque se prépare son voyage au Danemark pour qu'il puisse aller voir l'adaptation de *Clérambard* par Gabriel Axel, il écrit à celui-ci :

« Je ne ferai pas de conférence (j'en suis d'ailleurs incapable) et je vous demande d'être assez bon pour faire en sorte que les réceptions me soient épargnées ».

À la veille de son départ, le 1er mars 1951, il rappelle :

1. Lettre à Georges, 18 décembre 1929.
2. *L'Ami du Peuple*, 5 décembre 1929.

« Je souhaite en effet que notre séjour[1] soit strictement privé et qu'il n'y ait aucune réception ».

En décembre 1929, il ne reste qu'une dizaine de jours à Paris et regagne Dole en passant par Joigny où « Mme Tourgon et M. m'accueillent à bras grands ouverts », annonce-t-il à Georges le 13. Dans la même lettre, il précise que « la tante est bien heureuse, elle se gonfle de l'impression que j'ai faite à Dole à cause de ma photo dans les journaux ». Toute la famille est comblée. Suzanne et Edouard Muller, qui suivent attentivement les efforts de Marcel pour s'imposer dans le monde des lettres, sont ravis. Camille le complimente sur son portrait paru dans *L'Action française*. Modeste, il avoue : « Mais ne crois pas que je sois beau comme ça tous les jours[2] ». Le succès ne lui tourne pas la tête, et on le sent toujours proche de cette sœur aînée qui a guidé ses premiers pas de romancier. D'ailleurs, peu à peu, la situation va se retourner ; c'est lui, le cadet, qui guidera Camille et interviendra pour faciliter la publication de ses œuvres. Déjà, en 1926, après la parution de *Brûlebois*, il lui avait donné son sentiment au sujet des *Belles Pensives*[3]. Certes, il avait pris la précaution d'atténuer quelques-unes de ses critiques avec des propos comme : « Naturellement, tout ce que je te dis ne vaut qu'en considération du lecteur moyen, l'élite trouvera tout de suite la moëlle ». Mais il n'avait pas hésité, non plus, à ajouter : « Je suis persuadé qu'on peut mettre son cœur en bandoulière sans parler à la 1re personne et l'exemple de Proust ne signifie rien car ses romans sont autobiographiques[4] ». La tendresse fraternelle n'excluait pas

1. M. Aymé s'est rendu à Copenhague en compagnie de son épouse.
2. Lettre du 22 décembre 1929.
3. Cf. *supra*, chapitre VII.
4. Lettre à Camille, 5 novembre 1926.

une certaine sévérité... En 1928, il se permettra encore des réserves à propos de *Florian l'Imparfait*.

« Si je divisais le livre en trois parties [1], je dirais que le commencement et la fin me plaisent davantage que le milieu, où il y aurait peut-être des petites choses sans importance à supprimer. Critique malveillant et idéaliste au cœur sec, je dirais que l'œuvre est empreinte d'un pessimisme sévère ayant sa source aux méats — insoupçonnables à la lecture française — d'un secret déterminisme ».

Par contre, en janvier 1930, il approuve.

« Naturellement, j'ai lu les nouvelles avec l'attention que tu devines, et je trouve que les reproches de Gallimard sont tout à fait injustifiés. Quoique ne connaissant pas la Sicile, j'y ai été parfaitement installé après six minutes de lecture. Il y a dans tes nouvelles une vraie unité qui, du point de vue de l'éditeur aussi bien que du lecteur, est un intérêt supplémentaire ».

Qu'il fût convaincu ou non de la valeur des ouvrages de sa sœur, Marcel Aymé s'est toujours employé, de toute façon, à essayer de leur trouver un éditeur. L'accès à la célébrité, avec le Renaudot, n'a rien changé. Bien au contraire, il a mis ses nouvelles relations et son début de notoriété au service de Camille.

« Je me suis naturellement enquis de *Florian* chez Gallimard [2]. Le manuscrit est à la lecture, c'est tout ce que j'ai pu en connaître, et j'ignore naturellement le nom du lecteur (...). Je suis passé à la Nouvelle Société d'Editions : Noël Sabord n'était pas là (...). Au cas où cela ne marcherait pas, dis-moi quels éditeurs tu souhaites entreprendre ».

Il lui donne des conseils en l'invitant à s'absenter de Palerme et à venir en France rencontrer les éditeurs. En ce qui concerne la possibilité d'être publiée chez Gallimard, il lui fait part de son scepticisme.

1. À Camille, le 13 octobre 1928.
2. À Camille, le 17 février 1930.

« Franchement, je ne crois pas que tu sois dans la maison en honneur de sainteté, non pour des raisons d'antipathie mais pour des raisons d'habitudes commerciales qui pourraient être :

1. il semble que la N.R.F soit un club masculin, et on n'y voit, parmi les auteurs, point de femme, ou très accidentellement ;

2. raisons commerciales : Gallimard ne veut probablement pas qu'il y ait deux Aymé à la N.R.F, à cause de la confusion qui s'établit dans la clientèle. Pour l'hostilité de Paulhan, je ne crois pas qu'elle ait d'importance. Dans le nouveau local où la N.R.F s'est installée, les éditions sont au premier étage et la revue au deuxième. Il y a, de part et d'autre, une indépendance qui n'existait pas auparavant. Un manuscrit est reçu par Lecoq, automatiquement envoyé à un lecteur dont l'avis est reçu avec égards. Ce n'est qu'à la réunion générale, où il est décidé du sort du manuscrit, que l'opinion de Paulhan peut être influente. Mais sa voix n'est qu'une voix entre une dizaine d'autres ».

Parfois même, les relations se tendent entre le frère et la sœur car celle-ci s'impatiente :

« Pourquoi donc Paul[1] me fait-il le reproche d'être inactif[2] ? Je croyais que le procès n'était plus à plaider. Si je n'ai pas donné, l'année dernière, tout le temps qu'il fallait à tes manuscrits, c'est que je n'étais pas libre de le faire. Mais je n'ai pas du tout l'impression, depuis que je suis revenu à Paris, d'être négligent. Veux-tu me reprocher d'avoir été lent avec Emile Paul ? Je suis revenu de vacances au début de septembre, j'y suis allé tout aussitôt (...). Chez Didot, j'ai secoué Jacques Haumont aussi souvent que la décence me l'a permis. Le livre doit sortir en novembre (...). Ce matin, je suis retourné chez lui pour lui soumettre

1. Paul Muster, mari de Camille.
2. Lettre du 8 octobre 1930.

le projet de *L'ABCdaire* dans la collection illustrée de photographies ».

Tout au long de sa carrière, Marcel Aymé se préoccupera ainsi d'aider Camille à faire éditer ses manuscrits. En 1955, il lira *Jadis et naguère* avec beaucoup de plaisir et cherchera à le faire accepter.

« J'ai remis *Jadis et naguère*, écrit-il le 8 juillet, au directeur littéraire d'Amiot-Dumont, qui m'a demandé pour le lire un délai de cinq à six semaines, vu la période des vacances et l'importance du livre. Il y aura lundi quinze jours qu'il l'a eu en dépôt. J'ai demandé à la femme de Roger Nimier, belle-fille d'Amiot ou de Dumont, de veiller à ce que les délais de lecture soient aussi courts que possible, et aussi que le lecteur soit réceptif. Elle s'est formellement engagée à faire de son mieux ».

Le frère finira même par suggérer des sujets à sa sœur. Il lui écrit le 25 septembre 1956 :

« Je sais seulement, d'après ce que tu m'as écrit il y a trois mois, que l'idée que je t'ai proposée t'en a inspiré une autre, et je suis naturellement curieux de savoir laquelle. Si tu disposes d'un manuscrit, envoie-le à Paris où nous rentrons le vendredi 28 ».

Une trentaine d'années après, Marcel Aymé jouait donc à l'occasion le rôle que Camille avait tenu à son égard en l'invitant à écrire l'histoire de Brûlebois.

En 1929, la renommée, due au prix Renaudot, lui permit d'envisager l'avenir avec plus de sérénité.

« Gallimard me dit que je peux désormais compter, en envisageant toutes choses au plus modeste, sur une clientèle de dix mille lecteurs pour les livres à venir, ce qui me permettrait, avec quelques nouvelles à *Candide* et ailleurs, des traductions possibles, de vivre sur un pied simple [1] ».

Il commença en effet à partir de cette époque, à pouvoir vivre de sa plume car Gallimard lui assura des

1. Lettre à Camille, 22 décembre 1929.

mensualités à partir de mars 1931, et différents journaux acceptèrent ses articles et ses nouvelles. L'éphémère *Revue du cinéma* publia ses réflexions sur trois films soviétiques [1], *Le Cuirassé Potemkine*, *La Ligne générale* et *Turksib*, qui annoncent certains passages de *Travelingue*. Alors qu'il reproche par exemple au second « l'obsession qu'il nous propose du travail en série, avec ses volants, ses soupapes, ses bielles frénétiques », il note les mêmes détails dans le film auquel assistent Mme Ancelot et ses amis.

« Mais le spectacle, qui approchait à sa fin, n'était guère favorable aux enchantements. Sur l'écran, des machines fonctionnaient à plein rendement et montraient leurs entrailles de métal, animées d'un mouvement forcené. Des bielles, des pistons, des bobines, des engrenages, des courroies viraient, vibraient, tourbillonnaient, sautaient à des vitesses folles qui faisaient papilloter le regard. »

Au cours de l'été de 1931, les lectrices de la publication féminine et populaire *Minerva* lui accordèrent leur prix pour *La Rue sans nom*, parue l'année précédente. Interviewé par téléphone à l'île de Ré où il passait ses vacances, Marcel Aymé ne cacha pas sa joie et fournit volontiers des informations sur sa jeunesse, ses études et ses autres livres. Son audience gagnait du terrain.

Dans *Gringoire*, de juillet 1932 à mars 1933, il se fit même critique littéraire et publia ainsi vingt-huit articles. À vrai dire, il n'y est pas toujours très à l'aise. On le sent parfois embarrassé. L'activité est nouvelle pour lui et il y manque de liberté.

« Les livres que tu m'as envoyés, écrit-il à Camille le 8 août 1932, sont très intéressants, je t'en remercie. Je les ai donnés à Suzanne, après les avoir lus, pour qu'elle te les rende. Je ne fais pas particulièrement les livres étrangers, je fais le tout-venant. Il y en a malheureusement qui me sont imposés — ceux des Editions

1. *M. Aymé juge trois films soviétiques*, 1er septembre 1930.

de France par exemple — et c'est quelquefois bien embêtant. Cette semaine, je fais quelque chose sur l'alpinisme ! La semaine prochaine, le roman de Pierre Bost, et ensuite *Sophie de Tréguier*, d'un jeune auteur de vingt-deux ans, très malade de la poitrine, et qui est un bien joli roman breton. »

Marcel Aymé souffrait des interdits qui pesaient sur ses activités. D'ailleurs, dans ses critiques de romans, on devine aisément le travail sur commande et on a parfois l'impression qu'il s'acquitte d'un pensum ou cherche à remplir dignement son contrat. Quand il présente *Hors des chemins battus* de E. R. Blanchet[1], consacré aux courses en montagne, il se souvient que l'auteur est pianiste, et il s'efforce de briller.

« Au cours de cette lecture, l'alpiniste ne nous fait jamais complètement oublier l'artiste, et nous ne pouvons nous défendre de nous poser la question de M. C. G. Bruce : "Ces mains seront-elles de nouveau aptes à jouer du piano ?" Mais M. Blanchet répondra sans doute qu'il court les montagnes depuis bientôt trente années et que la gelée, le maniement du piolet, les descentes "au rappel de corde" ne lui ont pas gâté son doigté. »

Il ne résiste pas éventuellement à une pointe d'humour. Ainsi, après avoir présenté une traduction de *L'Homme de l'Alaska* de J.-O. Curwood[2], il remarque :

« Il y a, tout au long du livre, de fines observations, des analyses de caractères très poussées et qui ne rompent jamais l'intérêt de l'intrigue. On y rencontre un romantisme d'une qualité honnête et parfois d'une grande fraîcheur, mais qui frise de temps à autre la mièvrerie. Par exemple, le livre se termine par cette phrase :

« Et soudain, sans préméditation, leurs doigts s'en-

1. *Gringoire*, 12 août 1932.
2. *Ibid.*, 17 février 1933.

trelacèrent et se serrèrent — car, sur le toit de la cabane de Sokwenna, le merle se remettait à chanter. »

Et Marcel Aymé d'ajouter :

« Mais je ne peux pas croire que le chant d'un merle ait des effets aussi exaltants. Je ne suis même pas bien sûr qu'il faille le souhaiter. Où irions-nous si l'amour se déchaînait au chant des oiseaux ? Personne ne serait plus sûr de soi. »

Il est beaucoup plus sérieux lorsqu'il évoque l'étude de Maurice Lamartinie consacrée à l'*Essai sur l'inégalité des races humaines* du comte de Gobineau [1]. À une époque où le nazisme allait s'imposer en Allemagne, un tel ouvrage et un tel article étaient de circonstance. Abordant la prétendue supériorité des Aryens, Marcel Aymé notait :

« Cette théorie d'une race élue [...] a pour elle une grande force : c'est d'être historiquement invérifiable. »

Quant aux races scandinaves, les moins métissées, elles ne semblaient pas, à ses yeux du moins, l'emporter sur les autres. En fait, l'*Essai sur l'inégalité des races humaines*, observait-il, a suscité beaucoup d'admiration parce qu'il permet de justifier « tous les impérialismes et individualismes forcenés ». « C'est dans l'*Essai* que l'Allemagne chercha ses titres historiques à gouverner le monde », a écrit Lamartinie. En outre, « Gobineau continua à guider Nietzsche vers le sanctuaire où le surhomme, affranchi de toute morale et de toute entrave, s'adore dans le sentiment de son énergie et de sa toute-puissance. » Par l'intermédiaire d'un tel ouvrage, Marcel Aymé commençait à s'intéresser à une actualité qui allait fortement marquer son existence. Peut-être prenait-il progressivement conscience de certains périls car son étude du *Chant funèbre aux morts de Verdun* de Montherlant est d'un lyrisme surprenant sous sa plume. Il le présente en effet comme un ensemble de pages :

1. *La Chimie des races*, 6 janvier 1933.

« les plus hautes, les plus mesurées qui aient paru sur la guerre et sur l'homme à propos de la guerre. Bien autre chose qu'une réussite littéraire, il est d'une clarté qui fait surgir, entre toutes les valeurs sociales, mouvantes et incertaines, la valeur sociale de la mort, la seule absolue, et que, pour des raisons assez misérables, l'on s'efforce en général de déguiser et de diminuer ».

Nous voilà bien loin de Bernard, le narrateur du *Vaurien*, paru deux ans plus tôt, qui avouait :

« La réduction de la poche de Château-Thierry, dans un temps où j'en appréciais déjà la portée, me fit beaucoup moins plaisir que le consentement d'une grande fille brune dont la hanche, je m'en rends mieux compte maintenant, avait un peu trop de moelleux [1] ».

En analysant l'ouvrage de Montherlant, Marcel Aymé semble y projeter ses propres valeurs puisqu'il utilise des termes comme : ferveur, pitié, tendresse, fraternité, sincérité, honnêteté, sobriété, lucidité, humanité. Il définit lui-même beaucoup de ses pages en écrivant que celles de Montherlant constituent « un chant d'amour et de réalité qui apprend à aimer les choses et les êtres pour ce qu'ils sont ». Pensons à Brûlebois et à la Lune, mais aussi à Coindet et à Galuchey.

À cette époque, la presse écrite permet également à Marcel Aymé de publier quelques nouvelles, comme il le souhaitait depuis plusieurs années. La quasi-totalité de celles qui seront rassemblées en 1932 dans *Le Puits aux Images* paraissent d'abord dans *Candide* [2], comme il l'espérait, mais aussi dans *Les Nouvelles littéraires* [3], *La Revue du Cinéma* [4] ou *Lire de l'inédit* [5].

---

1. Chap. I, p. 12, Gallimard, 1931.
2. Dans *Candide* : *La Lanterne* (15 mars 1930) ; *Noblesse* (3 juillet 1930) ; *A et B* (23 avril 1931) ; *L'Individu* (13 août 1931) ; *Les Mauvaises fièvres* (13 octobre 1931) ; *Au Clair de la lune* (17 décembre 1931).
3. *La Retraite de Russie* (5 avril 1930).
4. *Enfants perdus* (1er février 1931).
5. *La Pastorale* (15 août 1931).

Si l'on compare les textes définitifs à leur première version dans la presse, l'on s'aperçoit souvent de changements importants. Le plus significatif est sans doute celui des *Mauvaises fièvres*. En octobre 1931, dans *Candide*, le personnage principal, Maximilien, prenant ses aspirations profondes pour des réalités, raconte partout que sa femme, l'Esther, est morte. Mais comme il n'en est rien, à son retour, il aide un peu la nature en étouffant sa compagne sous un oreiller, puis s'en va dans la forêt.

« Avant de quitter la cuisine, écrit ensuite Marcel Aymé, Maximilien borde soigneusement sa femme. Il a retapé l'oreiller et lui pose la tête bien au milieu, le regard tourné vers le mur. L'une des mains de la morte semble pincer la couverture avec une grâce espiègle. Si la Léonie entrait, elle pourrait croire sa mère endormie. En baisant le pauvre visage marbré, le vieux soupira : « Jésus de misère, comme les choses vous arrivent... » Puis il s'éloigne sous la pluie, dans le chemin détrempé qu'il a suivi tout à l'heure. »

À un voiturier qui lui crie qu'il se trompe de route, le vieux répond d'une voix déjà lointaine « qu'il s'en va attendre son monde au déversoir de l'étang des Filles ». Or, ce dénouement plutôt sordide a été complètement remanié dans les éditions ultérieures et, dans la version définitive, Maximilien annonce toujours que l'Esther est décédée mais il ne commet plus ce qui n'était à l'origine qu'un crime crapuleux. En effet, l'on peut lire la scène suivante entre l'institutrice et le vieil homme :

« Alors, c'est cet après-midi ?

— Il était juste quatre heures et demie. Quand je pense que j'aurais pu la sauver rien qu'avec des laits de poule...

L'institutrice se tamponne les yeux ; dans un élan de sympathie, elle cherche la main du vieux et ne rencontre que la pèlerine mouillée. Maximilien est tassé sur une chaise comme une boule noire que les sanglots font sauter. Enfin, la douleur s'est apaisée. Il a joint les mains sous sa pèlerine et, dans l'ombre du capuchon qui lui cache le visage, ses lèvres remuent.

— Sainte Vierge, dit-il tout bas, je vous ai fait confiance. »

Reconnaissons qu'il est préférable de s'en remettre à Marie plutôt que de se laisser aller à de basses œuvres... Quoi qu'il en soit, ce changement, comme d'autres, est significatif pour deux raisons. D'une part, il révèle que Marcel Aymé a cherché à atténuer ou à éliminer le pessimisme le plus noir qui venait naturellement sous sa plume. En se ressaisissant, il trouvait des raisons d'être optimiste et jugeait donc utile de placer, malgré tout, des lueurs d'espérance dans une œuvre qui n'est jamais totalement un voyage au bout de la nuit. D'autre part, les innombrables variantes qui différencient les textes définitifs de leur version d'origine attestent de l'importance du travail de l'auteur. Des mots, des images, des phrases entières ont été modifiés. D'une manière générale, il a plus retranché qu'ajouté, pour être moins pesant ou accroître l'intérêt dramatique de ses textes. En somme, le promeneur nonchalant de la butte Montmartre, que l'on voyait tous les matins avenue Junot ou rue Lepic, rue Caulaincourt ou rue du Mont-Cenis, était en fait un travailleur acharné. Rentré chez lui, il prenait son déjeuner, puis il s'enfermait dans son bureau où il s'astreignait à écrire plusieurs pages chaque après-midi. Même le soir, quand ses obligations mondaines ou familiales ne le retenaient pas, il retournait à sa table de travail et remplissait des pages et des pages d'une petite écriture fine et serrée, en évitant les ratures. Il préférait réfléchir complètement à ses phrases avant de les écrire. Par contre, il avait gardé de son enfance et de ses années au collège de l'Arc le goût du dessin, et prenait plaisir à tracer des silhouettes ou des visages sur ses manuscrits. Tout en inventant ses personnages, il complétait sa création romanesque par des croquis qui l'amusaient et aidaient son imagination. Devant la qualité et la régularité du travail fourni par Marcel Aymé, il est permis de s'interroger car son œuvre renferme beaucoup de clochards, de déclassés qui se sont laissés aller dans l'existence et qui semblent trahir une certaine nostalgie de la paresse. Il est probable que Marcel Aymé lui-même l'ait éprouvée car il a parfois rapproché les hommes de lettres des clochards.

« Il y a non seulement des analogies entre ces deux états, a-t-il constaté [1], mais aussi de curieuses ressemblances de personnes et de caractères. »

En quelque sorte, sachant qu'il était capable d'être attiré par la nonchalance, il se serait imposé un garde-fou en s'astreignant à travailler régulièrement. Marcel Aymé ou les vertus de la discipline...

1. *Marianne*, 2 décembre 1933.

X

Marcel et les autres

Quoi qu'il en ait dit, Marcel Aymé n'a jamais été un solitaire dans la République des lettres. Dès les années trente, non seulement il y est connu, mais il y est aussi accepté. Il appartient désormais, qu'il le veuille ou non, à l'univers français des « gendelettres », comme il l'écrira plus tard. Il ne faut surtout pas prendre pour argent comptant ses dénégations à ce propos. Certes, il cultive sa différence et veille constamment à ne pas se laisser enfermer dans telle ou telle chapelle littéraire. Mais il les connaît bien et sait s'y faire recevoir le cas échéant, sans être gêné le moins du monde par leurs diverses étiquettes. D'ailleurs, il affiche un mépris complet pour les exclusions de toute nature.

L'un des premiers avec lequel il se soit lié est un homme réservé, discret et aussi silencieux que lui, Emmanuel Bove, qui lui adresse, par exemple, en 1926, un exemplaire de *Mes Amis* ainsi dédicacé :

« À Marcel Aymé avec toute la grande amitié d'Emmanuel Bove ». D'autres suivront, dédiés non seulement à l'écrivain, mais aussi à sa femme et à sa fille, car les Aymé et les Bove se fréquenteront régulièrement et resteront longtemps amis. En 1937, Emmanuel leur envoie *Adieu Fombonne*, « en souvenir du Cap-Ferret et de tant d'agréables rencontres » et, en 1939, *La Dernière nuit*, au nom de l'amitié. Les deux romanciers ont beaucoup de points communs. Tous deux n'ont pas été des modèles pendant leurs études. Même si Marcel Aymé a toujours exagéré à ce sujet, il n'en reste pas moins qu'il avait, comme Bove, un goût prononcé pour la farce, voire pour la provocation, ce qui n'en fit pas toujours un élève studieux et discipliné. D'autre part, il a été, lui aussi, un « adolescent secret, observateur et d'une hypersensibilité aussi extrême que rentrée »[1] et « il a toujours préféré le silence à la publicité »[2]. De plus, lorsque Philippe Soupault évoque Emmanuel Bove, on se croirait en présence de Marcel Aymé. « Je me souviens de mes promenades avec lui au bois de Boulogne où il lançait une petite phrase, mais laissait surtout les autres parler. Il s'intéressait aux gens et aux passants, il disait « Regardez ». Il ne m'a jamais parlé de son enfance, ni de son adolescence, ou de sa famille ». C'est à Marcel Aymé que Siné écrira un jour : « J'espère avoir un jour le plaisir de ne rien dire avec vous, mais longtemps. Amitiés »... La qualité de leurs silences a peut-être rapproché les deux auteurs qui, par ailleurs, ne s'illustraient pas dans le roman à thèses. De Marcel Aymé on pourrait écrire les lignes que Raymond Cousse a consacrées à Bove dans sa préface de *Un Soir chez Blutel*[3] : « (...) il restera toujours humainement et littérairement du côté de la cognée, autrement dit du côté des humbles, des sans grades, des laissés pour compte de la réussite sociale. C'est en cela que ses textes sont simples, directs et fraternels, dépourvus de la condescendance ou de l'affectation caractérisant les hommes

1. *Emmanuel Bove. La vie comme une ombre*, R.Cousse-J.L. Bitton, p. 56, Le Castor Astral, 1994.
2. *Ibid.*, p. 96.
3. Flammarion, 1924.

de lettres de sa génération ». On peut même se demander si Louise Bove, que Marcel Aymé appréciait beaucoup, n'a pas inspiré le personnage de la tante Sarah, dans *Gustalin* (1937). On se souvient, en effet, que celle-ci fait scandale à Chesnevailles en prenant l'habitude d'aller s'asseoir à la terrasse du café du village pour boire une bière. Or, Louise Bove était une originale qui défraya la chronique de Compiègne en 1932-1935, parce qu'elle passait ses après-midi à la terrasse du Café du Commerce, à prendre le thé et à fumer, en compagnie de la femme du Sous-Préfet. À cette époque, bien sûr, il était hors de question pour une femme d'aller au café sans être accompagnée d'un homme ou de sa famille. Marie-Antoinette et Marcel Aymé sont souvent venus rendre visite alors à Louise et à Emmanuel Bove qui, à Compiègne, étaient les correspondants du fils d'André Beucler. Dans la mesure où Louise n'avait guère de talents de femme d'intérieur, et comme l'argent leur manquait, les Aymé les invitaient au restaurant. « Lui, il parlait très peu ; pour moi, il était bizarre », a confié Marie-Antoinette Aymé à Raymond Cousse.[1] Les deux couples se sont retrouvés également au Cap-Ferret où les Aymé prirent l'habitude de venir passer leurs vacances à partir des années trente. Ils louaient de petites villas dans les pins et se voyaient tous les jours. Quand Louise ne donnait pas des cours de sculpture, elle accompagnait Marie-Antoinette à la plage et s'y faisait remarquer parce qu'elle s'affublait d'une sorte de barboteuse en guise de maillot de bain. Elle en tirait d'ailleurs un briquet à amadou pour fumer cigarette sur cigarette, au grand amusement des estivantes de la région, surprises et un peu choquées, comme elles l'étaient lorsque Louise allait acheter son lait avec... un bock à injection. Emmanuel, lui, était « attachant, souvent

1. *Op. cit.*, p. 186.

triste »[1]. Chaque matin, Marcel Aymé venait le rejoindre, et tentait de le distraire. Mais on ignore tout de leurs conversations. Ces deux grands timides n'ont pas tenu de journal intime détaillé. On sait seulement qu'ils se retrouvaient volontiers en fin d'après-midi, au Café du Centre, pour jouer au billard ou au ping-pong. La guerre venue, le gaullisme d'Emmanuel Bove n'altérera pas, semble-t-il, son amitié pour Marcel Aymé qu'il reverra dès son retour à Paris. Il note ainsi sur ses petits agendas : « 5 décembre 1944 : déjeuner Marcel Aymé./15 décembre : Aymé-Marion./ 5 février 1945 : Aymé chez Marion ». Après sa mort, en juillet 1945, Louise choisira Marcel Aymé comme mandataire pour défendre ses intérêts auprès des éditeurs, adaptateurs ou traducteurs. On possède[2] deux lettres à sujet, adressées à Louise qui s'était rendue en Angleterre. Dans la première, du 24 janvier 1946, Marcel Aymé évoque en particulier la prépublication de *Non-Lieu*, dernier roman d'Emmanuel Bove, dans le journal d'Aragon, *Les Etoiles*, avant sa parution chez Robert Laffont. La seconde lettre traite à nouveau de ce sujet et relate la perte d'une page du manuscrit par la rédaction du magazine avant d'aborder la négociation de droits pour une traduction du *Piège* en Tchécoslovaquie et au Danemark.

Des années trente, Marcel Aymé a également gardé toute sa vie un autre ami, un peu oublié de nos jours : le romancier Jean Guirec. Ils s'étaient rencontrés pour la première fois, à l'initiative de Francis Ambrière, au Café de la Régence, et avaient été tous les deux lauréats de la Fondation Blumenthal en 1930. Jean Guirec s'employa alors à faire entrer son nouvel ami à la Société des Gens de Lettres dont il était membre. Aymé accepta, mais ne s'en soucia guère et, en tout

1. *Op. cit.*, p. 199.
2. I.M.E.C. Fonds Emmanuel Bove (24 janvier et 18 avril 1946).

cas, ne vint à aucune des réunions qui lui furent proposées. En 1938, il ne se dérangea pas plus pour le centenaire de la Société, fêté à l'Elysée, et se contenta de déléguer Marie-Antoinette. Jean Guirec a toujours nourri beaucoup d'admiration à l'égard de Marcel Aymé auquel il accordait « une grande distinction naturelle, physique, morale et intellectuelle »[1]. Malgré son aversion pour les rencontres officielles, Marcel Aymé se laissa parfois entraîner par Jean Guirec à la librairie Flammarion du boulevard des Italiens, lors de signatures de livres de confrères. Ils rencontrèrent ainsi André Chamson, André Beucler, Joseph Delteil, Jean Camp, etc. C'est aussi sous la houlette de Guirec que Marcel Aymé fut admis par le groupe Contact, créé en opposition à celui des moins de trente ans dont Bove et Aymé étaient membres.

Mais, là encore, Marcel Aymé ne fut pas très assidu. Dans son *Journal* inédit du 13 octobre 1927, Pierre Bost note ainsi :

« Hier soir, dîner des « moins de trente ans ». Peu nombreux. Espiau, Pol Rab, Marcel Denis, Michel Herbert, quelques autres. Et Cheronnet qui ne mérite pas l'oubli ». Pas de Marcel Aymé, non plus, mais peut-être n'y avait-il pas encore été accepté, car il avait seulement publié *Brûlebois* à cette époque. *Aller retour* devait paraître quatre jours plus tard. De toute façon, il ne fréquenta guère ce groupe. À sa décharge, on doit reconnaître que Marcel Achard, Steve Passeur, Emmanuel Bove, Jean Cassou ou Joseph Kessel en firent de même. Mais aucune attitude n'est absolument entière chez Marcel Aymé et il ne faut surtout pas le croire sur parole lorsqu'il se déclarait peu enclin aux mondanités. Invité en octobre 1926 par Carlo Rim à faire la connaissance de Cami, il se rend à la réunion où il retrouve Robert Kemp, Philippe Soupault, Edmond Jaloux, Vox, Pierre Bost, Robert Desnos,

1. *Le Vieux Montmartre*, janvier 1974.

Emile Henriot et... Ramon Gomez de la Serna, de passage à Paris. D'ailleurs la rencontre tourne court.

« Le personnage insolite, sombre et compassé de Cami semble dès l'abord déconcerter ses admirateurs, note Carlo Rim [1], et je pressens le fiasco. Pétrifié de trac, Cami accueille louanges et compliments avec une réserve polie, et c'est soudain comme une inexprimable gêne qui gagne l'assistance de plus en plus intriguée par le choquant et mystérieux mutisme de cet humoriste, si peu drôle. Une charitable intervention de Desnos qui tentera de dérider l'atmosphère par quelques traits bouffons, tombe à plat. Et, Carlo Rim d'ajouter, le taciturne Aymé, que cet étrange spectacle semble combler d'aise, contemple Cami en connaisseur, avec une fraternelle sympathie ».

De salon en salon, de réunion en réunion, Marcel Aymé promène sa haute silhouette d'un mètre soixante-treize et pose son regard gris sur ses confrères qui l'attirent, et en même temps, le rebutent. Il a bien compris en voyant son frère Georges à l'œuvre pour faire publier *Brûlebois* que certaines démarches étaient indispensables. Lui-même y est confronté pour placer ses œuvres et celles de Camille. Il envoie régulièrement, par exemple, ses ouvrages à Adrienne Monnier, en raison du rôle important qu'elle joue dans les lettres françaises. Mais le cœur, ou du moins l'inspiration, n'y est pas car ses dédicaces sont on ne peut plus banales. Elles vont du « respectueux hommage » au « sincère » ou au « cordial hommage »... Il faut bien composer avec les usages... Il ne trouve pas, non plus, de formule originale quand il adresse son *Puits aux images* à Franz Hellens, puisqu'il se borne à un « particulier hommage ». Mais l'écrivain belge est en relation avec Supervielle, Paulhan, Arland, Eluard, etc., ce qui n'est pas négligeable. Maurice Fombeure, dont il a fait la connaissance depuis peu, reçoit un exemplaire de *La*

1. *Le Grenier d'Arlequin*, Carlo Rim, Denoël, 1981, p. 92.

Jument verte, avec ces mots : « À Marcel Aymé. Amitiés sincères. Marcel Aymé » (sic) ! Il se rattrapera plus tard par un sourire complice dans *La Grâce* en racontant que c'est pour une fille publique que le poète a écrit :

« C'est Marie-Jannick
De Landivisiau
Qui tue les moustiques
Avec son sabot ».

Marcel le distrait, Marcel le rêveur, a bien du mal à se plier aux services de presse. Cependant, il les assure, d'autant plus qu'il ne déteste pas en recevoir, et les faire figurer en bonne place dans sa bibliothèque. Certes, parfois, les pages n'en sont pas coupées. Mais, lui qui n'accorde que peu d'importance à ses propres manuscrits ou aux lettres qu'il reçoit, conserve soigneusement les ouvrages qu'on lui envoie. Bien qu'il ait voué aux gémonies *Les Jumeaux du Diable*, il garde *Le Survivant* dédicacé en 1928 « en souvenir des *Jumeaux du Diable*. Avec la vive sympathie de Jules Supervielle ». Fidèle à Marcel Aymé, le poète lui adresse en 1933, *Boire à la source*, et ses remerciements de lui avoir fait faire « un si beau voyage sur sa Jument verte ». Colette, qui est à l'origine de la publication du premier roman d'Emmanuel Bove, tient Marcel Aymé en grande estime et lui fait parvenir *Le Toutounier*, en 1939, avec ces mots : « Pour Marcel Aymé, trois juments pies pour atteler en troïka et mon sentiment amical ». Montherlant se souvient sans doute de la bonne critique de Marcel Aymé réservée à *Mors et vita*, en 1933 dans *Gringoire*, et l'assure de son « meilleur souvenir » à l'occasion de la publication de *Service inutile* en 1935. Raymond Queneau, quant à lui, a toujours apprécié l'œuvre de Marcel Aymé. Leurs points communs sont d'ailleurs nombreux. Tous deux avaient une prédilection pour les mathématiques et un certain délire verbal. L'exactitude et la richesse du langage les passionnèrent toute leur vie. Ils n'eurent de cesse d'être malicieux et pleins d'humour. D'ailleurs, le jeu avec les mots ou avec les idées venait aussi chez eux d'un refus délibéré de gravité, lié à beaucoup de simplicité et de modestie. La première dédicace de Raymond Queneau à Marcel Aymé que l'on ait actuellement retrouvée est celle des *Derniers jours* (1935) envoyés « en hommage vrai », ce qui sonne juste et fort. En 1937, *Chêne et chien* parviendra « en témoignage d'admiration et de très vive sympathie » et *Un rude hiver*, en 1939, « en cordial hommage ». Certains autographes conservés dans la bibliothèque de Marcel Aymé sont bien rapides. Jean Cocteau assure de son « souvenir » avec ses *Parents terribles* en 1938 et Léon-Paul Fargue de sa « sympathie » avec son *Piéton de Paris*, en 1939. Mais dans leur brièveté perce aussi souvent la qualité des sentiments. Jean Prévost n'écrit que « À Marcel Aymé, son ami » sur la première page du *Sel sur la plaie*, en 1934, mais c'est important. À consulter tous ces ouvrages, l'on a également l'impression que beaucoup d'auteurs de sensibilité très différente tinrent notre romancier en estime. Le « À Marcel Aymé » de Louis Aragon qui accompagne, en 1936, *Les Beaux quartiers* témoigne d'une froideur certaine, mais Eugène Dabit est plus disert et plus chaleureux quand il lui adresse, en 1933, ses *Faubourgs de Paris*. « Je crois que depuis *La Table-aux-Crevés*, remarque-t-il, vous n'avez plus vu mon écriture, moi la vôtre. Croyez-moi cordialement vôtre, Marcel Aymé. Avec mon amitié ». L'année suivante, la même gentillesse transparaît dans l'envoi de *L'Île* où l'on peut lire : « Un de mes bons souvenirs de cette année aura été enfin notre rencontre, Marcel Aymé. Avec mon amitié ». Les politiques, eux-mêmes ne l'oublient pas, puisque Léon Blum lui fait parvenir, en 1935, ses *Souvenirs sur l'affaire* (Dreyfus). Dans les milieux conservateurs, il est également reconnu. En 1934, Drieu La Rochelle le salue comme le « grand chroniqueur du peuple français » à l'occasion de la publication de *La Comédie de*

Charleroi et, en 1935, il lui fait parvenir *Rêveuse bourgeoisie* avec ce commentaire : « Voilà comment ils sont dans mon rayon ».

Des années trente aux années quarante, Marcel Aymé est aussi un auteur très prisé dans les milieux de l'*Action française*. Dès 1929, ce journal s'est vanté, ce qui est vrai, de ce que Robert le Diable, pseudonyme de Robert Brasillach, avait été le premier à attirer l'attention du public sur les qualités de Marcel Aymé et, dans les années qui suivirent, le critique accorda toujours beaucoup d'importance à ses publications. Pas une ne lui échappe et ses propos sont le plus souvent laudateurs. À l'occasion de *La Rue sans nom*, il célèbre son « art original et vigoureux (qui) lui assure déjà une belle place parmi les romanciers de sa génération »[1]. En 1932, bien qu'il soit réservé sur certains récits du *Puits aux images*, il n'en loue pas moins la valeur de l'ensemble du recueil et celle de la nouvelle qui lui donne son titre.

« On retrouve, écrit-il, dans ce conte cet art de M. Marcel Aymé pour faire naître soudain la poésie au milieu d'une brutale histoire naturaliste : comme il sied ici, cette poésie est une poésie de cartes postales, mais la poésie des cartes postales en couleurs et des rêves de mauvais goût des simples n'est-elle pas une chose exquise lorsque, au cinéma, le merveilleux de René Clair s'en empare ? Avec toutes les différences, c'est un peu ce que fait quelquefois M. Marcel Aymé.

En attendant qu'il nous donne un nouveau roman, qui vaille *La Rue sans nom* et *Le Vaurien*, on lira ces contes agréables et malicieux où ceux qui ont de l'amitié pour ses livres retrouveront son art si personnel et si attachant »[2].

En 1933, dans l'*Action française*, c'est Gonzague

1. Le 17 juillet 1930.
2. Le 5 mai 1932.

Truc qui présente *La Jument verte* en commençant par ces lignes :

« Le talent de M. Marcel Aymé participe ensemble de l'épopée, du poème pastoral, du roman et, plus d'une fois, il s'y mêle le pur imaginaire et le fantastique. C'est pourquoi, même et surtout pour ce genre du roman, c'est un talent complet »[1].

De 1934 à 1939, Robert Brasillach livre régulièrement et scrupuleusement à ses lecteurs de l'*Action française* tout ce qu'il a ressenti à la lecture du dernier ouvrage de Marcel Aymé. Comme pour *Le Puits aux images*, il juge *Le Nain* inégal, mais admire *Le Dernier* et conclut en affirmant que son auteur est l'un des meilleurs conteurs de l'époque. Puis *Maison basse*, *Derrière chez Martin*, *Le Moulin de la Sourdine*, *Gustalin* et *Le Bœuf clandestin* reçoivent ses faveurs. Il est enthousiasmé par *Les Contes du Chat perché* et c'est, cette fois-ci, sans aucune réserve qu'il conclut :

« Mais en outre, cet esprit ironique, charmant, souvent amer, a ici plus clairement que jamais, laissé voir son cœur. C'est qu'il nous parle d'un monde pur, lui qui a toujours relevé, parfois cruellement, les cocasseries de l'impureté humaine. Delphine et Marinette sont les sœurs de cette petite fille à qui Rudyard Kipling racontait les *Histoires comme ça* et qu'il appelait : « O mieux-aimée ». Les animaux familiers, autour d'elles, n'ont que des passions simples, et nous sommes réellement émus à entendre l'aventure du chien d'aveugle devenu aveugle par amour pour son méchant maître, parce que cette fois, ce n'est plus l'esprit des fabliaux qui passe dans ce conte, mais l'esprit même des *Miracles de la Vierge* du Moyen Age. *Les Contes du Chat perché* devraient réconcilier les plus grincheux avec la littérature de notre temps »[2].

Comme il le fit très souvent avec les critiques qui le

1. Le 3 août 1933.
2. Le 25 mai 1939.

soutenaient, Marcel Aymé écrivit à Robert Brasillach pour lui témoigner sa reconnaissance et commença sa lettre, ce qui est rare chez lui, en l'appelant « Mon Cher Ami ». Ainsi, le 1er juin 1939, il lui adresse les lignes suivantes :

« J'ai quitté Paris pour quelques jours et je n'ai vu votre feuilleton de l'*Action française* qu'en rentrant. C'est Ralph Soupault qui a eu la bonne pensée de me le donner. Je ne peux pas vous dire combien j'en ai été heureux. Vous aviez déjà parlé de mes *Contes* avec amitié [1] et je n'attendais pas que vous y reveniez d'une façon aussi importante. J'ai grand plaisir à me rappeler qu'il y a déjà pas mal d'années, sept ou huit, alors que je venais d'écrire *Le Loup*, vous m'en avez parlé avec sympathie. Vous n'avez pas changé d'avis et c'est bien agréable pour moi. Tout ce que vous dites aujourd'hui dans votre article m'a été vraiment au cœur. Je vous en remercie chaleureusement ; j'ai seulement bien peur que votre franchise ne vous vaille l'inimitié du diplômé ès langues animales [2]. Que je vous remercie, pour ne l'avoir pas fait en temps, du plaisir que j'ai eu à *Corneille* aux vacances de l'année passée [3]. Vous avez fait une belle et bonne œuvre en nous le montrant dans toute son extraordinaire jeunesse. Il faut que je vous dise que vous m'avez décidé à lire *Suréna* et que je ne l'ai pas regretté. Je suis bien amicalement vôtre [4] ».

L'année précédente, déjà, Marcel Aymé avait exprimé sa gratitude à Robert Brasillach en ces termes :

« Depuis trois semaines je médite de vous écrire de ces choses aimables qui vont droit au cœur. Je suis

1. Le 8 octobre 1936.
2. André Rousseaux qui, dans *Le Figaro* du 24 décembre 1938 avait critiqué la manière dont Marcel Aymé faisait parler les animaux.
3. R.Brasillach, *Corneille*, Fayard, 1938.
4. *Cahier Marcel Aymé* n° 1, S.A.M.A, p. 22.

encore guilleret de l'accueil cordial que vous avez fait à mes nouvelles[1] dans votre feuilleton de l'*Action française*. Si j'ai été heureux de lire votre article, je le suis presque davantage de m'en souvenir maintenant que certains de vos confrères en critique ont parlé de mon livre avec sévérité. Reproche : cynisme déplaisant, et surtout à quoi bon se creuser la tête pour inventer des choses baroques alors qu'il y a de si beaux sujets dans la réalité quotidienne. Je suis très touché par la sagacité de ces observations et je pense à préparer mon agrégation de populisme. Il faut que je vous dise qu'hier à sept heures j'ai vu un homme, c'était René Clair ; il venait de lire une pièce de Corneille ébouriffante dont j'ai oublié le titre, je ne l'ai probablement jamais su, et qui l'avait mis les quatre fers en l'air. Il m'a dit que c'était à vous qu'il devait de l'avoir découverte. J'ai répondu que je n'en étais pas surpris. Je pense que si l'idée lui vient d'en faire un film vous ne manquerez pas de réclamer des droits d'auteur. Vous recevrez dans quelques jours une chose sans intérêt écrite il y a deux ans, sur commande. Le Sagittaire[2] m'avait demandé et pressé d'écrire ce pensum qui devait faire partie d'une vaste collection. Comme j'ai le démon de l'exactitude, je me suis trouvé prêt deux ans avant les autres et encore aujourd'hui, je dois bien être tout seul. Je vous l'enverrai pour la bonne forme, mais je serais content si vous le donniez sans le couper à quelque vieille cousine. Merci pour *Martin* et à vous cordialement[3] ».

Le ton de ces lettres montre clairement la connivence, et même la complicité, qui existaient alors entre Marcel Aymé et Robert Brasillach. D'ailleurs ils s'étaient reçus à plusieurs reprises et avaient beaucoup d'estime l'un pour l'autre. Mais, dans ce milieu de

---

1. *Derrière chez Martin*, Gallimard.
2. *Silhouette du scandale.*
3. *Cahier Marcel Aymé* n° 1, S.A.M.A, p. 22.

l'*Action française*, il semble que ce soit surtout avec Pierre Varillon, directeur des pages littéraires de ce journal, que Marcel Aymé se soit lié d'amitié. La lecture de leur correspondance,[1] à partir de 1930, ne fait aucun doute, en raison de sa familiarité et de sa simplicité. « Je me rôtis la couenne au soleil et j'ai l'air d'un grand sanglant de garçon boucher, tellement je rutile », annonce Marcel Aymé à Pierre Varillon, le 30 juillet, de l'île de Ré. Voilà qui n'a rien de bien littéraire, mais qui relève plutôt de la franche cordialité. Le 12 août toutefois, les préoccupations professionnelles apparaissent lorsqu'il écrit :

« (...) L'énoncé des rutilances et des senteurs de votre jardin, et des volailles et des voitures automobiles à plusieurs chevaux et des cannes à pêche et des cent mille délices des frontières de la Haute-Loire[2] m'ont fait prendre en pitié la platitude de mon île. J'en ai encore un reste de jalousie. Je ne m'étonne plus que toutes ces douceurs énervantes pour un homme de lettres sensible, vous ôtent le courage d'écrire en entier *Le Massacre des Innocents*. Mais c'est déjà joli d'avoir écrit quarante pages et d'en promettre d'autres. Je vous assure que je m'en contenterais (...). Je suis à l'île de Ré jusqu'au 25 août. Quelle barbe d'être obligé de rentrer et de se mettre à travailler. Je vais probablement commencer un roman, mais ce sera dur. Depuis ce maudit *Vaurien*[3], je me méfie de moi-même. Que vous êtes heureux d'avoir déjà un solide sujet et qui plus est un titre. si j'avais un titre, la vie serait belle pour un certain temps (...) ».

À la fin de 1931, Marcel Aymé, toujours très libre

---

1. *Ibid.*, n° 3 et n° 4.

2. Pierre Varillon réside alors à Saint-Bonnet le Château, à 30 km de Montbrizon.

3. Publié en 1931. Le suivant sera donc *La Jument verte* (1933), avec dans l'intervalle *Le Puits aux images* (1932).

avec Pierre Varillon, le félicite de sa récente paternité et ajoute :

« Belle année pour vous que celle qui finit[1], décidément sous le signe de la postérité. Je pense à *Jérémie*[2], en honnête confrère que je suis.

Que me parlez-vous de tuiles, c'est bien la saison quand on vient d'avoir un fils, autant dire pour son Noël. Allez, vous devriez rougir d'une humeur aussi noire. J'irai vous voir un mercredi à l'*A.F.*, dans les locaux de la rue du Boccador[3]. L'autre soir, je les ai examinés de l'extérieur, mais mon intérêt a paru suspect à quelques jeunes ligueurs. Il faut dire que je porte maintenant de fières moustaches et un chapeau melon qui m'intimide moi-même. Quand vous me verrez, je crois que vous ne serez pas bien à votre aise. Je travaille sans guère souffler à des choses diverses qui me déçoivent déjà. Un moment, j'ai même pensé à abandonner la littérature, mais j'ai acheté par erreur un encrier d'un demi-litre, il faut donc que j'écrive. Je me trouve bien prétentieux. À bientôt donc, ce mercredi ou l'autre, si vous n'y voyez pas d'empêchement. À vous cordialement ».

Et les échanges se poursuivent entre les deux romanciers, mi-sérieux, mi-amusés, sur des sujets aussi bien importants que futiles. Le 22 février 1932, Marcel Aymé relit *Paul et Virginie* que Pierre Varillon vient de publier et il lui écrit :

« Le livre est si beau que je n'osais pas le couper tout d'abord. La concupiscence a triomphé de ma timidité et j'ai lu l'avertissement de Pierre Varillon, car j'ai cette originalité de commencer toujours par le commencement. À vrai dire je l'ai relu, puisque j'en avais pris connaissance dans la page des jeudis d'*A.F.*

1. La lettre est datée du 26 décembre.
2. Troisième roman de Pierre Varillon.
3. En 1931, l'*Action Française* avait son siège au 1, rue du Boccador (8e).

C'est une page si bien faite, n'est-ce pas, qu'on y va de A jusqu'à Z (il faut dire qu'il y a un fameux directeur) sans respirer. J'en suis aujourd'hui à la page 67 « La conversation était aussi drue et innocente que les festins... ». Je lis avec la même ferveur qu'au temps de mes 12 ans dans la collection à deux sous, mais avec bien plus de respect et d'attendrissement aussi. En lisant dans cette édition-là, je me fais l'effet d'un homme considérable, d'un homme arrivé, si vous voulez.

Je ne vous ai pas complimenté encore de votre avertissement. C'est ce qui arrive quand un auteur est à la fois éditeur, on ne sait plus où donner de la tête, ni quels éloges il convient de faire passer les premiers : grave sujet de savoir si l'amour-propre des éditeurs est plus susceptible que celui des auteurs. Il faudra que je vous cuisine pour le savoir. Je reviens à mes moutons pour vous dire que l'avertissement est des plus nourrissants. Il n'y a personne à présent qui puisse me coller sur Bernardin. Que de reconnaissance...

À quand votre roman. N'oubliez pas que vous avez juré de travailler très régulièrement. Je vous donne encore trois mois et je suis généreux. Le mien [1] ne paraîtra qu'en fin d'année et s'il plaît à Dieu, mais ce n'est pas une raison.

Merci et de tout cœur de votre envoi. Présentez à Madame Pierre Varillon mes biens respectueux hommages.

Amicalement vôtre ».

En octobre 1932, amusé par la rubrique littéraire qu'il tient dans la presse, Marcel Aymé s'en ouvre à Pierre Varillon :

« (...) À propos, dit-il, est-ce que vous savez que je suis devenu un grand critique dans *Gringoire* ? Quand vous ferez paraître votre prochain, j'aurai le plaisir de faire un papier qui sera probablement refusé. Je serais

1. *La Jument verte* qui paraîtra finalement en 1933.

surpris en effet, si l'on vous avait en odeur de sainteté dans la maison, car je ne dissimule pas que vous êtes un réactionnaire d'une espèce funeste (...) ».

Le ton est ironique, bien sûr. Mais il n'empêche. Marcel Aymé paraît prendre un malin plaisir à fréquenter les gens les plus divers, voire les plus opposés sur l'échiquier politique, car il a en horreur le sectarisme des différentes chapelles qui sévissent parmi les intellectuels. Son credo favori est déjà le respect absolu de la liberté de conscience et le refus des interdits qui gouvernent le commun des mortels. D'ailleurs, il va bientôt illustrer à nouveau ce principe en cessant sa collaboration à *Gringoire*, pour donner un article hebdomadaire à *Marianne*, qui se veut à gauche et un concurrent très sérieux pour *Gringoire* et *Candide*, les deux hebdomadaires politico-littéraires de droite de l'époque. Il est vrai que *Marianne* a été conçu par Gaston Gallimard, son éditeur, qu'il a tout intérêt à ménager, d'autant plus que leurs relations sont bonnes. On voit même Marcel Aymé à la *N.R.F.*, de temps à autre... où il vient bavarder avec Jean Paulhan. Après l'incident qui les avait opposés au sujet des *Jumeaux du Diable*[1], ils étaient à nouveau en bons termes et se rencontraient régulièrement ou s'écrivaient quelques lignes. Certes, la correspondance entre les deux hommes n'est pas aussi chaleureuse et familière que celle que Marcel Aymé entretient avec Pierre Varillon, mais elle révèle néanmoins une certaine confiance qui ne fera que se développer au fil des années. Le 22 août 1934, un billet de Marcel Aymé [2] remercie Jean Paulhan des compliments qu'il lui a faits à propos du *Nain* et lui annonce une nouvelle pour la *N.R.F.* Mais sa signature n'apparut pas dans la célèbre revue en 1934-35. En 1936, probablement sollicité pour écrire une

1. Cf. *supra*, chap. VIII.
2. I.M.E.C. Fonds Jean Paulhan.

Marcel Aymé, à l'époque du prix Renaudot *(© Keystone)*.

De gauche à droite : Colette, Marcel et Raymond *(D. R.)*.

Au moulin, de gauche à droite : Georges et André Monamy (père et fils), leur mère et Marcel Aymé *(D. R.)*

Au premier plan, de gauche à droite : Colette, Simone et André, enfants de Raymond. Derrière, de gauche à droite : Marcel, Raymond et Camille *(D. R.)*.

Marcel à La Bourboule *(D. R.)*.

Georges et Marcel Aymé *(D. R.)*.

Marcel et son oncle Alix Monamy *(D. R.)*.

Marcel *(D. R.)*.

À Villers-Robert, vers 1930. Au fond, Marcel et Georges.
En descendant : Suzanne, Léa, Colette *(D. R.)*.

Marcel et Marie-Antoinette en 1933 *(D. R.)*.

Marcel et Colette en 1933 *(D. R.)*.

(© *Lipnitzki-Viollet)*

RÉPUBLIQUE
DE MONTMARTRE

En 1951

Nous, Lucien Pinoteau,

nommons Mr Marcel Aimé

MINISTRE

de la RÉPUBLIQUE de MONTMARTRE

et lui delivrons cette carte qui en fait foi

Le Titulaire *Le Président de la République* *Le Secrétaire*

Marcel Aimé (sic), Ministre ! *(D.R.).*

Marcel Aymé au Cap-Ferret *(D. R.)*.

En famille. À gauche, Marie-Antoinette, Suzanne et ses filles, Marie-Louise et Marie-Hélène. Au fond, Raymond. À droite, Georges et Marcel *(D. R.)*.

présentation d'Eugène Dabit, Marcel Aymé laisse ces quelques mots à Jean Paulhan :

« Je pensais vous trouver ce soir à la *N.R.F.*, mais je n'ai pas eu plus de chance qu'hier. Je vous mets ci-joint ce que j'ai écrit pour Eugène Dabit. Je ne sais pas si je suis bien qualifié pour parler de lui. Vous en jugerez [1] ».

La réponse ne dut pas être favorable, car rien de Marcel Aymé ne parut alors à ce sujet. Une autre lettre brève, du 15 mai 1937 [2], ne sera pas suivie, non plus, d'une publication, mais elle est fort intéressante, dans la mesure où elle évoque un texte de Marcel Aymé demeuré jusqu'alors inconnu.

« J'ai peur qu'on vous ait fait beaucoup de compliments de mon acte, écrit-il. Il ne s'agit que d'un amusement et très court. Mais comme vous me le demandez, je vous l'envoie. J'ai été tenté par le personnage de Her Trippa qui est mis dans *Le Tiers Livre* pour Cornélius Agrippa von Nettesheim, parce que j'ai lu par hasard que ce savant homme, au cours d'une vie aventureuse, avait été professeur d'hébreu à l'Université de Dôle (sic), donc dans mon pays, ce qui me l'a fait prendre en considération.

Je suis tout heureux de l'intérêt que vous portez à mon acte et je vous en remercie bien cordialement ».

La réponse de Paulhan fut, hélas, négative.

« Mon Cher Ami,

Merci. Votre petit acte est tout à fait amusant et délicieux : je suis enchanté de l'apparition de Panurge. Seulement je ne vois guère le moyen de le donner dans la revue. L'on vous y sent, je ne vous croyais pas si honnête, un peu trop préoccupé de la pièce, et de la place qu'y prendra votre scène ; et je crains qu'elle ne donne, isolée, trop l'impression d'un fragment. Je vous la renvoie. Votre ami. »

---

1. *Ibid.*
2. *Ibid.*

Décidément, la *N.R.F.* ne publiait guère de textes de Marcel Aymé qui dut se résigner car ce fut Paulhan qui le relança à la fin de 1938. La réponse [1], que voici, ne manque pas de malice :

« Cher ami,

Je vous remercie de ne m'avoir pas oublié. Il y a en effet bien longtemps que je ne vous ai rien donné et votre lettre me fait penser que je n'ai presque jamais publié dans des revues. C'est sans doute qu'elles m'intimident et que je n'ai pas la conscience assez pure pour affronter dans leurs temples les regards critiques des élites. Mais comme mon initiation, commencée à la *N.R.F.* il y a dix ans [2], n'est qu'interrompue, je vais la poursuivre en mettant à profit votre indulgente bonne volonté.

J'aimerais aller vous voir à votre deuxième étage, mais je suis affligé de maux curieux qui ne me permettent guère d'aller par les rues à des six heures du soir. Je veux espérer qu'un jour le hasard fera bien les choses et je vous envoie et à Madame Paulhan mes vœux et mes amitiés ».

Il va de soi que la signature de Marcel Aymé resta absente de la *N.R.F* à cette époque, pour des raisons de santé bien évidentes... Mais la fréquentation, même épisodique, des locaux de la revue, contribua à développer ses relations littéraires. Il aperçut André Gide, se lia avec Malraux ou Jouhandeau. Lorsque celui-ci lui adressa son *Chaminadour*, ils n'en étaient qu'au début de leurs rapports. Néanmoins sa lettre de remerciement [3] fut enthousiaste, ainsi qu'en témoignent les lignes suivantes :

« Cher Marcel Jouhandeau

Je vous remercie de tout cœur de votre *Chaminadour*

1. *Ibid.*, 27 décembre 1938.

2. Très exactement en 1927 avec la nouvelle *Le Puits aux images.*

3. En date du 23 mars 1934, Bibliothèque Jacques Doucet.

et de votre cordiale dédicace qui m'a fait grand plaisir. Je n'ai jamais eu l'occasion de vous rencontrer à la *N.R.F* (ou plutôt de vous être présenté, car je vous ai vu une fois rue de Beaune et peut-être une autre fois dans le métro). Mais j'ai fait souvent le voyage de *Chaminadour* et je le fais même sans vous lire. Je me souviens toujours avec reconnaissance de *Prudence Hautechaume* que j'ai lue dans la *N.R.F.* il y a sept ou huit ans. Depuis, je me suis toujours réjoui quand j'ai vu paraître de nouvelles choses, car je suis persuadé que votre somme de *Chaminadour* est l'une des œuvres les plus importantes de ce temps. J'entends dire quelquefois que vous êtes un auteur hermétique, et je réponds que ce n'est pas vrai, que tout ce que vous écrivez est au contraire limpide, et que c'est sa pureté qui me le fait aimer. Tant pis pour ceux qui n'auront pas été à l'aise à *Chaminadour* du premier coup. Ils y viendront, mais il leur manquera d'y être né un peu et d'en avoir attendu des nouvelles, comme d'un pays où l'on a des amis. Je voudrais vous faire savoir combien j'ai été content de recevoir votre livre qui s'appelle justement *Chaminadour*. Je m'y sens pour ainsi dire chez moi.

Je vous prie de croire à mes sentiments d'affectueuse admiration ».

Il est vrai que de Guéret à Dole, la distance n'est pas si grande, du moins en ce qui concerne le conformisme de la vie provinciale.

Enfin, parmi les amitiés littéraires de l'entre-deux guerres, outre aussi René Lalou, René Trintzius, Edmond Jaloux ou Marcel Arland, il faut mentionner Louis-Ferdinand Céline, malheureux comme lui au Goncourt, et lauréat, lui aussi, du Renaudot. Si l'on en croit le témoignage du peintre Gen Paul[1], ils se sont rencontrés dans son atelier, en haut de l'avenue Junot, peu après la parution du *Voyage au bout de la nuit*. Au

1. Propos avec Claude Jean-Philippe, TV, 1974.

journaliste qui lui disait : « Ah ! c'est toi qui l'as présenté à Céline », Gen Paul a même précisé :

« Et Céline m'a dit : « Ah ! oui, ce petit plumaillon ! ».

Néanmoins, les deux écrivains continueront à se fréquenter, et Céline sera impressionné par ce silencieux, si différent de lui, mais qui écrivait si bien, malgré tout... Si l'on se fie à Arletty, Céline « était bluffé par cet homme. C'est quelqu'un qui vous bluffait ce type-là... Parlant peu, rarement, un mot qui tombait une fois au hasard : alors, c'était ses paupières en capote, en capote de fiacre un peu, alors tout ça ! [1] ».

Céline, Brasillach, voilà des amitiés que Marcel Aymé ne reniera jamais, même si elles lui causeront bien des ennuis, quelques années plus tard.

1. Arletty, *La Défense*, La Table ronde, 1971.

XI

La Jument verte

(1933)

Avant même la parution de *La Table-aux-Crevés*, Marcel Aymé préparait son nouveau roman, encouragé par l'accueil que Gaston Gallimard venait de lui réserver. Il avait même décidé de rester à Dole durant l'hiver 1929-1930 pour écrire dans de bonnes conditions. Il affirmait à Georges, dès le 25 septembre :

« Travailler exclusivement à la chose littéraire à Paris serait trop coûteux. Je vais donc me mettre au travail ces jours-ci. »

Cette fois-ci, le décor serait totalement différent. Il s'agirait d'une rue peuplée d'Italiens qui prendrait peu à peu un visage particulier. Elle vivrait en quelque sorte en chacun de ses habitants et illustrerait l'unanimisme de Jules Romains. En même temps, elle donnerait satisfaction à Georges qui lui avait suggéré de s'intéresser aux milieux ouvriers. Sa première réaction avait été négative car il estimait ne pas les connaître suffisamment, mais à la réflexion...

Son aîné n'avait peut-être pas tort. On pouvait renouveler ce que Zola avait fait, en évitant les longues descriptions fastidieuses. L'idée finit par lui sembler judicieuse et, en janvier 1929, il déclara à Camille :

« Je travaille avec une régularité assez satisfaisante, et j'espère ainsi finir mon livre dans le courant de mai. C'est le roman d'une rue avec une petite intrigue. C'est assez difficile et je suis plutôt inquiet du résultat. »

Mais il poursuivit néanmoins ses efforts et put annoncer, en mars, à Georges[1] :

« Je pense qu'au jour où tu recevras la présente, mon livre sera terminé. Il pourrait s'appeler *La Rue sans nom* ou *La Rue condamnée* ou *Réverbères.* Je ne sais pas au juste d'ailleurs. Je n'en suis qu'au huitième chapitre mais je ne crois pas à sa réussite, ce n'est pas un roman gai. Il se ressent du cafard où je m'abîme depuis que je suis à Dole car je ne puis vraiment pas dire que j'ai travaillé dans la joie. C'est le roman d'une rue et de quelques-uns de ses personnages mais il me semble que l'action est un peu figée. Je pourrais encore y remédier, puisqu'au huitième chapitre. Mais non, il faut que ça aille d'après le départ. Et puis, je suis un peu inquiet. Je n'ai fait en somme que la moitié du bouquin et il y a deux passages un peu cochons qui sont arrivés nécessairement. Comme je suis déjà à l'index par *La Croix* et la publication de l'abbé Bethléem, c'est fâcheux. »

Ce dernier était un vertueux critique catholique qui, dans sa *Revue des lectures*, se prononçait principalement sur la valeur morale des ouvrages qui paraissaient. Or, *La Table-aux-Crevés* n'avait pas rencontré ses faveurs. En effet, s'il avait reconnu du talent à Marcel Aymé, il n'en avait pas moins estimé :

« Oui, mais voilà : c'est le goût qui lui manque. On s'en aperçoit dès le titre qui n'est d'ailleurs que le nom d'un lieu-dit de la campagne franc-comtoise. Ou plutôt, il n'a de goût que pour la vulgarité, la laideur, le

1. Lettre du 5 mars.

terre à terre, la bassesse d'imagination et une grossièreté de langage qui touche à la scatologie ».

La charge était appuyée et avait marqué le jeune romancier. Mais, emporté par son histoire, il avait cédé aux nécessités qui s'imposaient car la création littéraire, pour lui, était avant tout un acte de liberté. Il n'était pas question d'obéir à des objectifs et à des interdits, ou de céder à la tentation d'une démonstration. Il imaginait des personnages, une situation de départ, puis les faisait évoluer en fonction de leur propre nature et de son imagination. Qu'importe alors s'il déplaisait à l'un ou à l'autre. Il ne pouvait faire autrement. C'était « fâcheux », tout au plus.

A la fin de mars 1930, le titre était trouvé, mais Marcel Aymé n'était pas très satisfait de son ouvrage, au point d'écrire à Georges, le 19 :

« Le sujet du livre est assez confus. Il y a un peu d'invraisemblance et je ne crois pas trop qu'il peut se racheter. »

Pourtant, le roman fut plutôt bien accueilli par les journalistes, à l'exception toutefois d'André Thérive qui l'éreinta dans *Le Temps*[1].

« Toutes les paroles sont si fausses, comme d'ailleurs tous les gestes et toutes les réactions ordinaires des êtres qui nous y sont présentés, que je ne trouve à ce récit que le mérite d'un exercice. Quant à la grandeur épique ou lyrique, elle y semble obtenue à peu de frais. [...] Les actes ou le milieu n'offrent aucun intérêt documentaire, ce qui semble une gageure pour un roman qui semble un roman de mœurs aux observateurs superficiels. Imaginez du Zola interprété par Péladan ! [...] Ah ! non, non, tout plutôt que cela ! ».

André Thérive était alors considéré comme le chef de l'école populiste, et il est possible qu'il ait été piqué au vif de voir un jeune romancier talentueux l'imiter après un roman aussi différent que *La Table-aux-*

1. Le 26 septembre 1930.

Crevés. Son dépit avait été probablement renforcé par les éloges qu'il avait pu lire de *La Rue sans nom*, en juillet. « La plus belle réussite de Marcel Aymé et l'un des romans les plus puissants, les plus complets de ces dernières années », avait écrit Frédéric Lefèvre dans *La République*, sous le titre « Un grand romancier : Marcel Aymé ». Robert Kemp, quant à lui, dans *La Liberté*[1] avait jugé que le livre : « [était] à la rue ouvrière ce que *Pot-Bouille* était à la maison bourgeoise », et Gonzague Truc, dans *Comoedia*[2] n'avait pas modéré son enthousiasme :

« Nous attendions beaucoup de M. Marcel Aymé, auteur de *Brûlebois* et de *La Table-aux-Crevés* : il dépasse nos espérances. Il fait preuve de divination plus encore que de capacité d'observation, dans ce dernier livre. A un style toujours direct, toujours exact et d'un pittoresque sans effort, il joint, les laissant à peine échapper ce qu'il faut pour qu'elles produisent leur effet, une ironie, une bonhomie savoureuses. Maître de son art, il semble n'avoir plus qu'à choisir son objet. »

A peine un an après *La Table-aux-Crevés*, Marcel Aymé retrouvait donc le succès et commençait à s'imposer comme l'un des meilleurs romanciers de sa génération. Malheureusement, l'année suivante, *Le Vaurien* ne reçut pas un tel accueil. Gonzague Truc trouva les personnages « trop exceptionnels, trop bizarres »[3], et J. Fréteval estima que l'histoire déconcertait « comme un exercice savant présenté avec gaucherie »[4]. Dans *L'Œuvre*, André Billy déclara même que le roman n'avait pas de sens. Seules, *Les Nouvelles littéraires* et *Le Matin* prirent la défense de Marcel Aymé. Mais leurs efforts furent insuffisants, et *Le Vaurien* ne

1. Le 7 juillet 1930.
2. Le 8 juillet 1930.
3. *Comoedia*, 2 juin 1931.
4. *Le Figaro*, 8 juin 1931.

connut pas le franc succès de *La Rue sans Nom* et de *La Table-aux-Crevés*.

Aujourd'hui encore, il reste l'une des œuvres les plus ignorées de Marcel Aymé, et c'est regrettable, car il témoigne à la fois de son auteur et de certaines mentalités des années trente. Il semble, en particulier, que le personnage principal, Bernard, soit très proche de son créateur lorsqu'il confie :

« Dans le courant ordinaire de la vie, je suis d'un naturel nonchalant, plutôt réservé ; ma franchise, par cela même qu'elle va sans fracas, peut paraître sournoise[1] ».

Or, c'est justement ce dernier défaut que l'une de ses tantes prétexta pour ne pas l'accueillir chez elle à la mort de ses grands-parents. Comment ne pas penser à Marcel Aymé aussi lorsque Bernard assure que « l'injustice le blessera toujours[2] » et que « les olibrius de [son] espèce, qui ont vu passer la guerre sans y prêter grande attention, ne sont pas aussi rares qu'il plaisait à croire à [son] père. » ? En outre, la découverte d'une certaine bohème parisienne par Bernard n'est pas sans rappeler les premières expériences du jeune Aymé, qui préférait les parties de poker à la Taverne de Paris ou les soirées au bal musette de la porte Saint-Martin à ses études de médecine. D'autre part, Bernard incarne une partie de la jeunesse que la Première Guerre mondiale a détournée des enthousiasmes et de l'exaltation, ainsi que Léon Pierre-Quint l'a noté dans *La Revue de France*[3].

« Son geste final — du moins dans le roman — est de prendre dans un tiroir un niveau à bulle d'air qu'un de ses amis, doux maniaque de l'arpentage, lui a envoyé en cadeau d'amitié, puis d'essayer de le fixer dans la position horizontale. Mais la bulle d'air oscille

1. *Le Vaurien*, chap. I.
2. *Ibid.*
3. Le 1er août 1931.

entre les deux extrémités du niveau car les doigts tremblent, et les larmes mouillent la gaine de cuivre patiné... Vous avez compris ? Les larmes qui sourdent ? Oui, vous avez compris : c'est le symbole de notre jeunesse d'automne. »

Le demi-échec du *Vaurien* marqua un temps d'arrêt dans la production romanesque de Marcel Aymé qui attendit deux ans avant de renouer avec ce genre. Mais ce fut un succès considérable puisqu'il écrivit *La Jument verte*. Publiée en juin 1933, elle reçut de bonnes critiques dès le début de juillet. Ralph Soupault, dans *Le Charivari*[1], apprécia « sa fantaisie débridée » et dans *La Nouvelle Revue française*[2], Marcel Arland disait avoir goûté sa bonne humeur, son entrain, son bon sens, son sans-gêne et le lyrisme de son humour. Décidément, les éditions Gallimard soutenaient activement leur auteur car, quelques jours après, dans *Marianne*, que contrôlait Gaston Gallimard, Ramon Fernandez abondait dans le même sens que Marcel Arland. Il vantait le réalisme, la fantaisie, la vivacité, la saveur, la bonne grâce et la gaieté. L'une des phrases de son article servira même de texte publicitaire. « Quant au comique du livre, sachez que j'avais très mal à la gorge quand je l'ai lu et que mes éclats de rire ont si bien aggravé mon état que j'ai failli ne pas pouvoir écrire cette chronique. » Ces louanges, venues d'abord des proches de Gaston Gallimard, seront reprises ensuite par beaucoup d'autres. Maurice Cartier, dans *Gringoire*[3], soulignera la virtuosité et la maîtrise de l'auteur, et René Lalou, dans *L'Ecole libératrice*[4], saluera « une éclatante réussite ». Dans *L'Europe nouvelle*, Pierre Bost insistera sur les talents de conteur de son jeune confrère, ainsi que sur la bouf-

1. Le 1er juillet 1933.
2. *Id.*
3. Le 21 juillet 1933.
4. Le 22 juillet 1933.

fonnerie et sur la tendresse de son œuvre. Le très sérieux Gonzague Truc s'attachera, dans *L'Action française*[1], au pittoresque, à la bonhomie, à la langue savoureuse et claire, tandis que Félix Gaiffe, dans *Franche-Comté-Monts-Jura*[2], insistera sur l'énergie et l'ampleur des scènes.

Mais, malgré ce concert d'éloges, Marcel Aymé est inquiet en cet été 1933. En effet, Camille venait de s'offusquer des libertés qu'il avait prises avec la morale traditionnelle et les bons usages. Il lui répond, le 21 juillet :

« A vrai dire, je n'avais pas pensé que les "propos" te choqueraient. Je m'étais flatté de pouvoir parler avec une saine liberté des questions sexuelles, sans recourir aux descriptions grassement lubriques de *L'Amant de Lady Chatterley* ou du *Dieu des corps* qui semblent avoir été écrits exprès pour exciter les gamins de seize ans. Je me permets de repousser l'accusation de gratuité que tu portes à mes "obscénités" en les opposant à Rabelais ou à Boccace. Tous les "propos" ont une valeur de rapport (sans équivoque) et servent à situer les personnages et les familles non seulement dans un plan sexuel, mais dans un plan plus généralement humain. On peut disputer s'ils sont obscènes, on peut même l'affirmer sans le moindre danger puisque les limites de la décence n'ont pas encore été formulées, mais on ne peut pas dire qu'ils soient gratuits. Au contraire (pour me reporter en toute modestie aux termes de ta comparaison), les obscénités de Rabelais et de Boccace sont toujours gratuites, sans exception, et si elles n'étaient pas avalisées par l'Université, il n'y a pas une personne convenable qui oserait en rire. Chez Rabelais, elles viennent pour ainsi dire superfétatoirement, on les considère comme un débordement

1. Le 3 août 1933.
2. Août 1933.

de gaîté que l'essentiel rend supportable, mais pour Boccace, elles sont à la fois le but et le prétexte.

L'autre comparaison que tu fais de ma jument avec Gide m'étonne encore davantage, mais je suis moins à l'aise pour me défendre. Tout de même, je peux dire que, considéré de ce point de vue, mon livre est bâti comme un roman de la comtesse de Ségur : les bons (la famille d'Honoré) ont le bas-ventre et l'âme en belle santé ; les mauvais y ont le diable. Jusqu'à présent, on m'a justement loué pour ce que mon livre contenait de santé et, cela m'a été dit, d'antigidien. »

Il n'empêchait : se faire taxer d'obscénité par sa propre sœur inquiétait Marcel Aymé car il se doutait bien que d'autres partageraient ce point de vue. Dès le 3 août, ses craintes furent confirmées à la lecture des réserves émises par les Treize qui signaient la rubrique littéraire de *L'Intransigeant*, la plus importante des feuilles du soir. Il y comptait pourtant des amis, comme Georges Charensol, mais ils ne ménagèrent pas pour autant leurs critiques. En effet, s'ils admettaient que certaines parties étaient de « tout premier ordre »[1], ils dénonçaient pourtant deux erreurs. « En premier lieu, avec des dons magnifiques d'observateur exact et truculent, [Marcel Aymé] éprouve néanmoins le besoin, de-ci de-là, de lancer quelques facéties dans la note surréaliste qui peuvent être, évidemment, pleines de sel mais qui rompent les fortes assises de son livre et en compromettent l'équilibre. Cette remarque s'applique surtout au début du livre. En second lieu, la plume de M. Aymé ne s'embarrasse véritablement pas assez de scrupules. C'est peu dire qu'elle est osée. Rien ne l'arrête et, si libéral qu'on puisse être, il faut bien reconnaître qu'elle va un peu loin. Il ne s'agit plus ici de gaudriole ni de débauche cérébrale à la Lawrence, mais d'une complaisance dans la crudité qui finit par devenir insupportable. Cela dit, les paysans

1. Le 3 août 1933.

évoqués par l'auteur de *La Jument verte* sont d'une vie et d'une vérité le plus souvent admirables, et jamais M. Marcel Aymé n'a montré autant de talent. Mais pourquoi manque-t-il de mesure à ce point ? »

Il était peut-être allé un peu loin, et commençait à douter de son bon sens. Après tout, Camille était probablement dans le vrai, devait-il se dire, en ce début d'août 1933, en s'installant à Barbizon pour quelques semaines de vacances. A l'hôtel du Bas-Bréau, où il était descendu avec Marie-Antoinette et Colette, il comptait bien se reposer et affronter avec sérénité l'orage qui allait monter. Là faillit s'arrêter sa carrière, d'ailleurs, car il reçut sur la tête, d'une hauteur de vingt mètres, la maîtresse branche d'un hêtre.

En définitive, il y eut plus de peur que de mal car, écrivit-il à Pierre Varillon le 5 août, « heureusement ce n'est pas le plus gros bout qui a porté et je n'ai été qu'un peu estourbi ». Dans la même lettre, on se rend compte de son embarras au sujet de *La Jument verte* puisqu'il avoue :

« Ma femme avait promis à Mme Varillon de lui amener Colette dès son arrivée à Paris, mais j'étais si peu à l'aise dans ma réputation de pornographe que je lui ai demandé d'attendre. »

Il était ennuyé car le roman allait alimenter son image de joyeux paillard, ce qui ne manqua pas d'ailleurs d'arriver. Le 21 juillet, il s'en était pris à sa sœur à ce sujet.

« En vérité, je ne suis pas du tout, comme tu l'écris avec quelques petites précautions de plume qui me font plaisir tout de même, "un obsédé de la question érotique". C'est une légende solidement enracinée dans la famille et cultivée avec un soin délicat, que mon plus grave souci est de courir les filles et de me rouler dans de basses orgies. J'en connais le départ : de bien modestes aventures qui feraient hausser les épaules du moindre don Juan de chef-lieu de canton. Si je t'en avais fait la confidence, tu m'aurais donné l'absolution des deux mains, mais je déteste autant faire des confidences que d'en recevoir — pour mon plus grand tort, évidemment. Cette réputation de triste sire (je me souviens d'une lettre, écrite en 29, où tu me parlais de la "vie ignoble" que je menais à Paris), j'en ai de temps en temps quelques échos car c'est un sujet de conversation, d'autant qu'elle a fini par sortir de la famille. Mais je ne peux tout de même pas en avoir honte et écrire tout exprès des livres pour m'en laver. Je te parle de ces choses-là qui sont loin d'avoir aujourd'hui pour moi l'importance qu'elles ont eue, à la seule fin de te mettre en garde contre une tendance bien naturelle qui nous fait découvrir dans un livre ou dans une conversation tout ce que nous avons la certitude préalable d'y découvrir. Naturellement, je ne vais pas jusqu'à ambitionner que tu me tiennes pour un puritain. Cela m'ennuierait d'ailleurs presque autant. »

En tout cas, hors de sa famille, certains ne se posaient plus de questions. La cause était entendue. L'abbé Bethléem, qui venait pourtant d'être condamné à verser dix mille francs d'amende aux auteurs qu'il avait calomniés, écumait d'une rage froide. Dans le numéro du 15 août 1933 de sa *Revue des lectures*, il s'élevait contre tous ceux qui encensaient *La Jument verte* et, tout en considérant leur bonne foi, ajoutait : « Ils n'en sont pas moins de très mauvais guides. La vérité, c'est que ce roman constitue bien un outrage aux bonnes mœurs dans toute l'acception du mot. La critique littéraire n'a rien à y voir. Ce serait au parquet d'intervenir. » On y pensa un instant, en décembre 1933, lorsqu'un certain Coquemard, directeur du journal *La Femme et l'enfant*, membre du Conseil supérieur de la natalité, écrivit à Gaston Gallimard : « Alerté par des pères de famille, j'ai pris le temps de parcourir cette ordure et, tant en leur nom qu'en mon nom personnel, je vous prie de prendre bonne note que je demande à M. le Procureur de la République de la Seine de prendre toutes mesures utiles pour arrêter la vente publique de cet ouvrage que le talent de son auteur rend plus infâme encore et qui est de nature à pourrir la jeune génération de notre pays. J'alerte dans le même sens M. Georges Pernot, député, ancien ministre et président de la Fédération nationale des familles nombreuses. Il nous apparaît à tous que cette publication, dont vous êtes directement responsable, est un outrage aux bonnes mœurs et relève des lois qui punissent ces ouvrages. » Cette lettre parut dans *La République*, journal du radicalisme, assortie des commentaires de Maurice Roys qui, sans tendresse pour Coquemard, estimait que, en d'autres temps, il eût condamné Rabelais, La Fontaine, Baudelaire, Zola, et qu'il devait être de ceux qui s'indignaient devant le Manneken-Pis et qui se réjouissaient de ce qu'un pape « se soit pudiquement voilé la face devant les "ordures" peintes par Michel-Ange et les ait fait artistiquement cacher sous des voiles par ce peintre. » Maurice Roys pensait aussi que « tout cela [était] alléchant pour l'acheteur » et que *La Jument verte*, « qui allait d'un petit trot depuis quelques mois, [venait] de recevoir un coup de trique sur les reins qui pourrait bien lui faire piquer un joli galop... sur la route des cent mille vendus ». Toutefois, craignant d'avoir été dupe d'un canular, il ajoutait : « Mais j'aime mieux croire que M. Coquemard est un vieux copain de M. Marcel Aymé, et que cette petite histoire est un coup joliment monté pour enfler le succès, déjà si flatteur, de *La Jument verte* ». Il n'en était rien. Coquemard n'était pas un complice de l'auteur et il avait effectivement écrit à Gaston Gallimard qui réagit d'abord avec beaucoup d'humour. « Permettez-moi de vous dire, lui répondit-il, combien je suis surpris par votre lettre. Depuis la parution de *La Jument verte*, que j'ai fait soigneusement lire autour de moi, ma vieille grand-mère, contre tout espoir, vient de mettre au monde deux jumelles, et ma petite nièce, quoique âgée seulement de cinq ans, vient de mettre bas deux charmantes souris blanches. » Coquemard manquait d'esprit, et il devint grossier. « J'ai goûté comme il convient, répliqua-t-il le 12 décembre, tout l'esprit contenu dans votre lettre. J'ai maintenant sur votre honorable famille des détails intéressants mais incomplets. Je passe sur vos charmantes nièces. Et puisque j'ai, sur votre grand-mère, des détails suffisamment sensationnels, voulez-vous avoir la bonté de me dire maintenant ce que vous savez de votre mère ? Il n'est pas impossible qu'elle soit née dans une porcherie sélectionnée, pour avoir mis au monde un cochon tel que vous. Enfin, renseignez-moi, et le plus tôt sera le mieux, un article spécial et bien documenté devant être consacré à la firme Gallimard et Cie dans le prochain numéro de mon journal dont, je l'espère, vous n'hésiterez pas à me commander, à titre de publicité, quelques milliers d'exemplaires. »

Gaston Gallimard se fâcha à son tour et envisagea même de plaider. L'un de ses collaborateurs, Brice Parain, s'informa auprès de Me Maurice Garçon de l'opportunité d'une assignation pour le mot « cochon ». L'avocat lui répondit le 21 décembre : « Je vous signale que, s'agissant d'une injure non publique puisqu'envoyée sous pli fermé, l'action ne peut-être portée que devant le tribunal de simple police. Peut-être trouverez-vous que cette juridiction manque un peu d'intérêt. Si vous le désirez, je vous ferai l'assignation. Devant cette juridiction, vous pouvez demander le chiffre de dommages et intérêts que vous désirez ». Gaston Gallimard n'en fit rien et se contenta de publier sa réponse dans *Marianne*. C'est aussi cette tribune que Marcel Aymé utilisa contre son détracteur. En effet, le 27 septembre, il y publia un article, *Couvrez ce sein*, dans lequel il faisait valoir à son vertueux censeur que :

« le problème de la dépopulation par carence conjugale ne se (posait) pas dans (son) livre car les hommes y (caressaient) bien leurs épouses sans aucune des précautions qui vont à l'encontre des vœux du Conseil supérieur de la natalité, et en acceptant toutes les conséquences de leurs ébats ».

Il lui rappelait même que, pour croître et multiplier, « il faut faire l'amour et même s'y employer rondement, sans se demander si l'on a une salle de bains à portée de la main, et surtout ne rien perdre du plaisir qu'on peut y prendre ».

Quant à la jeunesse, elle ne courait pas le risque d'être pervertie car *La Jument verte* ne faisait que dénoncer des maux comme l'hypocrisie et la pudeur maladive. D'autre part, si des pères de famille avaient découvert le roman dans les mains de leurs enfants, c'est qu'ils l'avaient laissé traîner et, dans cette hypothèse, ils ne devaient s'en prendre qu'à eux-mêmes. Dans le cas possible où les enfants l'auraient acheté,

« et j'ai bien de la peine à le croire, écrivait Marcel Aymé, les parents ont tort de se plaindre, car leurs gamins achèteront aussi bien, et dans une édition bon marché qui en facilite singulièrement l'acquisition, les *Contes* de Boccace, par exemple. M.Coquemard va-t-il demander aux tribunaux d'interdire *Le Décaméron* ? La qualité du livre ne l'arrêterait certainement pas car il est écrit expressément que le talent est un vice supplémentaire dans un ouvrage qui n'est pas destiné aux enfants ».

Devant tant de bêtise, Marcel Aymé se prit même à douter, au point de se demander si Coquemard n'était pas un mauvais plaisant, surtout parce qu'il écrivait à la fin de sa lettre : « J'alerte dans le même sens M. Georges Pernot, député, ancien ministre... ».

« Cette seule phrase m'a fait flairer une supercherie. En effet, j'ai déjà demandé à cinq cents personnes si elles connaissaient un ancien ministre du nom de Georges Pernot, mais aucune n'en avait entendu parler ».

Georges Pernot existait pourtant bel et bien, et il était même député du Doubs depuis 1924.

Quoi qu'il en fût, les imprécations de Coquemard et de l'abbé Bethléem ne firent pas interdire *La Jument verte* qui connut un grand succès. Soixante-seize mille exemplaires furent vendus en 1933-34, et Marcel Aymé put dès lors oublier un peu ses soucis matériels. Il quitta le 9 de la rue du Square-Carpeaux pour venir s'installer au 9 ter, rue Paul-Féval, derrière le Lapin-Agile. L'appartement était plus grand, plus calme, et la vue, sur les dernières vignes de Montmartre, plus agréable. Il y restera trente ans puisque c'est seulement en 1963 qu'il déménagera pour le 26 de la rue Norvins, aujourd'hui 2, place Marcel-Aymé, tout en haut de l'avenue Junot.

A l'époque de *La Jument verte*, il découvrit aussi un autre univers : celui du cinéma. Pierre Chenal avait beaucoup apprécié *La Rue sans nom* et, dès 1932, il s'était employé à trouver un producteur. Quand il y fut parvenu, il s'adjoignit le concours d'un assistant en la personne de Louis Daquin, et sollicita Marcel Aymé pour les dialogues. Ravi, il accepta et n'imposa qu'une condition : son ami Le Vigan aurait un rôle dans le film. Pierre Chenal lui accorda volontiers cette faveur, et l'on tourna en septembre et octobre 1933, au studio Montmartre pour les intérieurs et impasse de la Jonquière, dans le XVIIe, pour les extérieurs. C'était une autre consécration pour Marcel Aymé que de voir l'un de ses romans adapté à l'écran. Il en rêvait depuis des années sans trop y croire. Son intérêt pour le cinéma n'était pas récent puisqu'il avait été figurant[1] à ses débuts, qu'il avait écrit quelques articles de critique[2] et des scénarios. La dernière nouvelle du *Puits aux images* avait d'abord été destinée au septième art, puisqu'elle était parue dans *La Revue du Cinéma*[3], avec en

1. Cf. chap. VIII.
2. Cf. chap. IX.
3. Le 1er février 1931.

sous-titre : « scénario par Marcel Aymé [1] ». Il a même tenté à cette époque d'imaginer d'écrire des aventures de *Fantômas* pour les salles obscures [2]. Mais aucun metteur en scène n'accepta son projet qui, aujourd'hui, paraît effectivement bien pesant. Son attirance pour le cinéma en fit aussi un spectateur assidu. Ainsi, il signale à Georges le 3 avril 1929 :

« Suis allé voir l'autre jour un film de guerre, *Verdun*, qui passe pour être le meilleur des films de guerre, de l'avis de ceux qui y sont allés : très intéressant ».

Sa *Rue sans nom*, d'ailleurs, n'est pas sans évoquer un film de Pabst, *La Rue sans joie*, ne serait-ce que par le titre. Mais il y avait plus, et Pierre Chenal y était sensible. Les décors, la succession des scènes, les entrées et les sorties de personnages avaient été traités comme au cinéma. Beaucoup de dialogues pouvaient même être empruntés au roman sans qu'ils aient à subir la moindre modification. Pierre Chenal avait vu juste car le film fut une grande réussite commerciale dès sa sortie, le 2 février 1934, d'autant plus que la distribution était de qualité : Constant Rémy (Méhoul), Pola Illéry (Noa), Fréhel (La Méhoule), Pierre Larquey (le petit vieux du café), Robert Le Vigan (Vanoël), Georges Douking (Drevel), etc.

Avec l'adaptation de *La Rue sans nom*, Marcel Aymé commençait une carrière cinématographique qui se poursuivit en 1935 avec les dialogues de *Crime et Châtiment*. Mais la fidélité du scénario à l'égard du chef-d'œuvre de Dostoïevski lui pesa. Il s'en est ainsi ouvert à Georges le 25 février 1935 :

« Les personnages de Raskolnikov et de Sonia sont assez horrifiants, et je n'ai pas eu la liberté de trahir Dostoïevski comme je l'aurais souhaité, car le scénario

1. Cf. *Anthologie du Cinéma invisible*, pp. 38 et suivantes, Christian Janicot, éd. J.-M. Place, 1995.

2. Cf. *Cahiers M. Aymé*, n° 12 et n° 13-14, éd. S.A.M.A., Bibliothèque municipale de Dole.

qui m'était imposé se tient très près du livre. J'aurais aimé mettre en vedette certains personnages secondaires et leur faire supporter l'action. Il fallait à mon avis faire un véritable film policier et découvrir l'assassin à la fin. Tout ce fatras intellectuel n'était supportable chez Baty que parce que la science des décors le faisait oublier ; mais je n'en attends rien de bon à l'écran. »

Il se trompait car Pierre Blanchar et Harry Baur firent merveille dans les rôles de Raskolnikov et de Porphyre. La plupart des répliques furent empruntées au livre mais, « ayant été obligé d'élaguer, a confié Pierre Chenal[1], j'avais besoin de dialogues additionnels, pour des scènes de liaison. Je fis appel à Marcel Aymé. Il s'en tira si bien que l'on cite souvent une réplique de Porphyre comme exemplaire de Dostoïevski : "Et l'on s'en va dans la nuit tirer la sonnette des pauvres défunts !". Or, elle est de Marcel Aymé ! »

Dans le monde du cinéma, l'on commença à se dire qu'il avait un incontestable talent de dialoguiste. Il fut donc de nouveau sollicité, en 1935, pour le *Domino vert* qui allait être tourné en Allemagne sous la direction de Selpin et avec la collaboration de Henri Decoin pour la version française.

« Je vais probablement partir pour Berlin à la fin du mois, écrit-il le 3 juin à Georges. Je vais faire le dialogue d'un film pour la U.F.A. et je resterai à peu près trois semaines [...] J'irai avec Marie-Antoinette et je pense rentrer par Hambourg en faisant une visite aux villes du nord de l'Allemagne. [...] *Crime et Châtiment*, film dont j'ai écrit le dialogue, a été présenté au public et paraît avoir du succès. Sans du tout négliger la littérature, je vais travailler de plus en plus pour le cinéma, par prudence. Je pense aussi au théâtre. »

Le *Domino vert* fut diversement apprécié mais l'on s'accorde généralement à reconnaître la qualité de l'in-

1. *Souvenirs*, éd. Dujarric, 1987.

terprétation de Danielle Darrieux, Charles Vanel, Jany Holt, Douking, Maurice Escande, etc. Marcel Aymé fit le voyage qu'il escomptait et rentra sur le *Milwaukee* par Edimbourg, les Féroé et l'Islande. Du Spitzberg, Marie-Antoinette, Colette et lui revinrent par la côte de Norvège et Copenhague. Le temps fut très beau, et ils eurent le plaisir de contempler le soleil de minuit tous les jours. Copenhague leur plut beaucoup, en particulier à cause des toiles impressionnistes et des tableaux de Gauguin qu'ils virent au musée.

« Nous sommes rentrés de Berlin il y a une huitaine, dit-il à Camille le 10 août 1935. Mon séjour ne m'a pas converti à l'hitlérisme. Le film auquel j'ai travaillé était une ineptie dont les pires films français n'approchent pas. Et les gens auxquels j'ai eu affaire, qui représentaient une honnête moyenne, étaient vraiment obtus. En quittant l'Allemagne, j'en étais arrivé à me demander si tous les antiques lieux communs sur les Allemands n'étaient pas l'expression de la pure vérité. »

Rentré à Paris, Marcel Aymé continua d'écrire pour le cinéma, car Pierre Chenal s'adressa de nouveau à lui pour *Les Mutinés de l'Elseneur*, d'après Jack London. Très intéressé, il se mit au travail.

« Je suis, annonce-t-il à Georges le 18 septembre 1935, en plein dialogues des *Mutinés de l'Elseneur* qui fera, je crois, un film assez réussi. On tournera à partir du 20 octobre à bord d'un grand voilier quatre-mâts, l'un des derniers qui naviguent encore. Les acteurs resteront trois semaines et voyageront de Brest à Casablanca. Si j'ai le temps, je me joindrai à l'expédition. Mais j'aurai beaucoup de travail en retard et je ne sais pas si je pourrai me permettre cette balade. »

Malgré tout, il tenait vraiment à participer à cette aventure et, quelques semaines plus tard, il écrit[1] :

« Je pars samedi ou dimanche pour Brest où j'em-

1. À Georges, le 22 octobre 1935.

barquerai probablement pour les Canaries, mais la destination n'est pas sûre. Je compte travailler à bord si je ne suis pas trop secoué pour tenir un porte-plume. »

Hélas, il dut y renoncer pour des raisons de santé, et en conçut beaucoup de dépit :

« Je ne suis pas parti en voyage comme je te l'avais annoncé[1]. La firme, qui assurait tous les gens embarqués, m'a obligé à passer une visite médicale et j'ai été refusé pour tension artérielle insuffisante. J'en ai été bien embêté car il est évident que je ne retrouverai pas l'occasion de faire un voyage d'un mois sur un voilier. Quel ennui d'être toujours mal foutu et d'avoir à compter toujours avec ma santé. »

Pierre Chenal, compréhensif, lui confia néanmoins les dialogues et réalisa là un grand film. Son assistant était encore Louis Daquin, et au générique figuraient les noms de Jean Murat, Winna Winfried, Roger Blin, Robert Le Vigan, etc., sans oublier celui d'Arthur Honegger pour la musique.

Marcel Aymé s'était donc imposé dans le monde du cinéma et c'est pourquoi l'on trouve son nom dans la composition d'un jury constitué en juin 1934 par *Marianne* pour récompenser des scénarios gais. Leur longueur devait être d'environ deux cents lignes pour être à l'origine de films de vingt à quarante minutes. Colette et Marguerite Moreno figuraient aussi dans ce jury, ainsi qu'Edouard Bourdet, Louis Jouvet, Jean-José Frappa, Georges Rouvier, Pierre Bénard et Pierre Bost. Marcel Aymé triomphait alors aussi bien au cinéma que dans le journalisme. L'époque de l'agence Radio était loin derrière lui, ainsi que les besognes ingrates et obscures. Finis la rubrique des chiens écrasés et les levers à l'aube pour aller assister à des exécutions capitales. Certes, le scandale causé par *La Jument verte* le fit solliciter par un mensuel grivois, *Paris-Magazine*, dont les photos de nus étaient bien

1. À Georges, le 11 décembre 1935.

connues du public. Il se laissa tenter mais sut rester lui-même. Marcel Aymé n'était pas un parangon de vertu mais il ne souhaitait pas donner dans les facilités et les platitudes égrillardes. Heureusement pour lui, il avait déjà reçu une meilleure proposition. Emmanuel Berl, directeur de *Marianne*, avait beaucoup apprécié le manuscrit de *La Jument verte* et pris la décision de demander un article par semaine à son auteur, sur des sujets de son choix. Marcel Aymé avait accepté, heureux de ne plus avoir à lire les ouvrages que lui imposait la direction de *Gringoire*. La proposition d'Emmanuel Berl pourrait devenir contraignante mais elle ne manquait pas d'intérêt. Déjà, *Le Mariage de César*, était paru le 26 octobre 1932 dans le premier numéro de *Marianne*. Depuis, il avait surtout écrit pour *Gringoire*. Mais, à partir du printemps 1933, sa signature réapparut dans *Marianne*, tout d'abord avec une nouvelle, *La Faim du pianiste*, qui sera reprise l'année suivante dans *Le Nain* sous le titre de *Rue Saint-Sulpice*. A compter du 22 mars 1933, il commença la publication d'une très longue série d'articles qui dura cinq ans [1]. A vrai dire, sa collaboration ne fut pas régulière durant cette période puisqu'il publia vingt-sept articles en 1933, cinquante et un en 1934, vingt-six en 1935, deux en 1936 et un en 1938. D'ailleurs, ce dernier n'était en fait que la réponse à une enquête sur le roman autobiographique. A l'écoute de son époque, Marcel Aymé regarda, enregistra et témoigna. Nullement gêné de passer d'un sujet à un autre, il aborda les questions les plus diverses. L'actualité étrangère ne le rebuta pas car il consacra, par exemple, un article à Matuska [2] qui avait fait dérailler des trains en Hongrie et tué vingt-deux personnes. Avant d'être arrêté, il confia qu'il connaissait trois génies : Attila, Napoléon et... lui-même, « donnant à entendre par là qu'il se sen-

1. Cf. *Du côté de chez Marianne*, Gallimard, 1989.
2. Le 14 novembre 1934.

tait tout aussi capable que ces deux grands souverains de faire le malheur des hommes », ajouta Marcel Aymé. Excepté cette anecdote venue de Hongrie, il s'intéressa surtout aux informations en provenance d'Italie et d'Allemagne. A propos de la première, il ironisa sur la censure qui y sévissait. Ce fut le thème de *Sujets réservés*[1] qui met en scène le directeur d'un grand journal italien et ses collaborateurs. Il leur faut trouver pour le numéro du soir un événement sensationnel qui sera l'objet de toutes les conversations. Le spécialiste de la politique étrangère propose un article sur les menées yougoslaves mais le gouvernement s'est déjà réservé une page pour traiter le sujet. Faute de pouvoir l'aborder, il suggère « quelque chose de mordant sur les anarchistes italiens pensionnés par le gouvernement français ». Ce n'est pas possible. On pense alors aux hostilités en Chine, mais le directeur refuse. Le spécialiste des questions intérieures envisage ensuite d'étudier les crédits affectés à l'aménagement des lignes : défendu ! Pourrait-on commenter le dernier discours du Duce ? Inutile car le directeur a reçu le commentaire en même temps que le texte du discours, et ainsi de suite... Tous les sujets sont réservés, même celui qui apparaît en dernier : le port de la chéchia par les femmes, à Paris...

A propos de l'Allemagne, Marcel Aymé a été sans équivoque. Déjà, en septembre 1932[2], il avait rendu compte de *Frieda*, roman dans lequel une jeune Allemande de Rhénanie entreprenait avec l'auteur un voyage à travers les Alpes, et il notait :

« Plutôt qu'un grand mouvement de ferveur pour Kant, ou pour Goethe, (l'auteur) sait aussi qu'il est plus raisonnable d'attendre des Allemands un mouvement militariste, mais il veut espérer encore et adjure l'Allemagne de réfléchir ».

1. Le 17 mai 1933.
2. *Gringoire*, 30 septembre 1932.

Néanmoins, Marcel Aymé s'efforçait de rester optimiste car il concluait en affirmant que « l'Allemagne de Bayreuth et l'Allemagne de von Schleicher ne se contrarient nullement ; rien n'empêche un Allemand d'être à la fois pangermaniste et wagnérien, et kantien et goethien ». Quelques mois plus tard, Adolf Hitler devenait chancelier du Reich puis recevait les pleins pouvoirs pour quatre ans, le 23 mars 1933. L'Allemagne de von Schleicher l'emportait sur celle de Bayreuth, et Marcel Aymé s'en prenait dès lors au racisme nazi. Dans *Vive la race*[1], il imagine un rassemblement de trente mille hitlériens venus écouter un orateur chargé de dénoncer tous ceux qui ne sont pas aryens. Un Juif est rapidement découvert parmi eux, puis exécuté. A chaque lynchage, l'orateur demandera qu'on lui mette le foie de côté pour son chat... Lançant le cri de « Mort aux ennemis de la race ! », il est suivi par quelques nazis distraits qui, eux aussi, sont rapidement dépecés. L'orateur insiste toujours pour qu'on lui garde les foies. Il ne reste plus que vingt-huit mille hitlériens qui s'entendent dire que « les éléments impurs peuvent être divisés en trois catégories : les négroïdes, qui peuplent la majeure partie de la France ; les Asiatiques qui débordent des frontières de Pologne et des Balkans. Enfin, les Juifs. Ceux-ci sont facilement reconnaissables à leurs cheveux noirs, parfois luisants, à leurs nez longs et busqués. » On se dévisage à nouveau dans les rangs et l'on met rapidement en pièces tous ceux qui ont le type juif, etc., etc. A la fin, il n'en reste plus qu'un qui, aux cris de « Épurons, épurons ! » s'arrache un bras, puis la tête. L'orateur réclame toujours les foies mais « les piles de foies s'écroulent avec un bruit mou. Un foie entier tombe sur la bouche de l'orateur qui expire. Tout est fini ».

Après cet article délirant, Marcel Aymé revint plusieurs fois sur le racisme hitlérien et ne se priva pas

1. *Marianne*, 3 mai 1933.

d'ironie à son sujet. Il avait trop le respect de l'être humain pour ne pas se révolter devant des théories qui méprisaient et voulaient détruire des hommes jugés inférieurs. Le 23 août 1933, il retint, par exemple, l'histoire d'un garçon coiffeur, nommé Handersen, de Flegsburg dans le Schleswig-Holstein, qui avait la détestable manie de couper les oreilles de ses clients et de les conserver dans des bocaux pleins d'alcool.

« Il y a seulement une dizaine d'années, s'empressa-t-il d'ajouter, (la) prétendue force invisible (qui le poussait à commettre ses actes) eût fait hausser les épaules à tout homme de bon sens et déclarer que ce garçon coiffeur était un fou d'une espèce dangereuse. Dieu merci, la science a réalisé, depuis, d'immenses progrès, et il ne manque pas aujourd'hui de gens savants jusqu'aux dents pour prendre cette force-là en considération. Les docteurs de l'Allemagne hitlérienne, qui ont des vues si arrêtées sur la classification des grandes familles humaines, n'auront pas été sans observer que le garçon coiffeur — son nom de Handersen l'indique suffisamment — est un représentant du type aryen le plus pur. Cette curieuse manie de couper les oreilles des clients serait un cas magnifique de retour aux origines, presque une apologie des vertus guerrières de la race élue, et en attendant la prochaine, Handersen pourrait déjà s'employer utilement dans les brigades d'assaut ».

Le 15 août 1934, d'un ton plus léger, il s'intéresse à la mode du bronzage avant de conclure :

« Mais j'ai entendu dire que les pharmaciens vendaient des drogues qui accélèrent l'action des rayons ultraviolets et bronzent les peaux d'avant-guerre en deux ou trois jours. C'est une découverte considérable pour l'avenir de la race. Les gens élégants ne pourront plus, désormais, se contenter d'être des quarterons, il leur faudra être nègres cent pour cent, et, s'il est possible, un peu plus. On aperçoit facilement les conséquences de cette obligation. Je suppose qu'une agréable estivante rencontre, sur telle plage à la mode, un Sénégalais ou un Zoulou. Elle ne manquera pas de le trouver très chic et cherchera un prétexte de lier conversation avec lui pour savoir comment il a réussi à obtenir une pigmentation aussi parfaite. Sans y penser, elle se laissera faire un enfant qui viendra au monde avec un joli coup de soleil et fera la fierté de sa maman. La même aventure se reproduira autant de fois qu'il sera nécessaire pour que toutes les personnes de bon ton soient des nègres authentiques. Seules, les gueules noires auront le droit d'inscrire leurs noms dans les bottins mondains. Il faut espérer que ce temps-là est assez éloigné pour laisser à M. Hitler le temps de mourir dans son lit, parce qu'il serait sûrement très malheureux de voir ainsi compromise l'intégrité de la race aryenne. Souhaitons-le aussi pour le monde élégant, car, enfin, il faut penser à tout : quand tous les gens chics seront des nègres, il n'est pas impossible que la mode revienne aux peaux laiteuses ou rose Oxford. Alors, il sera bien difficile de suivre la mode nouvelle, pour ne pas dire impossible. Mais non ! j'oubliais que l'on est parvenu, il y a quelques mois, à décolorer des nègres et à en faire des Aryens. Au fond, il n'y a plus d'aventure possible, sans compter que la notion de pureté de la race, essentielle pour les nazis, est bien sujette à caution... »

Mais l'actualité étrangère, aussi importante fût-elle, n'a pas constitué l'essentiel des préoccupations de Marcel Aymé dans ses articles de *Marianne*. La plupart d'entre eux, au contraire, ont été consacrés aux événements nationaux, qu'ils fussent scolaires, judiciaires, sociaux, politiques, culturels ou tout simplement anecdotiques. Il affectionnait les bonnes histoires que l'on se plaît à entendre ou à raconter, et ses articles en témoignent. Un jour, il met en scène un clochard qui mendie avec un képi et un chapeau melon[1]. Etonné,

1. *Providence* ; 14 février 1934.

l'auteur lui pose quelques questions. Il s'entend répondre que, lors des émeutes de février 1934, les « Cipaux » ont chargé la foule, et que le clochard s'est « senti frôlé par le fer des canassons ». Lorsqu'il a rouvert les yeux, il a vu par terre « un képi et un chapeau melon tout neuf, que le Bon Dieu avait mis là, à portée de (sa) main » et qu'il a décidé de s'approprier. Un autre jour[1], il raconte qu'il a vu un véhicule très curieux dans un grand magasin.

« C'était, à première vue, une sorte de char d'assaut muni de brancards et comportant une tourelle percée de trois meurtrières ».

En fait, cet engin n'était qu'un landau aérodynamique dernier cri... et Marcel Aymé de laisser vagabonder son imagination...

« J'imaginais avec attendrissement des nourrissons filant dans les allées du bois de Boulogne, à un train d'enfer, et souriant à des mères sportives qui couraient dans les brancards comme des dératées, le cheveu horizontal et la voix entrecoupée par l'essoufflement. Ce n'était pas une vision désagréable. J'aurais volontiers fait l'essai de ce landau, mais je n'avais pas d'enfant sur moi et d'autre part, le magasin n'était peut-être pas un endroit propice à une pareille tentative ».

Les articles publiés dans *Marianne* fourmillent ainsi d'anecdotes et d'histoires drôles dans lesquelles l'auteur se forge peu à peu une image d'observateur humoriste. On l'imagine volontiers, les mains dans les poches de son manteau ou de son imperméable, se promenant dans Paris, très attentif aux propos ou aux attitudes, derrière son visage impassible. Marcel Aymé fut aussi un piéton de Paris en quête de pittoresque et d'inspiration.

Mais il ne s'est pas contenté d'être spirituellement futile en évoquant l'actualité de son pays. Il lui est aussi arrivé d'être grave et véhément, pour défendre

1. *Les grandes inventions*, 3 avril 1935.

Violette Nozière par exemple. Après l'annonce de sa condamnation à mort, il s'indigna [1] contre le verdict et s'en prit violemment aux juges et aux jurés car il estimait que l'on n'avait pas voulu prendre au sérieux la possibilité d'inceste entre la jeune fille et sa victime.

« En effet, écrivait-il, pour les journaux bien-pensants, l'inceste est une invention gracieuse de la mythologie, un thème de tragédie grecque, une friandise en tout bien tout honneur pour les lettrés et les honnêtes gens ; pratiquement, la chose n'existe pas. Quant aux journaux avancés, turbulents, c'était une autre affaire : la victime, mécanicien aux chemins de fer, était un travailleur, je veux dire un honnête travailleur car les deux mots sont inséparables. Or, un honnête travailleur ne couche pas avec sa fille, c'est bien connu. Ou alors, où irions-nous ? ».

Deux mois plus tard, le 19 décembre, dans *Peine de mort*, il annonce que la jeune fille a été informée du rejet de son pourvoi, et ajoute qu'il y voit, pour sa part, « un raffinement de barbarie encore inédit dans les fastes de la justice démocratique » car, d'habitude, on ne prévient le condamné qu'à l'aube de son exécution. Marcel Aymé sera toujours foncièrement hostile à la peine de mort, et on ne peut plus critique à l'égard de la justice officielle. *La Tête des autres* en sera un violent témoignage.

Après le procès de Violette Nozière, il eut l'occasion d'en suivre un autre et de conforter la mauvaise opinion qu'il avait de la justice. Il « couvrit » en effet le procès Stavisky, non pour *Marianne* mais pour *Paris-Midi*, et ressentit l'impression d'assister à une immense comédie. L'affaire avait déjà bien vieilli, et il était difficile de prendre au sérieux certaines déclarations. Par contre, il fut ému par Arlette Stavisky quand elle fondit en larmes à l'évocation de sa dernière entrevue avec son mari. Lorsque les autres journalistes lui

1. *Incestes*, 24 octobre 1934.

dirent qu'il avait tort de marcher et qu'il s'agissait d'une comédie, il ne sut pas refouler sa grande sensibilité et écrivit :

« Mais pourquoi ne pas faire à cette femme le crédit de quelques larmes sincères ? Elles me paraissent suffisamment justifiées par l'évocation de cette dernière entrevue avec l'homme qui devait la laisser veuve et mère de deux orphelins. Quand il faut mourir, les adieux d'un voleur à sa femme sont plus déchirants que ceux d'Hector car il s'agit de mourir sans fierté [1] ».

La rédaction de tous ces articles le détourna de la création romanesque et, en 1934, il ne fit paraître qu'un recueil de nouvelles, *Le Nain*. Certes, il était de qualité mais rassemblait uniquement des histoires déjà proposées dans la presse. *Le Dernier* a été publié le 6 décembre 1933 par l'hebdomadaire *1933* ; *L'Armure* en décembre 1933 par *La Revue des vivants* ; *Le Mariage de César*, *Bonne vie et mœurs*, *La Liste* et *Deux victimes* en 1932, 1933 et 1934 par *Marianne*, et *La Clé sous le paillasson*, *La Canne*, *Trois Faits divers*, *L'Affaire Touffard*, *Rue Saint-Sulpice*, *Sporting* et *Le Nain* dans *Candide* en 1932, 1933 et 1934. A François de Roux, journaliste à *1934*, il répondit laconiquement :

« Je n'ai rien à dire sur mon livre ; rien, non plus, sur la nouvelle. Je ne crois pas qu'il existe une technique de la nouvelle... On doit pouvoir faire ce qui vous plaît... Que l'on ne cherche pas de lien entre les divers récits de mon recueil. Il n'y en a pas. Pas d'idée centrale, pas d'unité comme chez Morand ou chez Arland, par exemple. Je souhaiterais cependant que mon lecteur lût mon livre entier, comme il lirait les différents chapitres d'un roman... Mais laissons les lecteurs. Ce que j'apprécie le plus en littérature, c'est la liberté... ». Marcel Aymé ou le désespoir du journaliste...

En fait, avec *Le Nain*, tout le monde s'interroge, les

1. *La Vedette*, 23 novembre 1935.

critiques aussi bien que l'auteur. Dans *Gringoire*, Jean-Pierre Maxence[1] s'extasie et écrit :

« Les vrais admirateurs de Marcel Aymé trouveront en effet dans *Le Nain* de quoi satisfaire leur passion sans rien abdiquer de leur goût. Qu'ils lisent *Le Nain* lui-même, *La Canne*, *La Clé sous le paillasson* et surtout cet admirable conte, d'une verve unique et d'une pénétration égale à la verve : *Le Dernier* ». Toutefois, il juge le recueil inégal et conclut :

« Là est le danger, là l'écueil. La nouvelle, pour qui a l'imagination féconde, se prête à de faciles arrangements, à une verve sans racines humaines, à un habile mais assez vain arrangement des faits. M. Marcel Aymé a montré qu'il pouvait plus, qu'il fallait tout attendre de lui. La justice donc et la justice seule commande de dire qu'ayant aimé *Le Dernier*, on n'a point goûté *Deux victimes*. A quand le prochain roman de M. Aymé ? ».

Curieusement, deux semaines plus tard, André Frank, dans *L'Intransigeant*[2] pose une question analogue.

« Il semble même, estime-t-il, que la fantaisie de Marcel Aymé grandit, se donne plus larges coudées au fur et à mesure de ses livres. *La Jument verte*, sur ce point, l'emportait sur *La Table-aux-Crevés* et, si l'on peut dire, *Le Nain* renchérit sur *La Jument verte*. On se demande avec délices jusqu'où ira Marcel Aymé dans ses ivresses imaginaires... ».

Voilà une interrogation que partage le romancier. Il sent bien que le recueil qu'il vient de publier ne comble pas toutes les attentes du public. Il se rend compte que, happé par l'actualité, contraint de remettre son papier à temps, il a peut-être commencé à gâcher ses talents de romancier. C'est pourquoi il lui faudrait se détourner du journalisme et mener à son

1. Le 31 août 1934.
2. Le 17 septembre.

terme cette *Maison basse* à laquelle il pense déjà. De toute façon, l'actualité va le pousser dans cette voie car un profond désaccord l'opposera, en octobre 1935, à la rédaction de *Marianne*.

XII

Une signature

Octobre 1935

En 1935, les troupes du Duce envahirent l'Éthiopie au nom de la civilisation et, plus prosaïquement, pour tenter de développer l'empire colonial italien. Les intellectuels français s'émurent, et le microcosme parisien s'agita. A gauche, l'on voulut mettre l'Italie au ban des nations et la menacer de représailles. A droite, l'on estima que le massacre de quelques sauvages relevait des agissements naturels d'une grande puissance civilisée. Des pétitions circulèrent, et Marcel Aymé, considéré jusqu'alors comme un écrivain de gauche, fut néanmoins sollicité par les auteurs d'un manifeste de droite et... il signa, comme environ huit cent cinquante autres. Parmi eux : Henry Bordeaux, Edouard Estaunié, Abel Bonnard, Abel Hermant, Claude Farrère, Mgr Baudrillart, Henri de Régnier, Léon Daudet, Henri Béraud, Auguste Bailly, Robert Brasillach, Georges Blond, Pierre Drieu La Rochelle, Pierre Gaxotte, Robert Kemp, Gabriel Marcel, Charles Maurras, Jean-Pierre Maxence, André Rousseaux, Thierry Maulnier, Gonzague Truc, Alphonse de Chateaubriant, Pierre Mac Orlan, duc de Lévis-Mirepoix, Maurice Maeterlinck, André Suarès, Horace de Carbuccia, Henri de Monfreid, Tristan Derème.

« On n'hésite pas à traiter l'Italie en coupable [...], affirmait ce document, sous prétexte de protéger en Afrique l'indépendance d'un amalgame de tribus incultes qu'ainsi l'on encourage à appeler les grands états en champ clos [...]. C'est à cette alliance désastreuse [de l'Angleterre et de toutes les forces révolutionnaires] que Genève prête les redoutables alibis d'un faux universalisme juridique qui met sur le pied d'égalité le supérieur et l'inférieur, le civilisé et le barbare. Les résultats de cette fureur d'égaliser qui confond tout et tous, nous les avons sous les yeux car c'est en son nom que se formulent des sanctions qui, pour mettre obstacle à la conquête civilisatrice d'un pays le plus arriéré du monde (où le christianisme même est resté sans action), n'hésiteraient pas à déchaîner une guerre universelle, à coaliser toutes les anarchies, tous les désordres contre une nation où se sont affirmées, relevées, organisées, fortifiées depuis quinze ans quelques-unes des vertus essentielles de la haute humanité.

Ce conflit fratricide ne serait pas seulement un crime contre la paix, mais un attentat irrémissible contre la civilisation d'Occident, c'est-à-dire contre le seul avenir valable qui, aujourd'hui comme hier, soit ouvert au genre humain. Intellectuels, qui devons protéger la culture avec d'autant plus de vigilance que nous profitons davantage de ses bienfaits, nous ne pouvons laisser la civilisation choisir contre elle-même. Pour empêcher un tel suicide, nous en appelons à toutes les forces de l'esprit ».

Ce manifeste, publié le 4 octobre 1935, émanait « des intellectuels français pour la défense de l'Occident et la paix en Europe ». A vrai dire, Marcel Aymé se souciait peu du premier objectif. Quelques jours auparavant, le 25 septembre, il avait souri du bonheur que la civilisation allait apporter aux Éthiopiens puisqu'il leur promettait dans un avenir proche : « le métro, le confort moderne, le chômage, [...] [les] avions de bombardement et [les] gaz toxiques[1] ». Par contre, la seconde préoccupation des auteurs du manifeste lui importait vraiment. Il sentait la guerre venir en Europe et se demandait quoi faire pour contribuer à l'écarter. Ce texte était une bonne occasion. Il fallait le signer. A gauche, on s'insurgea contre le traître, et la rédaction de *Marianne* lui demanda des explications qu'elle publia après ce chapeau : « Marcel Aymé a accordé sa signature à un manifeste que *Marianne* réprouve de toutes ses forces. Les protestations que ce geste a provoquées autour de Marcel Aymé incitent celui-ci à expliquer son attitude[2] ».Voici son article qu'il faut prendre en compte dans sa totalité :

« Je suis un renégat, un écrivain en saindoux, un porte-plume à tout faire. Au lieu de prendre du galon parmi les intellectuels de gauche en réclamant des sanctions contre l'Italie, j'ai signé un manifeste de droite, et même d'extrême-droite, qui s'insurgeait contre des mesures propres à nous entraîner, de l'aveu des plus zélés partisans, dans une guerre de droit. Entre la paix européenne et une guerre sanglante à la guerre, j'ai choisi sans hésiter. C'est ma conviction qu'il faut être fou de l'espèce furieuse pour vouloir s'embringuer, quels que soient les torts de l'Italie, dans une guerre de principes. Je suis stupéfait de l'empressement des intellectuels de gauche à donner leur accord aux lords de l'Amirauté, nous signifiant par la voie hiérarchique dont ils disposent (et disposent absolument) d'avoir à mettre sac au dos. Voilà, en gros, ce qui m'a conduit à signer un manifeste dont tous les termes ne me conviennent pas, il s'en faut, mais qui renferme l'essentiel : pas de guerre. Certes, j'aurais

1. *Marianne*, 25 septembre 1935.
2. *Marianne*, 16 octobre 1935.

souhaité, pour une manifestation de ce genre, me trouver en autre compagnie que celle d'archevêques et d'académiciens. C'est un monde avec lequel je ne suis pas particulièrement familiarisé, et je me sens quelque peu gêné par le voisinage de cette vieillesse dorée. Tant pis.

Si j'avais eu le choix, j'aurais pu ménager ma coquetterie à cet égard, mais j'ai vainement attendu une résolution des écrivains de gauche en faveur de la paix. Or, Jules Romains, par exemple, semblait tout désigné pour prendre l'initiative d'une pareille tâche. Nombre d'intellectuels de gauche, qui craindraient de passer pour des suppôts de la réaction en donnant, comme moi, leur signature à un manifeste de droite, sont tout prêts à bêler pour la bonne cause sous la conduite d'un berger bon teint. Pour ma part, j'en connais plus d'un. Mais Jules Romains entend que les hommes de bonne volonté fassent leurs preuves jusqu'au sang. C'est très regrettable.

Depuis un an, les intellectuels français mettent toute leur fierté à être des gens disciplinés, et briguent des bons points pour l'exactitude à l'obéissance. De plus en plus, les chefs d'école font place aux chefs de section et, bientôt, l'on reconnaîtra un bon écrivain à sa science du pas cadencé. Déjà, il paraît qu'on ne peut plus, quand on a donné ses sympathies à une idée, s'en désolidariser sur un seul point sans la rejeter tout entière.

Le jour où ma signature a paru sous le manifeste en question, j'ai senti peser sur moi la réprobation de mes confrères de gauche. Il est clair qu'à leurs yeux, je m'étais déshonoré. Ceux-la même qui entraient dans mes raisons secouaient la tête avec accablement pour me signifier qu'on ne collabore pas avec un réactionnaire, quand même il s'agit de sauver un noyé. Dans la rue, j'ai rencontré un groupe d'écrivains « sanctionnistes » et jusqu'au-boutistes qui marchaient comme dans des bottes. L'un d'eux m'a arrêté, me demandant s'il était vrai que j'eusse signé "cette saloperie". J'ai essayé de lui expliquer ma détermination mais sans réussir à me faire entendre. J'étais vaincu d'avance. On voyait bien que mon âme ne chantait pas dans des clairons d'airain. J'en arrivais à me demander si mon interlocuteur n'était pas dans le vrai, et à penser qu'après tout, le sang des soldats français n'était peut-être que du pissat de cheval en comparaison du noble sang abyssin. J'ai eu la tentation de faire amende honorable et de crier "Force à la loi", avec cette exaltation girondine qui va si bien au cheveu et qui mouille d'une admirable rosée les yeux des jeunes femmes sensibles.

Le lendemain, j'apprenais une grande nouvelle : la C.G.T. du Mexique exigeait des sanctions contre l'Italie. Et, ma foi, on ne pouvait nier que, dans cette affaire, son désintéressement fût profond.

P.S. Le jour où l'Allemagne envahira Memel, je signerai le manifeste de gauche pour la non-intervention ».

Marcel Aymé, le timide, le rêveur, le lunaire, descendait dans l'arène et faisait scandale en changeant de camp. Or, la trahison n'était pas l'un de ses plaisirs favoris car la fidélité à ses amis et à sa famille lui tenait particulièrement à cœur. Que s'était-il donc passé ? Donnait-il dans les idées de Camille qui était, dans les années trente, une lectrice du *Nouveau Siècle*, créé par Georges Valois, dissident de l'*Action française* ? Il semble que non, puisqu'il avait lui-même raillé sa sœur à ce sujet, en écrivant à son beau-frère :

« (...) je n'espère pas de Georges Valois. A vous qui êtes bien plus raisonnable que Camille (qui, entre nous, est un peu entêtée), je ne me cacherai pas de dire que ce Valois n'est rien qu'un galopin. Et je suis tellement persuadé que vous êtes de mon avis, que je vous conjure d'extraire cette folie *Nouveau Siècle* du crâne de Camille. (...) Une seule chose m'ennuie, c'est qu'en plein succès, Camille continue de lire *Le Nouveau Siècle* ».

Le 1er mai, il revenait sur le sujet en s'adressant toujours à Paul Muster[1] :

« Je pense d'ailleurs que Camille doit commencer à en rabattre si elle continue à lire *Le Nouveau Siècle.* Je le lis quelquefois et je n'en suis pas encore tombé sur le recto. Si seulement il rachetait son erreur par une présentation géniale ou seulement spirituelle de sa doctrine (si l'on peut dire). Mais non. J'ai lu quelques articles de Valois (...). Il faut convenir que s'il s'est attiré des réflexions fâcheuses au sujet de ses accointances avec le baron Horace Finaly[2], il ne l'a pas volé. Ai lu d'autres articles délayant quelques idées dans le genre : Idée en marche — Courant international dirigé contre le communisme — Accueil très large à toutes les bonnes volontés — Accueil de toutes doctrines qu'on passe au bleu. En somme, à peu près ce que dit Briand entre un ministère de droite et un ministère de gauche. Je ne pense pas que Valois soit un mauvais garçon. Il m'a l'air d'un démocrate racé et il voudrait bien faire plaisir à tout le monde. C'est gentil, mais insuffisant ».

Cependant, quelques années plus tard, l'amitié de Marcel Aymé pour Pierre Varillon, directeur des pages littéraires de l'*Action française*[3], avait peut-être fini par le convaincre du bien-fondé des idées monarchistes. En sa compagnie, il avait participé à des déjeuners avec Léon Daudet et Maurras. Avait-il adopté peu à peu leurs points de vue ? Il ne le semble pas, d'autant plus qu'ils ne lui en demandaient pas tant. Marcel Aymé était invité en raison de la qualité de ses écrits, de sa liberté de pensée et de son humour. Peu importaient ses convictions politiques qui n'étaient d'ailleurs pas son sujet de prédilection. Il avait failli entrer à l'*Action*

1. À Paul Muster, le 22 février 1926.

2. De la Banque de Paris et des Pays-Bas qui avait participé au financement de certains journaux..

3. Cf. chapitre X.

française comme journaliste, mais il n'en avait rien été, et personne ne lui reprochait d'écrire dans un hebdomadaire de gauche comme *Marianne*. On se recevait, on s'appréciait, on s'estimait, et c'était là l'essentiel. Si la signature de Marcel Aymé au bas du manifeste « pour la défense de l'Occident et la paix en Europe » ne paraît pas due à une quelconque influence de la pensée maurrassienne, c'est qu'elle venait seulement de son désir de conjurer la guerre. Il s'en était d'ailleurs clairement ouvert à Georges dans une lettre du 22 octobre 1935.

« Les gens de gauche acceptent volontiers l'idée d'une guerre de civilisation menée pour la défense du bon droit éthiopien. En ma qualité d'écrivain de gauche, j'ai signé un manifeste d'extrême-droite contre les sanctions et leurs conséquences, et je m'en suis expliqué dans *Marianne* par un article qui m'a valu de furibardes injures des écrivains de gauche les plus excités, et aussi, ce qui m'a été le plus cuisant, des lettres de félicitations de types comme Massis ou Morand. J'avais signé sans me faire aucune illusion sur le désir de paix de l'extrême-droite qui ne rêve que plaies et bosses sur d'autres frontières, mais j'avais là une occasion que les fractions de gauche les plus modérées ne m'offraient pas. Il semble pour le moment que le danger se soit quelque peu éloigné, mais quel enseignement ! On aura vu à l'œil nu comment peuvent nous conduire à la guerre des philosophailleries servant de paravent à des intérêts de grosse galette. Prochainement, quand les droites et peut-être les gauches (il n'est pas impossible qu'il y ait unanimité) déclencheront la guerre contre l'Allemagne à propos de quelque Éthiopie de la Baltique ou de l'Europe centrale, j'entends bien protester de toutes mes faibles forces ».

Marcel Aymé commençait ainsi à s'installer dans une position inconfortable. Jusqu'alors, il avait écrit dans des journaux d'opinion aussi différents que

Marianne, *Gringoire* et *Candide*, sans que personne eût jugé utile de l'accuser de versatilité. Mais il venait de commettre l'irréparable : soutenir une idée de droite alors qu'il était classé à gauche. Ce qui n'était que l'expression de son pacifisme, de son indépendance d'esprit et de sa liberté de penser fut mal perçu. Il devint suspect. En septembre, il avait promis[1] sa collaboration à *Vendredi* qui devait soutenir le Front populaire.

« André Chamson a eu l'idée de cet hebdomadaire, c'est dire que Daladier est derrière. Ses collaborateurs vont de Maritain à Vaillant-Couturier inclus. Mon adhésion n'est qu'en tant que professionnel de la littérature, vivant de papier noirci, et n'implique pas une adhésion corps et âme. Ce n'est pas que je sois hostile au Front populaire mais je lui reproche un certain satanisme, en particulier d'avoir inventé et suscité le fascisme français pour le plaisir de faire des cartons et pour en tirer les revenants-bons. *Vendredi* doit paraître dans la première quinzaine d'octobre, et le moment paraît assez bon, eu égard à l'excitation des bons Français qui sont suspendus aux décisions de Genève touchant le conflit italo-éthiopien. Ledit journal est aussi une machine électorale en vue de 1936 ».

Mais sa signature n'apparut pas dans *Vendredi*. En novembre, il se fit même prendre à partie par André Wurmser dans *Commune*, revue de l'Association des écrivains et artistes révolutionnaires dont le Comité directeur était composé de : André Gide, Maxime Gorki, Romain Rolland et Paul Vaillant-Couturier. Après un début plein d'aménité qui rappelait à Marcel Aymé leurs cordiales relations du passé et qu'il était à ses yeux « l'un des trois ou quatre grands écrivains de (leur) génération », André Wurmser n'en continuait pas moins :

« Vous êtes, mon cher Marcel Aymé, l'un de ces 64[2],

---

1. Lettre à Georges, 18 septembre 1935.
2. Au départ, le manifeste avait recueilli 64 signatures.

parmi lesquels se comptent généralement M. Léon Daudet et M. Henry Bordeaux, M. Camille Mauclair et M. Louis Bertrand, et tous les intellectuels, si j'ose ainsi m'exprimer, d'*Action française*. Vous avez signé un manifeste dans lequel il est dit : « On n'hésite pas à traiter l'Italie de coupable, à la désigner au monde comme l'ennemi commun », ce qui signifie de toute évidence, qu'à votre sens l'Italie n'est point coupable et qu'elle est au contraire l'amie du monde entier (à l'exception, que vous jugez sans importance, d'un amalgame de tribus incultes). Avec M. le duc de Lévis-Mirepoix, prince de Robech, administrateur des Mines d'Alès, Froges et Camargue, et de la Providence-Accidents, vous appelez « justes intérêts de la communauté occidentale » le bombardement d'Adoua ; avec M. Louis Bertrand, qui l'an dernier réclamait le poteau d'exécution pour les intellectuels coupables d'avoir souhaité une mesure de clémence en faveur de révolutionnaires espagnols condamnés à mort, vous appelez « démission de l'esprit civilisateur » l'opposition à la guerre ; avec M. Claude Farrère qui est Croix de Feu, vous appelez « Occident » le fascisme ; avec MM. Martin, Perrot, Couvain, Gonnard, qui sont professeurs de droit, vous appelez « justifiables entreprises de la Jeune Italie » le manquement à la foi jurée ; avec M. Massis, écrivain catholique, vous appelez « dangereuse fiction » et « faux humanisme » le principe « d'égalité absolue entre toutes les nations » ; avec M. Henri Ghéon, qui est chrétien, vous vous félicitez du massacre des chrétiens abyssins par les chrétiens mussoliniens, ceux-là étant impardonnables d'être demeurés, quoique chrétiens, arriérés (la civilisation chrétienne étant, si je vous comprends bien, à base de tanks et de confins), vous avez signé cela, vous qui êtes un homme de cœur ; vous avez signé cette écœurante et bredouillante machine — et il suffit de lire votre article justificatif, dans *Marianne*, pour comprendre que vous n'en êtes pas fier ! ».

Il était vraiment loin le temps où André Wurmser et Marcel Aymé se rencontraient à la Société des Amis de Gilles de Rais, en appréciant « la grave ironie d'un ami disparu », comme le rappelle le journaliste communiste au début de sa mercuriale.

Reprenant ensuite point par point la réponse de l'auteur de *La Rue sans nom*, qu'il avait tant aimée, André Wurmser écrit en particulier :

« C'est ma conviction, déclarez-vous, qu'il faut être un fou de l'espèce la plus furieuse pour s'embringuer, quels que soient les torts de l'Italie, dans une guerre de principes ». Comment : « Quels que soient les torts de l'Italie » ? Ses entreprises ne sont donc pas « justifiables » ? Cette guerre n'est-elle pas, comme l'affirme le manifeste que vous avez signé, « l'accomplissement de desseins qu'elle a loyalement formulés et préparés à découvert » ? Blâmez-vous Mussolini, ou l'approuvez-vous sans réserve ? Signez-vous ce que vous signez ?

Une guerre de principes ? Voulez-vous dire que M. Baldwin est un antifasciste acharné, un agent de Moscou ? Et n'avez-vous pas lu l'article de votre éminent cosignataire M. Henri Béraud, qui écrit : « Je hais l'Angleterre » et demande qu'on réduise la perfide Albion en esclavage ? Le collaborateur de *Gringoire* ne recommande-t-il pas à cette fin « la concorde continentale », c'est-à-dire l'alliance des fascismes contre la démocratie anglaise, car si loin de la politique et de la géographie que vous viviez, vous n'ignorez pas que la Russie, aux yeux de Béraud et de *Gringoire*, n'est nullement « continentale » ?

Allons, où sont les amateurs de la guerre de principes, du côté de ceux qui se sont refusés à toute transaction pacifique, tant ils avaient besoin de gloire militaire, du côté de ceux qui par amour du fascisme italien veulent aider celui-ci à sacrifier quelques dizaines de milliers d'hommes à la « pénétration » en Abyssinie ?

La guerre de principe, Aymé, quelqu'un la mène du

côté de l'Érythrée et de la Somalie, quelqu'un la déclencherait plutôt que de renoncer au pouvoir. Mais ce n'est ni un "intellectuel de gauche", ni "un lord de l'amirauté" ! ».

Après cette première réfutation, André Wurmser, l'un des secrétaires du Comité de vigilance des intellectuels, en vient aux attaques de Marcel Aymé contre ceux-ci.

« Vous dites (...) « Depuis un an, les intellectuels français mettent toute leur fierté à être des gens disciplinés et briguent des bons points pour l'exactitude à l'obéissance ». À l'obéissance de qui, Marcel Aymé ? Aux lords de l'Amirauté ? À l'œil de Moscou ? À la main de l'Allemagne ? Non, mon cher ami, à *leur devoir.*

« Il paraît qu'on ne peut plus (dites-vous, tout surpris de l'importance attachée par ceux qui vous estiment à votre parfait accord avec M. Gaxotte), quand on a donné ses sympathies à une idée, s'en désolidariser sur un seul point sans la rejeter tout entière ». Où diable avez-vous été chercher cela ? Jean-Richard Bloch a pu publier dans *L'Œuvre* un article contre toute sanction (« Pas un coup de canon ! pas un coup d'épingle ! ») sans que nul d'entre nous s'en indigne. Il est vrai que J.-R. Bloch se refusera toujours à approuver, dans la compagnie que vous savez, le massacre concerté du peuple africain.

« J'ai senti, dites-vous très justement, la réprobation de mes confrères de gauche. Il était clair qu'à leurs yeux je m'étais déshonoré ». Mais c'est par haine du conformisme que vous nous reprochez que vos confrères de « gauche » s'indignent ; Aymé : n'avez-vous pas signé « un manifeste dont tous les termes ne « vous » conviennent pas, il s'en faut », ce qui est un affreux exemple de — discipline — et de — brigue de bons points pour l'exactitude à l'obéissance — ? »

André Wurmser s'en prenait ensuite au pacifisme de

Marcel Aymé et pensait lui porter l'estocade en ajoutant :

« Mais l'explication de votre inconcevable adhésion aux 64, je la vois à la fois dans les dernières lignes de votre article et dans votre art lui-même.

A la fin de votre article, vous écrivez : « Le lendemain, j'apprenais une grande nouvelle : la C.G.T du Mexique exigeait des sanctions contre l'Italie ». C'est tout ignorer du Mexique où la Chambre des Députés — et non la C.G.T — a appelé le prolétariat mondial à briser la guerre de conquêtes. Le prolétariat mondial, Marcel Aymé... peut-on nier « qu'en cette affaire son désintéressement soit profond ? ».

Pis : vous ajoutez en post-scriptum : « Le jour où l'Allemagne envahira Memel, je signerai un manifeste de gauche pour la non-intervention ». Vraiment, vous croyez que « la gauche » s'opposera aux sanctions si c'est l'Allemagne qui se livre, dans quelques mois, à une agression non provoquée ? Ah, cher ami, êtes-vous à ce point contaminé par vos cosignataires, que tout ennemi de M. Maurras soit par définition un agent de Hitler ?

La vérité, c'est que vous ne savez rien de nous, ni du Mexique, ni de Memel, ni du fascisme. Aussi maniez-vous l'ironie avec infiniment de drôlerie lorsqu'il s'agit d'une Jument verte, avec une regrettable lourdeur lorsque vous évoquez le sang et les cadavres abyssins.

Et puis, je crois que vous pensez, en signant le manifeste des 64, défendre votre droit d'écrire et de rêver librement. Que l'Italie fasse sa guerre en Éthiopie n'est pas (si chacun l'y autorise) de nature à vous gêner. Vous vous débattez encore (j'ai connu cela...) contre la nécessité de prendre parti ; vous ne nous pardonnez pas d'avoir raison ; vous ne nous pardonnez pas les sentiments que vous éprouvez à relire les deux manifestes et les deux listes de signatures, celle où vous voisinez avec Maurras et Béraud, celle où Montherlant rejoint Jules Romains et André Gide[1].

Vous avez tort, Marcel Aymé. C'est avec nous que les tendres et pitoyables héros de *La Rue sans nom* combattront demain, c'est avec nous qu'ils se dégageront de leur peine, c'est avec nous qu'ils abattront la guerre (que vous haïssez, je le sais bien) et le fascisme, dont vous voulez oublier qu'il a déclenché la guerre présente. Serez-vous de l'autre côté de la barricade ? Direz-vous : « ma pitié n'était que mépris ? ma poésie n'était qu'amusette ? » Et faudra-t-il que vos propres héros vous traitent de rénégat ? Je ne le pense pas. C'est momentanément et comme sans y penser que vous vous êtes momentanément placé à côté des académiciens, des dux et de *Gringoire*. Votre cœur et votre talent ne peuvent vous permettre d'y demeurer longtemps ».

André Wurmser insistait donc beaucoup pour ramener la brebis égarée au bercail et c'était, somme toute, plutôt sympathique. C'est pourquoi Marcel Aymé

1. Le manifeste dit « pour la défense de l'Occident », connu aussi sous le nom de « manifeste des 64 intellectuels », avait entraîné une « réponse aux intellectuels fascistes » signée par Alain, Aragon, Benda, Beucler, Berl, Bove, Brossolette, Cassou, Chamson, Durtain, Dabit, Gide, Giono, Guéhenno, Guilloux, Jean Hugo, Jouvet, Henri Jeanson, René Lalou, Roger Martin du Gard, Montherlant, Malraux, Adrienne Monnier, Louis Martin-Chauffier, Nizan, Jean Prévost, Henri Poulaille, Romain Rolland, Jules Romains, Jean Rostand, Denis de Rougemont, Jean Schlumberger, Vildrac, Vlaminck, Wurmser, etc. Les catholiques rédigèrent, eux aussi, un manifeste « pour la justice et la paix » qui reçut l'approbation de Paul Claudel, Stanislas Fumet, Maurice de Gandillac, Francisque Gay, Pierre Henri-Simon, Francis Jammes, Louis Jouvet, Roland Manuel, Jacques Maritain, François Mauriac, Louis Martin-Chauffier, Emmanuel Mounier, Marc Sangnier, André Thérive, Jacques Copeau, Jean Hugo, etc. Quelques écrivains, par le biais d'une lettre à la presse, tinrent à souligner le courage de ce dernier manifeste. Parmi eux : Gide, Benda, Chamson, Cassou, Schlumberger, Roger Martin du Gard, Guéhenno, Montherlant.

répondit fermement, mais sans acrimonie, dans une lettre que *Commune* publia en décembre.

Il commença par lui faire remarquer que sa lettre était venue bien tard, un mois et demi après le manifeste des 64, et surtout, en oubliant qu'au début du mois d'octobre « un grand nombre d'hommes de gauche parmi les plus actifs et les plus écrivants étaient dans un état d'exaltation guerrière qui frisait le délire ». Il lui rappela, en particulier, son effarement d'avoir alors « entendu évaluer les chances de l'armée française (l'armée du droit) et supputer qu'il faudrait trois soldats italiens pour tenir le coup devant un des nôtres, etc... ». Puis, le ton changea pour prendre, après une plaisanterie, à la fois de la hauteur et de la force.

« Vous avez cru, mon cher André Wurmser, m'accabler en me mettant le nez dans la liste des hauts personnages du manifeste, académiciens ou postulants ou fils d'archevêque, mais vous me connaissez bien mal si vous avez espéré que j'en rougirais, car je m'efforce, et j'y réussis souvent, de ne mépriser personne, pas même le duc de Lévis-Mirepoix, prince de Robech, administrateur des mines d'Alès et autres lieux.

Vous prétendez qu'il suffit de lire dans *Marianne* mon article justificatif pour comprendre que je ne suis pas fier d'avoir signé. C'est donc que mon article était bien maladroit. En réalité, je n'ai pas à être fier ni honteux. Simplement j'ai fait une action utile et opportune en saisissant l'occasion la plus voyante de manifester mon indignation de cette poussée de fièvre guerrière surgissant du côté où je l'attendais le moins. En signant le manifeste des 64, je n'ai voulu y voir qu'un mot : « Pas de guerre ». Là-dessus vous me demandez : « Blâmez-vous Mussolini, ou l'approuvez-vous sans réserve ? Signez-vous ce que vous signez ? »

La question est posée d'une façon agressive. Vous qui êtes communiste, Wurmser, et qui faites front avec les radicaux-socialistes, êtes-vous solidaire de leurs combinaisons, de leurs compromis, avec les grandes familles industrielles et financières qui les tiennent en laisse ? Je pense que non. Vous êtes d'accord avec eux sur le seul point de résister aux ligues. Moi aussi, je suis d'accord avec les 64 sur le seul point de ne pas faire la guerre. Faites-moi crédit comme je vous fais crédit et ne me flanquez pas dans les jambes les excès fascistes en feignant de croire que j'en suis le complice. Or, il va de soi que je désapprouve entièrement l'expédition italienne. [1]

Vous m'accusez de conformisme parce que j'ai signé un manifeste dont tous les termes ne me conviennent pas. Je prends mon bien où je le trouve. Je combats la guerre avec les armes qui me semblent les plus efficaces, et quand elles viendraient du Pape ou de Hitler, je n'y regarderais pas.

Il vous paraît insupportable que je considère votre guerre éventuelle comme une guerre de principes et vous m'affirmez que le mot ne saurait convenir qu'à l'entreprise de Mussolini. Mais non, voyons, Mussolini fait une guerre de conquête et de prestige. La guerre de principes, c'est la vôtre et vous en convenez d'ailleurs en écrivant qu'en toute l'affaire vous n'obéissez qu'à votre devoir. Au fait, pourquoi ces mots de « principes » vous paraissent-ils venimeux ? Je ne comprends pas bien. Craignez-vous qu'on soit tenté de les opposer à l'idée de nécessité ?

Vous me dites, Wurmser, et je n'ai aucune raison d'en douter, que le sang italien (et naturellement le sang abyssin) ne vous est pas moins cher que le sang français. Vous êtes plus évolué que moi sur ce point, car je ne peux pas me défendre d'une préférence. J'essaie de m'en consoler en pensant que c'est la Révolution de 89 qui m'a doté de cette infirmité. Quant à l'égalité et à l'inégalité des races, les deux propositions me paraissent aussi baroques l'une que l'autre... Je vois bien des races différentes, mais je n'aperçois pas la

1. Souligné dans le texte publié par *Commune*.

nécessité d'introduire entre elles un signe d'équation. On peut très bien défendre les Éthiopiens en tant qu'Éthiopiens sans chercher à établir avec d'autres races un rapport comparatif dont la précision mathématique est proprement dérisoire.[1]

Je conviens que vous avez marqué un point sérieux dans le dernier paragraphe quand vous me demandez si je crois vraiment que la gauche s'abstiendra d'une intervention dans le cas d'une agression de l'Allemagne contre Memel. Eh bien, oui, je vous avoue que je l'ai cru de bonne foi. Puisque les gens de Memel désirent être Allemands, je ne voyais pas pourquoi nous avions à intervenir dans cette affaire de famille. Certes, je ne me dissimule pas que la SDN ignore résolument le droit des peuples à disposer d'eux-mêmes, en ce qui concerne, par exemple, l'Autriche, Dantzig et Memel. Mais je me disais aussi qu'en France, où elle est née, l'idée révolutionnaire de ce droit des peuples avait encore des tenants par la gauche. Vous m'apprenez qu'il n'en est rien. L'année prochaine, peut-être, vous battrez le rappel contre les délinquants tandis que la droite dénoncera l'ennemi héréditaire. Ce sera l'union sacrée et ce qui s'ensuit. Que je vous envie, André Wurmser, de pouvoir envisager ces perspectives avec la tranquillité de l'homme sûr de son devoir.

Vous achevez votre lettre avec autant de cordialité que vous l'avez commencée, et je suis très sensible à votre invitation de me joindre à vous. Cette lettre vous montrera qu'il me reste plus de chemin à faire que vous ne pensiez. De ce que je n'ai pas encore obéi à la nécessité de prendre parti, vous concluez à mon égoïsme d'écrivain et à mon ignorance des réalités. Il est vrai que je ne suis ni un philosophe, ni un économiste, ni un fin violon des belles-lettres. Je ne suis qu'un raconteur d'histoires, un vielleux de la littéra-

1. C'est nous qui soulignons.

ture, et je pourrais vous répondre que ma modeste qualité ne m'oblige pas plus que celle de tourneur sur bois. Mais, quoi qu'il vous semble, je compte pour peu de chose mon droit de « rêver librement » en regard de la misère des hommes, et si mon ignorance est telle que vous dites, ce n'est pas faute de m'informer et de chercher à comprendre. Jusqu'à maintenant, j'ai cru observer que l'intérêt des partis n'avait que des points de contact avec celui de la masse de leurs partisans, et il m'a semblé que ce n'était pas suffisant. J'ajoute que je ne suis pas entêté et que je me tiens toujours disponible pour le cas où l'on me fera toucher mes erreurs. Quant à ce que vous appelez mes mauvaises actions, je n'ai pas à formuler l'ombre d'un regret (...) ».

Conciliant, en apparence du moins, André Wurmser fit suivre la réponse de Marcel Aymé d'un bref commentaire :

« Il allait de soi que vous désapprouviez entièrement l'expédition italienne. Je suis heureux de vous avoir fourni l'occasion de le dire. De le dire à ceux qui doutaient de vous, de le dire à vos 63 cosignataires. Notre correspondance publique en demeurera là, mais croyez bien que vous n'êtes pas loin, vous qui comptez pour peu de chose votre droit de rêver librement en regard de la misère des hommes. Je vous serre très amicalement les mains ».

Bien qu'il eût croisé le fer jusqu'au bout avec dignité, le coup fut rude pour Marcel Aymé. Certes, il reçut, avec un plaisir évident, le soutien de Jean Paulhan.

« Je suis bien content, lui répondit-il, que ma réponse à *Commune* ait votre approbation. Vous avez eu un vrai mérite à la lire : d'habitude, on ne lit guère les réponses, on s'en tient aux lettres qui les ont précédées. J'imagine avec plaisir le manifeste revêtu de nos deux signatures qui seraient peut-être solitaires, mais je crois qu'il vaut mieux s'en tenir là (...) ».

Paulhan avait dû lui suggérer d'écrire un nouveau

texte, mais Aymé préféra s'abstenir, comme il suspendit sa participation à *Marianne* du 13 novembre au 11 décembre 1935. En 1936, il ne fit paraître que deux articles, les 15 et 29 janvier. Par contre, d'avril à août, les lecteurs purent découvrir *Le Moulin de la Sourdine* en feuilleton, et il en sera de même pour *Gustalin*, d'octobre 1937 à février 1938. Il n'y eut donc pas rupture, et Emmanuel Berl nous a même assuré[1] que « la collaboration de Marcel Aymé à *Marianne* ne posa donc aucun problème ». Toutefois, il est sorti meurtri de cette affaire, mais aussi conscient des difficultés d'être honnête avec soi-même. Sa suspicion à l'égard de la politique en fut renforcée, ainsi que sa méfiance envers ses propres jugements. Le 14 janvier 1936, il écrira ainsi à Georges :

« Je suis trop mal informé pour risquer le moindre pronostic sur les élections. La gauche a d'ailleurs tellement glissé que les pronostics ne signifieraient pas grand-chose. Je fais des vœux pour le parti socialiste, dans l'espoir qu'il apporterait quelques changements au cas où il serait obligé de gouverner ».

Le 25 mai 1936, après les élections, il lui avoue même :

« Je serais bien incapable de te dire si, dans l'ensemble, les gens sont inquiets ou gonflés d'espoir. Les journaux, qui sont censés traduire l'opinion moyenne, opèrent une conversion vers la gauche, dont il est impossible de rien conclure. (...) Quand tu reviendras en 38, poursuit-il, il y aura sûrement de grands changements. Tout ce qu'on peut souhaiter est que ça se passe en douceur et que Paris soit encore debout. »

En septembre, la dévaluation du franc Poincaré le laisse sceptique :

« Ce qui a l'air d'être sûr, remarque-t-il[2], c'est que le soi-disant fascisme français n'a pas trouvé de consis-

---

1. Lettre à l'auteur, le 7 mars 1976.
2. Lettre à Georges du 29 septembre 1936.

tance, et que le communisme n'est pas très révolutionnaire. A force de protester de son dévouement aux libertés démocratiques, il a fini par se prendre à son propre jeu. Vive donc la République... Je me remets au travail sans grande vigueur. Les événements donnent surtout l'envie de s'endormir un an ou deux. »

Des nouvelles comme *La Carte* ou *Le Décret* sont en gestation. Le 21 décembre, il évoque à nouveau la politique dans une lettre à Georges, en prenant beaucoup de précautions :

« Tu me demandes comment il se fait que je sois aussi avare de prophéties touchant la politique et les grands événements. Je fais comme toi : je lis les journaux et j'écoute les potins contradictoires qui circulent. Quant à en tirer des conclusions, tu es mieux placé que moi pour le faire. Ton point de vue est celui de Sirius, tandis que je baigne dans une atmosphère inhibant et obnubilant la liberté objective de mes facultés raisonnantes. »

Il ne croit pas à la possibilité d'une révolution en France mais, poursuit-il :

« Ce qui fait bien plus peur que tout ça, c'est la guerre avec l'Allemagne. On croit qu'elle ne va pas tarder. »

Confronté à cette terrible évidence, Marcel Aymé n'en continue pas moins à écrire, et délaissant le journalisme, il revient au roman. D'ailleurs, il va publier coup sur coup deux œuvres d'inspiration provinciale qui trahissent chez lui l'expression d'un malaise. Troublé par la dureté des gens de la capitale qui n'ont pas voulu comprendre le sens de sa signature au bas du manifeste contre les représailles à l'égard de l'Italie, ou qui se sont empressés d'applaudir sans réfléchir plus avant, il va se tourner vers le monde de son enfance et de son adolescence pour y trouver refuge. Là, le temps s'est arrêté ou il s'écoule tellement plus lentement qu'il le maîtrisera facilement. Là, les comportements sont quasiment immuables, si bien qu'il est beaucoup plus facile de les analyser et de les comprendre. Là, se pratiquent encore des vertus comme l'amitié et la solidarité qui manquent cruellement à l'écrivain à Paris. Six mois après avoir déclenché le scandale autour de son nom, il publie avec succès *Le Moulin de la Sourdine*. Il est même cité pour le prix Goncourt. *Les Annales* du 25 novembre estiment que « Marcel Aymé pourrait fort bien encore conquérir des lauriers, surtout si ses juges considèrent, non pas seulement *Le Moulin de la Sourdine*, mais l'ensemble de son œuvre. » Mais, une fois de plus, l'Académie Goncourt lui est hostile et il confie à Georges le 21 décembre :

« Tu ne sais peut-être pas que deux ou trois jours avant l'attribution du prix, tout le monde était sûr que je l'aurais. C'était une haute rumeur impérative dont les échos excitaient ma cupidité car il s'agissait d'une affaire de cent cinquante mille à deux cent mille francs. En définitive, je n'ai pas eu une seule voix. Gallimard m'a expliqué que les dix étaient des vieilles noix dont une moitié était éditée par Albin Michel [...]. Le prix étant attribué d'avance à Van der Meersch pour son roman-feuilleton *Echo de la mode* [*L'Empreinte du dieu*], il fallait mettre en avant, pour la mistoufle, un nom qui retienne l'attention et alimente ainsi les échos journalistiques. Tu feras la part, dans cette interprétation des faits, de la rancœur bien compréhensible de Gallimard. La veille du prix, je savais déjà à quoi m'en tenir. Dorgelès et d'autres dix s'étaient juré de ne pas me le donner, alléguant qu'avec mes tirages manière *Jument verte*, j'étais un magnat et un ventre doré de la littérature. Je n'ai été déçu que par la somme qui me passait sous le nez car j'aurais bien aimé un voyage en Extrême-Orient, au Mexique ou à l'île de Pâques et autres lieux. Pour le prix côté gloire, je m'en bats l'œil. A propos du *Moulin de la Sourdine*, certains critiques m'ont fait un mérite de m'être passé de ces misérables hochets de la vanité et de n'être pas un auteur soufflé

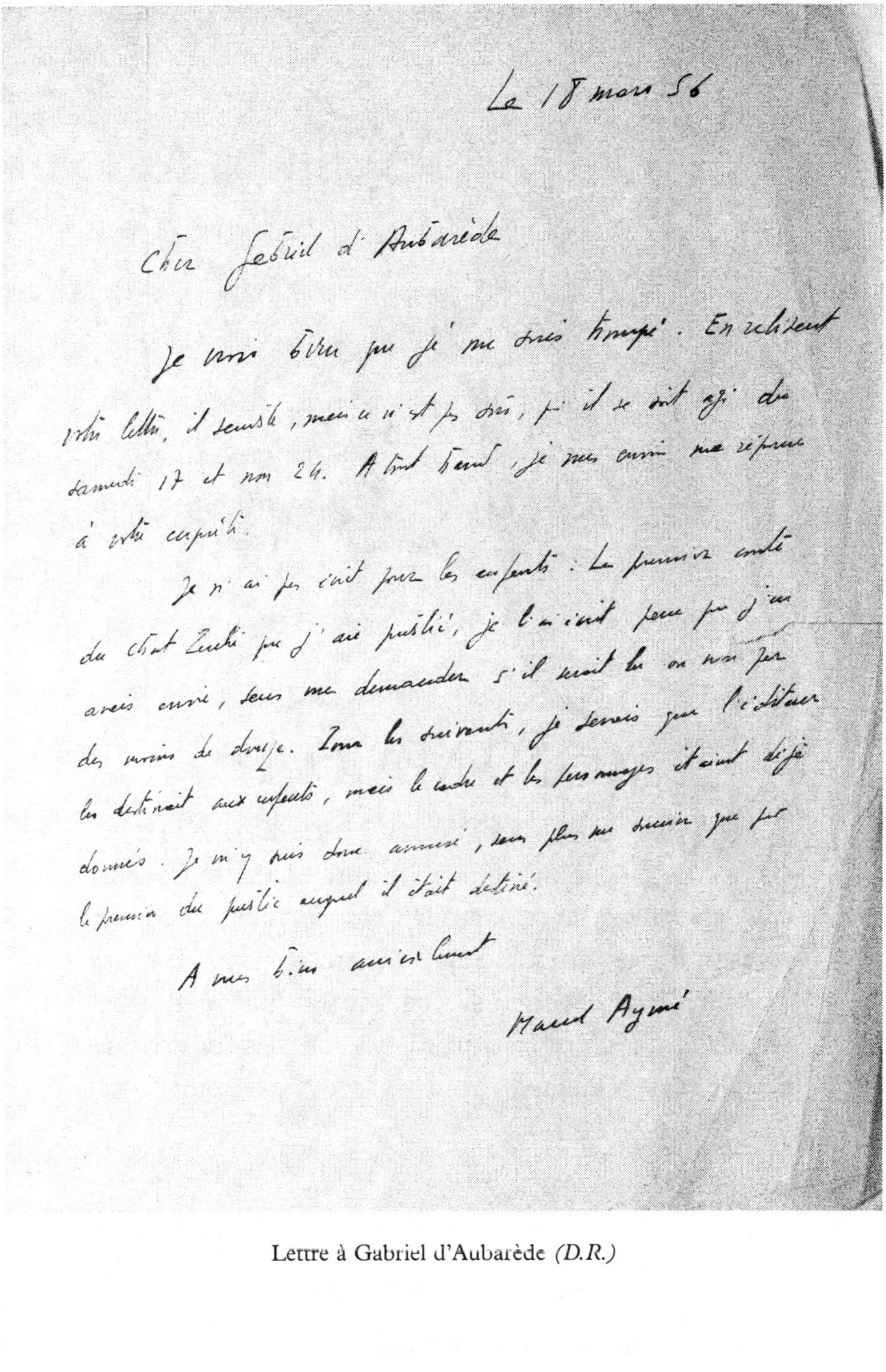
Le 18 mars 56

Cher Gabriel d'Aubarède

Je crois bien que je me suis trompé. En relisant votre lettre, il semble, mais ce n'est pas sûr, qu'il se soit agi du samedi 17 et non 24. A tout hasard, je vous envoie ma réponse à votre enquête.

Je n'ai pas écrit pour les enfants. Le premier conte du Chat Perché que j'aie publié, je l'ai écrit parce que j'en avais envie, sans me demander s'il serait lu ou non par des moins de douze ans. Pour les suivants, je savais que l'éditeur les destinait aux enfants, mais le cadre et les personnages étaient déjà donnés. Je m'y suis donc amusé, sans plus me soucier que pour le premier du public auquel il était destiné.

A vous bien amicalement

Marcel Aymé

Lettre à Gabriel d'Aubarède *(D.R.)*

A

MONTMARTRE

DANS UN ATELIER DE LA RUE Saint-Vincent, demeurait un peintre nommé Lafleur, qui travaillait avec amour, acharnement, probité. Lorsqu'il eut atteint l'âge de trente cinq ans, sa peinture était devenue si riche, si sensible, si fraîche, si solide, qu'elle constituait une véritable nourriture et non pas seulement pour l'esprit, mais bien aussi

La bonne peinture (© Adagp, Paris, 1997).

par les tumultes de fin d'année. En somme, je l'ai échappé belle... »

Il est possible aussi que le scandale de l'année précédente n'ait pas été totalement étranger à cet échec, ajouté, bien sûr, à la réussite de *La Jument verte* qui avait suscité bien des jalousies.

En 1938, il publie un autre roman de la campagne, *Gustalin*, qui n'aura ni le succès de *La Jument verte*, ni celui de *La Table-aux-Crevés*. Marcel Aymé ne sera même pas pressenti pour le Goncourt cette année-là. Par contre, on citera à nouveau son nom en novembre 1939, pour *Le Bœuf clandestin* qui n'obtiendra pas non plus la faveur des dix. Mais il est vrai que le début de l'année lui avait souri car il avait reçu le prix Chanteclerc, doté de cinq mille francs, pour ses *Contes du Chat perché*. Depuis 1934, il avait publié en effet chaque année plusieurs contes qui avaient plu. Il n'y eut guère qu'André Rousseaux, dans *Le Figaro*, qui restât étranger à la saveur, à la drôlerie et à la finesse des aventures de Delphine et Marinette.

« Quand M. Marcel Aymé écrit pour les grandes personnes, je lui ai déjà fait le reproche de ses inventions saugrenues. Le saugrenu, auprès du lecteur enfantin, est encore plus inadmissible. De la fantaisie, oui, tant que vous voudrez, et il en faut même beaucoup, mais articulée dans des données positives. L'enfant ne demande qu'à partir sur le tapis volant, mais il commence par s'asseoir sur le tapis. Bref, ce sont moins des contes pour enfants que des fables, sans le génie de La Fontaine, étirées en prose, saupoudrées d'ironie et de gentillesse pseudo-poétiques ».

La réplique vint quelque temps après. Dans le prière d'insérer à un recueil de contes publiés en 1939, Marcel Aymé déclara :

« Ces contes ont été écrits pour les enfants de quatre à soixante-quinze ans. Il va sans dire que, par cet avis, je ne songe pas à décourager les lecteurs qui se flatteraient d'avoir un peu de plomb dans la tête. Au contraire, tout le monde est invité. Je ne veux que prévenir et émousser, dans la mesure du possible, les reproches que pourraient m'adresser, touchant les règles de la vraisemblance, certaines personnes raisonnables et bilieuses. A ce propos, un critique distingué a déjà fait observer, avec merveilleusement d'esprit, que si les animaux parlaient, ils ne le feraient pas du tout comme ils le font dans *Les Contes du Chat perché*. Il avait bien raison. Rien n'interdit de croire en effet que si les bêtes parlaient, elles parleraient de politique ou de l'avenir de la science dans les îles Aléoutiennes. Peut-être même qu'elles feraient de la critique littéraire avec distinction ».

Une fois de plus, Marcel Aymé mettait les rieurs de son côté et confortait le succès de ses *Contes*. Il y parvint d'autant mieux qu'ils furent illustrés avec goût par Nathalie Parain, à partir de 1937. Elle n'était pas étrangère aux éditions Gallimard car Brice Parain, son mari, y était entré comme collaborateur de Gaston Gallimard pour les littératures russe et allemande. En matière de dessins, Marcel Aymé était un connaisseur qui n'acceptait pas n'importe quoi. En 1934, il avait refusé une première couverture verte et obtenu que Nathan Altman refît toutes ses illustrations[1]. Avec Nathalie Parain, les choses se passèrent plus facilement et la correspondance qu'ils ont échangée indique bien qu'il s'est senti de plus en plus en accord avec elle, au fur et à mesure que les projets lui étaient présentés. Le 1er juillet 1937, il lui écrit ainsi :

« Jacques Schiffrin[2] m'a montré ce matin vos illustrations du *Canard et la Panthère* et je ne peux pas vous

1. Lettre à Georges du 24 décembre 1934.

2. Autre collaborateur de Gaston Gallimard, pour La Pléiade. « Une silhouette longue et osseuse, le visage émacié, un regard attentif, une présence incontestable et surtout des mains immenses et des doigts longs que les femmes remarquent » (in *Gaston Gallimard*, P. Assouline, Balland, 1984, p. 173).

dire combien je les ai trouvées belles et charmantes. Tout est vraiment admirable et j'ai hâte que le livre soit fait pour les revoir[1] ».

En 1938, il se rend même à l'une de ses expositions et l'en félicite :

« Elle m'a vraiment enchanté. Vos dessins sont très beaux, d'une grâce et d'une probité émouvantes. Je suis content de les avoir vus. Il me tarde aussi de voir les illustrations du *Paon.* Schiffrin m'a dit qu'elles étaient encore plus belles que les précédentes. Je viens de me mettre à travailler pour vous. Je peux vous dire que j'ai déjà un poussin, un chat, un chien de chasse (chien courant) et un cerf avec beaucoup de bois sur la tête (...) ».

Ainsi donc, en composant ses *Contes*, Marcel Aymé commençait peut-être à penser de plus en plus à celle qui allait ensuite les illustrer, ce qui éclaire d'un jour nouveau sa création littéraire. C'est pourquoi il regrettera vivement son désistement pour le *Mouton.*

« J'ai été bien ennuyé, lui écrit-il le 22 juillet 1939, d'apprendre que vous ne pouviez pas vous mettre aux illustrations du dernier conte. Ça a été pour moi une déception et Schiffrin et moi avons hésité s'il fallait ou non l'abandonner pour cette année. Malheureusement, j'avais besoin de le faire paraître cette année et Schiffrin l'a donné à Santos. Pardonnez-moi cette petite trahison qui m'a beaucoup coûté. Pour les contes à venir, je m'efforcerai de les écrire assez tôt pour que vous ayez tout le temps de les faire. Je pense qu'en vous donnant l'un à la fin de l'année et l'autre avant Pâques, tout ira bien, d'autant plus que vous êtes maintenant familiarisée avec les bêtes de ma ménagerie, ce qui vous épargne déjà un premier travail de recherche, au moins en partie ».

En fait, *Le Mouton* ne parut en librairie qu'en

1. Bibliothèque nationale.

octobre 1940 et Nathalie Parain eut le loisir de l'illustrer, ce qui combla l'auteur.

« Le hasard m'avait empêché de rien voir des illustrations du *Mouton* avant que le livre ne soit sorti, lui écrit-il le 7 décembre 1940, et j'en ai eu la surprise dernièrement, pendant la fermeture de la N.R.F. Elles sont vraiment bien jolies et la couverture, à elle seule, a été une joie pour moi. Je vous dois beaucoup de remerciements et davantage que vous ne pensez. Je n'écris plus un *conte du Chat perché* sans penser à vos dessins, si bien que vous êtes maintenant responsable du texte et des illustrations[1] ».

Seuls la maladie et le décès de Nathalie Parain, en 1958, interrompront cette collaboration.

Depuis l'avant-guerre, le succès de ces *Contes du Chat perché* ne s'est jamais démenti, et ils demeurent actuellement l'une des plus fortes ventes des éditions Gallimard. Les enfants y sont toujours sensibles et pourtant, Marcel Aymé a déclaré un jour[2] :

« Je n'ai pas écrit pour les enfants. Le premier *Conte du Chat perché* que j'ai publié, je l'ai écrit parce que j'en avais envie, sans me demander s'il serait lu ou non par des moins de douze ans. Pour les suivants, je savais que l'éditeur les destinait aux enfants, mais le cadre et les personnages étaient déjà donnés. Je m'y suis donc amusé, sans plus me soucier que pour le premier du public auquel il était destiné ».

Déroutant Marcel Aymé qui séduit encore un public sans l'avoir vraiment cherché...

1. C'est nous qui soulignons.
2. Lettre à Gabriel d'Aubarède, le 18 mars 1956.

XIII

La guerre

La drôle de guerre surprend Marcel Aymé en vacances au Cap-Ferret où il est déjà venu auparavant et où il reviendra souvent après la Libération. Ses craintes des années précédentes se trouvent donc confirmées : le 1er septembre 1939, l'Allemagne envahit la Pologne et, deux jours après, l'Angleterre et la France lui déclarent la guerre. Marcel Aymé va rester de longs mois au Cap-Ferret où il se sentira isolé du reste du pays, n'ayant comme source d'information que *La Petite Gironde* et *Paris-Soir*. Malgré la beauté et le calme du bassin d'Arcachon, il se sent mal à l'aise car il se juge inutile. Il en éprouve même de la honte. Certes, il écrit chaque jour, soucieux de toujours respecter la discipline qu'il s'est imposée depuis longtemps, mais il a le sentiment de la vanité du travail de plume. Certes, il lui arrive d'éprouver du plaisir à imaginer l'histoire de Raoul Cérusier qui vient de s'apercevoir que les traits de son visage ont changé au point de ne plus être reconnus par sa propre femme. Mais il retombe vite dans une sorte de découragement que la présence de Marie-Antoinette ne dissipe jamais complètement. Il ne reçoit que très peu de visites et ne cesse de ressasser de sombres pensées.

Après un voyage à Paris en juin pour soumettre son dernier ouvrage, *Mémoires d'un homme simple*, à Gaston Gallimard, Emmanuel Bove était revenu dans la villa Les Goélands, qu'il louait au Cap-Ferret. Il s'était heurté à un refus de l'éditeur parisien et sa morosité était loin de redonner de l'optimisme à Marcel Aymé, d'autant plus qu'il apprit alors le décès de la mère de Marie-Antoinette. C'était une femme qu'il appréciait et chez laquelle il s'était souvent rendu, à Sainte-Savine, près de Troyes. Marie-Antoinette décida aussitôt de partir pour l'enterrement, en passant par Paris. Emmanuel Bove l'accompagna car il devait être incorporé à Saint-Germain-en-Laye.

Marcel, lui, âgé alors de trente-sept ans, ne redoutait pas d'être appelé, en raison de sa mauvaise santé. D'ailleurs, il devait passer devant une commission de réforme à Bordeaux et attendait d'être convoqué. Mais la situation internationale le préoccupait avant tout. Le 25 septembre 1939, il confie à Georges :

« Ce qui m'effraie, entre autres choses, c'est qu'après une guerre économique comme celle-ci, nous courons un grand risque de nous retrouver enfermés, par notre appauvrissement, dans un système d'économie totalitaire, proche parent du communisme. Il n'est guère douteux que les nécessités de la guerre sont en train d'effacer les différences entre les États et d'imposer un nivellement socialiste. Le moment venu, il ne manquera pas de gens pour nous pousser à fond de train sur la pente. Tu sais si je redoute les grandes effusions de sang et les communiqués rutilants, mais je me demande parfois si notre seule chance d'échapper au communisme n'était pas dans une victoire rapide, militaire. La guerre de blocus me paraît à deux tranchants et aussi dangereuse pour nous que pour ceux d'en face. »

Il craint tellement une victoire soviétique — le traité de partage de la Pologne allait être signé le 28 septembre — qu'il n'hésite pas à ajouter :

« J'aimerais mieux voir Hitler maître de toute la Pologne, maître même de la Roumanie, et les Russes chez eux. »

De toute façon, l'entente germano-soviétique lui paraît inéluctable.

« Il semble que la force des choses, solidarité de fait et parenté d'esprit, écrit-il le 7 décembre 1939, doive précipiter une collusion totale de l'Allemagne et de la Russie, en dépit de rivalités politiques de plus en plus superficielles. Le quant-à-soi de Staline pourrait bien tomber à la faveur d'un échec en Finlande. La contrepartie heureuse pourrait être de délimiter plus nettement deux mondes antagonistes et d'intégrer dans le nôtre des nations qui ne savent pas encore de quel pied danser et croient encore à la politique de bascule. Mais c'est loin d'être sûr. »

Dans la mesure où certains estiment que la guerre contre l'Allemagne n'aura peut-être pas lieu, en raison de ses conflits internes, il s'oppose à cette idée.

« En tout cas, un espoir me paraît vain, celui d'une révolution en Allemagne. Elle ne peut pas se produire dans le sens d'une résurrection de la social-démocratie ou d'un autre système de juste milieu. Elle ne peut tendre qu'à un extrémisme révolutionnaire, les seuls éléments actifs et en fermentation étant à l'avant-garde du nazisme. Si révolution il y a, elle sera nécessairement dirigée contre nous et ouverte à une fusion avec la Russie. Elle entreprendra la guerre des désespérés, ne ménageant plus ni l'ennemi, ni eux-mêmes, n'ayant pas, comme les gens arrivés du nazisme, une situation à sauver ou un compte en banque à l'étranger. Ce sera le commencement de l'Apocalypse. »

Marcel Aymé traverse alors des périodes de profond désespoir car il ne voit qu'une issue fatale aux conflits qui secouent l'Europe.

« Il me semble, par moments, que l'humanité est atteinte d'un cancer, remuement et prolifération de cellules, qui gagne le corps tout entier et le fera crever ou du moins tomber à rien. »

La lenteur même avec laquelle la guerre se développe entre la France et l'Allemagne ne le rassure pas du tout car elle « permet une terrible accumulation de moyens ». De toute façon, la guerre moderne « exaspère la maladie belliciste » qui ira en se manifestant de manière permanente, selon lui. Au cas même où les Français l'emporteraient, il ne faudrait pas se réjouir car il leur serait bien difficile d'assurer un équilibre en Europe, alors qu'ils n'y parviennent pas dans leur propre pays. Cependant, en janvier 1940, il semble reprendre espoir à la suite des accords passés entre Français et Anglais.

« Le prolongement de la collaboration économique franco-anglaise dans la paix, annoncé par Daladier et Chamberlain, me paraît être un grand événement. J'en espère beaucoup, et même dans le presque immédiat, comme idée-force attractive.[1] »

Mais, le 8 février, dans une lettre à Gaston Gallimard, il se montre à nouveau bien pessimiste.

« De moi-même, j'ai tendance à croire que ça durera dix ans et que ces dix ans ne seront qu'un hors-d'œuvre. En somme, une perspective de fin du monde. »

Impuissant devant les désastres qui s'annoncent, il est tenté un instant par l'action :

« Si je pensais que Paulhan puisse m'écouter avec indulgence, assure-t-il à Gaston Gallimard, je lui demanderais de chercher des écrivains combattants ayant une ou plusieurs idées fixes, qui donnent l'exemple et le frisson de la concupiscence, et proposent aux Français un but qui leur fasse un peu sortir les yeux de la tête ».

Gaston Gallimard ne manqua pas d'en parler à Jean Paulhan qui lui écrivit pour lui proposer une publica-

1. Lettre à Georges.

tion et évoquer l'actualité. Marcel Aymé, qui avait pourtant pris ses distances avec la *N.R.F.*[1], fut sensible à la démarche et lui répondit :

« Vous êtes très gentil de ne pas m'oublier dans un pareil moment. Pour moi, je pense souvent à vous. Je pense aussi au récit que je dois vous donner, mais je voudrais qu'il soit plus que bien parce que j'ai une grande peur de comparaître devant vos lecteurs. Mon ambition serait de paraître sérieux, intelligent, instruit et bien habillé, en un mot qu'on sente que j'ai de bonnes références. C'est pourquoi je me laisse le temps de réfléchir encore un peu. J'ai en chantier une vie d'Henri IV qui m'étonne et qui m'intéresse beaucoup. J'ai du mal à ne pas croire qu'il est né en 1880 d'un père conseiller général. Si vous pensez que le seul nom d'Henri IV ne paraîtra pas du dernier coco à vos abonnés, je ne demande qu'à vous envoyer un chapitre ou deux ».

Visiblement, Marcel Aymé n'avait pas oublié certains refus de Jean Paulhan... Quant à son *Henri IV*, il est toujours inédit, car incomplet. La seule version connue actuellement ne comporte que trente-six feuillets qui s'achèvent sur les opérations militaires du Béarnais en Normandie, après un début consacré à sa bonne étoile :

« Malgré son amour dévot pour sa vieille maîtresse Diane de Poitiers, le roi Henri II ne laissait de faire des enfants à la reine. Catherine lui en donna dix dont sept vécurent, trois filles et quatre garçons, ce qui passe pour une belle réussite dans tous les ménages royaux. Aussi Henri II n'avait-il point d'inquiétude quant à la succession au trône de France, qu'il voyait assurée pour longtemps dans sa propre lignée. On l'eût à coup sûr étonné en lui affirmant que le jeune fils de sa cousine Albret serait un jour roi de France. De fait, il ne fallut rien moins qu'une hécatombe de rois pour

1. Cf. chapitre X.

amener la couronne à l'enfant de Navarre. En l'espace de trente ans, le futur Henri IV vit mourir Henri II, François II, Charles IX, le duc d'Alençon et Henri III, les uns dans leur lit, les autres de mort violente. Dans le même intervalle et sans qu'il y fût pour rien, les plus populaires des Guise, François et son fils aîné, qui faisaient figure de dangereux rivaux, étaient assassinés.

Une aussi rare fortune fait penser à ces personnages de la Bible, pour lesquels la Providence s'est mise en frais, vieillards qui engendrent à la onzième heure, cadets de famille bouleversant l'ordre normal d'une succession, bergers lâchant la houlette pour le sceptre ou l'épée. C'est un des traits les plus frappants de la carrière d'Henri IV qu'il fut constamment favorisé par la chance. Heureux à la guerre sans être, paraît-il, un grand capitaine, heureux en amour quoiqu'il sentît mauvais de la bouche et des aisselles, il échappe à une douzaine de tentatives d'assassinat malgré son peu de soin de se garder, voit tourner à son avantage l'incertitude de sa religion, qui fait de lui, au moment où la lassitude est devenue extrême, le seul conciliateur possible des partis en présence et il a encore le bonheur d'être assassiné à la veille de se laisser entraîner par un mouvement de passion sénile, dans une vaste aventure guerrière qui eût risqué de ternir sa mémoire ».

A la question de savoir si Jean Paulhan a lu ce début, nous sommes tenté de répondre par la négative, car il n'en fait pas état dans sa correspondance. Marcel Aymé a dû renoncer à le lui adresser. Par contre, il n'a pas hésité à lui soumettre quelques-unes de ses idées à propos de l'actualité.

« Votre idée de supprimer les armées nationales me paraît excellente, lui écrivait-il le 1er mars 1940. Je crains seulement qu'il en soit de ces armées-là comme de tous les maux sortis de la boîte de Pandore et qu'il faille se résigner à les compter parmi les péchés capitaux de la vie collective. On n'aura jamais autant de prise sur elles que sur la syphilis. Vous me demandez

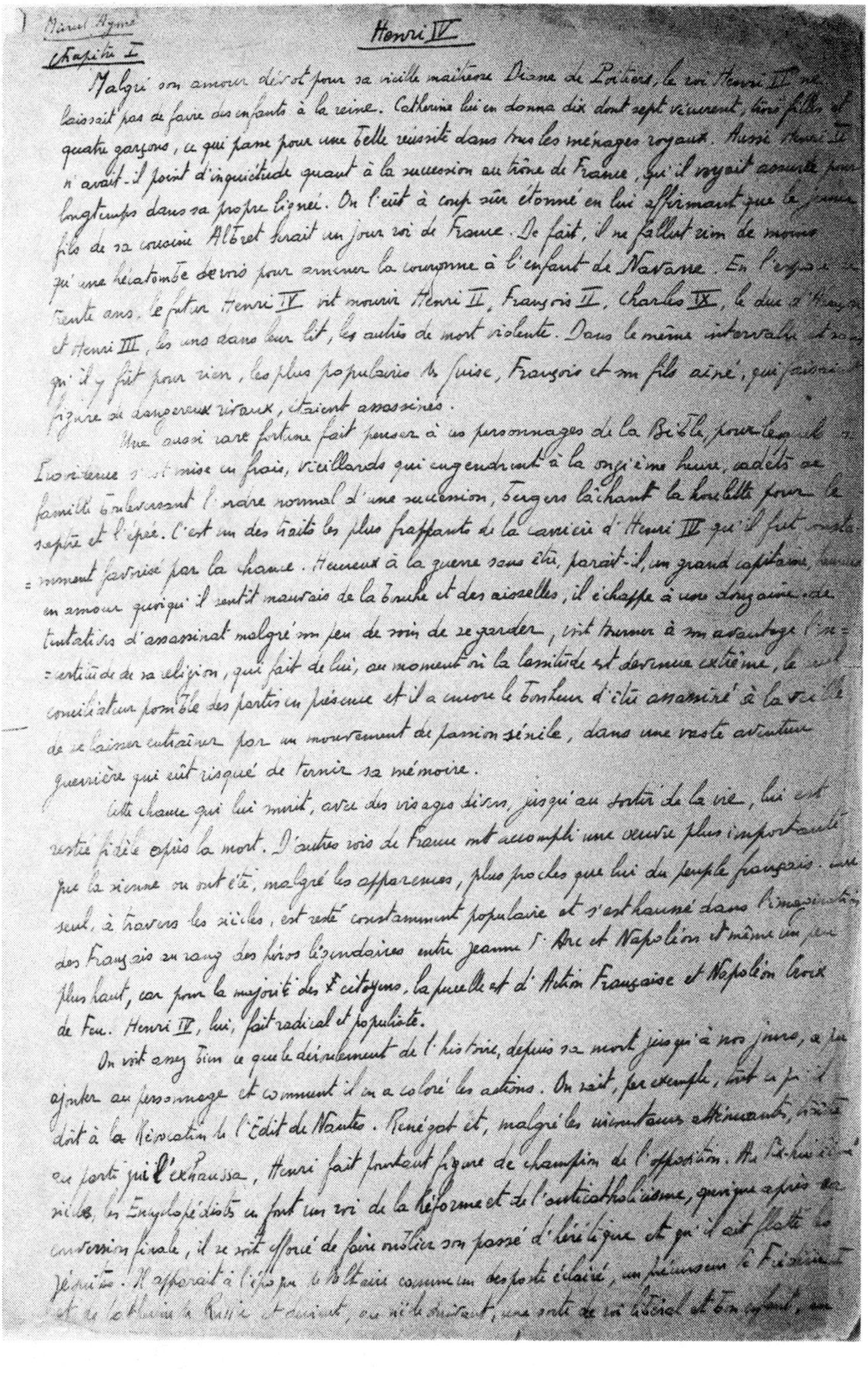
Marcel Aymé

Chapitre I

Henri IV

Malgré son amour dévot pour sa vieille maîtresse Diane de Poitiers, le roi Henri II ne laissait pas de faire des enfants à la reine. Catherine lui en donna dix dont sept vécurent, trois filles et quatre garçons, ce qui passe pour une belle réussite dans tous les ménages royaux. Aussi Henri II n'avait-il point d'inquiétude quant à la succession au trône de France, qu'il voyait assurée pour longtemps dans sa propre lignée. On l'eût à coup sûr étonné en lui affirmant que le jeune fils de sa cousine Albret serait un jour roi de France. De fait, il ne fallut rien de moins qu'une hécatombe de rois pour amener la couronne à l'enfant de Navarre. En l'espace de trente ans, le futur Henri IV vit mourir Henri II, François II, Charles IX, le duc d'Alençon et Henri III, les uns dans leur lit, les autres de mort violente. Dans le même intervalle et sans qu'il y fût pour rien, les plus populaires des Guise, François et son fils aîné, qui faisaient figure de dangereux rivaux, étaient assassinés.

Une aussi rare fortune fait penser à ces personnages de la Bible pour lesquels la Providence s'est mise en frais, vieillards qui engendrent à la onzième heure, cadets de famille bouleversant l'ordre normal d'une succession, bergers lâchant la houlette pour le sceptre et l'épée. C'est un des traits les plus frappants de la carrière d'Henri IV qu'il fut constamment favorisé par la chance. Heureux à la guerre sans être, paraît-il, un grand capitaine, heureux en amour quoiqu'il sentît mauvais de la bouche et des aisselles, il échappe à une douzaine de tentatives d'assassinat malgré son peu de soin de se garder, voit tourner à son avantage l'incertitude de sa religion, qui fait de lui, au moment où la lassitude est devenue extrême, le seul conciliateur possible des partis en présence et il a encore le bonheur d'être assassiné à la veille de se laisser entraîner par un mouvement de passion sénile, dans une vaste aventure guerrière qui eût risqué de ternir sa mémoire.

Cette chance qui lui sourit, avec des visages divers, jusqu'au sortir de la vie, lui est restée fidèle après la mort. D'autres rois de France ont accompli une œuvre plus importante que la sienne ou ont été, malgré les apparences, plus proches que lui du peuple français. Lui seul, à travers les siècles, est resté constamment populaire et s'est haussé dans l'imagination des Français au rang des héros légendaires entre Jeanne d'Arc et Napoléon et même un peu plus haut, car pour la majorité des citoyens, la pucelle est d'Action Française et Napoléon Croix de Feu. Henri IV, lui, fait radical et populiste.

On voit assez bien ce que le déroulement de l'histoire, depuis sa mort jusqu'à nos jours, a pu ajouter au personnage et comment il en a coloré les actions. On sait, par exemple, tout ce qu'il doit à la Révocation de l'Édit de Nantes. Renégat et, malgré les [illegible], traître au parti qui l'exhaussa, Henri fait pourtant figure de champion de l'opposition. Au dix-huitième siècle, les Encyclopédistes en font un roi de la Réforme et de l'anticatholicisme, quoique après sa conversion finale, il se soit efforcé de faire oublier son passé d'hérétique et qu'il ait flatté les jésuites. Il apparaît à l'époque de Voltaire comme un despote éclairé, un précurseur de Frédéric et de Catherine de Russie et devient, [illegible], une sorte de roi social et bon enfant, au

Ci-dessus et page suivante : manuscrit inédit d'*Henri IV (D.R.)*.

dépit de son absolutisme intransigeant. Cette légende est du reste servie par une certaine sentimentalité révolutionnaire et démocratique de la seconde moitié du seizième siècle, mais qui n'impressionna jamais Henri de Navarre et le laissa en somme fort indifférent. De même, les grandes figures huguenotes de son époque lui font un cortège des plus avantageux et il n'eut aucune des hautes vertus qui nous les rendent admirables. Il n'est pas jusqu'à son scepticisme d'assez mauvaise laine, qui n'ait tourné à son mérite en faisant de lui un vague disciple de Montaigne et, comme tel, un défenseur de la liberté philosophique dont il ne se soucia jamais.

Le plus remarquable dans cette représentation flatteuse qu'Henri IV a laissée à la postérité est la complaisance avec laquelle on l'accueille de toutes parts. Catholiques et protestants, qui seraient également justifiés à la tenir pour suspecte, se laissent attendrir sans résistance par la figure du bon roi. Il semble qu'il existe une sorte de sex-appeal historique tenant en échec la méfiance honnête et la vérité. Henri IV en a profité plus que personne. Entre ce monarque absolu et le Français des âges modernes, il existe certaines correspondances qui, de siècle en siècle, se sont affirmées plus profondes et n'ont sans doute jamais été mieux senties qu'au vingtième siècle. Henri Martin a écrit qu'Henri IV fut le plus français des rois de France. Il eût mieux dit en déclarant qu'il était le plus français des Français d'aujourd'hui. Henri IV, en effet, préfigure un type d'homme moderne cher au citoyen des démocraties, particulièrement à celui de la démocratie française. Il fut non seulement un politique, mais aussi un homme politique, dans le sens où le mot est entendu aujourd'hui. Il en eut la [illegible], l'opportunisme, la [illegible] professionnelle et l'art de se pousser dans l'opinion.

C'est dans la seconde moitié du seizième siècle que le conflit religieux a pris en France cette physionomie originale qui s'est transmise jusqu'à nos jours au mépris des réalités utiles. Le pays était alors divisé en deux selon une ligne de partage théologique et absurde en ce qu'elle prétendait régler les problèmes de la vie pratique. Entre protestants et catholiques, le débat débordait largement le terrain du dogme. On s'invectivait, on se pendait, on s'arquebusait au nom de Dieu et c'était bien naturel, mais on ne s'en tenait pas là. Il y avait en effet une façon catholique et une protestante d'envisager l'intérêt de l'État, de faire l'amour, de faire la guerre ou la cuisine. C'est ainsi que sur le chapitre de la politique, la tendance des uns était à l'Espagne, celle des autres à l'Angleterre, ces deux nations étant du reste ennemies de la France. Henri IV sentit très vivement ce qu'il y avait de faux dans cette dispute de docteurs sortie de ses voies normales et traitant la politique et l'amour avec autant de légèreté que s'il s'agissait de théologie. Il accepta pourtant la situation et ne chercha rien d'autre que de s'en accommoder le mieux possible. Au lieu de supprimer l'une des deux religions ou de les fondre dans une seule et nouvelle église (ou mieux encore de régler les conditions durables de la cohabitation des cultes), il se contenta d'y gagner des voix en laissant couver le feu de la discorde. À ce jeu, il se montra du reste habile et c'est justement cette habileté qui met à l'aise les Français d'aujourd'hui.

La France a aimé ses rois, même et surtout lorsqu'ils étaient malheureux, incapables, méchants. Répondre à un besoin d'amour des sujets, c'était l'une des fonctions les plus importantes de la monarchie. Durant toute sa vie qui fut longue, les Parisiens témoignèrent au pauvre dément Charles VI cette tendresse qu'ont souvent les mères pour le plus déshérité de leurs enfants. Les maîtres de la démocratie française n'inspirent jamais l'amour, mais en revanche, ils connaissent la popularité qui est une rumeur d'admiration envieuse.

si j'ai une idée. Je pense modestement qu'il faut tenir compte des maux et faire en sorte qu'ils reviennent le moins souvent possible. Je crois que vous, directeur de la *N.R.F* et connaissant beaucoup d'écrivains mobilisés, vous pouvez beaucoup — par exemple en exhortant chacun d'eux à poser autour de soi quelques questions qui s'installent dans les crânes, des questions de ce genre :

« Qu'est-ce que vous souhaitez ne pas revoir à votre retour du front ? ». Il y a intérêt, me semble-t-il, à préciser d'abord ce dont on ne veut pas. C'est plus facile. Le but serait de constituer un noyau de gens ayant quelques idées fixes, bien cernées, qui leur fassent prendre en horreur les résolutions vagues telles que : « Nous voulons que la France soit belle — qu'elle renaisse — que les Français pensent noblement, etc... ». Un noyau de gens qui se persuadent que la volonté vaut mieux que la bonne volonté. Non mobilisé et mal en vie, je ne suis pas dans une situation à entreprendre une telle tâche et du reste je ne connais presque personne. Mais vous avez fait l'autre guerre, vous avez toute l'autorité qu'il faut. J'espère en entendre parler un jour (...) ».

Ces derniers mots indiquent bien que Marcel Aymé n'est pas un homme d'action. Dès qu'il l'envisage, elle lui pèse, elle le paralyse, et l'ironie prend le dessus. Elle en fait plutôt un spectateur qu'un acteur. Il ne s'engagera ultérieurement que lorsque sa sensibilité sera vivement blessée.

Par contre, il est toujours prêt à écrire, en particulier aux siens, pour leur proposer aide et assistance. Il s'inquiète de leur sort et demande des nouvelles précises à ses frères et sœurs. Au fur et à mesure que les événements se précipitent, il aimerait être à leurs côtés pour les soutenir. A défaut, il leur propose l'hospitalité au Cap-Ferret.

« Songez, assure-t-il à Camille et à son mari, le 12 juin 1940, qu'étant donné l'affluence, il est devenu très difficile de trouver un gîte au sud de la Loire, et qu'il est bon de partir où l'on est attendu. Nous ferons un dortoir et nous dédoublerons les lits. Si vous répugnez à partir et si vous vous reposez sur la tranquillité du front des Alpes, songez qu'il en a été ainsi pour Paris et que le bombardement est venu. »

Il vit des moments d'angoisse et dit à Gaston Gallimard le 5 juin 1940 :

« Je suis moi aussi bien inquiet. Mon frère, qui était à l'armée du Nord, ne m'a pas écrit depuis le 19 mai. Ici, autour de moi, les gens qui avaient des parents à l'armée du Nord ont déjà des nouvelles venues d'Angleterre ou de France, ce qui m'inquiète d'autant plus. Nous vivons le cœur serré et, pour moi, je suis honteux d'être moins utile qu'un bon cheval ».

Il avait des raisons d'être soucieux car le Général de Brigade Georges Aymé, le frère, le confident, commandait la 10e Division d'Infanterie dans l'Aisne et tentera, lui aussi, avec ses hommes, de résister à l'invasion allemande. Pour les faits d'armes de cette période, il sera promu Commandeur de la Légion d'Honneur le 1er août 1941, avec le motif suivant :

« Ayant reçu l'ordre de tenir sans esprit de recul sur l'Aisne, a résisté, le 9 juin 1940, avec une grande énergie aux assauts violents de l'ennemi obtenant de ses troupes qu'elles se sacrifient pour remplir leur mission. A réussi à ramener dans ses lignes les quelques éléments qui avaient échappé à l'étreinte ennemie ».

Tout en se tourmentant pour Georges, Marcel Aymé n'en prodigue pas moins des conseils à Gaston Gallimard, dont le fils est prisonnier. Il lui suggère ainsi de s'adresser à un écrivain suédois pour obtenir rapidement des nouvelles et ne manque pas de lui exprimer sa reconnaissance de lui avoir fait cette confidence :

« Merci, lui écrit-il, de m'avoir mis si amicalement dans vos soucis ».

Avec l'arrivée des réfugiés, il aura au moins l'occasion de s'indigner et de dénoncer des abus, ce qui est bien le propre de l'homme de lettres.

« Il est arrivé tout à l'heure au Ferret[1] un pauvre homme qui avait fui Paris ou la région et auquel un restaurateur de Bordeaux a fait payer une cannette de bière vingt-deux francs. Quelle honte ! Ici, une bicoque en bois de deux pièces, avec l'eau à la pompe, se loue six mille francs pour trois mois ; une maison confortable, vingt-cinq mille francs. Sans doute n'est-ce pas une catastrophe pour les riches Belges qui sont arrivés ici dans de luxueuses voitures. Mais il commence à débarquer des gens de peu de moyens et qui, las de voyager dans des wagons à bestiaux, mettent une grosse partie de leurs économies dans ces loyers. Ces scandales ne sont nullement ignorés des autorités. Mais les profiteurs sont électeurs et les féodaux politiciens les protègent, disposant d'une partie de la justice, tout comme en temps de paix. »

Ces réflexions complètent celles qu'il avait déjà pu faire lors des procès de Stavisky ou de Violette Nozière, et préparent la virulence de *La Tête des Autres*. Au fil des années, on le devine de plus en plus sensible à la collusion entre affairistes et hommes politiques. Dans la lettre du 12 juin 1940, il écrit aussi :

« Ajoutez à cela que les services d'évacuation, au point d'aboutissement, sont assez mal faits. On continue à diriger des réfugiés sur Arcachon où il n'y a plus, depuis longtemps, un mètre carré à occuper. Mais le plus beau : il avait été décrété par la préfecture que les Belges de la région, parmi lesquels s'étaient glissés des gens de la cinquième colonne, devaient rejoindre certain département où tout est prévu pour leur surveillance. Les indigènes, voyant leur échapper une source de bénéfices, en ont appelé au député, et les Belges sont restés malgré le décret. »

De Cap-Ferret, Marcel Aymé assiste donc à la

1. Lettre à Camille du 12 juin 1940.

grande pagaille et aux scandales qui ont suivi la défaite des armées françaises. Il n'en a qu'une vue limitée mais il réside suffisamment près de Bordeaux, où le gouvernement s'est réfugié, pour être informé de la prétention et de l'arrogance de certains dignitaires du régime déchu. Sa méfiance et sa suspicion à l'égard des hommes politiques ne font que s'accroître. Jusqu'alors, il ne les tenait guère en estime, mais la débâcle de 1940 le renforce dans ses convictions. Devant la désorganisation du pays, Marcel Aymé et Marie-Antoinette décident de passer un nouvel été à Cap-Ferret où la vie s'écoule paisiblement, loin du tumulte de la capitale. Mais ils se sentent très isolés. Le 10 juillet, il écrit à Camille :

« Ici, nous allons bien mais nous manquons de contacts avec le reste de la terre. »

C'est en partie pourquoi ils choisissent de rentrer à Paris à la fin de l'été.

Un peu à court d'argent et sollicité par certains directeurs de journaux à la recherche de collaborateurs aussi célèbres que lui, il reprend alors ses activités de journaliste. Beaucoup de ses confrères, en effet, sont prisonniers ou en exil. Tout d'abord, il accepte de faire partie de l'équipe qui lance *Aujourd'hui* en septembre, sous la direction d'Henri Jeanson. Malgré la présence des Allemands, il s'agissait de publier un journal anticonformiste. Jeanson venait du *Canard enchaîné* et n'avait pas l'intention d'être complaisant et terne. Il chercha donc à s'attirer le concours de brillantes signatures, et obtint, outre celle de Marcel Aymé, la collaboration de Jean Anouilh, d'Henri Troyat et de Galtier-Boissière. *Aujourd'hui* tira, dans ses débuts, à cent dix mille exemplaires, mais déclina à partir de novembre 1940 lorsque Jeanson dut quitter la direction du quotidien. En effet, il avait refusé de publier un article favorable à l'entrevue de Montoire, et fut écarté au profit de Georges Suarez. De septembre à novembre 1940, Marcel Aymé signa quatre articles dans *Aujourd'hui* : *Illusions d'hier* (27 septembre 1940), *Ironie des mesures de pénitence* (16 octobre 1940), *De la ville à la campagne* (31 octobre 1940) et *L'Enfant naturel* (20 novembre 1940). A les lire, l'on se demande s'il avait bien mesuré que la France était occupée car il y évoquait l'actualité avec liberté, ironie et irrespect. Le ton n'avait pas changé depuis l'époque où son nom apparaissait chaque semaine dans *Marianne*. Ainsi, le 27 septembre 1940, *Illusions d'hier* présentait des réflexions au sujet de l'une des causes fréquemment attribuées à la défaite : l'excès de liberté en France avant-guerre, source de désordre et de confusion dans les esprits. Marcel Aymé n'en croyait rien et ne le cachait pas.

« J'ai beau rassembler mes souvenirs de l'époque 1918-1939, je n'aperçois nulle part les ravages du virus que chacun dénonce aujourd'hui. Et cette grande liberté de penser et de tout dire qui aurait dégénéré en un effroyable chaos, je ne vois même pas qu'il en ait été fait l'usage le plus modeste. »

D'autre part, cet article révélait combien il avait été meurtri par les attaques qu'il avait subies en 1935 à cause de sa signature au bas du manifeste hostile aux représailles contre l'Italie. Evoquant la liberté d'expression en France à cette époque, il affirmait qu'elle n'existait guère, en raison de la trop grande puissance des groupes de pression. Il ajoutait même qu'il était impossible de se forger une opinion en empruntant des idées aux uns et aux autres. La seule solution était d'être dans un camp et d'y rester. Sans se nommer, il précisait qu'un « socialiste, en se montrant soucieux de la sécurité de son pays, faisait figure de renégat ». La blessure avait été très vive et elle n'était toujours pas refermée. Son dernier article dans *Aujourd'hui* parut le 20 novembre 1940, deux jours avant le départ d'Henri Jeanson. Toutefois, le quotidien publia *La Belle image* du 15 décembre 1940 au 2 février 1941.

Outre un article anodin intitulé *Vivent les dragons de*

la lune[1], la signature de Marcel Aymé apparut également, à la fin de 1940, dans *Les Nouveaux Temps* que Jean Luchaire avait fondé après l'entrevue de Montoire, pour soutenir la politique française d'Abetz. Il comptait par la même occasion récupérer la clientèle du *Temps* qui s'était replié à Lyon. Luchaire sut s'attirer le concours de célébrités comme Pierre Mac Orlan, André Thérive, Marcel Delannoy, Nino Frank ou Roger Régent. Marcel Aymé publia trois articles dans *Les Nouveaux Temps*, de novembre à décembre 1940, avec l'indépendance d'esprit qui lui était coutumière. Dans le dernier notamment, paru le 17 décembre, sous le titre *Changement de programme*, il abordait un sujet particulièrement épineux à l'époque : la fermeture des Ecoles Normales d'Instituteurs. Considérées comme des pépinières de communistes ou autres révolutionnaires, elles n'avaient pas trouvé grâce aux yeux du gouvernement de Vichy qui décida de les supprimer et d'envoyer les futurs instituteurs dans les lycées. Marcel Aymé traita le sujet sans retenir sa plume, et fit savoir que le maréchal et ses collaborateurs se trompaient. Il revendiquait au contraire la diversification dans la formation des jeunes Français, et déclarait que les humanités classiques préparaient avant tout à cultiver les nuances, ce dont les futurs instituteurs n'avaient pas besoin. Ils risquaient en effet « d'y perdre une part de cette robuste santé de cœur et d'esprit qui devait faire d'eux les meilleurs ouvriers du relèvement de la France ». De plus, Marcel Aymé n'esquivait pas les préoccupations politiques des auteurs de la réforme car il affirmait sans précautions que l'on avait ainsi voulu limiter la propagande communiste. A son avis, c'était une erreur, et l'on aurait mieux fait de réfléchir honnêtement au sort des instituteurs, à la ville et à la campagne, pour réorganiser leur formation. Il se laissait même aller à suggérer de sortir les hussards de la

1. *Le Matin*, le 12 novembre 1940.

République de leur isolement culturel en les tenant au courant de la vie du pays au moyen de brochures, et en leur accordant plus d'importance dans la vie publique. Le sujet lui tenait à cœur car ses deux sœurs, Camille et Suzanne, avaient pu suivre des études littéraires et devenir professeurs grâce aux Ecoles Normales. Suzanne y avait même enseigné, avant la guerre, à Besançon et à Dijon. Mais Luchaire ne dut pas s'arrêter à ce genre de considération, et la signature de Marcel Aymé disparut des *Nouveaux Temps* après cet article. D'ailleurs, il demeura silencieux de longs mois puisqu'on ne retrouva son nom qu'à partir de janvier 1942, dans *Je Suis Partout* dont la plupart des journalistes appartenaient au P.P.F. Il va de soi qu'il n'avait pas fait siennes les idées de Doriot, mais il avait beaucoup d'estime pour Robert Brasillach qui s'était joint à l'équipe de direction dès son retour de captivité en avril 1941. Les deux hommes se connaissaient depuis les années trente, s'étaient souvent rencontrés et nourrissaient de l'admiration l'un pour l'autre. Probablement sollicité par Robert Brasillach, Marcel Aymé publia cinq articles dans *Je Suis Partout*, quatre de janvier à novembre 1942 et un en novembre 1943. Instruit par l'expérience ou répondant à une demande précise, il se garda de commenter l'actualité et se fit critique d'art pour évoquer l'un de ses compatriotes, le peintre Jodelet, et ses amis dessinateurs Chas Laborde et Ralph Soupault. Cependant, le 26 novembre 1943, dans *Trois Illustrateurs montmartrois*, il se laissa aller à une violente diatribe contre la doctrine politique à la mode. En effet, après avoir regretté la cherté des éditions de luxe illustrées, et souhaité qu'elles puissent devenir accessibles aux amateurs même impécunieux, il ajoutait :

« Ce que j'en dis ne m'est pas inspiré par un accès de délirium socialisant. Je me fous du socialisme et de ses cabotineries. Je le vois comme une béante, désespérante et triste et grise nécessité à subir avec la résignation des bêtes domestiques, un inévitable ratatinement de l'homme et de la société humaine, qui ne m'arrachera jamais un frisson d'espérance ni un trémolo d'enthousiasme. Se réjouit-on de perdre ses doigts ? Puisque l'humanité n'est plus capable de marcher qu'avec des béquilles renforcées, laissons les spécialistes de la chose chanter hosanna pour dorer la pilule aux condamnés que nous sommes tous, et n'ayons pas l'hypocrisie de reprendre au refrain ».

Ce cri du cœur marqua aussi la fin de sa collaboration à *Je Suis Partout* en tant que journaliste. Brasillach venait également de quitter la direction du journal, à la suite d'un violent conflit qui l'avait opposé à Lesca parce qu'il se voulait plus Français que national-socialiste.

Quant à Marcel Aymé, il continua à observer ses contemporains et à ne se départir de son calme que de temps à autre. Il se serait ainsi insurgé contre les mesures discriminatoires infligées aux juifs, si l'on en croit le témoignage d'Henri Jeanson[1] :

« L'apparition de l'étoile jaune, a-t-il écrit, souleva la colère des Parisiens, et ils surent la manifester, cette colère, à leurs risques et périls. Je me souviens très bien que Marcel Aymé le silencieux, que Marcel Aymé dont l'impassibilité n'était qu'apparente, écrivit alors sous le coup d'une émotion qu'il ne put, ni ne voulut maîtriser, un article d'une violence inouïe contre les responsables de ces mesures ignobles et humiliantes qui nous atteignaient tous. Cet article, il le proposa en toute innocence à un journal. L'article fut accepté, composé et soumis à l'obligation de la censure allemande qui, comme prévu, en interdit la publication. A l'imprimerie, les typos en tirèrent alors de nombreuses épreuves à la brosse et se firent un devoir de les distribuer autour d'eux, avec prière de faire circuler ».

Ce texte n'est, hélas, pas encore parvenu jusqu'à nous, mais l'on sait avec certitude, par contre, qu'il

1. *Soixante-dix ans d'adolescence*, Stock, 1971.

récidiva en juillet 1944 à propos d'une enquête de *La Gerbe*, l'hebdomadaire d'Alphonse de Châteaubriant. Il s'agissait alors de présenter les réactions de différentes personnalités face aux destructions engendrées par les bombardements alliés. La démarche visait, évidemment, à obtenir un concert de réprobations. Or, Marcel Aymé n'y ajouta pas sa voix, il s'en faut.

« Les atteintes portées au patrimoine l'ont été conformément aux lois de la guerre et même à une conception très française de la guerre. Je me souviens parfaitement qu'au collège, on m'a appris à admirer comme un chef-d'œuvre la retraite que fit Turenne à travers le Palatinat en brûlant et rasant systématiquement le pays. Les élites françaises auxquelles vous vous adressez pour votre enquête ont été façonnées par les sublimités de l'*Iliade* et de L'*Énéide*. Pendant des siècles, elles ont expliqué, admiré, remâché la guerre de Troie, l'incendie de la ville et l'ignoble massacre auquel ont procédé les Grecs pour une misérable histoire de femme qui ne valait même pas Dantzig. Elles ne peuvent pas, sans se renier, jeter l'anathème sur les Ajax et les Pyrrhus d'aujourd'hui qui font un usage normal de leurs machines à décerveler. Nous avons fourré notre patrimoine entre le marteau et l'enclume. Je ne vois pas à quoi rime de s'indigner contre le marteau ou l'enclume. Après tout, en 1812, les Russes ont mis eux-mêmes le feu à leur capitale, et rien ne démontre mieux qu'à la guerre il est normal et juste de tout foutre par terre. Il n'y a donc pas de grand méchant loup qui tienne. Affligeons-nous sans cafarderie, envisageons le pire et pensons à ce que nous construirons à la place du Louvre et de Notre-Dame. Pour nous consoler, disons-nous que la destruction de tant de quartiers pittoresques et photogéniques est en même temps celle d'ignobles taudis où des centaines de milliers de Français croupissaient sans air ni lumière, à l'ombre des notaires et des problocs rogneux. Ce que j'en dis n'est certes pas pour prétendre que tout est pour le mieux dans le meilleur des mondes, mais pour vous montrer que je ne me sentais pas en disposition de fournir une réponse parfaitement orthodoxe ».

C'était le moins que l'on pût dire... La rédaction du journal fut très embarrassée, hésita, puis décida néanmoins de publier la réponse de l'écrivain, non sans l'avoir fait précéder des quelques lignes suivantes :

« Nos lecteurs connaissent assez le talent si particulier du romancier de *La Vouivre* pour être sûrs qu'avec lui, nous ne risquions pas d'enregistrer une réponse académique ni même très orthodoxe. Ils savent avec quelle allégresse il aime à nous moquer et à secouer, par une ironie impitoyable, la façon souvent banale dont on aborde les sujets les plus graves. Avouons tout de même notre surprise devant le texte que nous adresse Marcel Aymé ».

De la butte Montmartre, Marcel Aymé continuait donc à promener son regard aigu et lucide sur l'actualité de son temps. Comme beaucoup d'autres, il essayait de survivre, connaissait les difficultés de ravitaillement et les tickets de rationnement. Le 8 novembre 1941, il écrit à son frère Raymond qui vit alors à l'Hôtel du Parc d'Abidjan :

« (...) Merci d'avoir pensé à nous envoyer du café, nous l'attendons impatiemment. Si tu peux nous envoyer des bananes séchées et du cacao, ils seront les bienvenus. L'hiver paraît devoir être difficile. (...)Sommes inquiets pour le chauffage. Il est probable que nous n'en aurons pas, quel qu'il soit. Or, il a fait ces jours derniers un froid polaire (...) ».

Un mois après, dans le même registre, Raymond reçoit les lignes suivantes :

« (...) Pour l'instant, le 18e est consigné à partir de six heures du soir. Nous rêvons de cacao et de bananes séchées et une livre de tabac serait également bien venue. (...) Reçu ce matin une carte du Moulin qui nous envoie des gaudes. (...) Bonnes nouvelles du père qui m'a envoyé deux paquets de gauloises (...) ».

Les nuits d'alerte, lorsque les bombardements menaçaient, « il pénétrait dans la cave, digne et morne dans une robe de chambre rose et molletonnée, s'asseyait sur une caisse de bois ou sur un pliant et ne bougeait plus. Les autres locataires tentaient alors de le faire participer à leur échange de réflexions, peut-être avec l'espoir qu'il se décide à conter une bonne histoire, mais il fallait se rendre à l'évidence : on n'en pouvait rien tirer[1] ».

Et pourtant, il regardait et il écoutait. Son regard impassible dissimulait une étude attentive du monde autour de lui. L'écrivain poursuivait son œuvre, et il devenait le chroniqueur d'une époque riche en événements. Déjà, au début de l'Occupation, il avait publié *Travelingue*, document ironique sur une bourgeoisie entichée de cinéma à l'époque du Front populaire. Bien sûr, la critique officielle avait tiré à elle cette satire qui se situait à une époque détestable à ses yeux. Brasillach avait daubé sur « la folle époque de 1936, les pauvres velléités de résistance, le règne grandiose de la bêtise divinisée[2] ». Mais il était le seul à avoir eu l'honnêteté de préciser : « Non que la politique soit le fort de Marcel Aymé. Indomptablement en dehors des partis, il se contente de passer à travers l'existence, muet et railleur, terriblement prêt à écouter, à voir, à raconter ce qu'il a vu et entendu ».

Deux ans après, en 1943, il avait publié *Le Passe-muraille*, fruit de ses observations depuis le commencement de la guerre, mais aussi de son indignation. L'une des nouvelles de ce recueil, *En Attendant*, fut particulièrement appréciée car elle évoquait avec justesse et finesse les souffrances des petites gens dans leur vie quotidienne. Il s'agissait d'une série de sil-

1. François Billetdoux, *Opéra*, le 19 décembre 1951.
2. *Je suis partout*, le 13 septembre 1941.

houettes que l'auteur traçait et animait dans une file d'attente devant une épicerie de la rue Caulaincourt. Chacun s'y retrouva avec ses préoccupations ou crut y voir son voisin ou sa voisine, sans compter que Marcel Aymé s'était permis de glisser l'intervention désormais célèbre :

« Moi, dit le Juif, je suis juif. »

Au réalisme des tickets de rationnement et des difficultés de ravitaillement de toutes sortes, s'ajoutait le fantastique grâce auquel l'esprit s'évadait et oubliait les tristes réalités de l'époque. Un homme avait le don de passer à travers les murs et d'échapper ainsi à toute forme d'emprisonnement. Une femme triomphait de l'espace en se multipliant à travers les pays et les continents. L'ubiquité n'était plus le privilège de la divinité. Marcel Aymé se jouait même du temps en imaginant un rationnement de la durée de la vie. Désormais, les inutiles n'auraient plus droit qu'à quinze jours d'existence par mois. La guerre était là, sans cesse présente, et le romancier cherchait à s'enfuir par l'esprit. Il imagina ainsi un décret avançant le temps de dix-sept ans.

« Grâce à Dieu, lorsque, par la vertu d'un décret, le monde eut vieilli tout à coup de dix-sept ans, il se trouva que la guerre était finie. Il se trouva aussi qu'on n'en avait pas encore déchaîné une autre. Il en était simplement question [1] ».

Lorsqu'il ne jouait pas avec le cadre habituel de la vie des hommes, Marcel Aymé tournait en dérision la folie meurtrière des belligérants.

« La situation était déjà très tendue lorsqu'un grave incident mit le feu aux poudres. Un petit garçon de Molletonie pissa délibérément par-dessus la frontière et arrosa le territoire poldève avec un sourire sardonique. C'en était trop pour l'honneur du peuple pol-

1. *Le Décret*, nouvelle du *Passe-Muraille.*

dève dont la conscience se révolta, et la mobilisation fut aussitôt décrétée [1] ».

Le cas échéant, il prenait le temps de soigner ses dédicaces, lui qui fut souvent très laconique dans ce domaine. Au photographe Willy Michel il fit cadeau d'un exemplaire de *La Jument verte* avec cet envoi :

« Je soussigné, en vertu des pouvoirs que me confère ma pleine paternité hippophagique et considérant les divers et innombrables mérites de l'impétrant comme aussi les liens de bonne et précieuse camaraderie qui nous attachent l'un à l'autre, accorde par les présentes lettres et par très exceptionnelle faveur à mon ami Willy Michel, la qualité de Citoyen de Claquebue avec les droits et prérogatives attachés au titre, et c'est à savoir pour le principal : liberté pleine et entière d'invoquer le nom de Dieu avec un coefficient élevé, plus celle de porter en sautoir, soit sur le veston, soit sur le pardessus, soit sur le pyjama, un ruban vert émeraude à la largeur de trois doigts, qui pourra être portée à quatre les jours de la Chandeleur et de l'Épiphanie, plus enfin l'usage d'une jument verte en bon état de marche pour, en notre époque de difficiles transports, gravir sans fatigue la colline de Montmartre et la descendre pareillement. Les présentes portent effet dès aujourd'hui et jusqu'au 15 juillet 1999, date à laquelle il sera examiné s'il convient les renouveler ou non, selon qu'il me plaira. Fait à Montmartre le 15 juillet 1943 [2] ».

Quelque temps après, Marcel Aymé renouvela cette facétie en adressant la dédicace suivante au même Willy Michel sur un exemplaire d'*Aller retour*.

« A Willy Michel, ce récit de voyage dans lequel il est surtout question, si je me souviens bien, d'une négresse des îles Borromées, couronnée de roses et de pétunias et d'un contrôleur des contributions directes

1. *La Légende Poldève*, *ibid.*
2. Collection Pierre Baget.

de l'Etat d'Oklahoma, vêtu de pénombre et de clair de lune, lesquels amants, s'étaient rencontrés dans le Water-Chute de Luna Park et baisés à pleine bouche, partirent un jeudi de la semaine des quatre pour les îles Lésiles pêcher la crevette morose et ferrer les cigales... mais je m'aperçois que ma mémoire trahit et qu'il s'agit d'un autre livre, à la vérité, moins admirable que celui-ci...Ce nonobstant, avec mes amitiés intégrales datées de novembre 43 ».

Son désir de fuir la guerre et sa cohorte de dangers, de mesquineries et de dénonciations le conduisit aussi à renouer avec son refuge favori : le monde de la campagne. Oh ! Certes, il n'oubliait pas qu'il s'y était parfois bien ennuyé.

« J'ai épuisé pour un long temps toutes les joies de Villers-Robert, écrivait-il à Georges en 1927, et j'ai pris la campagne en horreur. La paix y est fatigante et les gens, contrairement à un préjugé courant, pas plus fins qu'à la ville. »

Il n'adhérait pas non plus à l'apologie du retour à la terre auquel le vieux maréchal tenait tant. Le 31 octobre 1940, dans *Aujourd'hui*, il avait raconté l'histoire d'un jeune garçon appelé Veau, objet de multiples plaisanteries à Paris, que des enfants de la campagne avaient accepté sans broncher.

« Ce petit roman vécu pourrait servir d'introduction à un discours sur le retour à la terre. Les auditeurs tireraient tout naturellement cette conclusion qu'il y a plus de bonté chez les paysans que chez les Parisiens. Mais je ne suis pas sûr que ce soit vrai, et je laisse d'ailleurs la question pendante. »

Néanmoins, à chaque fois qu'il était en difficulté, les souvenirs de Villers-Robert revenaient. Il s'attendrissait en revoyant le visage de ses grands-parents ou celui de ses frères et sœurs. Il souriait en pensant aux personnages pittoresques qu'il avait côtoyés. Ainsi, ce fossoyeur, Pierre-la-Patte, bien connu pour son penchant à l'égard du blanc-cass'. Ainsi, l'oncle Alix et sa jovialité, mais aussi son anticléricalisme. Il était vrai qu'il s'en était déjà inspiré dans *La Jument verte*. Mais enfin... Il se prenait à penser qu'il serait peut-être amusant d'écrire une nouvelle histoire franc-comtoise qui confronterait les solides gaillards qu'il avait fréquentés à un personnage de légende : la Vouivre. Elle était très connue en Franche-Comté, cette divinité des eaux. Pourquoi ne pas imaginer sa présence au bord des nombreux étangs du Bois-de-Scey, du Bois-des-Noues ou du Bois-du-Bief-Vallon qui entouraient Villers-Robert ? A deux pas de la tuilerie, l'étang de la Folie l'avait toujours fait rêver. A Séligney, il s'était souvent attardé au bord de l'étang Chaudey. Quand il soumit son manuscrit à Gaston Gallimard, celui-ci l'accepta sans réserve et lui écrivit, de Sainte-Foy, le 23 août 1943 :

« Je viens de lire *La Vouivre*. Je tiens à vous dire tout de suite mon plaisir et mon admiration. C'est une chose vraiment belle et forte. Une fusion si parfaite de réalisme et de mythologie est de grand style. Il y a peu de fictions aussi vigoureuses, aussi pleines de sang. Et ce fond de tendresse si vive, derrière cela, pour les simples, les rudes ou les grotesques que vous nous présentez, achève de séduire. Un personnage surtout est inoubliable. C'est la fille Mindeur, l'aînée, la Dévorante. Elle est épique. Et le récit de sa bastonnade, peut-être les plus belles pages du livre, est un chef-d'œuvre. Je crois que vous n'avez rien fait de meilleur. »

A l'instar de Gaston Gallimard, toute la critique encensa *La Vouivre*. Personne ne releva, ouvertement du moins, que le diamant de la divinité, maudit parce qu'il suscitait les convoitises et entraînait la mort, était d'origine germanique[1]...il y avait de cela, deux mille ans, il est vrai.

1. Celle-ci a été bien soulignée par Sylvain Roumette dans le film qu'il a consacré à Marcel Aymé. (*Un siècle d'Écrivains*, France 3, août 1996).

« Un jour, raconte la Vouivre à Arsène, j'étais couchée sur les graviers du Doubs quand il est venu un cavalier faire boire son cheval à la rivière. C'était Teutobock, le roi des Teutons. Il venait de se faire battre dans le Midi par un certain Marius qui avait exterminé son armée et il essayait de regagner son pays au-delà du Rhin. J'avais eu l'occasion de le voir passer à la tête de ses troupes quand il descendait par la Séquanie. Imagine un gaillard d'au moins deux mètres de haut avec un chignon de cheveux blonds. On disait que quand il était saoul, il s'amusait à porter son cheval, mais il ne l'a pas fait devant moi. Pendant qu'il faisait boire sa monture, je l'examinais. Ses habits étaient déchirés, tachés, et par les déchirures, on voyait des plaies, des balafres, toutes noires de sang coagulé. Sur le côté, accroché à sa ceinture, il portait un sac de cuir fauve et j'ai pensé tout de suite qu'il avait mis là son trésor personnel. De son côté, il me regardait du coin de l'œil et il avait beau être pressé, il a pris le temps de me violer. Tout en me débattant, j'ai glissé ma main dans son sac de cuir et j'y ai pris le rubis qui ne m'a jamais quittée depuis ».

Gaston Gallimard avait eu raison de s'enthousiasmer pour *La Vouivre*, à cause des qualités qui en font encore l'un des meilleurs romans de Marcel Aymé. Mais il profitait également de l'occasion pour flatter un auteur qui avait bien failli le quitter au début de l'Occupation parce qu'il ne recevait plus ses mensualités. Petit-fils de paysan, Marcel Aymé se méfiait des contrats de son éditeur et veillait scrupuleusement à toucher son dû. Il s'en est suivi des rapports parfois conflictuels avec Gaston Gallimard qui, dans la correspondance qu'il laissa, s'est toujours montré très conciliant et très attentif à conserver dans sa maison une aussi bonne plume que celle de Marcel Aymé. Deux mois avant qu'il ait lu le manuscrit de *La Vouivre*, Gaston Gallimard avait tenté, une fois de plus, de se justifier aux yeux du romancier.

« Il paraît qu'hier, lui écrivait-il le 17 juin 1943, vous êtes monté à mon bureau. J'étais dans la salle des auteurs. Je regrette vraiment de n'avoir pas été prévenu. J'aurais aimé vous parler. Je suis très peiné de votre manque de confiance. Comment ne sentez-vous pas l'amitié que j'ai pour vous, ma confiance à moi, et l'importance que j'attache à votre œuvre ? N'ai-je pas répondu toujours à vos désirs ? Dernièrement encore, n'ai-je pas augmenté vos mensualités, augmenté vos droits d'auteur ? Chaque fois que vous avez eu besoin d'argent, ne me suis-je pas empressé à vous faire le versement que vous attendiez ? Pourquoi ne voulez-vous pas croire que j'ai les mêmes difficultés que tous les industriels ? Contingentement avec les libraires, restrictions sur l'utilisation des stocks, lenteurs des autorisations [...] Pourquoi avez-vous plus de confiance dans d'autres éditeurs ? Je vous assure que vous êtes parmi les écrivains de la N.R.F. les plus favorisés. Aucun n'a de plus grosses mensualités que vous, ni de plus gros tirages initiaux, ni de plus fréquentes réimpressions, ni Gide, ni Valéry, ni Proust [...] Croyez bien que je me mets à votre place, que j'imagine vos propres difficultés et vos préoccupations. Et c'est pourquoi je ne demande qu'à vous assurer toute la sécurité dont vous avez besoin, et sous la forme qui vous conviendra, et à vous donner toutes les garanties que vous souhaitez. »

A cette époque, Marcel Aymé était vivement sollicité par Bernard Grasset qui aurait bien voulu l'attacher à sa maison d'édition. Marcel Aymé hésitait parce qu'il n'avait pas toujours été bien traité par Gallimard, mais était tenu par un contrat et avait fini par se lier d'amitié avec Gaston. On se recevait volontiers et l'on était devenu attentif au sort des proches. Marcel Aymé demandait et obtenait régulièrement des nouvelles de Claude et de Michel Gallimard. Il était donc difficile de rompre. Néanmoins, les propositions de Bernard Grasset étaient bien alléchantes. C'est pourquoi Marcel Aymé adopta une solution de compromis en signant avec Grasset, le 26 juin 1943, un contrat qui lui assurait l'exclusivité des œuvres dramatiques. Depuis longtemps, Marcel Aymé songeait à écrire pour le théâtre. Déjà, dans les années trente, il s'y était exercé, mais sans succès. Le 12 août 1931, il confiait ainsi à Pierre Varillon :

« Merci de compatir à mes déboires au théâtre. Mais Jouvet ne mérite pas tant de sévérité [...] Je vous assure que Jouvet a été charmant et qu'il m'a donné d'excellents conseils. La vérité, c'est que ma pièce ne valait rien du tout, et j'en suis tout à fait convaincu aujourd'hui. Je n'essaierai même pas de la présenter ailleurs. Je ne suis d'ailleurs pas fâché de l'avoir écrite, c'est pour moi une leçon de modestie. J'en ai plus besoin que vous ne pensez. »

Deux ans après, Gaston Gallimard s'entremit pour lui faire rencontrer Gaston Baty, Charles Dullin et Jacques Copeau. Mais *Lucienne et le boucher* n'enthousiasma personne et le manuscrit retourna dans les tiroirs de l'auteur. Cependant, il ne se découragea pas et, en 1936, peu après avoir terminé *Le Moulin de la Sourdine*, il se remit à une pièce commencée l'année précédente.

« J'en suis maintenant au deuxième tableau du troisième acte[1]. Il y aura un quatrième acte. C'est ce qui m'inquiète d'ailleurs un peu. Une pièce en quatre actes est un spectacle qui demande au spectateur beaucoup de bonne volonté. »

Cette première version de *Vogue la galère* fut soumise à Jouvet en septembre 1936, mais en vain. Dépité, Marcel avoua à Georges :

« Du reste, je pense sans plaisir à cette pièce, et je suis persuadé de plus en plus que le théâtre n'est pas dans mes cordes. »

Bernard Grasset ne faisait donc pas une affaire

1. Lettre à Georges du 25 mai 1936.

exceptionnelle en 1943, en signant avec Marcel Aymé un contrat pour son œuvre dramatique. Néanmoins, il pariait à juste titre sur l'avenir car il allait être l'éditeur de *Vogue la galère* (1944), *Lucienne et le boucher* (1947), *Clérambard* (1950), *La Tête des Autres* (1952), *Les Quatre Vérités* (1954) et *Les Sorcières de Salem* (1955).

De 1940 à 1944, Marcel Aymé a également renoué avec le cinéma grâce à Louis Daquin, ancien assistant de Pierre Chenal, qui lui proposa de rédiger les dialogues de ses premiers films, *Nous les Gosses* (1941), *Le Voyageur de la Toussaint* (1942) et *Madame et le mort* (1942).

« Ce fut pour moi [1] un collaborateur précieux : compréhensif, acceptant les critiques, récrivant des scènes deux ou trois fois. Il venait très rarement au studio pendant la réalisation du film. Il refusait toute discussion sur le script avec les producteurs. "Ils sont trop cons", disait-il. Il était peu loquace. Il fallait savoir attendre. Détail : il ne pouvait pas rire. Quand il le faisait, c'était une sorte de crispation douloureuse. »

Dans *Nous les Gosses*, Marcel Aymé avait souscrit tout de suite à l'objectif de Louis Daquin.

« Beaucoup de gens se sont étonnés qu'en 1941 [*Nous les Gosses*] et en 1942 [*Le Voyageur de la Toussaint*], j'aie pu collaborer avec Marcel Aymé qui écrivait des nouvelles dans *Je suis partout*. D'autant plus étonnant que j'étais membre du Parti communiste (je le suis toujours) et responsable pour le Front national du cinéma. Dans *Nous les Gosses*, je voulais, à travers une histoire de mômes, transposer l'idée de solidarité et de résistance à l'occupant. Il fut d'accord avec moi. Jamais je n'eus à rejeter une idée, une phrase du dialogue qui fût pour moi inacceptable idéologiquement. Et ce film fut une réussite totale, comprise par tous. Un jour, Marcel Aymé quitta un repas parce qu'on lui demandait comment il pouvait travailler avec un

1. Lettre de Louis Daquin à l'auteur, le 4 mai 1977.

communiste. Il accusa le convive de dénonciateur. Et il collaborait à *Je suis partout.* »

Marcel Aymé semblait en effet étranger à ce genre de considération. Extraordinairement inconscient, il poursuivait sa carrière d'écrivain, vivant de papier noirci, sans être prisonnier des uns ou des autres. Il vendit même, en 1941, un scénario, *Le Club des soupirants*, à la Continental Films que dirigeait le mystérieux Alfred Greven. Mais il est vrai que même Jacques Siclier a reconnu, dans *La France de Pétain et son cinéma*, qu'il en ignorait alors la véritable nature.

« Lorsque nous, spectateurs [1], voyions apparaître au générique le sigle de la société Continental, un large C majuscule inscrit dans un cercle, nous ne savions pas que cette société était dirigée par un Allemand, et se trouvait liée à Berlin. Si on nous l'avait dit, nous aurions eu du mal à le croire. Les films produits par la Continental étaient, à nos yeux, des films français comme les autres, relevant de "genres" éprouvés, réalisés par des cinéastes connus, interprétés par des vedettes, des acteurs et actrices que nous aimions. Qu'une griffe allemande s'y fût posée, nous en sommes tombés des nues après la Libération, quand de violentes attaques furent portées publiquement contre la Continental et spécialement contre Henri-Georges Clouzot et *Le Corbeau.* J'insiste là-dessus. En dehors de Paris, des milieux professionnels, le nom d'Alfred Greven, le fonctionnement de la firme dont il était le chef, étaient ignorés du grand public. »

Qu'en était-il de Marcel Aymé ? Nous ne le savons pas. Mais, de toute façon, *Le Club des soupirants* n'avait rien de collaborationniste. Il s'agissait d'une farce un peu lourde dont le point de départ était l'annonce, faite par un directeur de grands magasins parisiens à ses associés, qu'ils allaient être ruinés car certains fils de grandes familles n'avaient pas réglé leurs notes de

1. Editions Henri Veyrier, 1981.

vêtements. Il était donc décidé de constituer avec ces débiteurs un « Club des soupirants » qui devait fournir un mari à Daisy Cabarrus, la fille d'un milliardaire résidant sur la Côte d'Azur. Bien sûr, l'heureux élu devait rembourser le grand magasin. On était dans la tradition des grosses plaisanteries d'avant-guerre, et on y restait. Fernandel, Saturnin Fabre et Andrex s'y démenaient et parvenaient à arracher quelques rires au spectateur moyen. Mais François Daudet, dans *L'Action française*, n'apprécia pas du tout.

« Voilà, écrivait-il le 20 décembre 1941, le genre d'opérettes auxquelles l'écran français consacre le plus clair de ses efforts, ses principales vedettes et sa plus tapageuse publicité ; le genre qui réunit, hélas, à leur plus haut degré tous les mauvais goûts et tous les ridicules. Au sortir d'un tel spectacle, on voudrait instituer, auprès du contrôle de moralité, une censure de la sottise et de la vulgarité car il y a aussi à ce point de vue des limites à ne pas dépasser, pour le bon renom de la *firme française*[1] comme pour la sauvegarde du public. »

Etonnant Marcel Aymé qui, engagé dans un bon film avec Daquin, était allé se fourvoyer la même année dans une pareille niaiserie. Seules les préoccupations alimentaires sont à invoquer pour expliquer une telle bévue. D'ailleurs, Louis Daquin ne s'en offusqua pas car il sollicita Marcel Aymé pour son deuxième film, *Le Voyageur de la Toussaint*, d'après un roman de Georges Simenon. Grand lecteur des aventures de Maigret, Aymé accepta sans hésiter car il s'en sentait très proche. Ne s'est-il pas défini lui-même en écrivant du célèbre commissaire :

« Maigret possède justement cette forme de sensibilité, doublée d'une sorte de plasticité, qui lui permet de sentir les êtres, d'entrer dans la peau d'un personnage et de vivre un peu la vie du suspect, fût-ce fugiti-

1. C'est nous qui soulignons.

vement, le temps d'apercevoir une vérité que les plus savantes déductions n'auraient su tirer de son humble retraite. Ainsi, durant ces longs silences dans lesquels se plonge le commissaire en tirant sur sa pipe, n'est-ce pas de méditation qu'il s'agit mais d'un jeu très subtil qui s'apparente à l'art du romancier et à celui du comédien[1] ».

Malgré toute son activité littéraire et cinématographique pendant l'Occupation, Marcel Aymé n'apparut pas sur les listes noires des publications clandestines de la Résistance. Une feuille comme *Bir Hakeim*, « journal républicain mensuel paraissant malgré la Gestapo, malgré le négrier-gauleiter Laval et le gouvernement de Vichy »[2], cloua au pilori bon nombre d'écrivains comme Giono, Montherlant, Morand, Simenon, Rebatet, Céline, Valéry, etc., mais jamais Marcel Aymé. Pensait-on alors avec Daquin qu'il était inclassable et « vivait en dehors du temps et de l'espace » ? C'est possible. Mais la réprobation qu'il subit à la Libération montra que tout le monde ne partageait pas cet avis. Ses amis sentirent bien le danger et tentèrent de le conseiller.

« En 1943, avec Pierre Bost, nous[3] avons essayé de le convaincre de ne plus donner de nouvelles à *Je suis partout*. "Je ne fais pas de politique. Mes nouvelles ne sont pas politiques"... Un jour, j'ai appris que, pendant deux mois, des réunions clandestines avec Joliot-Curie avaient eu lieu chez lui. (Réunions auxquelles il ne participait pas). [...] C'était un être monolithique, sans fluctuations ni retournements ».

Marcel Aymé, le discret, n'en avait pas moins des convictions bien arrêtées. A plusieurs reprises, il faillit se fâcher avec l'un des membres de sa famille. Fortement pro-allemand, au point de recommander à

1. Préface au *Chien jaune*, Livre de Poche, 1971.
2. Paraissant depuis mars 1943.
3. Lettre de Louis Daquin à l'auteur le 4 mai 1977.

Simone Aymé, fille de Raymond, d'imiter les infirmières allemandes qui, elles, ne portaient pas de rouge aux ongles..., celui-ci suscita souvent la colère de Marcel. Il commençait par des monosyllabes, comme à son habitude, puis s'emportait. Raymond, habitué aux palabres africaines, devait alors utiliser toutes les ressources de sa diplomatie pour éviter les ruptures.

Mais en dehors de ses proches, personne n'en savait rien et certains n'hésitaient pas à l'assimiler aux collaborateurs. Tantôt, il s'en inquiétait. Tantôt, il s'en amusait, comme dans cette lettre à Jean Paulhan du 19 juin 1943 :

« Je vous enverrai une nouvelle pour la *N.R.F.*. La dernière qu'ait publiée votre revue m'a été payée 1000 F. C'était il y a deux ans. Puisque vous m'invitez cordialement à fixer un prix pour la prochaine, je dirai donc 1050 F. Vous m'offrez de me payer plus cher que *Je suis partout*, mais ce n'est pas possible. Si vous lisiez les contes que je donne à *Je suis partout*, vous y découvririez des tas de choses révoltantes pour la conscience d'un Français, et vous vous doutez bien qu'elles me sont payées à prix d'or. Certains de nos amis m'ont fait savoir qu'on me réglerait mon compte comme vous savez à l'arrivée des Américains, ce qui fait que la morale est sauve. Je me suis d'ailleurs promis que ma signature figurerait dans le dernier numéro. J'aurai toujours une grande reconnaissance à *Je suis partout*. C'est la première fois qu'il m'a été donné d'écrire dans un journal qui me compromette aux regards de ma concierge (...) ».

Léo Ferré disait de lui-même qu'il était un immense provocateur, dénonçant avant tout le conformisme, quel qu'il fût. Il a dû retrouver Marcel Aymé au Panthéon des esprits libres...

XIV

La Libération

La France libérée, la justice entreprit d'épurer le pays. Dans le monde des lettres, un Comité National des Ecrivains, doublé d'un Comité National d'Epuration, par l'ordonnance du 30 mai 1945, se posa en censeurs et décréta des « suspensions » qui devaient s'entendre comme des interdictions de publier pendant un an ou deux, selon les cas. Curieusement et heureusement, Marcel Aymé échappa à leurs foudres. On ne trouva pas, en effet, son nom sur les listes d'écrivains mis à l'index qui parurent dans *Le Figaro* les 6 et 19 septembre 1944, ainsi que le 21 octobre. De même, il ne figure absolument pas dans le dossier du Comité National d'Epuration que détiennent les Archives nationales. Tout autre que lui aurait profité de n'être pas inquiété, à une époque de justice expéditive et de règlement de comptes divers, pour se tenir coi et se refaire une quelconque virginité. Il se trouva même des proches pour lui conseiller la discrétion. Mais, c'était oublier son sens de la solidarité, de l'amitié et son hostilité viscérale à la peine de mort. Le 19 janvier 1945, Robert Brasillach était condamné à mort. Dans *Combat*[1], peu suspect de

1. 20 janvier 1945.

sympathie à l'égard de la collaboration, Alexandre Astruc commença à évoquer le procès en ces termes :

« Hier après-midi, Robert Brasillach s'est présenté devant la cour de justice pour crime d'intelligence avec l'ennemi. Il a été condamné à mort. Et, bien que de nombreux hommes aient déjà comparu, on est forcé de convenir que c'est la première fois que régnait dans cette salle une atmosphère de dignité. Pas un seul instant, au cours de ce procès, Brasillach n'abandonnera une attitude fière. Il ne tremble pas, il n'essaie pas d'attendrir les jurés par des platitudes ou des larmes. Il dit bien en face qu'il a pris toutes ses responsabilités ».

Marcel Aymé, lui, ne tient plus. Quoi ! Brasillach, le brillant intellectuel, Brasillach, le tendre poète, Brasillach, le fin critique, condamné à mort ! Il ne peut s'y résoudre. Il ne peut accepter le verdict des hommes ! Il faut réagir ! Mais comment ? Il se sent démuni, isolé, dérouté devant la nécessité de l'efficacité. Une pétition ? Soit ! Il signe et cherche à faire signer. Il s'adresse au peintre Derain en ces termes :

« Cher ami, je me permets de vous adresser une requête en faveur de Robert Brasillach qui a été condamné à mort comme vous savez. J'avais envoyé, pour tenter de l'aider un peu, une lettre qui a été lue à l'audience et m'étant ainsi mis en relation avec l'avocat[1], celui-ci m'a demandé de solliciter les chefs de la peinture contemporaine pour appuyer la demande de recours en grâce. Le geste est absolument sans conséquence pour vous, puisque l'avocat et le chef de l'État seront seuls à le connaître, et il pourra grandement servir l'intéressé. Si, comme j'en suis persuadé, vous y consentez, je vous demanderai de le faire par retour du courrier et d'envoyer à l'avocat cette simple formule : « Maître, je m'associe

1. Me Isorni.

à ceux qui demandent le recours en grâce de Robert Brasillach. Signé : Derain.

Croyez bien que je ne ferais pas cette démarche auprès de vous si je pensais qu'elle pût avoir pour vous le plus petit inconvénient.

Je vous remercie déjà. Et je vous prie, cher ami, de croire à mes sentiments cordiaux et dévoués ».

Marcel Aymé, inlassablement, poursuit sa campagne auprès des célébrités qu'il connaît bien et auprès de celles qu'il n'a fait que rencontrer au hasard de ses obligations d'écrivain, mais qui lui semblent de bonne foi. Parmi elles, Albert Camus lui écrit[1] d'abord de longues pages pour lui expliquer pourquoi il ne peut signer. Puis il barre tout et ajoute ces lignes :

« J'ai toujours eu horreur de la condamnation à mort et j'ai jugé qu'en tant qu'individu du moins, je ne pouvais y participer même par abstention. C'est tout et c'est un scrupule dont je suppose qu'il ferait bien rire les amis de Brasillach...

(...) Ce n'est pas pour lui que je joins ma signature aux vôtres. Ce n'est pas pour l'écrivain, que je tiens pour rien, ni pour l'individu que je méprise de toutes mes forces. Si j'avais même été tenté de m'y intéresser, le souvenir de deux ou trois amis mutilés et abattus par les amis de Brasillach pendant que son journal les encourageait, m'en empêcherait. Vous dites qu'il entre du hasard dans les opinions politiques et je n'en sais rien. Mais je sais qu'il n'y a pas de hasard à choisir ce qui vous déshonore.

Et ce n'est pas par hasard que ma signature va se trouver parmi les vôtres, tandis que celle de Brasillach n'a jamais joué en faveur de Politzer ou de Jacques Decour[2] ».

Le metteur en scène Louis Daquin refuse, lui, de signer malgré toute son amitié pour Marcel Aymé.

1. Le 27 janvier 1945.
2. Carnets de Bernard Pivot, *Lire*, juillet-août 1987.

Qu'importe ! Notre romancier le comprendra et n'y attachera pas d'importance. Quelques années après, en 1950, il ne mentionnera qu'un nom[1] :

« Parmi ceux que je sollicitai personnellement, un seul refusa : ce fut M. Picasso, le peintre. Comme je lui demandais, avec toute la déférence à laquelle il est accoutumé, de signer cette pétition pour le salut d'un condamné à mort, il me répondit qu'il ne voulait pas être mêlé à une affaire qui ne le regardait pas. Sans doute avait-il raison. Ses toiles s'étaient admirablement vendues sous l'Occupation, et les Allemands les avaient fort recherchées. En quoi la mort d'un poète français pouvait-elle le concerner ? »

On connaît le dénouement de l'histoire. De Gaulle, abusé par une photo de Brasillach en uniforme allemand, paraît-il, aurait laissé exécuter la sentence. Marcel Aymé ne le lui pardonnera jamais. Il écrira en 1950 dans *Le Crapouillot* :

« Durant le temps qu'il fut au pouvoir, on chercherait en vain, dans sa vie publique, la moindre manifestation de générosité, de bonté, le plus petit élan de pitié ou de charité. L'homme est sec ».

On avait tué, non pas l'un de ses amis politiques, mais un homme qu'il estimait. Il ne pouvait l'admettre ou l'oublier. Jusqu'à sa mort, il le reprochera toujours à de Gaulle. En avril 1963, sollicité pour un numéro de *L'Esprit public* en hommage à Bastien-Thiry, il conclura en ces termes :

« Le Général, il n'y a là-dessus aucun doute, n'est pas de ces gens qui tremblent pour leur peau, et c'était une raison supplémentaire d'espérer. Mais, au fond de son palais, dans la respiration d'un régiment de gorilles, de policiers, de C.R.S et de courtisans, il rêvait à la mort de l'homme jeune qui lui rappelait de bons moments. Chez le chef de l'État, la passion de

1. *Le Crapouillot n° 11*, 1950.

la vengeance l'emportera toujours sur la passion de la grandeur ».

Brasillach exécuté, en février 1945, il fallut continuer à vivre. L'opprobre du milieu littéraire se fit alors sentir dans toute sa force : pas ou peu de publications en 1945 ! En tout et pour tout, un article et quelques nouvelles ! Le premier parut en octobre dans XXe *siècle*, revue d'art et de littérature qui accueillit aussi les signatures de Raymond Dumay, Thierry Maulnier, Jacques Audiberti, Louis Daquin et Maurice Fombeure. Ce dernier y publia notamment deux nouvelles. Marcel Aymé, quant à lui, s'y fit à nouveau critique littéraire pour présenter un ouvrage de Roger Breuil, *Brutus*. Comme il en avait l'habitude, il manifesta beaucoup de courtoisie à l'égard de son confrère, et lui décerna même des éloges.

« Sans vaine couleur locale, sans recourir aux compositions historiques à effet, en se fiant simplement à son sens et à son amour de l'humain, il donne de chacun des acteurs du drame un portrait vivant, souvent émouvant ».

Mais l'article s'employa aussi à rétablir la vérité historique. En tuant César, Brutus permettait à la noblesse romaine de reprendre le pouvoir. Bon latiniste, Marcel Aymé donna même un cours à ses lecteurs, sur le sens du mot « république » chez les Romains.

« Institution oligarchique dirigée essentiellement contre les libertés populaires, la République romaine avait été instaurée et maintenue par une noblesse férocement exclusive qui se voulait seule riche, seule puissante, et verrouillait sans faiblesse l'accès aux charges et aux profits ». En définitive, la notion de liberté de Brutus « est exactement opposée à la nôtre, et c'est trop peu dire qu'elle n'a pour lui nulle valeur d'absolu car, dans son esprit, elle s'identifie étroitement à la notion dc privilège ».

Marcel Aymé était passionné d'histoire. Il eut même

le projet, dans les années trente, d'écrire la vie de sainte Maxence. En 1935, il s'était acheté, pour son anniversaire, *L'Histoire de France* de Michelet en dix-neuf volumes et, le 14 janvier 1936, il annonçait fièrement à Georges :

« J'en suis au règne de Louis XI, soit au huitième volume ».

On sait qu'il commença, en 1939, un essai sur Henri IV[1] et que, outre l'œuvre de Michelet, il avait lu celle de Toynbee et de Spengler, et préparait, peu avant de disparaître, un ouvrage sur *Les Renégats de Thermidor* pour les éditions Flammarion. L'intérêt qu'il portait à l'histoire l'amena aussi à consacrer une nouvelle à Samson que le quatrième *Cahier de la Table ronde* publia en janvier 1945. Marcel Aymé renouvela complètement le thème de cette légende, puisqu'il fit du héros un être bien particulier.

« Voilà des gens, dit Samson à propos des Philistins, qui m'ont tendu un piège et qui sont parvenus à leurs fins. L'idée ne peut les effleurer que ces fins coïncident avec les miennes, et qu'en l'aventure, j'ai agi non pas en costaud sanguin et frivole mais en juge et en solitaire. Ils ne savent d'ailleurs pas, et personne ne sait, que je suis désespérément seul ».

Ce n'est qu'en prison qu'il trouve une certaine chaleur humaine auprès des autres détenus.

« Les yeux crevés, les cheveux ras, j'ai trouvé dans cette prison, où nous nous relayons à la meule, ce que j'ai cherché toute ma vie. Privé de ma force et du prestige qui s'y attachait, je me suis vu tel que nous sommes tous lorsque le Seigneur nous retire la grâce particulière qu'il accorde à chaque homme. J'étais vaincu, misérable, mais quand je me parlais à moi-même, je n'avais plus à compter avec une présence étrangère ni avec son ombre. je me trouvais assez heu-

1. Cf. chapitre XIII.

reux pour souhaiter de finir mes jours enchaîné à ces besognes d'esclave ».

Ce Samson paraît bien moderne et singulièrement influencé par le thème de la solitude du chef et par celle de l'homme en général. On peut penser au Malraux de la guerre d'Espagne, parti défendre des idées qui lui étaient chères, mais aussi à la recherche de la fraternité dans l'action.

Marcel Aymé a beaucoup souffert de la suspicion dans laquelle il a été tenu après-guerre et il s'est senti bien seul. Les puissants du jour n'admettaient pas qu'il ait pu être aussi bien l'ami de Brasillach que celui de Daquin. Personne ne l'attaquait ouvertement et, apparemment, on n'en voulait pas à sa vie. Mais il y avait des silences plus lourds que des menaces. Il en fut très affecté. Il apprenait à ses dépens qu'il était difficile de penser librement. L'on n'acceptait guère qu'il eût laissé sa signature s'imprimer dans *Je Suis Partout* sans en partager quelque peu l'idéologie. La naissance d'un enfant vint heureusement le réconforter au printemps de 1945. Colette, qu'il avait élevée avec beaucoup de tendresse et d'affection, avait en effet épousé l'année précédente un pharmacien, Jean Treps. On avait fêté l'événement au « Coucou », où un prétendu Tartare, coiffé d'un bonnet tricoté, avait bien amusé la galerie. Quand une petite fille, Françoise, vint au monde, le visage de l'écrivain, d'ordinaire si fermé, voire maussade, s'éclaira. On aurait dit que Colette lui apportait l'enfant qu'il n'avait jamais eu et qu'il se sentait prêt à chérir. A quarante-trois ans, il allait connaître l'art d'être grand-père, ce qui comblait son sens de l'amour du prochain et son goût du dévouement. Alors que le pessimisme le gagnait à la vue de la lâcheté de ses contemporains et de leurs compromissions, cette enfant présentait une source d'espoir qu'il fallait entretenir et protéger. Les temps étaient difficiles car l'argent manquait parfois. Qu'importe ! Il écrirait de nouveaux romans, de nouveaux contes, de nouveaux articles.

L'occasion de faire paraître un roman en feuilleton dans la presse se présenta même à la fin de 1945, car la direction de *La Bataille* accepta de publier *Le Chemin des écoliers*. Son directeur, François Quilici, gaulliste, était un grand admirateur de l'œuvre de Marcel Aymé, et peu lui importaient les critiques dont il était l'objet. Il se voulait très libre d'esprit, et son journal en vint même à comparer les mérites des résistants de Londres à ceux des hommes qui avaient continué à lutter sur le sol national. Accepter la signature de Marcel Aymé, c'était aussi lui procurer quelque argent dans un moment difficile et tendre au lecteur un miroir peu complaisant au sujet des événements récents. Quilici publia donc *Le Chemin des écoliers*, de janvier à juin 1946, avant sa parution en librairie. A l'image du roman, la critique fut grinçante et discordante. Dans *Gavroche*, Maurice Nadeau montra qu'il n'avait pas la mémoire courte car il commença son article en remuant certains souvenirs :

« J'ai aimé les premières choses de Marcel Aymé, *La Table-aux-Crevés* et *La Jument verte* entre autres ; beaucoup moins celles qu'il faisait paraître durant l'Occupation, et notamment pas du tout celles qui égayaient les pages de *Je Suis Partout*. Marcel Aymé s'encanaillait, et cela cadrait mal avec sa naïveté étudiée d'humoriste féroce. Les gens simples ne goûtent pas l'humour poussé jusqu'à la mystification, comparant avec assez de raison celle-ci à un gant qui se retourne facilement : mystificateur à l'extérieur, mystifié audedans ».

Par contre, dans *La Gazette des Lettres*, Robert Kanters ne s'attardait pas au passé de l'auteur et célébrait avec beaucoup de justesse l'originalité du roman :

« Le dernier roman de M. Marcel Aymé nous apporte une assez grande joie, en dehors du plaisir qu'on prend à le lire, parce qu'il est peut-être le signe d'une libération. Pour la première fois dans une œuvre dont l'action est située sous l'occupation allemande et dont un objet est de peindre les mœurs de cette époque, l'auteur a osé cette grande nouveauté : ses personnages sont contradictoires. Après vingt ou cinquante livres sur cette période, dans lesquels les vertus et les vices composaient toujours deux blocs sans alliage, comme il est rafraîchissant de pénétrer dans le petit monde de M. Marcel Aymé ! On y rencontre des êtres dont toute une littérature voudrait nous faire croire que ce sont des êtres de légende, et même des monstres enfantés à plaisir, des lycéens qui font du marché noir et respectent leurs parents, des enfants qui dénoncent à la Gestapo comme on joue aux billes, des soldats allemands qui sont parfois de pauvres diables, des officiers allemands qui ne sont pas toujours des brutes, des femmes de petite vertu qui prennent plaisir à coucher avec les uns et avec les autres, des bourgeois français dont les réactions en présence de l'Occupation et de la Libération sont commandées par la crainte et l'égoïsme, etc. Bref, une collection de personnages dont les comportements sur le plan des affaires, de la famille ou de l'amour ne sont pas commandés unilatéralement et a priori par leur comportement sur le plan national ou politique, des collaborateurs qui ne sont pas noirs des pieds à la tête, des gaullistes qui ne sont pas blancs de la tête aux pieds ».

Ce regain de célébrité et de succès, auquel s'ajouta sa participation en 1946 à un court métrage, *Belles vacances*[1], exaspéra-t-il certains revanchards ? C'est possible. Toujours est-il qu'il reçut un pli de la Préfecture de la Seine, l'avisant qu'il était condamné à un « blâme sans affichage » pour « avoir favorisé les desseins de l'ennemi ». Mais pour quel motif précisément ? Ses articles et ses nouvelles dans *Je Suis Partout* ? Certes non. On aurait été en peine, d'ailleurs, de lui reprocher une seule ligne. On le sanctionnait

1. Retrouvé par Eric Le Roy, ancien assistant de J.-P. Mocky.

pour avoir vendu le scénario du *Club des Soupirants* à la Continental-Films, société allemande. C'était grotesque ! En d'autres temps, il aurait pu en rire. Mais l'époque ne s'y prêtait guère et il en conçut une vive amertume et un fort sentiment de révolte. Quoi ! Certains avaient bâti de grosses fortunes en approvisionnant les Allemands, et ils étaient libres. Ils tenaient même le haut du pavé, et lui, l'écrivain, l'amuseur, était sanctionné pour un divertissement qu'il avait eu la maladresse de vendre à une officine financée par des fonds ennemis. C'était trop injuste ! Il fallait réagir. La situation méritait plus qu'un haussement d'épaules et quelques propos ironiques. Il avait peut-être eu tort jusqu'alors de se contenter de sourire. Il s'était sans doute fourvoyé en se bornant à être uniquement spectateur de son époque. Il devenait nécessaire de faire plus. Peu à peu, il en arrivait à la conclusion que « l'écrivain devrait être non plus le témoin, mais la conscience de son temps [1] ».

Il avait donc une responsabilité vis-à-vis du public et entendait désormais l'exercer. Le 2 juin 1945, il fit une déposition devant le commissaire de police, Raoul Baron, au sujet de Robert Coquillaud, dit Le Vigan. Après avoir précisé qu'il ignorait tout des activités reprochées à l'acteur, il admit l'avoir entendu sur les ondes de Radio-Paris. Mais, à propos de son rôle à la radio de Sigmaringen, il assura ne pas avoir reconnu sa voix. Lors du procès de l'équipe de *Je Suis Partout*, pendant six jours, il suivit les débats au premier rang de l'assistance, « avec un visage d'angoisse et de consternation », écrira Lucien Rebatet en octobre 1967, dans *Rivarol.*

En bons termes avec Jean Paulhan, il s'intéressa à ses prises de position à l'encontre du Comité National des Ecrivains et les approuva. Alors qu'il en était l'un

1. Réponse à Michel de Saint-Pierre, *Les Nouvelles littéraires*, 3 octobre 1957.

des fondateurs, Jean Paulhan en démissionna au début de 1947, en compagnie de Duhamel, Schlumberger, Gabriel Marcel et les Tharaud, afin de protester contre le maintien d'un trop grand nombre d'écrivains sur les listes noires. Cette mesure de mise à l'index avait été très efficace car bon nombre d'éditeurs s'y étaient conformés. L'affaire éclata le 18 janvier 1947 dans les colonnes du *Figaro littéraire* à l'occasion d'un article de Jean Duché qui avait interviewé Vercors et Paulhan. Ce dernier constatait en particulier :

« Quand nous recevons un roman de Pierre Benoit, il nous vient du Canada, un livre de Jouhandeau, il nous vient de Suisse. Cette petite révocation de l'Édit de Nantes n'est pas seulement odieuse, elle est ridicule.

(...) Il n'a jamais manqué d'écrivains coupables, de Villon à Genêt, et de Racine à Verlaine. Ils ont été jugés ou non, condamnés ou non, ça n'est pas mon affaire. Mais l'on n'avait jamais demandé en tout cas aux autres écrivains de les juger. Nous ne sommes pas la conscience humaine, nous sommes de pauvres bougres, qui cherchons comme nous pouvons à dire ce qui nous paraît vrai et juste. Rimbaud montrait, en 1870, l'espoir que l'Ardenne serait immodérément pressurée par les Prussiens. Voyez-vous une assemblée d'écrivains se réunissant en 1871 pour interdire à Rimbaud d'écrire ? ».

Ces propos avaient déjà de quoi déplaire, mais le scandale vint surtout des lignes suivantes :

« Romain Rolland a trahi en 1914 la cause de la France comme son ami et disciple Chateaubriant devait la trahir en 1940 : il s'est enfui en Suisse. Il a dit que Français et Allemands, pour lui, c'était tout un. Voyez-vous une assemblée d'écrivains se réunissant en 1921 pour interdire à Romain Rolland de publier ? Elle nous paraîtrait aujourd'hui ridicule ? C'est pourtant ce que veut faire le C.N.E. Eh bien ! c'est là que je ne peux pas le suivre ».

L'attaque contre Romain Rolland, le pacifiste qui avait voulu se placer « au-dessus de la mêlée » et qui était très respecté, fit grand bruit. Marie Romain Rolland s'indigna dans *Le Figaro littéraire* du 1er février et les membres[1] du Comité directeur du C.N.E, adjurèrent Jean Paulhan, le 14 février, dans *Les Lettres françaises*, de

« mesurer la gravité d'une accusation si peu fondée, jetée sur la mémoire d'un homme qui incarna pendant une génération les plus hautes valeurs de la conscience et de l'amour des hommes. Calomnie d'autant moins tolérable qu'elle a pour but de semer dans les esprits la confusion au profit d'autres hommes à qui nous reprochons leur lâcheté ou leur infamie ».

Jean Paulhan se défendit et reçut l'appui de Marcel Aymé qui lui écrivit le 5 mai :

« Je reviens du Jura et je n'ai rien su de votre affaire Romain Rolland. Je la trouve passionnante et très opportune. Il me semble que de tels débats sont particulièrement souhaitables aujourd'hui, même (et surtout) si certains porte-plume sont abusés ou de mauvaise foi. C'est pour beaucoup d'entre nous l'occasion de mesurer à quel point nos façons de penser et de nous exprimer sont devenues conventionnelles. Comme vous, je pense ou plutôt je constate que Romain Rolland a trahi la cause de la France. C'est tout simplement un fait et on ne peut le discuter honnêtement qu'après l'avoir admis. Je ne m'étonne d'ailleurs pas qu'il y ait des gens pour contester l'évidence et d'autres pour vous reprocher d'avoir mis le doigt dessus. Autrefois les tabous et les postulats n'étaient souvent que des points de repère ou des drapeaux. Ils

1. Jean Cassou, Louis Martin-Chauffier, Charles Vildrac, Stanislas Fumet, Raymond Queneau, Aragon, Jean-Richard Bloch, Yvonne Desvignes, Paul Eluard, Mme Lahy-Hollebecque, Henri Malherbe, Claude Morgan, Léon Moussinac, Édith Thomas, Elsa Triolet, Vercors.

forment aujourd'hui un système de forteresses, un réseau si bien noué à travers les partis et confessions de toute espèce que la plus simple vérité est déjà le commencement de la trahison. Je n'exagère pas. Il y a en ce moment des tas de sujets dont on parle, ou plutôt qu'on effleure dans la conversation et dont on n'écrit pas. Je crois bien qu'en fait vous vous êtes mis dans votre tort. Il est vrai que Rolland a écrit ce que vous dites, mais il est également vrai que pour la commodité de notre époque conventionnelle, il est devenu la statue du national-antinational-socialisme. Vous ne pouviez manquer de faire scandale en prétendant voir en lui un homme et un écrivain. En tout cas, il me tarde bien de voir la suite de l'affaire ».

Comme le pressentait alors Marcel Aymé, elle prit des proportions très importantes et Jean Paulhan ne manqua pas de souligner l'intolérance de ses adversaires. Dans sa troisième lettre aux membres du C.N.E, il cita ainsi ce passage de Vercors au sujet des auteurs mis à l'index :

« Je ne juge pas. Je ne les condamne ni ne les punis — ni ne les acquitte. Ils m'inspirent de la répulsion, c'est mon droit, je pense ?... De penser à eux, ça me soulève le cœur. On ne veut pas les voir, c'est tout. Parce qu'ils nous dégoûtent, qu'ils nous débectent, que leur physionomie nous coupe l'appétit ».

C'était, bien sûr, le genre de propos que Marcel Aymé n'appréciait pas du tout. Le 5 juillet 1947, il s'en ouvrit à Paulhan :

« Les textes que vous citez dans votre « Troisième lettre » sont attristants. J'ai toujours pensé que les écrivains avaient, moins que tous autres, le droit de mépriser personne, puisque mépriser, c'est cesser de comprendre. Il me semble aussi que le mépris est le grand recours des criminels, le moyen de s'arranger avec leur conscience. Les geôliers des camps d'extermination avaient évidemment pour leurs victimes un mépris parfait.

J'imagine que si François Villon avait vécu sous l'Occupation, il aurait très bien pu faire partie de quelque bande à Bony. Et si Vercors prétendait ignorer son existence, je crois que ce ne serait regrettable que pour Vercors ».

Malgré l'enjeu des débats publics de cette époque, Marcel Aymé ne peut résister au plaisir de l'ironie en ajoutant ce post-scriptum :

« Voudriez-vous examiner la dernière phrase que vous citez dans votre lettre : « ... ceux qui ne peuvent avoir payé qu'aux yeux de la justice, mais non point de la conscience humaine ». Il me semble qu'elle est mauvaise, mais j'hésite à croire que le C.N.E ait pu faire une faute de syntaxe ».

De plus en plus attentif aux problèmes de son temps, Marcel Aymé, au début de 1949, prit bruyamment la défense de Maurice Bardèche, beau-frère de Robert Brasillach. Dans *Nuremberg ou la Terre promise*, Bardèche avait critiqué le comportement des magistrats qui représentaient la France au procès de Nuremberg. Il avait été inculpé mais d'abord laissé en liberté provisoire. Un mois plus tard, il était arrêté et incarcéré à Fresne. François Mauriac le défendit dans *Le Figaro* du 19 février, et Marcel Aymé prit la relève dans *Carrefour* le 23, avec un article au titre provocateur : « *La Lettre de cachet* ». Pour lui, le message était clair. Il s'agissait d'intimider les journalistes et les écrivains susceptibles de penser librement. D'ailleurs, la manœuvre pouvait réussir car Marcel Aymé constatait avec amertume :

« J'ai vu des écrivains, sollicités de protester contre l'arrestation de Bardèche, se défiler avec des regards peureux. D'autres, trop heureux d'avoir une raison, haussaient les épaules en s'écriant : « Bardèche ! Tant mieux s'il est en prison ! Un fasciste ! Un réactionnaire ! ». Car, si nous avons beaucoup d'écrivains honnêtes, la plupart ont la conscience borgne. Les uns ne voient que sur leur gauche, les autres sur leur droite ».

Il fallait donc frapper l'opinion publique et, le 1er avril, Marcel Aymé publia un autre article vengeur dans *Paroles françaises*, suivi de la pétition que voici :

« Nous, écrivains et journalistes soussignés, nous nous élevons de toutes nos forces contre cette consécration d'une déviation de la justice, dont nous sommes les victimes désignées ; protestons contre l'inculpation de notre confrère Maurice Bardèche et son incarcération, qui constituent une menace contre toutes les libertés ; réclamons sa mise en liberté immédiate et le droit, pour lui comme pour nous, d'exprimer dans nos écrits nos opinions sur la politique comme sur toute autre matière ; mettons en garde nos confrères contre les profiteurs susdits qui essaieraient d'acheter leurs consciences et de les détourner d'un devoir de solidarité ».

Bien que Bardèche fût un pestiféré, le manifeste rassembla de nombreuses signatures. Après celle de Marcel Aymé qui venait en tête, on notait celles de François Chalais, Albert Paraz, René Barjavel, Jacques Laurent, Galtier-Boissière, Henri Jeanson, Antoine Blondin, Jacques Perret, Jean Paulhan, Michel Déon, Paul Léautaud, Marcel Jouhandeau, Jules Supervielle, Marcel Arland, Louis Lecoin, etc. Marcel Aymé, qui commença alors à correspondre avec Albert Paraz le remercia en ces termes :

« Comme tu es gentil d'offrir ton nom pour aider Bardèche à sortir de prison si possible. Il vaut mieux que tu n'aies pas écrit une lettre vengeresse à Mauriac, car il a écrit dans *Le Figaro*, quelques lignes peu bienveillantes mais je crois très utiles [1] ».

En souvenir de cette période de tensions, au cours de laquelle la haine l'emporta sur la compréhension, il refusa la Légion d'Honneur, trois ans plus tard, et déclina aussi une invitation à l'Elysée. En 1950, dans *Le Crapouillot*, il confia même :

1. Bibliothèque nationale, département des manuscrits.

« Je regrette à présent de n'avoir pas motivé mon refus et dénoncé publiquement, à grands cris de putois, l'inconséquence de ces très hauts personnages dont la main gauche ignore les coups portés par la main droite. Si c'était à refaire, je les mettrais en garde contre l'extrême légèreté avec laquelle ils se jettent à la tête d'un mauvais Français comme moi et, pendant que j'y serais, une bonne fois, pour n'avoir plus à y revenir, pour ne plus me trouver dans le cas d'avoir à refuser d'aussi désirables faveurs, je les prierais qu'ils voulussent bien, leur Légion d'Honneur, se la carrer dans le train, comme aussi leurs plaisirs élyséens ».

A lire ces lignes, on s'explique mieux *Uranus* (1948) et *Le Confort intellectuel* (1949). Dans le premier, on comprend des passages comme celui dans lequel est présenté l'ingénieur Leroi :

« On ne lui connaissait pas d'étiquette politique ni même d'orientation, et il semblait peu probable qu'il eût été un résistant bien actif car il n'en parlait pas, et pourtant, le personnage ne se recommandait ni par la discrétion ni par la modestie. Dans un autre temps, aucun de ses collègues ne l'aurait pris au sérieux mais il avait derrière lui le mort de Buchenwald (un de ses frères) et le journaliste de Paris (un autre frère), et ses moindres propos sonnaient comme les trompettes de la Résistance ».

L'état d'esprit de Marcel Aymé dans les années d'après-guerre permet aussi d'expliquer certains propos acerbes de M. Lepage dans *Le Confort intellectuel.* Il est vrai que l'auteur a pris la précaution de s'imaginer en train de dialoguer avec son personnage. Mais on devine aisément ses sentiments quand il crée la scène au cours de laquelle un poète antinazi déclame un texte subversif dont voici les derniers vers :

« Roche desprise il se surlève du guidon
Trois degrés mourant sur vos échines haut et bas
Arc-en-ciel divisé la plaine est pleine et coule

La rivière crescendo
Le bruit blanc le chant allons au pré
Doux équilacérés la flamme torte fuligine la
Retombée coucou ».

D'ailleurs, *Le Confort intellectuel*, publié en feuilleton à partir de janvier dans *La Table ronde*, fit grincer des dents et des plumes. François Erval, dans *Combat*[1], estima que c'était un échec, et Roger Grenier, dans *Carrefour*[2], que M. Lepage rejoignait les staliniens dans sa défense du confort intellectuel. La fin de son article reprenait même un point de vue que Maurice Nadeau avait déjà développé dans sa critique du *Chemin des écoliers*, puisqu'il écrivait :

« M. Lepage n'aime pas beaucoup non plus la Résistance. Il la critique — ce qui est, après tout, son droit — d'une façon fort timide à côté de ce qu'on entend depuis quelque temps. A ces moments, Marcel Aymé fait l'effrayé comme si l'on courait les plus grands périls à attaquer la Résistance. En vérité, ce n'est tout de même pas si dangereux : tous les Vichyssois et les collaborateurs ont repris depuis longtemps la parole ».

Marcel Aymé ne laissait pas indifférent, c'est le moins que l'on puisse dire. Toutefois, si certains le jugeaient sans appel, d'autres savaient se montrer plus compréhensifs. Ce fut en particulier le cas du dominicain Bruckberger. Alors que Marcel Aymé avait été vilipendé avant-guerre par l'abbé Bethléem qui l'avait voué à l'enfer en raison de l'immoralité qu'il trouvait dans ses livres, notre romancier fut sollicité pour *Le Cheval de Troie*, revue littéraire de doctrine et de culture, dirigée par le Père Bruckberger. C'est d'autant plus piquant qu'il écrivait à sa sœur Camille, à peu près à la même époque[3] :

« (...) je me sens l'humeur anticléricale de l'oncle

1. Le 28 avril 1949.
2. Le 29 juin 1949.
3. Très précisément le 14 février 1949.

Alix. Peut-être est-ce à cause des familles pieuses qui sévissent dans ma maison. Il y a deux mois, une jeune fille installée au 4e par son amant s'est suicidée et tous les bien-pensants s'en sont réjouis indécemment, criant dans l'escalier que « la putain du 4e était crevée et que c'était bien fait ». Et un jour de pluie où les souliers étaient particulièrement boueux, Ada[1] a surpris notre très catholique voisin de palier en train de s'essuyer les pieds sur notre paillasson pour ne pas user et salir le sien ».

Quoi qu'il en fût, Marcel Aymé participa au *Cheval de Troie*. Il est vrai que le Père Bruckberger était un esprit fort et original, qui n'avait pas craint, par exemple, de commencer à définir les objectifs de sa publication en écrivant :

« Cette revue a une orientation doctrinale très nette. Nous pensons que cette netteté ralliera bien des esprits. Elle permettra même à des incroyants de soutenir avec nous le dialogue en toute liberté et sans compromission de l'une ni l'autre part ».

En fait, il voulait s'opposer à l'influence grandissante des jésuites et au ton saint-sulpicien qui s'imposait de plus en plus. Gaston Gallimard, libre-penseur, accepta de publier cette revue, séduit, semble-t-il, par la personnalité du Père Bruckberger. Il mit même à sa disposition bon nombre de ses collaborateurs qui ne « marchand(èrent) pas leur aide au jeune dominicain, pas plus que ces quelques femmes du monde qui font et défont les réputations littéraires et que Raymond Queneau (eut) tôt fait de baptiser "bruckbergères et bruckbrebis" »[2].

Malgré ce qu'il appelait son « humeur anticléricale », Marcel Aymé dut se trouver des affinités avec le dominicain car celui-ci prit fait et cause, au début de 1948, pour Jean Bassompierre, ancien officier de corps franc

1. Leur employée.
2. *Gaston Gallimard*, Pierre Assouline, Balland, 1984, p. 406.

aux côtés de Joseph Darnand en 1939, et surtout, ancien inspecteur général de la milice. Bassompierre fut fusillé le 20 avril 1948, mais les passions qui se déchaînèrent alors contribuèrent à l'échec du *Cheval de Troie*. Analysant lui-même ses difficultés, le père Bruckberger écrivait au début du dernier numéro de la revue :

« (...) Je me suis trouvé acculé d'extrême urgence, pour sauver la vie d'un jeune homme français et de bonne race, à faire, par-dessus certains partis pris, un appel à l'opinion publique. Je paie aujourd'hui très cher la netteté de mon langage. Tout cela est normal ou bien, comme dit la chanson, « il fallait pas y aller ». J'ai tout risqué pour la grâce de Bassompierre. J'ai tout perdu. Je demeure inconsolable d'avoir vu l'horrible vision de ce grand jeune homme souriant, s'effondrant sous les balles (...) ».

Marcel Aymé dut parfaitement le comprendre et il n'est donc pas si surprenant de trouver l'une de ses nouvelles, *En arrière*, au sommaire du dernier numéro du *Cheval de Troie*. En quelque sorte, il persiste et signe, mais soulève aussi la colère de certains qui n'admettent pas que l'on puisse passer pour anticlérical et collaborer avec le Père Bruckberger...

Découragé par tant de bêtise, il n'hésita pas à répondre par l'affirmative à une proposition de voyage aux Etats-Unis qui lui arriva, en 1948, par Guy de Clercq, neveu de Gaston Gallimard, au nom du célèbre magazine américain *Collier's*. On lui proposait de venir visiter les Etats-Unis et d'écrire quelques articles. Il accepta parce que, l'homme tranquille de Montmartre qu'il était, aspirait aussi à des horizons lointains. Après tout, Georges vivait en Indochine et Raymond en Afrique. Pourquoi n'irait-il pas, lui, en Amérique ? Depuis des années, il rêvait de s'y rendre et se désolait de ne pas avoir de talents d'orateur pour se faire inviter comme conférencier. L'occasion était trop belle. Il fallait la saisir, ce qu'il fit avec enthousiasme. Mais il déchanta dès qu'il fallut se soumettre aux procédures administratives. On lui demanda en effet une pièce attestant qu'il était employé en France de manière permanente, plus un autre document certifiant qu'il possédait des intérêts d'affaires en France et, enfin... un troisième certificat assurant que ses livres constituaient des biens importants dans son pays...

« Si j'avais eu connaissance des pièces à fournir, confia-t-il à Gaston Gallimard, si j'avais pu soupçonner le degré de connerie et muflerie de ces gens-là, jamais je n'aurais formé ce projet d'un voyage qu'ils nous présentent comme la récompense d'une vie de droiture et de labeur dans les activités cossues ».

Gaston Gallimard arrangea tout, et notre écrivain débarqua à New-York pour y séjourner six semaines, le mardi 20 avril 1949, en compagnie de Marie-Antoinette. Il y était attendu par Pierre Tisseyre, éditeur de Montréal, à l'origine de l'invitation et qui devait être son cicérone. Le voyage sur l'Ile-de-France avait été des plus agréables pour le romancier et son épouse, et, de son côté, Pierre Tisseyre se promettait des moments d'intense émotion avec celui qu'il tenait pour l'un des plus grands écrivains de son époque. Or, Marcel Aymé se taisait. Tout au plus laissait-il échapper de temps à autre quelques mots que Pierre Tisseyre recueillait avec respect. Mais c'était vraiment peu. Heureusement, la volubile Marie-Antoinette s'employait du mieux qu'elle pouvait à entretenir la conversation. Un soir, à Buffalo, Marcel Aymé prêta à son guide un exemplaire du *Confort intellectuel* qu'il venait de recevoir par avion. Tisseyre, impressionné, le remercia chaleureusement, mais, rentré dans sa chambre, s'endormit dessus à la quatorzième page car la journée avait été harassante. Interrogé le lendemain, il avoua piteusement son sommeil à Marcel Aymé qui, « les yeux pétillants de malice et retenant péniblement un fou rire prit sa femme à témoin : « Marie-Antoinette, tu l'entends, le cochon. Il a le culot de me dire que je l'ai endormi en quatorze pages. » Ravi, détendu, avec une verve gouailleuse que seuls connaissaient ses amis, il se mit à parler, me taquina, se moqua de ma diplomatie, assura qu'il aurait été moins vexé si je n'avais fait que somnoler[1]... ».

La glace était rompue, et Pierre et Marcel devinrent amis. Ils sillonnèrent les Etats-Unis de New York au Pacifique, visitant, regardant, discutant. Marcel Aymé ne parlait pas anglais. « Je ne gazouille pas un broque d'amerluche, avait-il écrit à Albert Paraz[2]. Ce sera pour moi six semaines de cinéma muet ». Or, après une soirée où il ne put s'exprimer qu'au moyen d'un interprète, et passa surtout son temps à écouter, on lui dit qu'il avait beaucoup impressionné un éditeur américain. « Il a sans doute été conquis par mon éloquence », répliqua-t-il de sa voix lente et monocorde. Les textes qu'il adressa à *Collier's* ne furent jamais publiés car notre Montmartrois était revenu très sceptique à l'égard de la civilisation américaine. Une nouvelle comme *Le Mendiant* n'est effectivement pas des plus élogieuses pour la pratique religieuse outre-Atlantique. Quant à *Louisiane* et à *La Mouche bleue*, elles en disent long également sur l'impertinence de ses observations. Avant de rentrer en France, Marcel Aymé séjourna pendant quelques jours à Montréal, chez les Tisseyre dont il devint l'ami au point d'accepter d'être le parrain d'un de leurs enfants.

De retour en France, Marcel Aymé eut à se préoccuper de sa famille. Déjà, en 1947, il avait été confronté au décès de son père, Faustin, sans pouvoir d'ailleurs se rendre à l'enterrement. Le 2 décembre, Georges racontait à Camille :

« Nous avons inhumé papa au cimetière de Thiais hier après-midi. Marcel malade au moment même de

1. *M. Aymé tel que nous le connaissons*,. *La Presse de Montréal*, 19 mai 1961.
2. Le 9 mars 1949.

partir n'a pu venir et Raymond est resté près de lui.(...) J'avais vu papa il y a une quinzaine et rien ne faisait prévoir que la fin fût si proche ; j'ai vu les infirmières qui l'ont soigné ; il s'est éteint sans souffrances et sans même s'en rendre compte.

Obsèques civiles naturellement ; j'avais retrouvé un testament exprimant sa volonté formelle à ce sujet. J'ai mis dans son cercueil comme il l'avait demandé son insigne de la libre pensée. Il était président du Groupe de la Libre Pensée de Reugny comme aussi du groupe antifasciste. Au surplus son anticléricalisme était sans haine et il était fort bien avec le curé de Reugny.

(...) Avant hier j'ai relu le livre de raison de papa, son livre de compte de 1909 à 1932. Il a beaucoup fait pour nous tous et jusqu'en 1917 inclus. En cette année 1917 il a envoyé à la tante plus de 2000 f (or)[1], ce qui n'est pas mal pour un homme qui avait 900 f de retraite...

(...) Quelle qu'ait été sa situation matérielle, il a toujours tenu à ne rien nous demander et ce que nous avons fait pour lui à la fin de sa vie, il l'a ignoré car il n'était plus capable de se rendre compte du prix nouveau de la vie. Ayant donné à ses enfants le soin de gérer ce qu'il avait après 1943, il a considéré à très juste raison d'ailleurs, qu'il avait fait tout ce qu'il devait (...) ».

Dans cette lettre, on reconnaît l'écriture de Georges, mais elle a considérablement évolué. Avant la guerre, elle était très marquée, très appuyée et exprimait beaucoup d'énergie. En cette fin de 1947, elle paraît, au contraire, pleine de lassitude. Rentré en France depuis deux ans, le général Georges Aymé est, en effet, un homme malade qui a subi bien des épreuves. Après ses faits d'armes en 1940, dans la région de Reims[2], il

---

1. A multiplier par 20 pour obtenir l'équivalence en francs d'aujourd'hui.

2. Cf. chapitre XIII.

avait été affecté en Extrême-Orient, où son épouse Alix, l'avait rejoint, avec leurs deux enfants, Michel et François... Un ancien d'Indochine, M. Chenivesse a confié au sujet de celle-ci[1] :

« Alors que j'étais reçu au palais royal de Louang-Prabang, mon attention (...) fut attirée par les grandes fresques sur la vie laotienne d'Alix de Fautereau. Je connus là-bas cette artiste — à la ville Mme Alix Aymé — qui était l'épouse du général commandant (...) et donc belle-sœur de l'écrivain Marcel Aymé. Mme Aymé fut professeur à l'école des beaux-arts d'Hanoï, où elle a largement contribué à relancer la laque. Je devais la revoir plus tard à Rouen, où elle présentait une exposition de ses propres œuvres sur laque. La parenté d'Alix de Fautereau avec Marcel Aymé l'avait fait amicalement surnommer, en Indochine, la Jument verte... ».

Alix Aymé s'était effectivement initiée avec bonheur à l'art de la laque. Son célèbre beau-frère lui rédigea même, en 1958, une préface pour le catalogue de l'une de ses expositions parisiennes :

« Entre l'étroite imitation naturaliste et la déformation étroite, systématique, du modèle poussé parfois jusqu'à l'abstraction, il existe une peinture essentiellement subjective qui, tout en se comportant avec une grande liberté à l'égard de la nature, prétend exprimer par des lignes simples une beauté et une harmonie rationnelles où chacun peut trouver à satisfaire le goût d'une logique familière et le besoin du rêve.

C'est dans cette région de l'art qu'Alix Aymé a choisi d'exercer son effort.

Sa connaissance de l'Extrême-Orient, des stylisations chinoises et japonaises dont la grâce et la fantaisie s'accommodent de disciplines traditionnelles devaient la pousser décidément vers la recherche des délicates mélodies de la nature exprimées dans un style simple

1. *Le Monde*, 31 octobre 1992.

et clair. Le métier de la laque, étudié dans le pays d'origine, était bien fait pour servir un art qui tend à ne retenir du modèle que les éléments les plus harmonieux et les plus décoratifs. Ces plages de couleur, d'une matière si pure et aux frontières nettes, réduisent l'espace à des plans superposés et, supprimant le modèle, confèrent au trait la valeur qui nous frappe chez nos primitifs et dans les estampes chinoises ».

Mais de 1940 à 1945, l'Indochine fut aussi le théâtre d'affrontements violents entre Français et Japonais. Après la défaite de 1940, ces derniers, alliés aux Allemands, avaient obligé le gouvernement de Vichy à accepter leur présence aux termes d'un accord dit de « défense commune ». Par ce biais, ils purent faire stationner des troupes en Indochine et préparer une invasion, d'autant plus que le commandement français était désuni. Ainsi, sommé par l'amiral Decoux, en juillet 1944, de faire acte d'allégeance, le général Georges Aymé trouva le moyen de refuser.

« Je constate que, câbla Decoux à Laval, lui ayant demandé que son ordre du jour comporte une phrase affirmant la fidélité des troupes de l'Indochine au Maréchal, il m'a répondu que l'ordre du jour était déjà à l'impression et que la mention demandée n'y figurait pas, par conformité avec la tradition militaire de ne faire aucune allusion politique dans un document militaire ».

Malheureusement, les généraux Mordant et Aymé, « deux têtes sous le même bonnet[1] », ne réussirent pas à faire face à la situation créée par la menace japonaise. Si l'on en croit le général Paul Huard, représentant des forces gaullistes en Indochine, Georges connut même des périodes de découragement.

« Le 7 décembre (1944), écrit-il[2], je vins prendre

1. *Le Corps léger d'intervention et l'Indochine* (1943-1946), Paul Huard. Chez l'auteur, Divajeu, 26400 Crest.

2. *Op. cit.*, p. 111.

congé du commandant supérieur. Son attitude conciliante et modérée devenait facilement détachée, sinon désabusée, quand il était seul. La conversation prit un tour personnel. Il me remit une lettre pour son frère, l'écrivain Marcel Aymé et semblait résigné à un avenir sombre, quand il me dit en me serrant la main : « Je ne sais pas quand nous nous reverrons ; enfin, j'ai déjà vécu près de cinquante-cinq ans ».

Le 9 mars 1945, il semble bien que le général Georges Aymé ne mesura pas toute l'importance des renseignements qui lui parvenaient.

« Cet officier général me reçut dans le Hall de son Q.G, rapporte le lieutenant-colonel Cavalin[1]. Il semblait extrêmement las. Il ne prit pas au sérieux les renseignements, prétendant que la Sûreté en fournissait de très pessimistes depuis le mois de juillet, ce qui était exact (...). Il me congédia en me disant qu'il allait mettre le Délégué général au courant ». Une autre source dit : « le général bâille à plusieurs reprises et s'impatiente ».

D'après le général Sabattier, que cite également Paul Huard, Georges Aymé lui téléphona par fil direct pour lui dire que le général Mordant et lui-même étaient opposés à la consigne complète de la citadelle. A 13 h, il donna même l'ordre de déconsigner une partie de la garnison. Mal lui en prit car les Japonais attaquèrent le soir vers 20h et le firent immédiatement prisonnier. Mis en demeure de signer un texte ordonnant le désarmement des troupes, il refusa obstinément, fut incarcéré et maltraité. On raconte que les Japonais torturèrent alors sous ses yeux Michel, fils d'un premier mariage d'Alix, et le mirent à mort. Le général Georges Aymé ne se remettra pas de ses souffrances. Libéré à l'automne de 1945, il rentrera en France pour y mourir quelques années plus tard. Cependant, Marcel croira jusqu'au dernier moment

1. *Ibid.*, p. 151.

pouvoir sauver son aîné. Le 16 décembre 1949, il écrivait à Camille :

« J'ai interrompu ma lettre hier soir, car Alix est arrivée et nous a apporté une bien dure nouvelle. Tu sais que Georges est malade et qu'on le soigne au Val de Grâce. L'examen a révélé qu'il avait dans la région de la clavicule une tumeur cancéreuse ramifiée dans la poitrine. Il souffre d'ailleurs beaucoup. D'après les renseignements que j'ai fait prendre auprès du médecin qui le traite, il y aurait peu d'espoir de le sauver et l'échéance ne serait pas éloignée de plus de sept ou huit mois. J'ai pourtant un grand espoir. J'avais lu, il y a deux mois, dans *La Bataille*, une enquête sur un nouveau sérum, le 816, et j'avais pris alors des renseignements auprès de l'enquêteuse, M.-J. Viel. Elle avait reçu à la suite de son enquête un nombreux courrier, surtout de médecins qui avaient utilisé le sérum et qui avaient obtenu des cures radicales là où les traitements classiques n'avaient rien donné. Je m'étais informé pour un ami qui croyait avoir une tumeur cancéreuse et qui n'avait en réalité qu'une tumeur bénigne. Ce matin, j'ai donc retéléphoné à cette Marie-Jeanne Viel en lui demandant de téléphoner au professeur Estripart qui a mis au point ce sérum 816. Il venait de partir pour Dieppe traiter un malade et rentrera aprèsdemain lundi. Je compte aller le voir avec Alix et Edouard le jour même de son retour. M-J Viel m'a confirmé ce qu'elle m'avait déjà dit à propos de ces cures. Elle prétend même que dès après la première piqûre, le malade cesse de souffrir. La difficulté est que les médecins des hôpitaux et surtout ceux du Val de Grâce n'admettent pas d'autre traitement que le leur. Le sérum 816 a contre lui tous les spécialistes et tous les radiologues qui vivent plus ou moins du cancer. Je pense qu'il faudrait donc faire sortir Georges du Val de Grâce et le soigner ou chez lui ou dans une clinique. Jusqu'à présent, le médecin traitant lui a caché la vérité sur son état, mais il sera nécessaire de lui dire quelle est sa maladie pour le traiter au 816. Le sérum n'est pas une affaire commerciale, le professeur qui le fabrique le donne pour rien à tous les médecins qui lui en font la demande.

J'étais très inquiet tous ces derniers jours, mais depuis hier soir, j'ai passé de bien tristes moments. La pauvre Alix fait peine à voir. Tout à l'heure, je suis allé voir Georges pour la première fois depuis qu'il est malade, car il ne voulait pas de visite. Il ne souffrait pas, car il venait d'avoir de la morphine. Et bien qu'il ne dorme presque pas, il n'avait pas un visage de malade. Il paraît optimiste quant à son état et ne se doute évidemment de rien ».

Georges Aymé mourut au Val de Grâce le 25 janvier 1950, alors que s'ouvrait le procès de Louis-Ferdinand Céline, dont Marcel Aymé s'occupa également beaucoup à cette époque. Marcel et Ferdinand se connaissaient depuis les années trente, lorsqu'ils étaient venus habiter Montmartre, l'un au 98 de la rue Lepic, et l'autre au 9 ter de la rue Paul-Féval. Tous deux fréquentaient Gen Paul, Le Vigan, Daragnès, Ralph Soupault, Labric, etc. Mais, en plus de ces amis communs, ils avaient fini par s'admirer mutuellement. Marcel l'impassible, Marcel le réservé, se délectait du flot de paroles et du lyrisme de Louis-Ferdinand qui, pour sa part, appréciait la concision et les images pittoresques du style de Marcel. La guerre venue, les deux écrivains s'étaient souvent vus à Montmartre et Louis avait même fait son entrée dans la littérature de Marcel qui, facétieux, lui avait accordé quelques lignes dans *La Carte*[1] :

« Dans les files d'attente, j'ai reconnu, non sans émotion et, je dois l'avouer, avec un secret contentement, des camarades de Montmartre, écrivains et artistes : Céline, Gen Paul, Daragnès, Fauchois, Soupault, Tintin, d'Esparbès et d'autres. Céline était dans

1. Dans *Le Passe-Muraille*, 1943.

un jour sombre. Il disait que c'était encore une manœuvre des Juifs, mais je crois que, sur ce point précis, sa mauvaise humeur l'égarait ».

Dans une autre nouvelle, *Avenue Junot*, il s'était aussi amusé, sans malice, à dresser un portrait de Céline et à pasticher son style.

« C'est alors qu'habillé d'un imperméable flasque et d'un pantalon effrangé, ruiné, ses lunettes de motocycliste pendues au cou, un bidon d'essence à la main, ses épaules cuirassières ployant un peu sous le poids de ses ruminations, Ferdinand Céline déboucha dans le boudoir et dit : « Salut les hommes, vous avez vu ça, les journaux, ils nous balancent un drôle de bignolage, une fanfare au caillé noir qui baratine l'enfer dans les petites têtes du trèpe, qu'avant six mois, oui mes vaches, les tinettes à Lebrun, elles dégorgeront du sang frais et de la fricassée et du mutilô et vas-y Durand, mes tripes d'un côté, mes gambilles de l'autre, Löwenstein à Valparaiso, et marrez-vous bien, la merde qui monte, plus d'hommes, plus de Francecaille, un dernier glouglou bien merdeux, fini, plus question. En attendant, sus aux barbares, sonnez clairons, emballez mes osses et plantez un saule ».

Cette parodie fut très appréciée en général, mais le principal intéressé rit jaune. Il se demanda ce que préparait Marcel, et surtout s'il n'était pas en train de pactiser avec ses ennemis. Ferdinand devenait méfiant, soupçonneux. Il se croyait persécuté et, dans son pseudo-délire, il finit par en vouloir à Marcel. Quand il l'évoqua, dans *Maudits soupirs pour une autre fois*[1], il ne fut pas tendre puisque le nom qu'il lui donna, (Marc) Empième, est un terme de médecine qui désigne une accumulation de suppurations... Mais ce n'est pas tout. Un passage entier lui est consacré, sans aucune aménité.

« Y a qu'un petit côté qui me chiffonne... il m'en a

1. Gallimard, 1985.

foutu deux ou trois coups là qu'étaient vachards... des vapes dans ses contes, des soi-disant burlesqueries, des petites nouvelles mine de rien... où je me trouve gentiment servi... « Mort aux Juifs ! » que je hurle par hasard, comme ça, pour faire rire le monde... Pas mieux pour me faire assassiner... le monde comprend la plaisanterie... il est facétieux au possible... ça m'a fait de la peine tout d'abord, et puis j'en ai vu tellement d'autres... Je lui en ai voulu à Marc... enfin deux trois jours... le temps que j'ai dans mes rancunes... Seulement au moment n'est-ce pas, dans *Je Suis Partout* où il écrivait, ça faisait une coquine d'impression, ça m'attigeait un peu plus, lui, il se dédouanait du même coup... la preuve qu'il s'en est bien tiré... C'était la galipette à faire, toute tortue figée qu'il me semblait. Y avait de l'acrobate dans cézigue... Il avait plus de voltige que moi... de rétablissement poil de cul... C'est le vrai talent voilà c'est tout ».

La folie de la persécution égarait complètement Céline car, après-guerre, Marcel Aymé fut l'un de ses amis les plus fidèles. Non seulement il correspondit avec lui, mais se soucia aussi de la meilleure stratégie à adopter pour le réhabiliter aux yeux du monde littéraire. Le 10 avril 1949, juste avant son départ pour les Etats-Unis, il répondit à Albert Paraz qui voulait agir en faveur de Céline :

« (...) Je suis embarrassé pour te donner un avis. Je suis persuadé qu'il vaut mieux pour lui qu'on ne fasse pas de tam-tam comme pour Bardèche. On risque simplement de réveiller une hargne somnolente et sans autre bénéfice. Le mieux est qu'il publie <u>souvent</u>[1] dans des périodiques et en livres et qu'il réhabitue le public à voir sa signature sans rappeler, par une campagne qui soulèverait rapidement des polémiques, qu'il a fait figure de pape de l'antisémitisme.

D'autre part, si on ne fait rien et qu'il en soit malade

1. Souligné dans le texte.

de rage et qu'il ait le sentiment d'être lâché et persécuté, c'est fâcheux aussi. Peut-être pourrais-tu lui présenter qu'articles et pétitions en faveur de Bardèche n'ont rien donné (puisqu'il est toujours en prison) et n'ont peut-être fait que le desservir, car je me demande vraiment si ce que nous avons fait (sans cohérence et sans unanimité) n'a pas durci les rancunes de ceux qui le maintiennent en prison. Je suis sûr et tu en es aussi sûr que moi, qu'on n'obtiendra pas une mesure de grâce pour Ferdinand seul et qu'il ne peut être tiré d'exil que par une mesure générale d'amnistie.

M'en voudrait-il d'avoir écrit des articles pour Bardèche et pas pour lui ? Si, contre toute raison, il voulait qu'on fasse quelque chose dans ce sens, il pourrait compter sur moi (...) ».

En janvier 1950, alors que Georges est mourant, Marcel Aymé ne délaisse pas pour autant la cause de Ferdinand. Avec Pierre Monnier, il cherche à rassembler des témoignages favorables pour les citer lors du procès qui va s'ouvrir. Il continue à correspondre avec Albert Paraz qui lui écrit :

« J'ai lu ton article dans *Les Nouvelles littéraires*[1]. C'était remarquablement courageux. Sais-tu que c'est probablement la première fois qu'ils écrivent le nom de Céline depuis la Libération. Ils ont refusé, pendant six mois, la publicité payante[2] du *Gala des Vaches*. Ils ont fini par accepter il y a quelque temps.

Tu as dû remarquer l'article de Kemp qui lui ne parle pas du tout de Céline. Une chose n'est pas mal non plus, c'est le choix des phares du demi-siècle dans *Le Monde* publié en première page de ce même numéro.

Céline m'écrit des lettres où il montre qu'il est tourmenté, inquiet, malade. Il faudrait lui donner le sentiment qu'on veut faire quelque chose pour lui et créer

1. *Humour rose et noir*, le 29 décembre 1949.
2. Souligné dans le texte.

un climat favorable avant son procès. J'ai des copains qui s'en occupent. Cypriani que tu connais t'en parlera peut-être.

Il y a certainement des faits à expliquer simplement au public, en particulier les attendus du jugement Denoël acquitté comme n'ayant absolument pas imprimé, sous l'Occupation, de livres en faveur de la collaboration.

Il y a le premier juge qui avait conclu à un non-lieu et à qui une intervention personnelle de Mayer a secoué le dossier pour faire basculer Céline à l'article 83.

Je sais que tout cela ne te laisse pas indifférent. Peut-être voudras-tu te tenir en rapport avec des copains dont Cypriani et Monnier, l'éditeur du *Casse-Pipe* ».

De toute évidence, Marcel Aymé n'était pas indifférent. Le 13 janvier, *Le Libertaire* publia sa réponse à une enquête menée par M. Lemaître pour savoir ce que les grands écrivains pensaient du procès.

« Ses ennemis, avait-il déclaré, auront beau mettre en jeu contre lui toutes les ressources d'une haine ingénieuse, Louis-Ferdinand Céline n'en est pas moins le plus grand écrivain français actuel et peut-être le plus grand lyrique que nous ayons jamais eu. Le fait est que la jeune littérature procède de lui sans oser s'en réclamer. La IVe République ne s'honore pas en tenant en exil un homme de cette envergure. Elle ne se montre pas non plus très habile, car Céline exilé pourrait un jour écrire des *Châtiments* que tous les Français liraient avec plaisir ».

Trois jours après, il écrivait à Paraz :

« J'ai vu hier Cypriani. Il est convenu que je dois écrire un article sur Céline en tirant argument de l'acquittement de la maison Denoël et après avoir reçu les avis éclairés de Me Naud. Je trouve qu'on a déjà trop parlé de cette histoire Denoël et qu'il vaudrait mieux à l'avocat la garder fraîche pour le jour de l'audience sans offrir préalablement au procureur l'occasion de chercher le défaut de la cuirasse. Est-ce qu'il ne vaudrait pas mieux essayer d'expliquer humainement l'antisémitisme de Céline, montrer qu'il est parti d'un grief personnel que son lyrisme et sa nature excessive ont amené à transposer sur un plan littéraire ? Dire que si l'objet de sa rancune avait été au départ un protestant ou un curé, il aurait pareillement écrit un pamphlet antiprotestant ou anticlérical ? Ajouter que cette inimitié devait suivre une courbe qui, après avoir trouvé son maximum, devait aussi retomber à zéro ? L'argument Denoël (qui ne vaut pas grand-chose puisque la maison Denoël a fait imputer tous les faits reprochables à feu Denoël) est un argument juridique qui ne touche guère le public et moins encore les milieux littéraires qui ont leur opinion sur *Les Beaux Draps*.

J'aimerais bien que tu me dises ce que tu en penses et ce que peut en penser Ferdinand lui-même. Est-ce qu'il faut prendre un ton agressif ou au contraire un ton conciliant qui essaierait d'adoucir les rancunes ? Je sais bien qu'un article ne peut pas grand-chose, mais puisqu'on le fait, il vaut mieux en tirer le maximum d'efficacité ».

A lire ces lignes, l'on se rend compte qu'il a déjà en tête une partie de ses futurs argumentaires en faveur de Céline et qu'il sera toujours solidaire de sa cause. La même impression ressort de la très longue lettre qu'il enverra au président du tribunal, le 30 janvier :

« Monsieur le Président,

En tant que confrère de Céline, je me permets d'attirer respectueusement votre attention sur certaines circonstances de sa carrière littéraire qui m'ont paru susceptibles d'éclairer d'un jour nouveau les faits qui lui sont reprochés par l'accusation.

D'après l'exposé de M. le Commissaire du gouvernement, que Me Naud a bien voulu me communiquer, il apparaît que les reproches les plus graves formulés contre Céline sont (je cite l'accusation) : « d'avoir fait paraître sous l'Occupation un ouvrage intitulé *Les Beaux draps* » et « d'avoir autorisé son éditeur à rééditer *Bagatelles pour un massacre* ».

Ce qui n'apparaît nulle part à la lecture de cet exposé, c'est le lien d'extrême dépendance dans lequel se trouvait Céline à l'égard de son éditeur. Ignorant de ses droits d'écrivain, il s'était laissé imposer par les éditions Denoël un contrat très dur pour lui et d'un caractère nettement anormal. C'est ainsi que la clause la plus importante, celle qui engageait sa carrière d'auteur, est ainsi rédigée : « Louis Destouches, Louis-Ferdinand Céline, réserve aux éditions Denoël-Steele l'exclusivité de toutes ses productions littéraires à venir ». Ce seul paragraphe ne comportant aucune obligation de nombre ni de date, et par là même illégal, constituait à l'égard d'un écrivain débutant un véritable abus de confiance. Une autre clause assimilant cyniquement l'écrivain à une marchandise est ainsi rédigée : « L'auteur, en aucun cas, ne pourra être *cédé* à une autre raison sociale ». En outre, rien dans ce contrat n'autorisait l'auteur à reprendre possession de ses œuvres, à quelque moment et sous quelque prétexte que ce fût. Le reproche qui est fait à Céline d'avoir, sous l'Occupation, autorisé son éditeur à rééditer par exemple *Bagatelles pour un massacre*, est donc parfaitement injustifié. Non seulement il n'avait aucune autorisation à donner, mais il lui était impossible de formuler aucune interdiction ou opposition. Les ouvrages incriminés étaient réédités automatiquement par la maison Denoël, pour des raisons d'ordre commercial que Céline n'était pas appelé à débattre.

Il y a plus, et cette étroite dépendance où était tenu Céline par le plus absurde des contrats ne pouvait qu'avoir des conséquences anormales dans ses rapports d'auteur à éditeur. Comme il est habituel chez les éditeurs, la maison Denoël s'efforçait de faire prévaloir sur toutes autres considérations le point de vue commercial, et son contrat avec Céline lui offrait justement des chances sérieuses d'y parvenir. Lorsqu'un écrivain se voit lié pour la vie à un éditeur auquel il a eu l'imprudence et la naïveté d'abandonner la propriété littéraire de ses œuvres présentes et à venir, il ne peut rester indifférent à ses suggestions. Certes, Céline n'est pas un homme à se laisser contraindre ou intimider, mais son éditeur, profitant d'une intimité forcée dans laquelle les positions respectives étaient inégales, le manœuvrait adroitement afin de l'amener à ses vues et, pour mieux dire, le « chauffait ». C'est ainsi que Céline, ayant écrit dans un moment d'humeur *Bagatelles pour un massacre*, n'aurait pas pensé à écrire *L'Ecole des cadavres*, qui traite du même sujet, si son éditeur, qui voyait là une nouvelle source de profits, ne l'y avait poussé en exploitant l'état de nervosité dans lequel l'entretenaient les polémiques du moment. C'est là du moins ce que j'ai cru pouvoir conclure des conversations que j'ai eues avec Céline à l'époque.

Et j'ai la quasi-certitude que *Les Beaux draps* ont été écrits sous la même influence. Engagé pour la durée de la guerre en 1939, Céline, lorsqu'il rentra dans ses foyers en 1940, était aussi peu disposé que possible à écrire sur l'actualité politique. Ce qui suffirait à le prouver, c'est la réserve qu'il a observée pendant l'Occupation. Il lui eût été facile de se mettre en vedette. Tous les journaux lui ouvraient leurs colonnes, le sollicitaient d'écrire des éditoriaux retentissants. Il ne l'a pas voulu. D'ailleurs, il méprisait et détestait en bloc tous les journalistes et écrivains qui flattaient l'occupant et s'empressaient à le servir. Si, après l'armistice, il a écrit *Les Beaux draps*, c'est qu'il y a été poussé, provoqué, par son éditeur qui lui représentait comme un devoir patriotique la nécessité d'exprimer hautement l'exaspération et l'amertume qu'il ressentait de la défaite. Dans la parution de ce livre, la responsabilité de l'éditeur est donc bien autre chose que celle envisagée par la loi.

Pourtant, les éditions Denoël, si étroitement, si

anormalement solidaires de l'auteur Céline, ont été acquittées par la cour de justice en ce qui concerne l'accusation d'avoir publié pendant l'Occupation des écrits de nature à nuire à la défense nationale. Si la juridiction compétente a statué que la publication des *Beaux draps* n'avait rien de délictueux, il semble aller de soi qu'elle ne puisse être retenue contre Céline, surtout si l'on considère la nature du contrat qui liait l'auteur à l'éditeur.

D'autre part, l'exposé de M. le Commissaire du gouvernement retient contre Céline le fait qu'il « était abonné aux *Cahiers France-Allemagne* ». Il y a évidemment là une erreur d'information. Céline n'était pas abonné. Les *Cahiers France-Allemagne* lui faisaient le service de leur publication, ainsi qu'ils le faisaient aux écrivains demeurant à Paris, et sans distinction de tendance.

J'espère, M. le Président, que ces remarques, qui m'ont été dictées par mon expérience professionnelle d'écrivain, n'auront pas été inutiles à l'éclaircissement de l'affaire.

Et je vous prie, M. le Président, de recevoir mes sentiments respectueux ».

Dans son argumentation, Marcel Aymé avait suivi les conseils de Paraz qui s'était empressé, le 18 janvier, de le mettre en garde contre le danger qu'il voyait à expliquer humainement l'antisémitisme de Céline, « d'autant plus, précisait-il, que Céline actuellement n'est plus tout à fait antisémite, s'il l'a jamais été ». Néanmoins Ferdinand ne trouva pas grâce aux yeux de la justice française. Mais ses amis continuèrent à se préoccuper de son sort et le 1er mars 1950, Marcel Aymé annonçait à Albert Paraz :

« Eu hier un coup de téléphone d'une journaliste qui venait de voir Ferdinand sur son bord de mer. Elle rentrait très alarmée et il semble qu'il y ait de quoi. Elle l'a trouvé au lit, ne se levant pas depuis une semaine et des maux de tête très douloureux, assez inquiétants pour faire craindre une intervention chirurgicale. A peine s'il peut faire quelques pas en peinant sur une canne. Avec ça un moral à 25 au-dessous et le jugement le désespère. Je lui ai écrit aussitôt pour essayer de le remonter et le presser de quitter son foutu bord de mer pour aller s'installer à Barcelone, par exemple, où il serait à carreau et pourrait s'épanouir au soleil dans une latinité tout de même plus riante que ces brouillards baltiques. J'ai essayé aussi de le rassurer quant aux résultats du procès , lesquels en vérité ne sont pas à beaucoup près aussi désastreux qu'il veut le croire. L'année de prison doit pouvoir s'enquiller dans les dix-huit mois accomplis à Copenhague. De plus, la confiscation de la moitié des biens, selon certains tuyaux, serait purement virtuelle et sans effet, ce dont je vais d'ailleurs m'assurer plus précisément. Je n'ai pas besoin de te dire de le remonter, je sais bien que tu n'auras pas attendu mes avis, mais insiste pour qu'il s'arrache à ce Danemark où il semble avoir pris goût et délectation à son cafard et tourné au masochisme. Je veux tout de même espérer qu'il n'est pas aussi mal en point que l'a vu notre journaliste et qu'il l'aura bluffée un peu. »

Un an après, du 8 au 11 mars 1951, Marcel ira même rendre visite à Ferdinand à Klarskovgaard, à l'occasion d'une représentation de *Clérambard* à Copenhague. A la fin de 1952, lorsque Jean Dubuffet cherche à faire paraître une édition de luxe des inédits de Céline pour lui assurer « une sécurité de 40.000 f par mois, grâce à quoi ses tracas se trouveraient aplanis [1] », outre celle d'Henri Mondor et de Paul Marteau, il enregistre immédiatement la souscription de Marcel Aymé. Le projet n'aboutira pas, à la demande de Céline lui-même, en mars 1953, alors que le nombre des souscripteurs s'élevait à douze. A cette époque, le

1. Lettre de Jean Dubuffet à Paul Marteau du 19 décembre 1952, *Tout Céline*, vol. IV, univ.Paris VII.

24 mars précisément, Marcel, fort de son analyse selon laquelle les brumes du nord ont été néfastes pour Ferdinand, s'adresse à Giono, qu'il ne connaît pas particulièrement bien, pour essayer de trouver une petite maison en Provence où Ferdinand puisse s'installer et exercer un peu la médecine.

« Si Giono a lu certains romans de Céline, s'il le cite parfois, il n'a jamais rencontré l'homme ni manifesté de sympathie à son égard. Mais il répond aussitôt. Sa lettre est perdue, Marcel Aymé ayant coutume de jeter les lettres reçues. Mais Céline, le 31 mars, écrit à Giono que M. Aymé lui a lu la lettre et qu'il en est touché [1] ».

Giono ira même jusqu'à trouver un gîte pour Céline qui, en définitive, ne donnera pas suite. Mais devant toutes ces marques d'amitié, il ne peut qu'oublier son acrimonie à l'égard de Marcel, et Henri Godard [2] de préciser : « des sentiments mêlés des années 1946-1949, il ne subsiste plus dans *Féerie I* que cette page élogieuse » :

« Je vais vous parler de Marc Empième... encore une petite acrostiche ! Je vais pas vous égarer pourtant ! Ah ! un ami ! et magnifique !... que je vous fixe au sujet de ses goûts... Que vous erreriez pas !... Je connais personne comparable à Marc dans les lettres de ce temps ! Pas un qui y aille au buvard dans toute la plumasserie française ! Pas un seul rival ! Prose, drame, verses, ris !... Pâzun ! pour ce que je sache ! et des cinquante dernières années ! vous dire si sa lyre m'émeut ! Il distille le songe comme une fée... y a Maupassant et puis lui-même. Autour ? avant ? encontre ? parmi ? des lazzarones !... C'est donc très juste qu'il se dorlote, bobiche, gâtelotte, se refuse rien, chasses, yachts, castels... Je le jalouse un peu... pas pour ses châteaux,

1. *Giono*, Pierre Citron, Le Seuil, 1990, p. 458.

2. Céline, *Romans*, volume IV, éd. établie par Henri Godard, La Pléiade, Gallimard, pp. 1222-1223.

pour sa maladie !... Il est bien plus malade que moi et il produit comme un Homère ! ».

C'est bien là où le bât blesse Ferdinand. Marcel est un auteur de talent et il l'envie. C'est pourquoi sa correspondance sera toujours émaillée de petites perfidies amicales à son égard. Le 28 février 1955, il écrit à Le Vigan :

« Tout le tabac pour Montand, Signoret, Sartre, Piaf, Montherlant, Mauriac, Malraux, Picasso, Jean Marais – tout cela mauvais – chromofarceurs pour débiles mentaux – insipides mais flouze ! et coco et crypto-coco. Tous les cocos sont riches. Marcel gagne 100 sacs par jour, Yves Montand idem, etc...[1] ».

Le 30 juillet 1957, c'est à Roger Nimier qu'il affirme :

« Les auteurs célèbres, aujourd'hui, sont les auteurs de théâtre :

Montherlant, Camus, cette grosse vache de Marcel, Anouilh, etc. Les prosateurs ne sont lus que par des vicieux[2] ».

Malgré tout, lorsque Lucette et Louis se furent installés à Meudon, Marcel vint les voir presque tous les dimanches, parfois accompagné de Roger Nimier et d'Antoine Blondin. Lui qui n'était pas un champion de la conduite automobile, il s'en fallait, traversait tout Paris, même par mauvais temps, pour aller sonner au pavillon de la route des Gardes. Il y avait d'ailleurs du mérite, car Ferdinand, comme dans sa correspondance, ne se gênait pas pour le prendre à partie et lui adresser parfois des reproches véhéments. Un jour que Marcel était rentré beaucoup plus tôt que d'habitude, Marie-Antoinette lui demanda ce qui s'était passé. « Il m'a dit que j'avais une tête de sale Juif », répondit-il laconiquement de sa voix monocorde. Il évitait alors de retourner à Meudon, et Ferdinand, poussé par

1. *Tout Céline*, *op. cit.*, vol. IV, p. 141.
2. *Lettres à la N.R.F.*, Gallimard, 1991, p. 374.

Lucette, téléphonait pour lui demander ce qu'il avait. On se réconciliait jusqu'à une nouvelle dispute...

« (...) En somme nous étions fâchés... notre brouille a duré quinze jours... il est revenu, et on a parlé d'autres choses, un certain âge se fâcher sert plus à rien... on va prendre tous le train, c'est tout : assassins, assassinés... le même ! chut ! chut ! la machine... l'heure, la minute... qu'il revienne, l'ordure !... métissé... pas !... [1] ».

Il fallait toujours que Ferdinand s'en prît à quelqu'un...

Quand il mourut, le 1er juillet 1961, Lucette réussit à joindre Marie-Antoinette, à Grosrouvre. Elle accourut, suivie peu après par Marcel qui avait été retenu à Paris par la répétition d'une pièce. C'était un samedi. D'autres intimes arrivèrent :

« Roger Nimier, Arletty, Robert Poulet, Claude Gallimard, Tailhefer, Max Revol, Pierre Duverger, Renée Cosima, Robert Brami, Bonvilliers, Marie Canavaggia, Mme Pirazzoli, Lucien Rebatet et Gaston Gallimard (...). Pendant toute la nuit du lundi au mardi, sa dernière nuit route des Gardes, le corps fut veillé par quatre fidèles : Marcel Aymé, Robert Poulet, Bonvilliers et Pierre Duverger [2] ».

---

1. *Rigodon*, Pléiade, Gallimard, vol. II, pp. 729-730.
2. *Céline*, François Gibault, Mercure de France, 1981.

XV

La Tête des autres

Marcel Aymé rêvait de devenir auteur dramatique mais il avait toujours échoué dans ses tentatives. Le contrat qu'il avait signé avec Grasset en 1943 lui avait permis de publier *Vogue la galère*, mais il restait insatisfait. Il avait réussi au cinéma, pourquoi n'en serait-il pas de même au théâtre ? Il y pensait souvent, d'autant plus qu'il se sentait très à l'aise dans les dialogues, alors que les indispensables descriptions du roman lui pesaient beaucoup. Fort heureusement, Douking crut en *Lucienne et le boucher*, d'abord intitulée *Printemps*, et en fit un triomphe. Il avait déjà lu et apprécié la pièce avant-guerre, mais n'avait pu trouver de théâtre pour la monter. En octobre 1946, il s'était déclaré prêt à la mettre en scène, mais avait demandé à l'auteur de la relire au préalable. Il refusa d'abord, puis accepta devant l'insistance de Douking. Il redécouvrit un texte vieux d'une quinzaine d'années et n'en fut pas mécontent. Certes, des coupures s'imposaient car, telle qu'elle se présentait primitivement, *Lucienne et le boucher* durait environ trois heures et demie. Elle fut allégée sans que la ligne générale en souffrît. On annonça la pièce pour novembre 1946, mais elle fut retardée en raison de la difficulté de trouver une actrice pour incarner Lucienne. Suzy Prim se récusa, puis Arletty que Marcel Aymé appréciait beaucoup pour son indépendance d'esprit et son franc-parler. Il le regretta, mais fut enchanté lorsqu'il apprit que Valentine Tessier acceptait. A ses côtés, Robert Arnoux serait le boucher, Henri Crémieux l'horloger, Janie Frazia et Jacques Fabbri les enfants. La distribution était excellente, et elle fit les beaux jours du Vieux-Colombier pendant des mois. Certes, Robert Kemp fit la fine bouche dans *Le Monde*[1] en regrettant « une violence qui se gât(ait) de grossièreté », et Jean-Jacques Gautier dans *Le Figaro*[2], en n'appréciant pas les « changements de registre » qui le désarçonnaient. Mais Jacques Lemarchand fut enthousiaste dans *Combat*[3], et Thierry Maulnier, dans *Spectateur*[4], salua la première pièce de Marcel Aymé comme « un coup de maître ». Toutefois, les représentations faillirent tourner court, car un horloger du nom de... Moreau, demeurant de surcroît rue du Théâtre, exigea que la pièce fût retirée de l'affiche, car il s'estimait ridiculisé chaque soir au Vieux-Colombier. Mais sa plainte n'eut pas de suite, car il y avait dans la capitale cinq autres horlogers nommés Moreau et qui n'avaient pas jugé utile de protester. En outre, l'horloger de la rue du Théâtre était célibataire.

En l'occurrence, Marcel Aymé n'avait guère eu à s'inquiéter, et les rieurs furent de son côté. Mais, en 1950, avec *Clérambard*, et surtout en 1952, avec *La Tête des autres*, il eut affaire à plus forte partie. Que le Comte de Clérambard fût touché par la grâce après une prétendue apparition de saint François d'Assise, et que le curé du village, au dernier acte, ne vît rien du miracle qui s'accomplissait sous ses yeux, fit rire

1. 23 avril 1948.
2. *Id.*
3. 30 avril 1948.
4. 27 avril 1948.

les esprits libres et grimacer les bigots. Jean-Jacques Gautier battit sa coulpe : « Je m'accuse de n'avoir pas aimé *Lucienne et le boucher* qui a accompli une carrière triomphale. Je suis sûr que, dramatiquement parlant, *Clérambard* lui est supérieur [1] ». René Barjavel trouva son chemin de Damas en reconnaissant [2] : « Il me souvient d'avoir déclaré avec beaucoup de sérieux, avant-guerre, dans un petit journal, que Marcel Aymé « n'écrivait pas très bien ». Et que c'était dommage. Etc., etc., pauvre petit cancre, le nez encore tout sale de la poussière de ses manuels. Depuis, heureusement, les années m'ont plu dessus... ».Que de conversions spectaculaires ! Dieu daignait enfin se préoccuper de ses créatures. Mais Satan veillait. François Mauriac lui-même se déchaîna contre la pièce dans un article intitulé : « Gros doigts et petites fleurs [3] ». Il décocha d'abord quelques flèches comme : « M. Marcel Aymé (...) est un petit Anatole aussi expert que le vieux en plaisanterie fine ; un peu moins poussiéreux, il est vrai, mais la poussière viendra sur ses bocaux, elle finit toujours par venir (...). Il tripote les petites fleurs d'Assise avec de plus gros doigts ; il ne craint pas de les abîmer, et il a bien raison : pourquoi se gênerait-il ? Voilà sept siècles que les petites fleurs sont à l'épreuve des gros doigts ». Puis, Mauriac se lança dans l'apologie du clergé français, et conclut avec beaucoup d'esprit : « Mais il est vrai que le ricanement sur les choses saintes fait partie de notre héritage. M. Marcel Aymé, fils d'Anatole France, petit-fils de Béranger, est préposé, en 1950, à ce ricanement : chaque génération a l'Anatole qu'elle mérite ; le nôtre s'appelle Marcel : « Tu Marcellus eris ». Dans une lettre à Camille, Marcel Aymé nota :

« Le lendemain du jour où a paru l'article, j'étais au

1. *Le Figaro*, 15 mars 1950.
2. *Carrefour*, 25 février 1950.
3. *Le Figaro*, 20 mars 1950.

théâtre et, de la coulisse, j'ai observé deux curés qui, le buste jailli hors du balcon, applaudissaient à se faire des ampoules et jusqu'à la fin du dernier acte ».

Admirablement interprétée par de grands acteurs comme Jacques Dumesnil, Huguette Duflos, Mona Goya, et habilement mise en scène par Claude Sainval, dans des décors de Jean-Denis Malclès, la pièce tint longtemps l'affiche à la Comédie des Champs-Elysées. Arletty avait encore refusé un rôle, celui de La Langouste, et elle le regretta. Le choix d'une actrice pour le rôle d'Evelyne Galuchon fut délicat, ainsi qu'il le raconta à Camille[1] :

« J'aurais souhaité une jolie fille qu'on aurait enlaidie, mais le metteur en scène l'a voulue vraie, et il l'a eue. C'est une jeune juive de quinze ans, un mètre soixante-dix, mollets de coq, buste plat, grand cou et grand nez. Lorsque sa mère est venue la présenter, et après un premier essai, elle a pris à part le metteur en scène pour lui dire : « Vous savez, on peut encore l'enlaidir ». Les mères sont terribles quand il s'agit de placer leur fille ».

Des romans comme *La Jument verte* avaient déjà fait classer Marcel Aymé parmi les suppôts de l'anticléricalisme. *Clérambard* ne fit que confirmer cette mauvaise réputation. Il est vrai que son auteur était issu d'une famille qui évitait d'aller à l'église. Cependant, dans la mesure où il en avait parfois souri, l'on pouvait s'interroger sur ses réelles convictions. Anticlérical, certes il l'était[2]. Mais ne se posait-il pas aussi des questions au sujet de la grâce ? Il propose, en effet, une vision du monde plutôt janséniste, avec des élus, et d'autres qui ne le sont pas. Cependant ces derniers l'intéressent plus, peut-être parce qu'il se croyait semblable à eux. Lorsqu'il évoque l'intempérance ou la luxure, il les présente sous un jour très agréable, et se rattache ainsi

1. Le 27 mars 1950.
2. Cf. chapitre XIV.

à toute une lignée d'auteurs français dont le plus illustre est Rabelais. Mais ces péchés ne sont pas rédhibitoires. L'essentiel est ailleurs, dans cette tare profonde qui fait que Marcel Aymé laisse entrevoir des gouffres insondables dans l'âme humaine. En ce sens, il est aussi un moraliste, à la manière de La Rochefoucauld qu'il aimait tant.

Avec *Lucienne et le boucher* et *Clérambard*, le succès au théâtre était venu, ainsi que l'argent. En mai 1950, il put même s'acheter une maison de campagne, à Grosrouvre, près de Montfort-l'Amaury. Le 27, il écrivit à Camille :

« J'avais toujours répugné à l'idée d'être propriétaire, à cause des toitures, des robinets, des relents de moisi. Ayant accompagné Sainval (directeur de la Comédie), qui achetait une maison à Grosrouvre, j'en ai vu une qui m'a plu, et j'ai oublié mes appréhensions. La maison est située au flanc d'une colline, au bord d'un chemin communal qui est en contrebas. Elle se compose de deux bâtiments en équerre, reliés par une arche. Devant, une grande cour rectangulaire, toute en pelouse, et derrière, un pré important limité par des bois. J'ai des pommiers, des poiriers, un chêne, un pin, un sapin et des troènes et des prunus (...). Nous comptons rester ici jusqu'au début de juillet, passer deux mois à Cap-Ferret, et rentrer à Grosrouvre pour y passer septembre et peut-être octobre ».

Un mois après, il répond à Maurice Vlaminck qui lui propose une affaire :

« Merci des bons tuyaux que vous nous donnez pour les meubles. Malheureusement je n'achète pas de meubles pour l'instant. Les maçons, les plombiers, peintres et menuisiers m'ont dévoré toute la laine que j'avais sur la peau et il me faut prendre le temps de la laisser repousser. J'écris donc à contrecœur à Noëlle Guilloux pour lui dire de disposer de ses meubles.

Nous partons ces jours-ci pour le Cap-Ferret où nous resterons un mois et demi. A notre retour, nous

nous permettrons de faire un saut chez vous pour vous saluer tous et vous décider à venir nous voir jusqu'à Grosrouvre. Je passe une partie de mon temps à lutter contre les orties qui envahissent une partie du pré, mais je n'ai pas de résultats satisfaisants. Je vais m'acheter une paire de gants pour les arracher une à une. En revanche, j'ai une haie de troènes jeunes encore, qui me donne assez de satisfaction. Ce qui me gâte mes nuits, c'est un mur de soutènement qui prend du ventre. Le maçon en a déjà relevé un morceau qui m'a coûté les yeux de la tête. Depuis que je suis propriétaire, je suis rongé de soucis ».

Marcel Aymé, jusqu'à la fin de sa vie, y séjournera très souvent. Il semble que cette maison, achetée un peu au hasard, lui ait tenu vraiment à cœur. En avril 1951, en parfait terrien, il annonçait à Camille :

« J'ai un cerisier en fleur, et les pommiers tout près de l'être, mais la pelouse, qui a été labourée, hersée, roulée, puis ensemencée, ne sort que timidement et me donne du souci. J'ai fait planter, à la fin de l'automne, vingt-cinq peupliers d'Italie dont les feuilles commencent à s'ouvrir. Le printemps étant tardif, il n'y a pas encore de muguet dans les bois ».

Dans sa propriété de Grosrouvre, il put recevoir ses amis et y marier Colette, en secondes noces, à Raymond Magne, en novembre 1950. Son nouveau gendre, rédacteur en chef de *Carrefour*, était un homme de cœur, avec lequel il s'entendait à merveille. Avant-guerre, il avait travaillé avec Marc Sangnier à la création des Auberges de jeunesse. Courtois, discret, sensible, il sut gagner l'amitié de l'écrivain, et ils devinrent inséparables. Peu à peu, Marcel Aymé prit l'habitude de fréquenter la rédaction de *Carrefour* où il fut accepté sans réserve. On doit à André Brissaud, qui collaborait à l'époque à ce journal, ce témoignage :

« Face à Marcel Aymé, on découvre un monde de pierre. Sa tête, rejetée en arrière, figée comme celle de Buster Keaton, a la rigidité plastique du minéral (...).

L'autre Marcel Aymé est curieux à voir. Sous le charme de l'amitié, le minéral se transforme peu à peu. Ses gros yeux bleu et vert, aux globes saillants percent le rempart des lourdes paupières, sa voix basse prend de la force, son front haut s'anime, et son sourire — grimace de souffrance ou de compassion — se fait plus humain ».

A *Carrefour*, il prendra l'habitude de lire à Raymond Magne les pièces qu'il préparait. Sérieux mais jovial, grand travailleur mais bon vivant, celui-ci s'efforcera de rester objectif devant l'homme qu'il admirait le plus. L'échec de *Vogue la galère*, en 1951, n'eut guère d'importance et fut vite balayé par le triomphe de *La Tête des autres* qui s'appela d'abord : *Aux marches du palais* et *Aux portes du palais*. Jean Anouilh en trouva le titre définitif mais fut bien marri lorsque Marcel Aymé oublia de le préciser, d'autant plus que sa susceptibilité était grande.

Bien avant la générale, le petit monde parisien de la justice s'émut. A l'Atelier, Maurice Lasaygues, qui préparait fiévreusement les premières représentations, reçut un coup de téléphone de Me Garçon qui l'invitait à disposer des places qu'il avait reçues. Il ne pouvait, en effet, disait-il, assister à une pièce dont « le sujet visait le fonctionnement de la justice et mettait en cause la respectabilité de la magistrature [1] ». En outre, Me Maurice Garçon laissait entendre que l'Atelier allait au-devant d'ennuis considérables. En l'absence de Barsacq, Maurice Lasaygues téléphona à Marcel Aymé, qui lui demanda de venir le voir. Il le reçut dans son bureau, écouta sans broncher le récit de sa conversation avec Maurice Garçon, s'assit à son bureau et écrivit les lignes suivantes :

« L'action se passe en Poldavie, antique nation célèbre par ses tapis, ses églises et ses faïences décorées. Le spectacle de la haute magistrature poldave,

1. *Cahier Marcel Aymé n° 4*, éd. S.A.M.A., 1985.

parfois défaillante, est bien fait pour réconforter les Français qui sont, à juste titre, très fiers de la leur ».

Au lieu de se passer en France, la pièce était donc censée se dérouler dans un pays imaginaire, la Poldavie. Il n'empêchait. *La Tête des autres* avait des accents bien français, et personne ne s'y trompa. Les vives polémiques qui agitèrent alors le monde littéraire parisien montrèrent combien le sujet traité était d'actualité. En outre, il venait s'ajouter aux querelles déchaînées par Jean Paulhan avec sa *Lettre aux directeurs de la Résistance*, parue, qui plus est, aux Editions de Minuit. La mercuriale avait de quoi choquer car son auteur assimilait les résistants aux collaborateurs en affirmant que les premiers,

« ne voulaient pas du tout s'entendre avec l'Allemagne : non, ils voulaient s'entendre avec la Russie. Ainsi ces extrêmes se touchaient. Ces contraires n'étaient si contraires que parce qu'ils se ressemblaient extrêmement : les uns et les autres certes préoccupés d'assurer à jamais le bonheur public — que ce fût par le triomphe d'une classe trop longtemps opprimée (selon les communistes), ou bien d'une race trop longtemps brimée (selon les fascistes).

(...) Je constate des faits. Je ne cherche à juger personne. D'ailleurs, qu'ils étaient donc droits et fermes et tout pressés de verser leur sang ! Ils se ressemblaient jusque dans l'impatience. Peut-être même (si je puis dire) ceux-ci étaient-ils plus ressemblants encore que ceux-là.

Certes *Les Lettres françaises* répliquent exactement à *Je suis partout* ; la *Nouvelle critique* à *Combat*[1]. Ce sont les mêmes arguments, c'est-à-dire la même ardeur ; ce sont parfois, les mêmes écrivains, qui ont changé de visée, non pas de sujets ni de méthode.

(...) C'est tout d'abord aux Résistants (que je parle). Est-ce qu'ils ne voient pas qu'ils ont été pris au piège ?

---

1. Celui de 1937-1939.

Qu'ils se sont crus résistants une fois pour toutes — purs, sauvés. Qu'ils sont tombés plus bas que ceux-là même qu'ils condamnaient ? Non, si fiers de s'être un jour trouvés du bon côté qu'ils en sont tous devenus moralistes. Vercors ne nous montre plus de ces gravures cyniques, où il excellait : il pèse, il soupèse, il surpèse des cas de conscience. Aragon, Eluard ont laissé le panégyrique de l'avortement, du crime et du défaitisme : ils chantent d'une seule voix l'espoir, la joie de vivre, et les familles nombreuses (...) »

Elsa Triolet lui répondit le 7 février 1952 dans *Les Lettres françaises* par un article au titre éloquent : « Jean Paulhan successeur de Drieu La Rochelle », et c'est dans ce contexte de polémiques que *La Tête des autres* commença à être jouée. Très vite, elle devint la pièce qu'il fallait avoir vue. Tout le monde en parlait et les bruits les plus divers couraient. Il fut même question d'interdiction et de procès. Avant les deux générales du dimanche 17 février, des journaux comme *Le Monde*, *Combat* et *Le Figaro* en avaient annoncé le sujet, grâce aux déclarations du metteur en scène, André Barsacq, qui prépara admirablement bien l'opinion. « Oui, c'est une farce comme *Clérambard*, déclara-t-il à Christine de Rivoyre[1]. De nouveaux *Mystères de Paris* (...) où les personnages, plus savoureux les uns que les autres, hauts en couleur, ont la démarche de types de la commedia dell'arte ». « Tout cela est du Marcel Aymé (...), dit-il à Jean Carlier[2], un point de départ absurde qui déclenche dans l'absurde des réactions en chaîne jusqu'à donner, en progression, une belle avalanche d'absurdités... Tout cela pourrait être réaliste mais, avec le décalage de la fantaisie, cela devient burlesque... C'est une farce, en somme ». Le matin même de la première représentation,

1. *Le Monde*, 14 février 1952.
2. *Combat*, 14 février 1952.

Maurice Rapin rapporta dans *Le Figaro*[1] des propos d'André Barsacq selon lesquels la pièce était un réquisitoire contre la peine de mort, mais traité de manière drôle, aussi bien dans la mise en scène que dans les costumes de Jean-Denis Malclès. En la circonstance, Barsacq s'était révélé un excellent agent publicitaire, mais il devait être loin de prévoir l'énorme intérêt que la pièce allait susciter. Les journalistes, les uns enthousiasmés, les autres scandalisés, lui consacrèrent en effet des articles pendant plus de deux mois. Thierry Maulnier vanta « l'extraordinaire talent comique de Marcel Aymé (qui ne s'était) jamais affirmé peut-être avec autant de maîtrise[2] ». Roger Nimier, l'ami, fit état d'une « pièce admirable, aussi drôle que possible » qui « nous console par sa violence[3] ». Même Gabriel Marcel, qui n'avait pas apprécié *Clérambard*, ressentit « une force comique indéniable[4] ». Mais il s'empressa d'ajouter que « l'œuvre (était) au plus haut degré salissante », et il se plaçait ainsi dans le camp des nombreux détracteurs qui s'étranglaient d'indignation. Quoi ! S'en prendre à la magistrature ! Quel scandale ! Robert Kemp suffoquait. Il avait éprouvé « une espèce d'horreur », et écrivit[5] : « Il n'y a pas de verve ici, une rage appliquée, une violence qui ne se connaît plus ; ce n'est plus le fouet, c'est le manche du fouet qui frappe à tort et à travers (...). Bref, j'exècre ». Deux jours après, dans *Le Figaro*, François Mauriac, furieux, entrait à son tour dans l'arène et parla de « tombereaux d'ordures que, chaque soir, à l'Atelier, M. Marcel Aymé dévers(ait) sur les magistrats français[6] ». Il expliquait ensuite que l'auteur s'était déchaîné contre les

1. 15 février 1952.
2. *Combat*, 18 février 1952.
3. *Opéra*, 20 février 1952.
4. *Les Nouvelles littéraires*, 21 février 1952.
5. *Le Monde*, 17 février 1952.
6. 19 février 1952.

juges à cause des tribunaux d'exception qui avaient été chargés des procès d'épuration, et il concluait en affirmant que le « rire (était) grinçant et (que) les coups qu'il assén(ait), (c'était) tout de même ce vieux pays recru de misère qui les (recevait). Pour le guérir de ses maux ? Je veux bien que ce soit votre intention. Aristophane, lui aussi, avait la main lourde, bien sûr ! Et Molière. Oui, mais leur main ne serrait pas une masse de plomb. Ils ne salissaient pas les enfants et les femmes de leurs victimes. Ils ne dissimulaient pas, sous le masque comique, cette face convulsée de haine ».

La force et la gravité de cette accusation témoignent bien de la violence des passions qui se sont alors déchaînées. Antoine Blondin, dont Marcel Aymé avait salué les débuts littéraires en 1949 et qui était devenu un ami, répliqua dans *Rivarol* : « Bourgeois, on vous trompe ! Parce qu'il a été juré pendant deux ou trois audiences, M. Mauriac s'autorise à vous dire : « Ça ne se passe pas comme ça ». Il est bien vrai que, de la même façon, parce qu'il fut peut-être un peu résistant pendant la semaine anglaise, il s'autorise à monter vers l'Arc de Triomphe en compagnie des déportés. Cela ne suffit pas à masquer l'imposture. Votre juré de confection, votre éditorialiste sur mesure porte un faux témoignage sur la pièce qu'il vient de voir, comme il porte assez couramment de faux témoignages sur l'histoire que nous venons de vivre [1] ». Roger Nimier ne manqua pas, non plus de donner de la plume pour défendre l'ami Marcel. Dans une « Lettre à François Mauriac sur *La Tête des autres* et la morale de certains [2] », il déclarait avoir « scruté longuement le visage de Marcel Aymé » et ne pas y avoir distingué « cette face convulsée de haine » que Mauriac avait cru voir. Moins agressif que Blondin, il terminait malgré tout

1. *Rivarol*, 22 février 1952.
2. *Opéra*, 27 février 1952.

en développant deux parallèles : « MM. Molière et Aymé sont des auteurs violents. C'est entendu. MM. Barrès et Mauriac sont de grandes autorités spirituelles. Je m'en réjouis. Mais « François Mauriac au secours d'Alessandrovici », imaginez un peu la mine de Maurice Barrès et sa voix de tête pour dire : « Quand même ! ».

Le plus grave dans toute cette affaire fut que Marcel Aymé faillit être poursuivi en justice par les magistrats. La presse s'en fit l'écho, et le scandale s'amplifia. Deux jours après la générale, Jean Carlier[1] informa ses lecteurs que les juges se fâchaient tout rouge. « Les magistrats estiment que Marcel Aymé se paye « la tête des autres », titrait-il. Puis il racontait que M. Ausset, président de l'Union fédérale des magistrats, avait officiellement protesté auprès du garde des Sceaux, en se plaignant d'un outrage à la magistrature tout entière. On invoqua alors l'article 48 de la loi du 29 juillet 1881, selon lequel le ministre de la Justice est seul qualifié dans ce cas pour engager des poursuites. *Le Pouvoir judiciaire* fit même paraître, dans son numéro de mars, une lettre ouverte à Marcel Aymé, due à André Sauvageot, secrétaire général de l'Union fédérale des magistrats. Après avoir rappelé que « les magistrats savent rire d'eux-mêmes : ils ont lu Rabelais sans souffrir et ils ont applaudi Racine sans amertume », André Sauvageot démontrait, en réalité, le contraire. Il s'indignait d'avoir vu bafouer sur scène des femmes, « épouses souvent admirables qui sont, dès le temps de leur mariage, vouées dans quelque petite ville à cette existence grise que la province exige de ceux qui prétendent à la respectabilité. Vous en avez fait des chiennes. Leurs enfants même, vous en avez fait des monstres assoiffés de sang (...). De nos procureurs, vous en avez fait des domestiques aux ordres du pouvoir, les complices d'affreux scandales et les témoins

1. *Combat*, 19 février 1952.

complaisants de cyniques personnages ». En somme, et c'était la conclusion, il n'hésitait pas à proclamer : « Au lieu d'accoucher d'une bonne pièce, vous (avez) commis une mauvaise action ». On parla d'interdire les représentations ou de supprimer quelques répliques. Me Floriot soutint André Sauvageot et se déclara écœuré par la polémique que Marcel Aymé avait déclenchée. Tout en insistant sur la liberté de l'auteur dramatique, il estimait que « jeter de la boue est autre chose, et c'est bien dommage qu'un beau talent se gâche à pareille besogne. Cette attitude de Marcel Aymé est abominable, elle est aussi sans courage. Si cette pièce avait été dirigée contre certaines professions puissamment organisées et solidement syndiquées, les premières représentations auraient dégénéré en bagarre... et la préfecture aurait interrompu les représentations. Marcel Aymé savait qu'avec les magistrats, il ne courait pas ce risque. Je crains même qu'il ait prémédité ce scandale dans l'espoir d'une réussite commerciale ».

Me Floriot donnait évidemment dans la perfidie pour défendre sa corporation, car jamais Marcel Aymé n'avait eu cette intention. Mais, à coup sûr, le retentissement donné par la presse à toutes ces prises de position fit les beaux jours du théâtre de l'Atelier. On s'y est bousculé, et la pièce a longtemps tenu l'affiche car elle ne fut ni interdite ni remaniée. Ce n'est qu'en 1959, sept ans plus tard, que Marcel Aymé modifiera le dernier acte, lors d'une reprise à l'Atelier. En 1952, le garde des Sceaux eut finalement la sagesse de craindre le ridicule, et l'on finit par calmer la colère de certains juges. Le Conseil supérieur de la magistrature leur rendit hommage dans un communiqué largement diffusé dans la presse, en la présentant comme « un grand corps de l'Etat républicain dont la dignité de vie et la conscience professionnelle peuvent servir d'exemple et ne sauraient être atteintes par aucune haine intéressée ». Les propos de François Mauriac avaient été bien entendus... Comme par hasard, on vit paraître alors des articles favorables aux gens de robe. Ainsi, le 14 mars, un journal comme *Combat* publia un article intitulé « Magistrat, un métier difficile ». L'auteur, qui signait D.A, y notait que la charge de Marcel Aymé ne manquait pas d'opportunité car elle était venue s'ajouter à des accusations portées contre les magistrats avec « les bons d'Arras, l'affaire Marie Besnard, le tragique procès Scaffa (et) l'histoire Marie Poupard avec ses rebondissements de vaudeville ». Mais, avant de crier haro sur la justice, il fallait « mesurer l'énorme responsabilité qui écrase quelquefois ceux qui sont à son service ». Le journaliste concluait ensuite en déclarant qu' « exercer la justice n'est pas toujours paisible. Quelques magistrats en ont fait l'expérience à leurs dépens. Ils payent innocemment la réputation d'infaillibilité de la justice qui, avec tout le mérite de ceux qui la servent, n'est qu'une institution humaine ».

Durant le scandale de *La Tête des autres*, Marcel Aymé joua son rôle favori : celui du muet ou, du moins, du personnage peu loquace. Au téléphone, il aurait répondu à Jean Carlier :

« Je suis très étonné de toutes ces attaques. Elles sont, pour moi, injustifiées [1] ».

Dans *Arts* [2], Constantin Brive observa : « Il semble qu'il n'en pense rien. Vêtu de son éternel blouson de daim, sa longue figure en bois sculpté lui donnant l'air d'un totem aimable, il a répondu compendieusement et quasi monosyllabiquement :

« Je suis surpris. Non, je ne sais rien d'autre que cette lettre... »

En fait, il s'en était ému, s'était informé et avait confié à Camille [3] :

1. *Combat*, 19 février 1952.
2. 22 février 1952.
3. Le 24 mars 1952.

« Heureusement, le Conseil de la magistrature, grâce à la pression du garde des Sceaux qui n'était pas partisan d'intenter une action en justice, s'est abstenu de poursuivre ».

Et pour rassurer sa sœur, il ajouta :

« Tes craintes de représailles, sous forme d'une attaque à main armée à Grosrouvre, me paraissent très exagérées. Ce serait tout de même un peu fort, et ils ne sont d'ailleurs pas si audacieux ».

Toutefois, il prit de multiples précautions et ouvrit quelque temps les colis qu'il recevait après les avoir entourés de gros volumes qui auraient pu le protéger d'une explosion, lui et les siens. En cette affaire de *La Tête des autres*, il craignit plus pour ses proches, Marie-Antoinette, Françoise qu'il élevait, et Barsacq, devenu son ami dans l'adversité. Quand on lui fit remarquer un jour qu'il aurait gagné vingt millions avec l'édition de *La Tête des autres*, si elle avait été interdite à la scène, il répliqua qu'il en aurait immédiatement donné dix à André Barsacq. Au printemps de 1952, il renonça même à aller à Saint-Raphaël voir Camille, en raison d'une promesse faite au directeur de l'Atelier de l'héberger pendant les vacances de Pâques. En effet, l'un de ses enfants ne pouvait, cette année-là, suivre ses frères et sœurs dans leur maison de l'île de Bréhat, et les Aymé s'étaient proposés pour héberger le fils et le père.

« Il a connu de chaudes alarmes pour *La Tête des autres* ; je lui devais cette petite compensation. Si la pièce avait été interdite, il aurait été dans une mauvaise passe et, en vérité, il a pu craindre un moment de s'y trouver[1] ».

En public, il prit le temps de la réflexion, mais ne resta pas silencieux. En mars, à l'occasion de la publi-

---

1. *Id.*

cation de la pièce chez Grasset, il adressa un article virulent à *Opéra*[1], dans lequel il affirmait notamment :

« Il est facile de dire et d'écrire que *La Tête des autres* est une pièce politique dictée par une haine partisane. Quant à en fournir la démonstration, c'est une autre affaire. Quoi qu'en pense M. François Mauriac, je ne sais pas ce qu'est la haine, sinon pour avoir éprouvé, en tant qu'écrivain, celle de certains confrères ».

Il poursuivait en déclarant que, s'il avait eu des vérités désobligeantes à exprimer sur l'actualité politique et judiciaire, il l'aurait dit clairement, et que la documentation ne lui aurait pas manqué.

« En effet, pensait-il, elle est exceptionnellement riche et, j'en suis fâché pour M. François Mauriac qui semble l'ignorer, exceptionnellement fangeuse ».

La conclusion n'était pas tendre :

« Dieu sait que j'ai fait de mon mieux pour éviter toute ressemblance avec des personnages réels, mais je ne peux faire que je ne sois pas de mon époque ».

Marcel Aymé l'imprécateur...

1. 19 mars 1952.

XVI

Un auteur célèbre

Le 29 mars 1952, en plein scandale de *La Tête des Autres*, Marcel Aymé fêtait son cinquantième anniversaire. Vilipendé par les uns, encensé par les autres, il était alors au faîte de sa gloire. Sa carrière n'avait pas toujours été facile, et il était encore loin de faire l'unanimité. Certains lui reprochaient son attitude pendant la guerre et à la Libération. On le classait plutôt à droite puisqu'il avait défendu Brasillach, Bardèche et Rebatet. En littérature, il se situait complètement à l'écart de l'existentialisme qui tenait le haut du pavé, alors que *L'Indifférent*, publié en 1947 dans *Le Vin de Paris*, avait conté l'histoire d'un personnage proche de Quentin et de Meursault. Mais il connaissait le succès. On continuait à traduire [1] et on commençait à diffuser abondamment ses ouvrages à l'étranger. En 1953, l'un des *Contes du Chat perché*, *L'Eléphant*, parut à Oslo grâce aux éditions Gyldendahl. *Les Chiens* furent publiés en français par Verlag Lambert Lensing, de

1. La première demande d'autorisation de traduction connue date de 1932... Elle concernait *La Clé sous le paillasson*, parue dans *Candide* du 25-02-32, et était destinée à l'Allemagne.

Dortmund, et *Les Bottes de sept lieues*, ainsi que *L'Huissier*, par Ferdinand Schoningh Verlazs, de Paderborn. L'année suivante, *Le Dernier* et *Le Passe-muraille* furent repris à Boston, tandis que *En Arrière* parut dans *Die Neue Zeitung* ; *Le Passe-muraille* fut même traduit en arabe dans *Al Aalam* [1]. Outre les quelques pays déjà cités, beaucoup d'autres accueilleront l'œuvre de Marcel Aymé : Grande-Bretagne, Italie, Portugal, Espagne, Yougoslavie, Danemark, Finlande, Tchécoslovaquie, Hollande, Hongrie, Suède, Pologne, etc. Il n'est pas jusqu'au lointain Japon qui ne traduira *Les Contes du Chat perché*, *Le Chemin des écoliers*, *La Belle Image* ou *La Tête des Autres*.

En France, les cinéastes s'intéressèrent à ses romans et nouvelles et les portèrent à l'écran, avec des fortunes diverses. En 1951, on vit *La Belle Image* [2] et *Le Passe-muraille* [3] ; en 1952, *La Table-aux-Crevés* [4] ; en 1956, *La Traversée de Paris* [5] ; en 1959, *La Jument verte* [6] et *Le Chemin des écoliers* [7]. On pouvait tout craindre de *La Table-aux-Crevés*, car Henri Verneuil avait décidé de situer l'histoire sur les bords de la Méditerranée. Coindet prenait l'accent méridional. Allait-il y perdre son âme ? Marcel Aymé lui-même estima qu'il n'en était rien, et accepta volontiers la transposition. D'ailleurs, il fut satisfait du film qu'interprétèrent Fernandel, Maria Mauban, Delmont, Andrex, Vilbert, Génin, etc. A l'époque, il pensait qu'il valait mieux que l'adaptation fût loin du livre. Par contre, il n'avait pas goûté *Le Passe-muraille*, et en retira son nom, peu après le tournage. Une nouvelle de quinze pages, selon lui, ne pouvait qu'être déformée dans un film d'une heure et

1. Le 4 octobre 1954.
2. C. Heymann.
3. J. Boyer.
4. H. Verneuil.
5. C. Autant-Lara.
6. *Id.*
7. M. Boisrond.

demie. Bourvil, qui jouait le rôle principal, n'apprécia pas, et reprocha à Marcel Aymé de n'être pas venu sur le plateau pendant les prises de vue. Mais sa décision était sans appel. Il signifia même tout net à Claude Autant-Lara, le 8 mars 1956, qu'il refusait à Bourvil, le rôle de Martin dans *La Traversée de Paris*.

« J'ai lu dans les journaux, écrivait-il, il y a environ une semaine, que les interprètes principaux de *La Traversée de Paris* devaient être Gabin et Bourvil, et j'ai cru à une farce. J'y croirais encore si Lulu Watier ne m'avait pas détrompé. C'est à regret, m'a-t-elle dit, que vous avez accepté cette distribution.

Il y a eu un temps où l'on voulait bien me consulter pour le choix des acteurs. Il faut croire que, pour cette étonnante décision, on n'avait pas bonne conscience puisque je n'ai même pas été informé après coup.

Quant à Jean Gabin, que j'admire beaucoup, je n'étais pas d'accord à cause de son âge, mais on pouvait disputer. Que dire du partenaire ?

Une fois déjà, on m'avait choisi Bourvil contre mon gré dans *Le Passe-muraille* où il avait donné ce que vous savez. J'aurais haussé les épaules si on m'avait dit qu'un jour, il me serait encore imposé par l'équipe Autant-Lara, Bost, Aurenche.

Vous savez aussi bien que moi que Bourvil est à l'opposé du rôle, et je ne dis rien de ses qualités d'acteur. J'entends bien qu'il s'agit maintenant de faire commercial à tout prix, et de tourner la chose en grosse guignolade, mais je ne crois même pas que ce soit là un bon calcul. Bourvil pourra y aller de toutes ses grosses ficelles dans le rôle de Martin. Il ne sera qu'insignifiant.

Il va sans dire que mon nom ne paraîtra pas au générique. En outre, je me réserve de dire dans la presse ce que je pense de cette petite mésaventure dont vous serez victime aussi bien que moi.

Je vous souhaite bon courage dans l'accomplissement de cette besogne. A vous, bien sincèrement. »

Mais c'était compter sans l'opiniâtreté de Claude Autant-Lara. Marcel Aymé voulait Bernard Blier. Il s'y opposa de toutes ses forces auprès des producteurs. En effet, Bourvil, dans *Pas si bête*, lui avait laissé deviner un registre beaucoup plus étendu que celui de gros comique dans lequel il était cantonné. Autant-Lara accepta une transaction : le budget était réduit de deux cents à quatre-vingts millions, et il avait toute liberté dans le choix des acteurs. De son côté, Marcel Aymé finit par se laisser fléchir, et *La Traversée de Paris* fut un triomphe.

Bourvil obtint même le grand prix d'interprétation au festival de Venise, et son détracteur d'hier reconnut sa bévue, dans une lettre du 8 novembre 1956 à Claude Autant-Lara :

« Cher ami,

J'espérais vous voir à la présentation du film et j'ai regretté que vous n'y soyez pas. Je vous aurais dit de vive voix combien j'étais content du film qui est une vraie réussite. Je vous aurais dit aussi que j'avais trouvé Bourvil tout à fait remarquable, et j'aurais hautement confessé mon erreur. Je n'ai pas vu non plus ni Bost, ni Aurenche, et je n'ai pu complimenter que Gabin. J'ai été surpris par le ton de la presse, d'ailleurs excellente, mais qui a voulu voir dans cette *Traversée* un film pessimiste et méchant. Pour ma part, je n'y ai rien vu de tel.

Merci de ce que vous avez fait. C'est vraiment la toute première fois qu'on ait fait au cinéma quelque chose tiré d'un de mes livres qui soit non seulement bien, mais d'une très grande qualité. Et, dans le cas particulier, ce n'était pas facile. Je vous en suis très reconnaissant.

A vous, bien cordialement ».

Marcel Aymé était comblé. Il avait enfin trouvé un cinéaste qui ne le trahît point. Aussi, trois ans plus tard, donna-t-il sans aucune réserve son accord pour le tournage de *La Jument verte* par le trio Autant-Lara,

Aurenche, Bost, avec Bourvil et Francis Blanche dans les rôles principaux. Le roman avait certes choqué les pisse-vinaigre de 1933, mais les temps avaient bien changé. Les écrans de l'après-guerre pouvaient supporter les ébats des Haudouin et des Maloret, devait se dire Marcel Aymé. Il se trompait, car la critique se déchaîna. Dans *France-Soir*[1], Robert Chazal, l'un des plus écoutés, ami d'Autant-Lara de surcroît, fut sans pitié :

« On rit, mais rarement de bon cœur. On a un peu honte de soi et de ceux qui vous montrent un tel film, où tout le monde piétine les plates-bandes avec de trop gros sabots ».

Jean de Baroncelli, dans *Le Monde*[2], ne manifesta guère plus de tendresse :

« Je ne reprocherai à ce film ni d'être sale, ni d'être bête, ni d'être grossier, mais d'être ennuyeux [...]. Nous avons trop souvent exprimé notre admiration aux auteurs de ce film pour ne pas leur devoir la vérité. *La Jument verte* n'est pas digne de leur talent. Oublions-la vite. » Pierre Billard, quant à lui, se plaça, dans *France-Observateur*[3], sur le même registre que ses confrères :

« Et la farce "hénaurme" d'Aymé se transforme en comédie égrillarde pour Châtelet-sans-matinées-enfantines : une jument trop verte et bonne pour les goujats ».

Les bien-pensants crièrent au scandale, et les ligues de vertu protestèrent. Des tracts circulèrent. « Cinéastes ! Des films propres pour nos enfants ! », réclamaient des « pères de famille indignés ». La postérité de Coquemard veillait au grain ! En province, des maires interdirent la projection du film dans leurs communes, pour flatter leur électorat pudibond, en invoquant le maintien de l'ordre public. Au propre pays de Marcel

1. 30 octobre 1959.
2. 4 novembre 1959.
3. 5 novembre 1959.

Aymé, il se trouva un journaliste suffisamment obtus pour écrire dans *Les Nouvelles* :

« Le fait pour la municipalité de Dole d'avoir acheté une benne toute neuve pour le ramassage des ordures semblait faire préjuger d'un souci honorable de salubrité publique. Il semble qu'il n'en soit rien et que ce souci soit uniquement pour les choses naturelles et non pour les choses de l'esprit. En effet, un cinéma dolois affiche au programme de cette semaine *La Jument verte*, tirée d'un roman — qui a fait scandale en son temps — de notre compatriote Marcel Aymé. Or, il se trouve que ce film, non seulement est immoral par impudeur, mais encore que le monde paysan y est diffamé et ridiculisé au plus haut point[1] ».

Le maire dolois de l'époque, Charles Laurent-Thouverey, ancien condisciple de Marcel Aymé, taxé de laxisme, ne se laissa pas impressionner et maintint son autorisation de projeter le film en invoquant notamment le visa national de censure dont il bénéficiait.

« J'aurais mauvaise grâce, déclara-t-il habilement, à mettre en doute tant la compétence de cette institution que la valeur de ses jugements », tout en demandant au Commissaire de police « d'exercer un contrôle très strict à l'entrée du cinéma et de refouler impitoyablement tous les enfants de moins de dix-huit ans ».

Charles Laurent-Thouverey et Marcel Aymé s'appréciaient beaucoup depuis leur adolescence et se voyaient régulièrement soit à Paris, soit à Dole. Les procès d'intention entrepris contre l'écrivain à la Libération n'avaient en rien altéré leur amitié et le sénateur-maire de Dole, radical-socialiste et ancien déporté, évoquait souvent, avec plaisir, sa première lecture du *Passe-Muraille* dans une prison allemande.

A Dole, comme ailleurs, les détracteurs du film d'Autant-Lara lui assurèrent, en fait, une énorme

1. André Besson, *Mon Pays comtois*, France-Empire, 1980.

publicité qui en fit un triomphe. On enregistra cinq cent quatre-vingt-un mille entrées, pendant la seule période d'exclusivité, et le public infligea ainsi un démenti cinglant à la critique.

Mais, du vivant de Marcel Aymé, ce fut le dernier film important tiré de ses ouvrages. Il refusa en effet de laisser tourner *Clérambard* parce que l'acteur qu'on voulait lui imposer ne lui convenait pas. Jacques Dumesnil en avait fait le succès en 1950, et il estimait normal et juste de lui confier à nouveau le rôle.

D'autre part, sa participation personnelle à la vie cinématographique française diminua sensiblement. Elle se limita à quelques scénarios ou dialogues pour des films comme *Papa, maman, la bonne et moi* (1954), *Papa, maman, ma femme et moi* (1955), *Le Voyage à Paris* ou *Les peintres de l'éternel dimanche* (1960)[1], *La Française et l'amour* (1960).

Dans ce dernier film, il avait été chargé d'un sketch intitulé : *La Femme seule*. Selon lui, cette catégorie se divisait en deux : les riches d'une part, et, d'autre part, celles qui ne le sont pas.

« Les riches, à moins qu'elles n'aient la vocation de la solitude, ne sont pas vraiment seules, pensait-il. Pourvu qu'elles y consentent, il ne manque pas de gens qui gravitent autour d'elles, parents et amis sans parler d'un perpétuel mouvement de placiers en vin, en assurances, en voitures, en aspirateurs, et d'une armée de fournisseurs et de quémandeurs toujours empressés. Elles peuvent en outre avoir une vie mondaine, voyager, renouveler l'horizon de leur existence, collectionner des papillons ou des tableaux, être dames patronnesses, tourmenter une femme de chambre, un locataire impécunieux et créer et entretenir ainsi

1. Retrouvé depuis peu par Massin. Sur une idée originale de Pierre Mathieu et Jacques Espagne, ce film raconte les aventures d'un provincial à Paris. Le producteur, Jean-José Marchand, nous a confirmé que les dialogues étaient de Marcel Aymé.

autour de leur personne un bruit, un remous qui leur procure l'impression agréable d'être un centre d'attraction et une unité de choix dans la société.

(...) La solitude dans la pauvreté, pour une femme, est une tout autre chose. Nulle joie, nul grand espoir qui fasse battre le cœur ne viennent tempérer la dureté de leur condition sociale et morale. Les meilleurs moments de leur vie sont ceux du travail quotidien qui leur permet de s'oublier elles-mêmes. Dès qu'elles ont quitté le bureau ou l'atelier, elles sentent le poids de leur liberté. Dans la rue, tout leur rappelle que la vie en société est organisée pour le couple. Vont-elles au cinéma s'asseoir entre deux couples, c'est pour regarder sur l'écran comment un homme et une femme deviennent un couple. Partout où une femme seule peut aller le soir ou le dimanche après-midi, le célibat est un mur transparent qui la sépare du contact humain de ses semblables[1] »

Durant les dernières années de sa vie, Marcel Aymé ne revint au cinéma qu'avec les dialogues de *La Bourse et la vie* (1965) que Jean-Pierre Mocky tourna avec Fernandel, Jean Poiret, Heinz Ruhmann, Michel Galabru, Jacques Legras, Gabriello, Jean Carmet, etc.

En revanche, Marcel Aymé demeura très actif au théâtre, au point que, de 1953, après *La Tête des autres*, à 1961, on vit son nom presque chaque année à l'affiche. Depuis le succès de *Lucienne et le boucher* en 1948, il avait découvert un monde nouveau où il se sentait tout à fait à l'aise. Les acteurs, décorateurs, metteurs en scène, lui parurent simples et agréables, sans compter qu'ils l'adoptèrent tout de suite parce qu'il n'était pas un auteur capricieux et exigeant. Claude Sainval, André Barsacq et Henri Crémieux devinrent ses amis. Quand celui-ci dut se rendre au chevet de son frère, en décembre 1948, alors qu'il

1. *La Française et l'amour*, R. Laffont, 1960.

jouait chaque soir dans *Lucienne et le boucher*, il reçut ces quelques lignes aimables :

« Mon cher Henri, je suis bien peiné de vous savoir dans une pareille angoisse, mais j'espère comme vous que votre présence auprès de votre frère écartera tous les dangers que vous redoutez et de tout cœur, je souhaite que vous soyez bientôt tranquillisé. Quant à Moreau, n'ayez aucun souci. Je mentirais en vous disant que la pièce ne souffre pas de votre absence, car vous lui manquez au contraire, plus que je ne peux dire. Mais quand on tremble pour quelqu'un qui vous est si cher, la comédie est vraiment bien peu de chose. Oubliez donc *Lucienne* et concentrez toutes vos forces et votre affection pour aider votre frère à sortir de ses difficultés (...) ».

D'autre part, Marcel Aymé fut ébloui par le charme de certaines comédiennes comme Valentine Tessier, Françoise Christophe, Judith Magre, Rosy Varte, Dora Doll ou, plus tard, Christiane Minazzoli. On le vit souvent en compagnie de grandes et belles femmes auxquelles l'on prête volontiers la joie de vivre et le goût du plaisir. Dans *Féerie pour une autre fois*, Ferdinand s'en fit l'écho, avec envie, semble-t-il :

« J'oubliais de vous parler de Marcel. Il réfléchissait sur une tombe, avec son genre de maladie, bras ballants, un mot de temps à autre, le masque que ça lui donnait, figé comme ça, paupières mi-closes, il faisait sphinx en plein mystère. Tête de tortue un peu aussi, et puis beaucoup, figure parchemin du temps, pièce de muséum, voire tête de pipe, tête à massacre trop tabassée, fripée plus possible, raplatie toute tapée d'horions avec une sèche peau grise dessus. Seulement quand même une distinction, une expression pas comme tout le monde. Surtout toujours nippé dandie (sic), toujours la même recherche des détails, bonheur des dames, pochette, gants frais, complet cheviotte véritable, rien des tissus de bois. Les dames ça reconnaît ces choses-là et c'est touché par la toilette, c'est reconnaissante du fignolage, elles se feraient baiser par une momie, et qu'elles iraient au pied comme des folles, si la momie était de la vogue... qu'il avait le costard dernier cri, les ongles raffinés porcelaine, sa merluche plurimillénaire enclose en sachet Pompadour. C'est tout bibelot avec les filles, ou alors c'est le gorille catch catch. Arsène leur plaisait comme un bibelot avec sa maladie de la moelle, il comptait plus les amoureuses[1] (...) ».

Il est vrai que Marcel Aymé fut très apprécié des comédiennes. Un photographe le surprit même en galante compagnie sur la Côte d'Azur et vendit son cliché un bon prix à *Point de vue-Images du monde*. Un bel hôtel, proche de l'Avenue Montaigne, abrita quelque temps ses amours avec une célèbre actrice. Marie-Antoinette abusa de l'alcool pour oublier, fit des scènes et tenta de se suicider. Malgré tout, Marcel revint, mais repartit parfois... Un auteur à la mode voit souvent papillonner autour de lui de jeunes talents à la recherche d'un rôle important qui les consacrerait définitivement. Toujours souriant, mais plutôt énigmatique, il n'était pas dupe et s'amusait beaucoup. Ce monde du théâtre avait décidément bien des charmes...

L'art dramatique lui-même fit sa conquête, car il demandait moins de lignage que la création romanesque. Il avait fini par écrire rapidement et facilement ses pièces. Les dialogues devenaient une habitude et se créaient vite. Il n'était plus retenu par les descriptions de lieux et de personnages qu'il avait pourtant toujours réduites au maximum. Sa nature indolente reprenait le dessus. L'auteur dramatique se sentait cependant moins libre que le romancier. En effet, quand il avait campé un personnage, il devait lui refuser toute évolution, alors que le roman permettait plus de liberté. Une rencontre dans la rue, une impression

1. Céline, *Romans*, Pléiade, vol. 4, pp. 645-646.

fugitive ou un geste inattendu pouvaient tout changer. Sur scène, rien de tel. Il devait uniquement s'employer à trouver des actes susceptibles de mettre en lumière les traits de caractère des personnages, car il les voulait statiques. Ses maîtres étaient les classiques, et il pensait que :

« La règle des trois unités, qui offrait un maximum de garanties contre l'instabilité des caractères, contre la redoutable tentation de les rendre méconnaissables au cours de la pièce, cette règle de prudence, dont on (croyait) pouvoir sourire, n'(était) pas moins utile qu'elle ne l'(avait) été au Grand Siècle[1] ».

Bref, à ses yeux, le roman était « essentialiste, et le théâtre existentialiste ». Toutefois, l'évolution de l'art dramatique lui permettait de remarquer :

« Cet abîme qui sépare les deux genres à l'état pur s'est notablement comblé jusqu'à n'être plus qu'un simple fossé. Depuis un quart de siècle en effet, le théâtre tend à s'affranchir des stylisations (je parle, bien entendu, des pièces, et non pas des mises en scène qui ne sauraient compenser, sur ce point, le relâchement des textes), tend donc à s'affranchir des stylisations, les auteurs dramatiques répudiant insensiblement l'art pour la réalité humaine et ses complexités, peut-être dans la crainte de paraître trop simples, trop peu intelligents. Aussi, a-t-on vu se multiplier les pièces où les personnages, soit en duo, soit en solo, expliquaient au spectateur les secrets dédaléens de leur moi. On comprend que les romanciers ne se sentent pas trop dépaysés dans ce théâtre-là, et qu'ils soient tentés de lui apporter leur contribution. Les grincheux se plaindront qu'on porte à la scène des romans catalogués. Mais pourquoi pas ? L'expérience méritait d'être tentée. Si elle rate, c'est sans importance. Nous avons des milliers d'années devant nous. »

1. *Carrefour*, 10 octobre 1951 : « *Comment un romancier devient auteur dramatique* ».

En 1953 justement, il adapta à la scène l'une de ses nouvelles, *Fiançailles*, dans une revue de Denise Tual, intitulée *Au Triple Galop*. Mais personne ne protesta, car l'histoire de son centaure amoureux d'une jeune fille était des plus amusantes.

Passant d'un registre à l'autre sans difficulté apparente, Marcel Aymé signa aussi deux adaptations de grande valeur : *Les Sorcières de Salem* (1954) et *Vu du Pont* (1958). La première se passait dans l'Amérique puritaine de la fin du XVIIe siècle. Une jeune orpheline, Abigaïl, employée par les Proctor, était renvoyée par la maîtresse de maison, Elizabeth, qui avait découvert sa liaison avec son mari, John.

Bien décidée à se venger, Abigaïl se livrait alors à des pratiques magiques en compagnie d'autres jeunes filles. Menacée d'être emprisonnée et peut-être pendue, elle dénonçait Elizabeth, qui était arrêtée. Le sujet traité par Arthur Miller était pour plaire à Marcel Aymé, car il s'en prenait au fanatisme, à l'intolérance, à l'aveuglement, à la lâcheté et, pour tout dire, à l'incommensurable bêtise humaine. D'ailleurs, Marcel Aymé avait terminé sa présentation de la pièce, dans le programme du théâtre Sarah-Bernhardt, par ces lignes :

« J'ai fait de mon mieux pour ne trahir ni l'art d'Arthur Miller ni l'esprit de son œuvre. Telle est la beauté de la pièce et sa puissance dramatique qu'elle se passe aisément de toute référence politique, mais le spectateur, s'il est parfois tenté de sourire de la crédulité de certains personnages, ne manquera pas de réfléchir qu'à notre époque, l'intolérance et le fanatisme engendrent de sanglantes erreurs par des moyens aussi simples que ceux mis en œuvre à Salem en 1690, et tablant sur la même crédulité ».

C'était le procès de toute inquisition, en général, et du maccarthysme en particulier. Marcel Aymé y adhérait sans réserve. Travaillant à partir d'une traduction littérale, il s'était employé à rendre plus simple et plus direct le style abondant et foisonnant de Miller. Au début, il ne s'assigna pas d'autre tâche. Mais, peu à peu, il se rendit compte que la situation imaginée par Arthur Miller demandait à être transposée. Aucun doute n'était possible : aux Etats-Unis, John Proctor faisait figure de héros, car c'était un rude pionnier des premiers âges. En face de lui, Abigaïl n'était que l'incarnation du péché venant le salir. En France, ces deux personnages auraient été ressentis différemment, et la jeune servante, séduite puis abandonnée, aurait suscité bien des sympathies. Marcel Aymé se permit donc quelques libertés avec les intentions premières d'Arthur Miller.

« La nécessité m'est donc apparue de rééquilibrer ce couple d'amants, c'est-à-dire de noircir la victime en lui prêtant un machiavélisme qu'elle n'a pas dans la pièce d'Arthur Miller où elle est amenée, pour défendre sa vie et dans l'entraînement d'un délire collectif, à déclencher la chasse aux sorcières. J'ai voulu lui donner la pleine conscience du mal qui est en elle. Ce faisant, j'ai sans doute beaucoup contrarié l'auteur, et je le regrette sincèrement[1] ».

La pièce obtint un grand succès, d'autant plus qu'elle fut mise en scène par Raymond Rouleau, dans des décors blanc, noir et sépia de Lila de Nobili. Yves Montand et Simone Signoret, en parfaite affinité avec Arthur Miller et Marcel Aymé, surent interpréter les personnages de John et d'Elizabeth Proctor sans écraser le reste de la troupe, composée de Nicole Courcel, Henri Crémieux, Pierre Mondy, Maurice Chevit, etc.

Marcel Aymé regretta toutefois de ne pas avoir transformé un peu plus le texte de Miller, et en conclut :

« Je veux être pendu comme une simple sorcière s'il m'arrive jamais de refaire une adaptation[2] »

1. *Id.*
2. *Arts*, 15 décembre 1954.

Mais il ne donna pas suite à ce mouvement d'humeur, puisque, quatre ans plus tard, en 1958, il adapta *Vu du Pont*, au théâtre Antoine. Simone Berriau, sa directrice, réussit là à créer un grand spectacle, mis en scène par Peter Brook et principalement interprété par Raf Vallone, auquel elle consacra au préalable de longues heures de diction. A ses côtés, Marcel Bozzufi sut jouer avec force, Lila Kedrova avec fougue, et Evelyne Dandry avec beaucoup de sensibilité. Marcel Aymé, cette fois-ci, resta fidèle à l'esprit d'Arthur Miller, en donnant même au personnage principal une lucidité exceptionnelle à l'égard de son destin, qu'il n'avait peut-être pas à l'origine.

Sollicité pour adapter l'œuvre de Miller, Marcel Aymé n'en délaissa pas pour autant sa propre création. Mais, ironie du sort, il n'eut pas la même réussite. En fait, il ne connut alors qu'un seul franc succès, en 1956, grâce aux *Oiseaux de lune*, que Jacques Duby interpréta avec finesse, intelligence et spontanéité. La pièce, d'ailleurs, avait été écrite pour lui, puisqu'il nous a confié : « C'est en 1953[1], pendant les représentations de *Clérambard* que je jouais à la Comédie des Champs-Elysées, que j'ai osé timidement, certain soir, faire part à Marcel Aymé de ma grande admiration et lui dire que mon plus beau rêve serait qu'il écrivît une pièce pour moi. Il sourit légèrement, sans répondre. Les semaines passèrent. Le succès de *Clérambard* ne faiblissait pas. Un mois plus tard (peut-être deux), je rencontrai à nouveau Marcel Aymé, qui venait régulièrement au théâtre. Il aimait la compagnie des acteurs, et je crois peut-être un peu plus particulièrement la mienne. Nous bavardions (mais oui !) quand, soudain, il me tendit une brochure qu'il tenait à la main. Devant mon air ahuri, car j'avais oublié le rêve auquel j'avais fait allusion précédemment, il me dit : « Tiens, voilà ta pièce ». Je passai par toutes les couleurs, par-

1. En fait, 1954, lors d'une reprise.

Marcel Aymé, rue Paul Féval *(© Lipnitzki-Viollet)*.

Marcel Aymé posant pour le buste réalisé par Lucien Lafaye, en 1945 *(D. R.)*.

Marcel Aymé. Au fond, son portrait par Gen Paul *(D. R.)*.

Marcel Aymé en tricot rayé, en vacances à Ousson *(D. R.)*.

Marcel Aymé en 1945 à Montmartre *(© P. Vals)*.

Marcel Aymé, avec Colette
et sa fille Isabelle *(D. R.)*.

Marcel Aymé en 1958, avec Frédéric,
fils de Colette *(D. R.)*.

Au premier plan, de gauche à droite : Colette, Frédéric, Isabelle, Françoise.
Derrière, de droite à gauche : Marcel et Marie-Antoinette Aymé *(D. R.)*.

Au théâtre de l'Atelier, avec Jacques Duby et sa femme, à gauche. À droite, Jean Noël, décorateur des *Oiseaux de Lune* (© Bernand).

Au Lapin Agile, de gauche à droite, au micro, Yvonne Darles et Paulo.
À droite, au premier plan, Annie Girardot, devant Marcel Aymé.
À l'arrière-plan : Yves Mathieu *(D. R.)*.

Marcel et Guy Vignoht, au vernissage de l'exposition consacrée à *La Vouivre* *(© Daniel Frasnay / Rapho)*.

Marcel et Ferdinand *(D. R.)*.

En 1959, avec Jean Anouilh et Jean-Denis Malclès *(© Bernand)*.

En 1963 aux Bouffes-Parisiens. À gauche : Jean Le Poulain et Jean-Pierre Rambal. À droite : Marcel Aymé, Edwige Feuillère et Gérard Lartigaud *(© Bernand)*.

Marcel Aymé, au théâtre Sarah-Bernhardt, en 1959 *(© Bernand)*.

Avec Georges Brassens *(© Sipa / Dalmas)*.

Guy Béart, Marcel Aymé, Bernard Buffet et Annabelle *(© Imapress)*.

tagé entre la confusion et l'émerveillement. Me voyant bouche bée, il ajouta : « Tu ne m'as pas demandé de t'écrire une pièce ? ». C'était *Les Oiseaux de lune*, que je créai en 1956 au théâtre de l'Atelier. André Barsacq l'avait immédiatement retenue. Voilà (...) l'histoire de cette brochure qui s'intitulait d'ailleurs initialement *Bel Oiseau sans souci*. Marcel changea le titre pendant les répétitions. »

Avec cette pièce, Marcel Aymé s'était lancé dans une entreprise périlleuse, puisqu'il avait tout simplement introduit le merveilleux sur scène. Autant il charmait dans ses contes et nouvelles, avec ses personnages qui, le plus simplement du monde, passaient à travers les murs ou se multipliaient à l'infini, autant il pouvait déplaire en les présentant au théâtre. Mais les pouvoirs de Valentin, qui lui permettaient de changer en oiseaux ceux qui le contrariaient, amusèrent le public. Il y prit beaucoup de plaisir, alors que l'auteur avait cru écrire une pièce mélancolique.

« Le dialogue n'avait en soi aucune vertu comique, et c'est seulement après avoir terminé le deuxième acte que j'ai vraiment compris ce qui restait de mes intentions. La singularité des situations, ce qu'elles comportaient sur une scène de parfaitement insolite, suffisaient à donner le ton à l'ensemble. Je suis sûr que si j'avais fait une nouvelle des *Oiseaux de lune*, elle aurait été très triste[1] ».

Détournée ou non de sa vocation première, la pièce fut jouée plus de trois cents fois à l'Atelier, dans un décor de Jacques Noël et une mise en scène d'André Barsacq, également directeur du théâtre. A ce titre, il eut le mauvais goût, en septembre 1956, de se plaindre auprès de Marcel Aymé de la modicité de ses bénéfices. La réponse ne se fit pas attendre et elle fut cinglante :

« (...) Je trouve fort mal venus les reproches que vous

1. *Arts*, 28 décembre 1955.

m'adressez touchant les pertes « d'un théâtre qui a risqué son existence pour monter ma pièce ». Je suis obligé de vous rappeler que je ne suis pas allé vous chercher pour monter *Les Oiseaux de lune*, mais que, sollicité par d'autres théâtres, c'est sur vos instances que je l'ai donnée à l'Atelier. Sans doute jugiez-vous à ce moment-là que l'existence de votre théâtre courait un moindre risque avec ma pièce qu'avec une autre. J'étais alors très loin de penser que vous me feriez un jour le reproche de m'être rendu à vos pressantes invitations.

Vous me faites aigrement observer que du 15 décembre au 30 juin, tout en tenant le quatrième rang parmi les théâtres, l'Atelier a perdu 3.890.000 francs. Je suis le premier à le regretter. Qu'un théâtre tenant constamment le quatrième rang soit au bout de six mois et demi déficitaire de quatre millions, voilà qui est parfaitement décourageant, mais je n'ai pas du tout le sentiment que ma responsabilité soit engagée. Si, avant de monter *Les Oiseaux*, vous m'aviez dit que vos frais quotidiens s'établissaient autour de 275.000, non seulement je vous aurais mis en garde, mais je serais parti avec ma pièce sous le bras, sachant trop bien qu'une marge aussi étroite est des plus inconfortables. Déjà, à propos de *La Tête des autres*, vous m'avez dit un jour que vous n'aviez presque rien gagné.

Ce qui est navrant, c'est que *Les Oiseaux de lune* passent pour être un des rares succès de l'année. Heureusement pour le repos de ma conscience, je n'ai pas demandé de grande vedette commerciale. Je me suis seulement permis d'amener Jacques Duby qui n'aura pas nui au spectacle et qui va se succéder à lui-même dans *L'Œuf* dont le succès ne fait aucun doute pour moi.

Je n'en suis pas moins désolé de vous voir dans ces sentiments de hargne et de rancune. Sincèrement[1] ».

1. Bibliothèque de l'Arsenal.

La brouille entre Marcel Aymé et André Barsacq ne dura pas. Ainsi, en juillet 1959, l'écrivain lui confie ses difficultés au sujet de l'adaptation américaine des *Oiseaux de lune*, et poursuit le plus aimablement du monde :

« Je pense que Bréhat, en juillet, a dû être bien agréable. Ici aussi [1], il a fait très beau. Jean Anouilh est installé dans la maison qu'il a achetée au bord de l'eau. Nous sommes en train de nous initier aux finesses du billard, car l'une des pièces est meublée par un billard. Nous ne faisons ni l'un ni l'autre des merveilles.

Nous rentrons d'ailleurs lundi ou mardi à Grosrouvre car les répétitions à Sarah commencent le 6 août. J'ai appris depuis que nous nous sommes vus que vous allez monter un Ugo Betti avec Suzanne Flon. Il n'est pas encore temps de dire le mot d'usage. Nous vous envoyons à Mila, à vous et aux enfants, nos affectueuses amitiés ».

Après *Les Oiseaux de lune*, Marcel Aymé traversa une période difficile. Déjà, *Les Quatre vérités*, en 1954, n'avaient été qu'un demi-succès. L'idée en était pourtant savoureuse : inoculer un sérum de vérité aux membres d'une même famille, et les écouter... Que de révélations en perspective ! Marcel Aymé y pensait depuis des années, depuis que la justice française avait envisagé de soumettre les présumés coupables au penthotal. Mais le résultat ne fut pas à la hauteur de ses ambitions. Il trouva bien quelques répliques amusantes et ironiques au premier acte, lorsque le journaliste Noël Bélugat interviewe Trévière, ou lorsqu'il répond à Olivier :

« N'insistez pas. Ma profession ne me permet pas de dire la vérité [2] ».

Toutefois, il ne parvint pas à donner à l'ensemble de sa pièce la force et la dimension que le titre annon-

1. Cap-Ferret.
2. Acte II, scène 9.

çait. Il le reconnut d'ailleurs dans une lettre à Camille[1] :

« Moi, je sais comme toi que c'est une mauvaise pièce, puisque je n'ai pas réussi à écrire ce que je souhaitais. J'aurais voulu rendre sensible une certaine forme de mensonge, celui qui ne s'embarrasse pas de vraisemblance et trouve son efficacité dans son impudence. Je voyais là le mensonge spécifique, par opposition à ceux des parents et du mari. Malheureusement, je n'ai voulu me rendre à cette évidence qu'au bout du premier acte, j'avais montré l'essentiel, et j'ai eu tort de m'entêter à traiter à la scène un sujet de roman. Ce qui m'ennuie le plus, dans une aventure comme celle-là, c'est d'avoir à reconnaître qu'en gros, dans sa critique, un triste sire comme Kemp a raison ».

Marcel Aymé, qui ne le portait pas dans son cœur, ajoute même :

« A ce propos, il faut que je te raconte qu'il y a un mois, à la générale d'une pièce de Jacques Deval, Marie-Antoinette, pendant l'entracte, était dans la loge de Simone Berriau, où est entré Kemp qui a dit : « Je me rase autant que je me suis rasé à la pièce de Marcel Aymé, ce qui n'est pas peu dire ». Comme il en remettait, Berriau l'a présenté à Marie-Antoinette. Il a fondu en excuses, l'a assuré de son grand amour pour moi et a vomi des horreurs sur la pièce de Deval. Et, le lendemain, dans *Le Monde*, il écrivait un article enthousiaste sur cette même pièce ».

Malgré les mauvaises critiques, *Les Quatre Vérités* tinrent l'affiche quelque temps. Marcel Aymé parla même « d'une carrière honorable quant aux recettes »[2]. Il n'en fut malheureusement pas de même avec *La Mouche bleue* (1957), *Patron* (1959) et *Louisiane* (1961). La première choqua beaucoup de critiques en raison de ses attaques contre les Etats-Unis. Il ne faut

1. 19 mars 1954.
2. Id.

pas oublier qu'en octobre 1957, les intellectuels français avaient en mémoire l'invasion de la Hongrie, l'année précédente, par les troupes soviétiques. Les Etats-Unis semblaient alors le plus sûr rempart contre l'expansion de l'U.R.S.S. en Europe de l'Ouest, et toute attaque contre eux relevait plus ou moins d'une trahison. La politique internationale, cette fois, allait à nouveau fausser les jugements à l'égard d'un Marcel Aymé parfaitement libre vis-à-vis de l'actualité. Dans *Les Nouvelles littéraires*[1], tout en prenant ses distances par rapport à une américanophilie systématique, Gabriel Marcel n'en déclara pas moins que « le moment (était) aussi mal choisi que possible pour exaspérer les Américains. *La Mouche bleue* ne peut que réjouir les étrangleurs de la Hongrie ». Dans *Le Figaro*[2], Nicole ne fit pas référence aux Soviétiques, mais regretta de voir les Américains pris comme têtes de Turc, et accusa Marcel Aymé dans *La Mouche bleue*, ainsi que Jacques Deval dans *La Prétentaine*, et Charles Chaplin dans *Un Roi à New York*, d'avoir réalisé trois poncifs. Toutefois, l'attaque la plus vive et la plus blessante vint de Thierry Maulnier, que Marcel Aymé connaissait pourtant bien et qui avait toujours parfaitement compris et jugé ses ouvrages. Dans une lettre ouverte à Marcel Aymé, que publia *Artaban*[3], il lui écrivit :

« En invitant les Français, par le moyen d'une pièce de théâtre ou par tout autre moyen, au sarcasme et au mépris contre ceux qui sont nos alliés, non pas peut-être par affinités électives, mais par le seul fait que leur défaite entraînerait notre propre asservissement de façon inéluctable, vous n'observez même pas la neutralité, quoi que vous sembliez en penser. Vous faites, autant qu'il est en votre pouvoir, le jeu d'une stratégie de dissociation qui tend à faire, en face d'un bloc

1. 31 octobre 1957.
2. 15 novembre 1957.
3. 22 novembre 1957.

monolithique, assuré de l'unité de commandement et de l'utilisation en commun d'énormes ressources, un Occident divisé, anarchique, incapable de coordonner ses mouvements pour une défense organisée, et mûr pour l'asservissement définitif ».

Le placide Marcel Aymé avait parfois de vives réactions et un grand talent de polémiste. Nicole et Thierry Maulnier le vérifièrent à leurs dépens. A la première, il répliqua[1] :

« Si j'avais voulu frapper à coups redoublés sur cette soi-disant tête de Turc qu'est l'Amérique (...), je m'y serais pris d'une autre façon et (...) les prétextes ne m'auraient pas manqué : la corruption dans la politique, dans la justice, dans la police ; l'exploitation des syndicats par des gangs indéracinables ; le racisme impénitent des hommes blancs, autant de plaies sur lesquelles la documentation ne manque pas, fournie par les Américains eux-mêmes ».

Quant à l'article de Thierry Maulnier, il se faisait taxer « d'un manque total de cohérence et, pour tout dire, d'un travail bâclé »[2]. Marcel Aymé lui annonçait, en outre, que les Etats-Unis finiraient par abuser de la confiance que les Français avaient placée en eux et que, ce jour-là, poursuivait-il :

« Vous écrirez des méchancetés contre les Américains, et moi, je continuerai à n'avoir pour eux que de la sympathie. Pourquoi en voudrais-je à une nation de nous prendre ce que nous lui avons abandonné ? Je crois vous voir sourire. Vous pensez La Fayette et France éternelle. Réfléchissez pourtant qu'en 1941, les Polonais et les Tchèques ont placé tous leurs espoirs de liberté dans l'entrée en guerre de l'Amérique, qui les a bazardés pour de simples commodités diplomatiques, car il ne s'agissait pas alors de pétrole ».

Déchaîné contre Thierry Maulnier, il lui renvoyait

1. *Le Figaro*, 11 novembre 1957.
2. *Artaban*, 29 novembre 1957.

une accusation qu'il avait reçue à propos du *Confort intellectuel* :

« Je crois en effet qu'obsédé par la crainte du communisme, vous avez à votre insu adopté l'esprit et les méthodes du stalinisme le plus pur. Peu vous importe de justifier une accusation. Ce qu'il vous faut, c'est formuler celle qui nuira le plus sûrement à un auteur et à ses écrits. Peut-être que le rire n'invite pas forcément au mépris et au sarcasme, comme vous semblez le croire, mais, à supposer que *La Mouche bleue* contienne tout le poison que vous dénoncez, il faudrait encore établir qu'il y est avant de me le reprocher. Si vous voulez bien vous souvenir que vous êtes critique et auteur dramatique, vous conviendrez que c'est la moindre des choses ».

Mais le coup le plus dur venait à la fin, comme il se doit :

« Je viens à la dernière partie de votre lettre, et c'est pour vous dire, Thierry Maulnier, que vous mentez avec une rare effronterie. Voici en effet ce que vous vous permettez de m'écrire : « Vous avez écrit quelque part, il y a trois ou quatre mois, que vous préfériez une France communiste à une France qui *aurait perdu son âme*, c'est-à-dire à une France américanisée ».

Je n'ai pas écrit ce que vous dites. Je n'ai rien écrit non plus autorisant qui que ce soit à me prêter une pensée qui m'est parfaitement étrangère. Un homme honnête, même s'il essaie de lire entre les lignes, ne la trouvera nulle part dans ce que j'ai écrit, non seulement il y a trois ou quatre mois mais au cours de toute ma vie. Il s'agit, de votre part, d'une invention pure et simple. Je suis naturellement amené à me demander ce qui vous fait faire ce mensonge délibéré. Aviez-vous un si grand désir de démolir la pièce, ou le fallait-il à tout prix, même à celui-ci ? C'est ce que je vous serais obligé de me faire savoir ».

La polémique ne s'arrêta pas là, car Thierry Maulnier répliqua, le 6 décembre[1], dans un article intitulé « Marcel Aymé, ne prenez pas la mouche ! ». Il tenta de s'expliquer et de se justifier, jura ses grands dieux qu'il ne voulait aucun mal à *La Mouche bleue*, et conclut en invitant même les lecteurs à aller voir la pièce, ce qui lui permit d'ajouter : « Vous voyez. Loin de vouloir porter préjudice à votre bordereau de recettes, je vous fais de la publicité ».

Hélas ! Ces derniers propos de Thierry Maulnier ne furent guère entendus, et Claude Sainval ne put maintenir bien longtemps *La Mouche bleue* à l'affiche de la Comédie des Champs-Elysées. Marcel Aymé se consola, à l'époque, avec le triomphe que rencontrait *Clérambard* à... Broadway. Donnée au Rooftop Theater, la pièce était jouée par Claude Dauphin qui, en la circonstance, avait reçu de Paris la célèbre robe de chambre que portait Jacques Dumesnil lors de sa création. Le supplément littéraire du *New York Times accorda même quatre colonnes à un éloge de Clérambard* par le grand maître de la critique new-yorkaise, Brooks Atkinson. L'Amérique n'était pas rancunière...

En 1959, Marcel Aymé connut aussi des déboires avec une comédie musicale, *Patron*. Le spectacle réunissait pourtant Zizi Jeanmaire, Roland Petit, Philippe Lemaire, Bernard Buffet et Guy Béart qui fit notamment la musique des chansons, comme *La Chabraque*, écrites par Marcel Aymé lui-même. L'intrigue était digne d'intérêt puisque Marcel Aymé avait imaginé l'existence au ministère des Finances d'un véritable gang, auteur de nombreux et fructueux cambriolages pour aider au renflouement des caisses de l'État. On n'ose penser à une quelconque intervention d'hommes politiques pour faire échouer un spectacle irrévérencieux à l'égard de la rue de Rivoli. Disons plutôt que la comédie musicale est un genre très difficile en

1. *Artaban.*

France et qu'il a manqué à *Patron* le talent d'un Minelli ou d'un Gene Kelly.

En octobre 1959, alors que les premières critiques défavorables paraissaient dans la presse, Marcel Aymé apprenait aussi que *Les Oiseaux de lune*, présentés à Broadway, venaient de recevoir un accueil particulièrement froid. « Les oiseaux volent bas », avait titré la presse américaine. L'automne s'annonçait mal et la fin de l'année ne fut guère plus favorable. Dans le numéro de décembre de la *N.R.F.*, un certain Denis Périer rendit compte du *Gala de Tête d'or* en évoquant les réactions des uns et des autres. En ce qui concerne notre écrivain, il écrivit :

« La réplique de Marcel Aymé n'est pas indigne de son théâtre : — J'étais au bistrot. Je regrette de n'avoir pas vu la tête des autres, après. »

La trouvaille manquait pour le moins d'élégance et Denis Périer put mesurer l'étendue de sa bévue lorsqu'il reçut ces quelques lignes :

« Monsieur,

Dans votre *Gala de Tête d'or* de la *N.R.F.* de décembre, vous me prêtez un propos qui n'est peut-être « pas indigne de mon théâtre », ainsi que vous l'écrivez, mais que je n'ai pas tenu. Vous penserez que ce petit mensonge est sans importance puisqu'il aura servi une louable intention. Je ne vous demande pas de rectification, mais je regrette que vous introduisiez dans cette revue les habitudes les moins recommandables des journalistes d'à présent, celles qui consistent à faire dire aux gens ce qu'ils n'ont pas dit, pour la simple commodité d'orner un article. Quand j'ai commencé à écrire dans cette revue, il y a plus de trente ans, de tels procédés n'avaient pas cours.

Avec mes salutations ».

Fort heureusement, l'année avait mieux commencé grâce à la reprise de *La Tête des autres* à l'Atelier, avec un quatrième acte complètement remanié. Marcel Aymé en avait supprimé le personnage d'Alessandrovici qu'on lui avait parfois reproché en 1952, et qui datait trop la pièce. Mais les propos contre les magistrats ne furent guère atténués car, à quelques secondes de la fin, l'on entendait Maillard déclarer :

« Il est vrai qu'ici, entre la justice et la politique, il y a de curieux entremêlements. Sommes-nous les fautifs ? Quand les magistrats sont de mauvais magistrats, il n'y a pas à leur jeter la pierre. S'ils sont lâches, c'est qu'on leur a fait peur. S'ils sont corrompus, c'est qu'on les a tentés ».

En 1961, s'acheva, après un échec et un succès, la grande période de création théâtrale que Marcel Aymé vivait depuis une dizaine d'années. En octobre, *Louisiane* fit un four au théâtre de la Renaissance. Déjà, les répétitions avaient été émaillées d'incidents. L'acteur noir américain, Hermann Gantt, avait rendu son rôle, à la suite d'un conflit avec le metteur en scène, André Villiers. Flegmatique, Marcel Aymé s'était contenté d'observer :

« M. Gantt avait pour seule mission dans ma pièce de se laisser embrasser par une jeune Blanche. Nous lui avons trouvé facilement un successeur ».

Ce fut James Campbell. Cette difficulté surmontée, la pièce eut bien du mal, malgré tout, à passer la rampe, et la critique fut sans tendresse. Bertrand Poirot-Delpech parla d'un « western à rallonges, sans vie ni langage »[1], et Pierre Marcabru titra : « *Louisiane* de Marcel Aymé : une catastrophe[2] ». Paul Gordeaux jugea la pièce « laborieusement agencée »[3], et Marcelle Capron assura : « Mais, ce qui est plus grave, c'est que nous ne croyons pas à cette histoire, qu'elle ne nous atteint pas, qu'elle ne nous touche pas, qu'aucun personnage ne nous émeut vraiment. C'est peut-être le plus grand reproche que je ferais à Marcel Aymé : de

1. *Le Monde*, 23 septembre 1961.
2. *Arts*, 27 septembre 1961.
3. *France-Soir*, 23 septembre 1961.

ne pas éveiller de révolte ni de pitié dans un cœur[1] ». Ni Magali Noël, ni James Campbell, ni Marpessa Dawn ne purent sauver la pièce. Il fallut la retirer rapidement.

Au lendemain de ce four, bavardant avec Pol Vandromme, Marcel Aymé confia :

« Ah ! c'est du Marcel Aymé qu'ils veulent. Eh bien ! je vais leur en f... ».

« En quelques jours, poursuit Vandromme[2], il écrivit *Les Maxibules*, éblouissant canular, farce sans queue ni tête ; mais personne ne s'en aperçut, et tout un joli monde disserta gravement sur l'absurde, à moins que ce ne fût sur une forme inattendue d'antithéâtre ». En fait, la pièce était en préparation depuis l'été, et il en avait déjà écrit la moitié[3], à nouveau pour Jacques Duby, qui, retenu par d'autres engagements, ne put la jouer. Composée comme une succession de sketches, elle fut interprétée par des comédiennes aussi belles qu'intelligentes, Françoise Christophe et Elisabeth Alain. Quant aux acteurs, Claude Nicot, Jacques Verlier et Jean-Pierre Rambal, ils restèrent un peu dans l'ombre du surprenant Jacques Dufilho. Le crâne rasé, l'œil perçant, le visage étonnamment changeant, il se livra à un récital impressionnant qui réjouit le public et fit les beaux jours des Bouffes-Parisiens pendant plusieurs mois.

---

1. *Combat*, 23 septembre 1961.
2. *Les Nouvelles littéraires*, 19 octobre 1967.
3. *Le Figaro littéraire*, 25 novembre 1961

XVII

Des amis

Durant toute sa période d'intense activité théâtrale, des années cinquante aux années soixante, Marcel Aymé fut une célébrité que l'on considéra avec sympathie, voire avec respect. A Montmartre d'abord, l'on disait de lui : « Il est gentil, Marcel ». Il y avait effectivement gardé ses habitudes, ne se laissant pas du tout tourner la tête par ses triomphes. Chaque matin, il se promenait d'un pas régulier, très droit, en se dandinant légèrement. Il s'était mis à aimer les tissus confortables, et il arborait parfois des cravates jaune canari qui tranchaient sur ses velours marron. Il affectionnait le shetland, le tweed et les mocassins souples. De temps en temps, il se coiffait d'une large casquette plate. Quand il quittait le 9 ter de la rue Paul-Féval, il échangeait quelques mots avec Gros-Louis, le concierge, qui avait du ventre et de la gueule. On le surnommait Louis XVI. Marcel Aymé prenait plaisir à l'entendre raconter ses souvenirs, car il avait été légionnaire, facteur, artiste, vidangeur, croque-mort. En l'écoutant, il se revoyait, des années en arrière, ballotté d'un emploi à un autre parce qu'il fallait bien vivre. Mais il n'avait jamais été aussi pittoresque que

Gros-Louis. Il préférait la discrétion, l'anonymat, et puis il n'avait jamais eu, non plus, la mine resplendissante de l'homme en bonne santé. Quel dommage... Il fallait toujours se soigner, prendre des médicaments et ne pas trop présumer de ses forces. De toute façon, Marie-Antoinette veillait.

Les rues de Montmartre, c'était justement un autre monde. Il quittait ses parquets cirés, ses étagères et ses meubles bien époussetés, pour aller retrouver ses copains, ceux qui constituaient son autre jardin secret. Il y avait d'abord les peintres, et en premier lieu Gen Paul. C'était une vieille connaissance d'avant-guerre, qui n'était pas facile à vivre. Volubile, Gégène s'en laissait souvent imposer par Marcel qui, très sobre, lui reprochait parfois son intempérance. Il s'en suivait des brouilles, et Marcel passait, raide et fier, rue Girardon ou avenue Junot. Gégène l'interpellait, et l'on se réconciliait. Il y eut aussi Papazoff, court et massif, qu'il recommanda en ces termes à Jean Paulhan :

« J'ai lu dernièrement le manuscrit d'un ami, *Le Chemin de la vie*, du peintre Papazoff. Il m'a beaucoup plu à cause de sa simplicité et d'un accent de sincérité et d'émotion du meilleur aloi. J'ai trouvé aussi très méritant qu'un Bulgare ait eu l'idée d'écrire directement en français, pendant ces années d'occupation, ce qui est un peu le livre de sa vie. C'est un effort qui lui a demandé beaucoup de temps et de patience. Aussi ai-je été heureux d'apprendre que vous vous étiez personnellement intéressé à ce manuscrit et employé à le faire éditer. Vous vous souvenez sans doute que la censure allemande en avait interdit la publication. Malgré sa carrure et sa chevelure de lion, Papazoff est assez timide et les écrivains l'effraient particulièrement. Il m'a dit vous avoir vu en présence d'un aréopage de littérateurs et n'avoir, de sa vie, transpiré autant. Je crois qu'il n'osera pas vous remettre la chose en mémoire et je me permets, avec son assentiment, de le faire moi-même [1] ».

1. Lettre du 8 septembre 1944, IMEC.

Papazoff et Marcel Aymé s'entendaient si bien que le romancier emmena le peintre en vacances avec lui à Ousson, sur les bords de la Loire. Une lettre de Papazoff à Derain[1] évoque bien leur amitié :

« Mon cher ami,

Tu savais que le voisinage de Marcel Aymé, à Ousson, me faisait grand bien. C'est un camarade avec lequel je ne me sens pas contraint de tenir une conversation. Avec le temps, j'ai appris à le connaître et en sa présence je me sens heureux. C'est un homme qui fait le silence, vit par le silence et qui est le silence même. Là où il se trouve, il le répand. Pour ma part, étant peintre et connaissant le langage des couleurs et la sonorité des contrastes, je n'abuse pas du pouvoir que je peux avoir sur lui pour le faire parler...

Cependant, malgré cette puissance de silence, Marcel aime la parole et, mieux que les autres, il sait s'en servir. Seulement, « parler » prend chez lui une signification très distincte, car s'il le fait, ce n'est que pour exprimer des pensées simples et sincères.

Nos entretiens ne prennent jamais un caractère de dissertation artistique. Généralement, nous parlons de simples faits de la vie et, très souvent, nous inventons de petites histoires, dans le seul but de plaisanter et de pouvoir rire du fond de nos cœurs. Je n'ai jamais demandé à Marcel de me livrer ses conceptions philosophiques, ni de me confier ses projets de « créateur ». Si je le faisais, il s'étonnerait de ma stupidité et, immanquablement, je me heurterais à son silence. Si je désire percer ses méditations intimes ou le secret de ses rêves, je n'ai qu'à puiser dans ses travaux littéraires, qui sont simples et clairs comme lui-même.

Plusieurs fois déjà, j'étais allé avec lui et sa petite famille en vacances. Cet été, à l'hôtel d'Ousson où nous vivions venaient aussi d'autres amis et nous nous

1. 19 février 1960, *Derain mon copain*, G. Papazoff, Snev., Paris, 1960.

trouvions parfois quinze, vingt à table. La plupart du temps, nos repas se terminaient dans une atmosphère d'amitié et par des chansons gaies et joviales ».

Le jeune Yves Mathieu, du Lapin-Agile, les surprit même un jour en train de répéter de paillardes romances. Papazoff apprit la peinture à Marcel Aymé qui avait toujours dessiné. Il en résulta quelques bouquets de fleurs et un autoportrait où il s'est donné l'air bien sévère.

Marcel Aymé fréquenta aussi l'atelier de Roger Bertin et celui de Guy Vignoht. Il entrait, s'asseyait et ne soufflait mot. Un jour, il dit pourtant à Roger Bertin qu'il venait de lire que Raoul Dufy avait déclaré à un peintre : « Jeune homme, ne cherchez pas plus loin, tout se fait dans votre palette. » Et il ajouta :

« Il n'a pas regardé les chiffons à peindre. C'est la toute dernière étape du tableau. Tu devrais faire une exposition de tes chiffons. »

Guy Vignoht, lui, avait l'habitude d'utiliser des annuaires téléphoniques comme supports. Lorsque Marcel rédigea une présentation des toiles qu'il réunit en 1963 sur le thème de *La Vouivre*, il y fit référence, mais à sa manière.

« Guy Vignoht, un Lorrain aux yeux bleus, né en 1932 et porteur d'une intéressante moustache, utilise très habituellement l'ingénieuse méthode que voici : chaque jour de la semaine, pendant huit à neuf heures d'affilée, il s'oblige à lire attentivement deux ou trois annuaires téléphoniques, dont il possède dans son atelier une pile importante, allant des années 1929 à 1963. Ayant ainsi créé à l'intérieur de lui-même un vide presque parfait, il y introduit brusquement l'idée de peinture, qui s'y engouffre avec un énorme bruit de cataracte. »

Marcel Aymé a ainsi préfacé beaucoup de catalogues d'exposition pour ses amis peintres et dessinateurs : Jean d'Esparbès, Cahours, Creixams, Gino Milani, Leprin, Blanche Van Parys, Jean Dufy,

Decarli, Robert Naly, etc. Le plus souvent, on sent qu'il force un peu sa plume. Aussi se réfugie-t-il volontiers dans l'humour. De Naly, il a écrit :

« Tous les critiques et les non-critiques s'accordent à voir dans la peinture de Robert Naly deux grandes époques, et c'est un point qui n'est plus discuté. Il n'existe de désaccord que quant aux limites à leur assigner dans le temps. Certains parlent d'une époque blanche et d'une époque rouge, qui correspondraient aux deux penchants qu'il a montrés successivement pour le vin blanc ou pour le vin rouge. Il y a une apparence de raison dans le déterminisme éthylique de cette explication, mais ce n'est qu'une apparence, et les œuvres sont là qui tranchent la question.

Depuis longtemps, je me suis inscrit parmi ceux qui tiennent pour l'époque d'avant la barbe et celle d'après la barbe. Jusqu'à l'année 1941, qui vit ses joues se couvrir de poils, le peintre s'est laissé aller aux mouvements d'une sensibilité délicate qui nous ont valu, entre autres toiles fameuses, son *Bouquet de pompes à bicyclettes* (1936) et son *Taureau Louis XIII* (1938), lequel se trouve présentement au musée de Chicago [1] ».

Lorsque son ami, le comédien Henri Crémieux, exposa ses toiles, il rédigea aussi quelques lignes et il en fit de même pour sa belle-sœur Alix, épouse de Georges, qui avait ramené d'Extrême-Orient la technique de la laque [2]. Fidèle en amitié, il préfaça également, en 1950, un album de dessins de Rio (Ralph Soupault) qui venait de purger cinq ans de prison pour faits de collaboration. Sans ambages, il y écrivait :

« Emprisonné à la Libération (ironie des mots), Rio, condamné politique, est resté cinq ans dans des geôles diverses et en a rapporté de très vifs souvenirs qui, on pourrait s'y attendre, ne sont ni très gais, ni très

---

1. Préface citée dans le catalogue André Roussard : *18e Salon de toile*, 1978.

2. Cf. Chapitre XIV.

confortants. J'ai visité à San-Francisco une prison américaine où l'État s'ingénie à donner de la vie une vision plus heureuse et plus optimiste que celle qu'avaient eue les prisonniers avant d'y entrer. L'État français n'en est pas encore là et je ne surprendrai personne en disant que, loin de s'y acheminer, il a fait délibérément litière, en ces dernières années, de toute espèce de préjugé humanitaire. A la formule américaine, il a préféré celle du rachat par la souffrance, à quoi certains se plairont sans doute à reconnaître l'esprit chrétien qui l'imprègne depuis 1944 [1] ».

Il resta également fidèle à Vlaminck, rejeté par beaucoup pour avoir accepté un voyage officiel en Allemagne pendant l'occupation. Marcel Aymé alla régulièrement le voir dans sa maison de La Tourillière, à Rueil-la-Gadelière, près de Verneuil-sur-Avre et lui rendit un vibrant hommage, à sa mort, dans *Arts* [2]. D'ailleurs, son amitié pour Vlaminck ne l'avait pas éloigné de Derain, alors que les deux peintres demeurèrent brouillés pendant de nombreuses années. Derain, Raymonde, sa femme d'alors, et Boby, leur fils, séjournèrent à plusieurs reprises avec les Aymé, à Ousson et au Cap-Ferret où la forte carrure de Derain ne passait pas inaperçue, surtout lorsqu'il lui arrivait d'aller acheter des espadrilles en oubliant de... fermer sa braguette. [3]

A Montmartre, quand il quittait les ateliers de ses amis peintres, Marcel allait volontiers dans les bistrots jouer aux cartes ou aux dés. Il avait ses lieux de prédilection : *Le Rêve*, rue Caulaincourt ; *Chez Pomme*, rue Lepic ; *Au Clairon des Chasseurs* ; *Chez Georges*, ou *Barbe*, place du Tertre, etc. Les enjeux, modiques, ne servaient qu'à alimenter une cagnotte destinée de

---

1. Amiot-Dumont, Paris, 1950.

2. *Vlaminck est mort heureux mais désespéré du monde*, 15 octobre 1958.

3. Papazoff, *op. cit.*, p. 117.

temps à autre à payer un repas aux joueurs. Parmi eux, Monique Morelli ; Fanfan, la femme de l'architecte Bouebant, Louis Guillet, Rossigneux, le roi de la chemise, Mimile, un garçon de *Chez Barbe*, Barbe lui-même, Lucien Gamblin, ancien capitaine de l'équipe de France de football, Henri Soret, marchand d'huîtres, surnommé Marché noir... inspirateur de *La Traversée de Paris*, Attilio, dont Marcel Aymé a dit que les Sciences politiques ne l'avaient pas préparé aux finesse du quatre-vingt-et-un, et qu'il le croyait trop intellectuel pour y réussir jamais...

Les équipes se faisaient et se défaisaient au gré des rencontres et des activités de chacun. Marcel Aymé s'installait souvent aux mêmes tables. Il disait à peine bonjour, parlait peu, un mot par-ci, un mot par-là, et ne commandait guère d'alcool. Le Vittel-cassis était plutôt sa boisson ordinaire. Il avait la passion du jeu et détestait perdre. Aux boules, ses proches s'appliquaient autant qu'ils le pouvaient pour ne pas encourir ses foudres. Au billard, il était redoutable. Aux cartes ou aux dés, derrière ses paupières tombantes, il suivait attentivement le jeu, et n'avait pas de tendresse pour ses partenaires maladroits. Un jour, le nouveau patron du *Clairon des Chasseurs*, lui reprocha vertement de ne pas savoir jouer. Il ne souffla mot, mais n'y revint jamais. Dès lors, il alla jouer ailleurs, au coin de la rue Lamarck et de la rue du Mont-Cenis[1]. Mais, à part cet incident, dû à un étranger à Montmartre, il était partout chez lui sur la Butte. Chaque année, tous les Marcel qui se connaissaient se réunissaient autour d'une bonne table pour honorer leur saint patron. Il y avait là Marcel le taxi, Marcel le marchand de vin, etc., et, bien sûr, Marcel l'écrivain. En 1951, on lui décerna même une carte de ministre de la République libre de Montmartre...

1. D'après Monique Morelli, France-Inter, *Chroniques sauvages*, Robert Arnaud, 2 juillet 1988.

Dans le reste de la capitale, il était moins à l'aise, mais tout aussi connu. On le vit au Plazza, au Fouquet's, chez Lasserre ou au Liberty's, chez Tonton, à l'occasion du baptême des Rencontres, groupement artistique présidé par Colette. Ce soir-là, il y avait aussi Francis Carco, Yves Brayer, Dignimont, l'éditeur Julliard, Jean Oberlé, etc. La haute silhouette de Marcel Aymé, un peu rigide, et son visage impassible hantaient parfois les générales où son blouson de daim devint aussi célèbre que le burnous de Cocteau. D'ailleurs, il aimait y inviter ses amis de la Butte, peintres, artistes, commerçants, concierges, pour connaître leurs réactions. Lui, toujours avare de commentaires, se contentait d'écouter. Mais il lui arrivait également de parler et de prendre position. Il participa à la vie parisienne en récompensant, par exemple, de jeunes artistes. Ainsi, en mars 1953, on le vit avec André Chamson, à la galerie « 22 rue Saint-Benoît », présenter aux anciens lauréats de la fondation Blumenthal les trois nouveaux promus : Claude Mary, sculpteur ; André Brasilier, peintre, et Jean-Jacques Reverchon, graveur. A l'époque, la fondation Blumenthal décernait tous les deux ans des bourses de cinquante mille francs à de jeunes artistes français. On se souvient combien Marcel Aymé avait été attentif à l'obtention de cette bourse en 1930. En 1959, il accepta de préfacer le catalogue d'une exposition de tableaux de Madeleine Luka, belle-mère de Poirot-Delpech, et de se rendre au vernissage.

« [Il allait] sortir lorsque, écrivit-il à Camille, l'artiste, « une dame d'entre cinquante-cinq et soixante ans, m'a remercié avec émotion et m'a dit aussi simplement que je te le rapporte, mais le doigt levé au ciel : « Marcel Aymé, vous et moi, nous sauverons le monde, je le sais ». Je me suis excusé sans fausse modestie sur ce que je ne me sentais pas les reins assez solides pour une pareille entreprise, mais j'ai ajouté que je l'en croyais capable ».

En février 1962, il prit la tête d'un groupe de Montmartrois qui voulaient faire appel auprès de Malraux de la décision des Beaux-Arts de refuser de classer monument historique le Moulin de la Galette. Lorsque Monique Morelli présenta son disque consacré à Aragon, il accepta de se rendre au cocktail pour lui faire plaisir, mais tourna délibérément le dos à Aragon pour éviter de lui serrer la main... Il n'avait pas oublié les menées d'Aragon et de Claude Leconte, dit Morgan, au sein du C.N.E.

Sollicité par les uns et par les autres, il refusait parfois et acceptait souvent. Il participa ainsi à l'hommage à Maurice Betz[1] (1898-1946), avocat, romancier et rédacteur en chef des *Cahiers du mois*, de 1924 à 1928.

« C'est dans des romans tels que *L'Incertain* et *Le Démon impur*, écrivait-il, qu'il me semble retrouver le mieux Maurice Betz, son goût des richesses intérieures et sa curiosité des êtres, qui était toujours en éveil. Ses traductions de Rilke, qui ont fait connaître en France le nom et les œuvres du grand poète allemand, ont attiré à juste titre l'attention du public lettré, mais un peu au détriment de ses propres romans dont l'importance mérite d'être soulignée.

Les deux livres cités, parus après la Première Guerre, n'ont pas eu auprès de la critique et du public l'accueil que l'auteur était en droit d'attendre. Ils introduisaient dans le roman français (je pense surtout à *L'Incertain*), des recherches de sensibilité accommodées avec une simplicité toute classique. Malheureusement, l'époque était aux excès, aux dislocations, aux affectations, aux outrances de toutes espèces et les auteurs qui occupèrent le devant de la scène étaient autant des faiseurs de tours que des écrivains. Ces injustices-là ne durent pas plus que les badauds qui les ont consacrées et je ne doute pas que l'œuvre de Maurice Betz retrouve bientôt la place qui lui est due (...) ».

1. Emile-Paul Frères, 1949.

Toujours prêt à servir la cause de l'amitié, Marcel Aymé continue alors à correspondre avec Albert Paraz, malade à Vence. Le 29 juin 1953, il lui propose son soutien pour faire jouer *L'Homme prudent* et, comme son auteur paraît attiré par L'Atelier, il lui répond le 17 juillet :

« (...) j'écris ce jour à André Barsacq pour lui demander de lire ta pièce le plus vite possible. De ton côté, envoie lui ton manuscrit (2 rue Berthe, 18e) et peut-être une lettre gracieuse, car il ne faut rien négliger. Au cas où il te répondrait que son programme est arrêté pour jusqu'en 1960, je te serais reconnaissant de ne l'injurier ni par lettre ni dans un de ces misérables torchons fascistes qui sont la honte d'une nation civilisée. Comment toi que j'ai connu pour un ardent défenseur de nos libertés démocratiques, es-tu descendu aussi bas ? Je vais d'ailleurs en toucher un mot à Mauriac et lui demander de t'envoyer son directeur de conscience (...) [1] ».

Marcel Aymé se trouve à cette époque au centre d'une pléiade d'amis qui ne cessent de lui témoigner leur estime et leur admiration. En 1957, il écrit une notice pour *La Fontaine des innocents* de Jean Guirec qu'il fréquente depuis ses débuts littéraires et qui a été, avec Roland Dorgelès, son parrain pour entrer à la Société des Gens de Lettres. De Maurice Fombeure, il reçoit *Pendant que vous dormez* [2] et *Sous les tambours du ciel* [3], avec des dédicaces l'assurant de son « amitié ancienne et profonde ». Pierre Mac-Orlan se présente comme « son admirateur et ce qui ne gâte rien son vieil ami » en lui adressant ses *Filles, ports d'Europe et Père Brabançon* [4]. Marcel Jouhandeau se fait échotier dans

1. Bibliothèque nationale.
2. Gallimard. 1953.
3. *Id.*, 1959.
4. *Id.*, 1950.

son envoi d'*Apprentis et garçons* à propos d'une manifestation littéraire :

« Pour Marcel Aymé en souvenir de cet après-midi qui s'est prolongé aux dépens de ma dignité. Il semble que presque tout le monde — excepté vous — s'y est montré odieux[1].

Le vieux Kemp rencontre un auteur qu'il avait cruellement malmené, lui prédisant un échec certain et l'on fête la centième.

— Eh bien ! Vous le voyez. Le public l'aime, ma pièce.

M. Kemp : Il est le seul !

C'est la vengeance que je vous souhaite. Faites-moi rire encore.

Votre Jouhandeau. 29 janvier 1954 ».

Georges Simenon n'hésitait pas, lui, à le présenter comme « le plus grand écrivain français d'aujourd'hui »[2] et François Billetdoux, ainsi que Félicien Marceau, n'oubliaient jamais de l'assurer de leur fidélité, et de leur amitié. Paul Guimard placera en épigraphe des *Choses de la vie* (1967) cette phrase de Marcel Aymé :

« ... et j'ai l'illusion que le temps se rejoint et que mon aventure tient tout entière dans une seconde élastique, monstrueusement distendue, mais qui se resserre au point de n'être plus, en vérité, qu'une seconde ».

L'envoi qui accompagnait le volume était des plus aimables : « Cher Marcel, je ne me décide pas à écrire un livre sans une phrase de toi pour commencer. Il est vrai que ça fait gagner une page et ces *Choses de la vie* en avaient grand besoin. Je t'embrasse ».

Au fil des années, Marcel Aymé avait donc suscité l'admiration de beaucoup d'écrivains et, parmi eux, certains jeunes comme Antoine Blondin, Roger

---

1. Souligné dans le texte.
2. Dédicace des *Anneaux de Bicêtre*, Presses de la Cité, 1963.

Nimier, Michel Déon et Jacques Laurent s'en réclamèrent ouvertement. Il n'était pas leur maître, mais leur aîné, et ils se sentaient en affinité avec lui. Parlant peu, il les écoutait beaucoup. « Il était perdu dans vos pensées », a écrit fort justement Antoine Blondin. De temps à autre, il sortait toutefois de sa réserve. Un jour, à la Lorraine, place des Ternes, au cours d'une discussion animée sur les corridas, il fut dit que le taureau s'amusait. On entendit alors la voix calme et monocorde de Marcel Aymé prononcer ces mots : « Ah ! tout de même ! ». Il était familier de ces interventions laconiques. Au cours d'un repas à l'auberge de Grosrouvre, alors que Roger Nimier n'arrêtait pas de lui donner de grosses bourrades dans le dos, il se contenta de murmurer : « Ah ! mais enfin... ». Antoine Blondin, Roger Nimier et Marcel Aymé se retrouvèrent souvent le dimanche matin à Meudon chez Céline. Marcel s'était pris à aimer ces jeunes, spirituels et anticonformistes. Quand Boutang lui demanda un article sur *L'Europe buissonnière* pour *Aspects de la France*, en 1949, il hésita d'abord, puis se ravisa. Ce jeune Blondin avait du talent. Il fallait le faire savoir. Certes, son premier roman n'était pas exempt de quelques défauts, mais quel style ! Marcel Aymé avait été ébloui !

« Le plus curieux, c'est qu'il écrit le français comme si c'était sa langue maternelle. Et bien sûr que c'est sa langue maternelle, puisque ses premiers vagissements, il les a poussés dans quelque coin de Touraine ou de Normandie. Mais je veux dire qu'entre elle et lui, on ne sent nulle distance, nul obstacle, nul truchement étranger, qu'il n'en use pas par personne de cuistre interposée, et qu'à la différence de tant d'excellents écrits, les siens n'ont pas l'air de thèmes français fabriqués par le super bon élève d'un collège anglais ou brésilien. Blondin de la Buissonnière semble écrire comme on s'acquitte d'une fonction naturelle, la respiratoire par exemple, ou si l'on veut, la reproductrice.

Il se sert d'une langue consistante, souple, vive, irisée, qui donne au lecteur l'impression d'être monté sur patins à glace en buvant un vin de pays ».

Marcel Aymé avait vu juste et défini d'emblée le talent d'Antoine Blondin qui fut heureux d'être parrainé par un si grand écrivain pour son premier ouvrage. Il resta toujours près du cœur et de l'estime de Marcel. Quand celui-ci entreprit sa canularesque biographie, ce fut avec une bienveillance amusée qui remplit d'aise les lecteurs de *La Parisienne*. De novembre 1953 à août 1954, il en livra neuf épisodes, tous aussi désopilants les uns que les autres, à François Michel et Jacques Laurent, les directeurs de la revue, visiblement comblés. On y apprenait ainsi que :

« Marie-Eugène Dellébeuse, qui devait prendre plus tard le pseudonyme d'Antoine Blondin, serait donc né le 17 mai 1924 à Ambarès-le-Rotrou. Son père était un petit imprimeur de rien du tout qui avait ses presses dans le quartier de Grenelle, à Paris, et qui imprimait, entre autres choses, une feuille anarchiste appelée primitivement *À bas le sac d'écus*, puis abréviativement *À bas le sac.* Sa mère était la duchesse de Rieselstein, de l'illustre maison des Rieselstein qui fournit deux rois et quatre reines aux États balkaniques, pour ne parler que du dernier demi-siècle », etc.

Roger Nimier, lui, était bien différent. Il séduisait par ses enthousiasmes, son intelligence et sa sensibilité. Au-delà de sa fantaisie, Marcel Aymé avait vite décelé une certaine fragilité et beaucoup de mélancolie. Il appréciait son amitié chaleureuse et son appétit de vérité. Il avait rapidement compris que sa passion pour les voitures extravagantes et rapides cachait un besoin de s'étourdir pour échapper aux réalités décevantes qui s'offraient à ses yeux. Marcel se sentait très proche de Roger. Comme lui, il aimait à mystifier les journalistes en se laissant aller à des confidences qui n'en étaient pas. Comme lui, il ne lui déplaisait pas de jouer un personnage. Son rôle favori était celui du muet plutôt inculte, égaré dans le monde de la littérature. Bref, un Pierrot tombé de la lune sur une terre inhospitalière. Comme Roger, Marcel savait avoir la dent dure contre ceux qui avaient démérité.

Il avait fini par comprendre que les flèches les plus acérées n'étaient reçues « qu'après avoir traversé une énorme épaisseur de préjugés, de routines professionnelles, de routines sentimentales, de routines académiques, de conformismes sociaux, familiaux, idéologiques, d'anticonformismes préfabriqués, de snobismes superposés, de ragots journalistiques, de slogans publicitaires, politiques, littéraires, religieux et irréligieux, de formules en décrépitude pourrissant aux quatre coins de la mémoire, et aussi (grands dieux, j'allais oublier) après avoir traversé un matelas d'orgueil, dont le volume, pour chaque individu, fait très généralement sept fois celui de son propre corps [1] ».

Une grande complicité s'établit entre Roger Nimier et Marcel Aymé. D'abord respectueux, le premier adressa *Les Epées* (1948) au second en insistant avec humour sur ses premières lectures :

« En souvenir du jour où *Travelingue* venait de paraître. si je n'ai pas été premier en géographie le lendemain, vous en êtes bien responsable. En reconnaissance pour l'œuvre le mieux écrit et le plus intelligent de notre époque ».

Trois ans après, les deux hommes sont devenus des familiers, ainsi qu'en témoigne l'envoi d'*Amour et néant* (1951) :

« Marcel Aymé, si t'y comprends rien, c'est que t'as pas l'intelligence pour. Fraternité. Géger ».

Marcel, lui, paraît rester un peu sur son quant-à-soi. Cependant, le ton de sa correspondance est parfaitement amical.

1. *Roger Nimier, vu par Marcel Aymé*, *Livres de France*, février 1962.

« Je suis rentré à Paris lundi [1], riche d'une certaine lecture et d'une originale qui m'ont permis de regarder la ville avec bonne humeur. J'ai aimé vos *Enfants tristes* et je vous ai reconnu avec plaisir sous les traits du jeune Malentraide jusqu'au moment où vous êtes entré dans un arbre à 130 à l'heure. Passe encore de ne pas vouloir apprendre à nager. Pour les arbres, laissez-les moi. C'est sans le faire exprès que je les bouscule. J'ai trouvé, je trouve encore que tout au long du livre, vous et Malentraide êtes bien agressifs à l'égard de la vie et de ceux qui l'acceptent. Je suis sûr que vous vous calomniez, que vous ne ressemblez pas à un Américain à monocle. Je veux bien qu'il y ait en vous une certaine brutalité puritaine, mais je n'oublie pas non plus que vous êtes un collectionneur. Ce portrait un peu sophistiqué à contre-poil ne m'a certes pas empêché de lire votre livre avec un très grand plaisir. Je ne vous en ai même pas voulu d'avoir voulu secouer et irriter les personnes d'un naturel tendre comme le mien.

Je vous ai téléphoné plusieurs fois de Grosrouvre, mais vous étiez toujours en voyage. J'en ai été content pour vous. Avant-hier encore, mais vous deviez rentrer le lendemain matin. Et hier, je suis passé à *Opéra* dans l'espoir de vous surprendre dans vos activités professionnelles, peut-être tonnant et, par intermittence, sarcastique. Vous n'étiez pas là. Alors, je m'en suis allé à pied sur le boulevard où j'ai rencontré le directeur de Flammarion à son étalage. Il m'a parlé des succès de la saison ; nommant Roger Nimier, Peyrefitte et je ne sais plus qui. J'avais d'abord entendu Perfide pour Peyrefitte, ce qui m'a donné deux fois l'occasion de faire votre éloge.

Quand vous ne serez plus en voyage, faites-le moi savoir. Amitié ».

Le cas échéant, Marcel, dans le rôle bien connu

1. Lettre du 4 octobre 1951, *Cahier Roger Nimier n° 4.*

d'agent littéraire de Camille, aura recours à Roger Nimier pour tenter de placer les écrits de sa sœur.

« Nimier aurait voulu les faire passer dans les journaux féminins du groupe Lazareff (*Fémina*, *Elle*), lui écrit-il le 29 décembre 1955, mais le fait qu'il s'agisse de contes siciliens a paru rédhibitoire. Ou alors il aurait fallu des histoires d'amour (morales) ou ayant trait à la vie moderne des femmes (travail et famille). Il les a présentés ensuite chez Gallimard où les contes ont été goûtés mais écartés parce qu'on n'édite pas des contes, en tout cas pour un premier volume. Actuellement, le manuscrit est en lecture chez Plon où Nimier a des attaches. J'ai pensé qu'il réussirait mieux que moi parce qu'il a beaucoup d'entregent et que je n'en ai autant dire pas (...) ».

En la circonstance, Roger Nimier manifestait beaucoup de bonne volonté et de dévouement à la cause du clan Aymé. Toutefois, il lui arrivait dans sa correspondance de se laisser aller, très amicalement et ironiquement sans doute, à de petites pointes contre Marcel. Avec Louis-Ferdinand Céline, il projette, en 1959, une réédition avec une préface de Mondor qui traîne à l'écrire. Il envisage donc de le remplacer par Marcel Aymé au sujet duquel il écrit à Ferdinand :

« Laissez-moi demander tout de même à Gaston si nous abandonnons Mondor au profit de l'infâme Marcel Aymé. » [1]

Lorsque Mondor s'est exécuté, il précise à Céline :

« Voilà de bonnes nouvelles du côté de Mondor. Je le préfère tout de même à Marcel Aymé comme préfacier. Quoi qu'il fasse, Marcel n'est pas académique [2] ».

Roger Nimier savait bien que son destinataire était aussi moqueur que lui. Le 12 octobre 1960, il prend même plaisir à lui écrire :

« J'ai déjeuné hier avec Marcel Aymé. Il porte de

1. Le 2 novembre 1959, *Lettres à la N.R.F.*, Gallimard, 1991.
2. Le 5 novembre 1959, *Ibid.*

petits cheveux de muscadin et une cravate fluorescente sur une chemise polo bleu pâle : le pédé intégral[1] ». Qui aime bien, châtie bien...

D'ailleurs Marcel Aymé connaissait l'esprit volontiers sarcastique du très brillant Roger Nimier. Un peu ébloui et sous le charme, il se laissait entraîner dans son sillage et c'est ainsi, semble-t-il, qu'il fit la connaissance de Louise de Vilmorin.

« Elle voyait souvent Roger Nimier et s'en retournait avec lui vers les jours d'antan. Les promenades à Versailles ; les longues heures à Verrières où il posait sur elle un regard d'adolescent fasciné par les beautés fidèles à son âge mûr ; les nuits de fête et de canulars avec Kléber Haedens, Marcel Aymé, Louison Bobet, Marcel Jouhandeau ; moments incroyablement vivants qui n'en finissaient pas[2] ».

A la mort de Marcel Aymé, Louise confiera à Diana Cooper : « Il m'aimait comme je l'aimais, avec une amitié tendre qu'il cachait derrière ses lunettes noires.[3] »

Outre la sympathie qu'il avait pour Antoine Blondin, Roger Nimier, Louise de Vilmorin, Marcel Aymé se sentait également très proche de Jean Anouilh, même si leurs liens furent un peu ambigus. Certes, les deux hommes se sont fréquentés à Paris, à Grosrouvre et au Cap-Ferret. Ils sont même devenus amis, et lorsque Nicole Anouilh mit au monde son fils Nicolas, en 1953, Marcel Aymé en devint le parrain. Heureux filleul qui reçut un jour cette lettre :

« Mon cher Nicolas,

Tu as bien de la chance de t'appeler Nicolas parce que saint Nicolas est un très grand saint. Une fois, il a ressuscité trois enfants qu'un ogre avait tués et mis au saloir pour se les manger. C'est pour te dire.

---

1. *Ibid.*

2. Jean Bothorel, *Louise ou la vie de Louise de Vilmorin*, Livre de Poche, 1993, p. 274.

3. *Ibid.*, p. 304.

Il aime beaucoup les enfants, comme tu dois le penser, surtout ceux qui se montrent gentils avec leurs sœurs et qui sont bons pour leurs parents. Sans compter le plaisir qu'il peut y avoir à donner satisfaction à un aussi grand saint, je te signale que c'est très utile. Moi qui te parle, j'ai connu, il y a quarante-cinq ans, un petit garçon, prénommé lui aussi Nicolas, qui était très sage à la maison et qui travaillait très bien à l'école. Plus tard, il est devenu facteur — un des plus jolis métiers qui soient, puisque ceux qui le font portent l'uniforme, — et il pèse quatre-vingt-seize kilos, ce qui prouve bien que saint Nicolas s'est intéressé à lui particulièrement.

Je te dis tout ça parce que j'ai entendu dire que, dernièrement, tu avais fait une colère, et que ce n'est pas le bon chemin à prendre pour devenir facteur. Mais je suis sûr que c'est la dernière et que tu vas être doux comme un petit mouton. J'espère aussi que, si un jour on se retrouve en voiture tous les deux, tu ne me mordras plus les oreilles comme c'est arrivé entre Mantes et Orgerus.

Je te souhaite une bonne fête, mon cher Nicolas, et je t'embrasse bien fort. »

Mais, malgré cette gentillesse de Marcel Aymé à l'égard de Nicolas, Jean Anouilh restait réservé. Il était dans son monde et n'en sortait que rarement. Marcel Aymé le jugeait secret, difficile à saisir.

« Il arrive qu'on me demande si je connais Jean Anouilh et je réponds par un oui mal assuré, un oui avec trois points au bout. Si on me pousse très fort, j'ajoute qu'il a de fort beaux yeux, des lunettes, une moustache blonde, et qu'il porte la raie sur le côté. Si je n'en dis pas plus, c'est que pour le reste, je ne suis vraiment sûr de rien. Il est des gens qui ont à peu près tout livré d'eux-mêmes au bout d'un quart d'heure de conversation, sans qu'ils soient pour autant des imbéciles ; d'autres qu'on pratique depuis des années et dont on ne sait rien que d'extérieur. Pour moi, Jean

Anouilh est de ceux-ci. A l'abord, il a une trompeuse transparence qui, on s'en aperçoit vite, ne laisse deviner que l'existence d'un mystère. »

Peut-être un peu en difficulté pour évoquer un homme aussi fuyant, Marcel Aymé se mit à inventer.

« Ma première rencontre avec lui date d'il y a vingt ans. Un homme de cinéma nous avait réunis dans un café pour nous proposer de travailler ensemble à je ne sais quoi qui ne nous intéressait ni l'un ni l'autre. Exact au rendez-vous, Jean Anouilh était venu avec un parapluie. Des lunettes, une moustache, un sourire, c'est une façade qui peut très bien dissimuler l'essentiel. Un parapluie, c'est une autre affaire. J'ai connu des hommes pour qui le parapluie était un objet familier, usuel. C'étaient des hommes forts, des gens organisés, ayant dans la poche intérieure de leur veston un carnet où inscrire des rendez-vous, des numéros de téléphone, répondant aux lettres par courrier tournant et lisant avec facilité les horaires de chemins de fer. Tel m'est apparu d'abord Jean Anouilh qui écoutait avec un visage glacé l'exposé du malheureux cinéaste. Pour ma part, j'étais moins attentif à l'exposé qu'au parapluie. C'était un beau parapluie, roulé dans sa gaine, avec un manche et une poignée courbe en beau bois — gayac ? palissandre ? thuya ? —, en tout cas un objet soyeux, poli et d'une tenue si parfaite qu'en face de lui on avait presque mauvaise conscience. [1] »

Or, il semble bien qu'il n'y ait jamais eu de parapluie car Jean Anouilh lui dédicaça ainsi ses *Pièces costumées* [2] :

« Pour Marcel Aymé, l'homme le plus conformiste que je connaisse — qui m'appelle « cher Ami » et m'imagine de toutes pièces un parapluie... Son copain de régiment, de collège, de nourrice qui l'aime tendrement ».

1. *Confidences et propos littéraires*, Les Belles Lettres, 1996, p. 264-265.

2. La Table ronde, 1960.

Marcel Aymé et Jean Anouilh avaient, de plus, quelques difficultés à se rencontrer, car l'un écrivait le matin et l'autre l'après-midi, si bien qu'ils se dérangeaient toujours lorsqu'ils se rendaient visite. Il n'empêche que Marcel Aymé prit fait et cause pour Jean Anouilh en 1956, lorsque *Pauvre Bitos* fut attaqué de toutes parts.

« La générale de *Pauvre Bitos*, écrivit-il, aura été une illustration magnifique du confusionnisme mental qui règne en France, particulièrement chez les intellectuels de gauche et de droite. Composés de tenants et servants de la presse [...], de hauts fonctionnaires de la Quatrième, d'actrices décorées et de baronnes à la page, la gauche s'agitait fébrilement dans ses fauteuils, les mâchoires crispées par la haine, les yeux brillants d'envies meurtrières. J'entendais murmurer : "C'est indigne, c'est monstrueux, on devrait interdire...", cependant que, guillerette, euphorique, la droite, celle de Laniel et celle du maréchal, riait et applaudissait des quatre fers.[1] »

Des années cinquante aux années soixante, Marcel Aymé a d'ailleurs multiplié les interventions en faveur des gens de théâtre et de leurs spectacles. Il a soutenu André Reybaz et Catherine Toth, Jacques Fabbri et François Billetdoux. Des deux premiers, il n'a pas hésité à écrire :

« (...) On ne s'étonnera donc pas que Catherine Toth et André Reybaz soient des découvreurs. Outre *Capitaine Bada*, ils ont mis à leur palmarès Audiberti en tant qu'auteur dramatique et Ghelderode qu'ils ont révélé au public français. Je ne vois guère de directeurs de théâtre qui en puissent produire un aussi glorieux. Il est seulement dommage que ces deux pionniers n'aient pas à leur disposition un minimum de moyens

1. *Une somme de misère et de pureté*, *Arts*, 17 octobre 1956.

leur assurant régulièrement la possibilité de servir le théâtre (...).[1] »

André Reybaz s'est attaché avec bonheur à évoquer le célèbre silence dans lequel Marcel Aymé avait l'habitude de s'enfermer.

« La nature lui va bien. Pourtant il semble tantôt la toiser, tantôt marcher dans un rêve. On ne sait ce qu'il regarde, on ne sait s'il regarde. Je me souviens que Mac Orlan m'a dit : « C'est lorsqu'il semble dormir que Marcel a son œil le plus affûté. Méfiez-vous, dans ces moments-là, il vous radiographie ». Son pas est celui d'un montagnard, tranquille, régulier, tenace. Ici, on se sent protégé par son calme ; le paysage ne s'effarouche pas, il vient faire amitié. Dans un pré une vache l'appelle. Ils vont l'un vers l'autre. Ils se contemplent indéfiniment. Soupirant, Aymé s'arrache paresseusement :

— J'aurais aimé être un taureau... Enfin, il ne faut pas trop demander, j'ai déjà une gueule de chameau.

Nous rentrons. Il se ferme, morose. Nous prenons congé pour regagner Paris. J'entends à peine le laconique et distant « au revoir » de notre hôte. Je monte dans la voiture. Aymé retient une minute Vivi, lui parle à l'oreille, l'air buté. Nous démarrons.

— Je suis désolé. Je lui ai déplu...

— Tu es miro. Il est fou de joie. A l'instant il me demandait de te ramener au plus tôt.[2] »

Comme pour Reybaz, Marcel Aymé a souhaité la réussite au théâtre de Jacques Fabbri, « comédien de poids »[3], et salué le talent d'auteur et d'acteur de François Billetdoux dans *Tchin-tchin*, « pièce à la fois drôle et dramatique, en tous points excellente, qui mérite de faire salle comble chaque soir, une pièce d'une bruta-

1. *Confidences et propos littéraires*, *op. cit.*, p. 135.
2. *Têtes d'affiche*, La Table ronde, 1975, pp. 148-149.
3. *Confidences et propos littéraires*, *op. cit.*, p. 136.

lité discrète, d'un comique délicat dans son ascension tragique. Autant dire d'un coup que tout y est »[1].

Non content de soutenir les auteurs et les comédiens qu'il appréciait, Marcel Aymé s'en est pris avec véhémence à la critique qui faisait la pluie et le beau temps, au point de demander, par exemple, à Jean-Jacques Gautier de bien vouloir revoir son article sur *L'Offense*, d'un jeune auteur, Georges Belmont[2]. S'il ne le portait pas aux nues, il lui reconnaissait néanmoins des qualités et fustigeait la critique qui n'examinait pas avec bienveillance les débuts d'un écrivain.

« Avant tout, il importe que les jeunes auteurs se mettent bien dans la tête que le talent n'est rien, déclarait-il[3], qu'ils ne peuvent exister que par la critique et qu'il leur faut payer à celle-ci un long tribut de railleries et de vexations, avant de prétendre à une audience. Jeunes gens qui souhaitez écrire pour le théâtre, sachez-le, vous n'y parviendrez avec quelque chance de succès qu'après avoir été longtemps moqués et conseillés par les critiques. Ayez dans l'esprit qu'eux seuls ont du talent, du goût, de l'invention, et qu'en définitive, ce sont eux qui façonnent les pièces et les livres que vous écrivez ».

Il a même volé au secours de ses amis directeurs de théâtre en s'en prenant au pouvoir politique qui ne les aidait pas suffisamment. Sans précaution et sans nuance, il déclara[4] :

« Alors qu'à l'étranger, le théâtre est généralement considéré comme un moyen d'éducation et traité comme tel, il semble que, chez nous, il soit regardé comme une tare nationale dont la suppression doit faire suite tout naturellement à la fermeture des bordels. A vrai dire, l'État français ne veut pas la mort du

1. *Ibid.* p. 259.
2. *Ibid.* p. 140.
3. *Ibid.* p. 142.
4. *Ibid.* p. 130.

théâtre, mais la même faiblesse, la même impuissance qui lui fit faire abandon de centaines de milliards aux trafiquants de piastres, qui lui fait encore consentir, sur les deniers publics, quelque vingt-cinq milliards chaque année aux pontes de la betterave, cette même veulerie le pousse à s'acharner sur notre théâtre jusqu'à ce qu'il en crève, et pour en tirer un revenu qui suffirait à peine à l'argent de poche d'un fils de betteravier. »

Dès qu'il pensait à la politique, Marcel Aymé voyait rouge. Il n'avait pas oublié l'exécution de Brasillach et, en 1950, *Le Crapouillot* lui donna l'occasion d'en parler à nouveau, dans un célèbre article intitulé « *L'Epuration et le délit d'opinion* ». Cinq ans plus tard, à l'occasion du dixième anniversaire de la mort du poète, Marcel Aymé adressa un article d'une rare violence à *Défense de l'Occident.* D'après lui :

« On tortura la loi, on multiplia les entorses aux droits de l'homme et du citoyen, et on instaura, en matière de justice, un dirigisme qui n'a peut-être pas fini de porter ses fruits. Enfin, il fallait désigner des condamnés à mort, choisir d'honnêtes gens et les mélanger avec quelques crapules avérées, afin de dérouter les esprits et de les amener à douter si l'assassinat de quelques milliers de personnes dans tel département n'était pas un acte de haute justice. Pour la démonstration du poteau de Montrouge, on chercha des gens que leurs fonctions ou leurs talents ou les circonstances avaient fait connaître pendant l'Occupation, mais à qui on pût ôter la vie sans courir le moindre risque. On n'allait certes pas commettre l'imprudence de poursuivre les familles riches et puissantes qui avaient composé avec Vichy ou avec l'occupant. Quels que soient ses états de service, il est toujours périlleux de s'attaquer à l'argent qui peut avoir des clients, des amis et des protecteurs dans tous les camps et dans tous les pays [...]. Les victimes de choix, celles dont le gouvernement et sa clientèle savouraient la mort, comme une récompense, étaient les écrivains et les journalistes. Avec eux, on pouvait être tranquille. Aucun magnat de la finance ne viendrait un jour demander compte de leur mort. »

Le sort de ses confrères lui tint toujours à cœur, et il est toujours intervenu en leur faveur quand il l'a jugé utile ou lorsqu'on le lui a demandé. A l'occasion de la condamnation de Maurice Bardèche, en 1952, à un an de prison, il s'est insurgé, dans *Carrefour*[1], qui titra : « *Marcel Aymé : la liberté de l'écrivain est menacée.* » Il savait de quoi il parlait, puisque *La Tête des Autres* venait de susciter quelques remous...

« Mettons-nous bien dans la tête que la liberté de l'écrivain finit là où commence à s'affirmer certaines susceptibilités politiques — là où elle vient à heurter certains thèmes de propagande qui ne font d'ailleurs plus illusion à personne. »

L'année suivante, en janvier, il enfonça le clou, dans *La Parisienne*, avec un article qui avait pour sujet la liberté d'expression :

« En résumé, pas de liberté d'expression en France, si ce n'est dans les livres où elle est en quelque sorte conditionnelle : l'écrivain est toléré parce qu'il est l'exception, et cette tolérance n'exclut pas pour lui le risque d'être mis à l'index par ses confrères et emprisonné par les juges ».

Le 10 novembre 1956, dans *Le Figaro littéraire*, le nom de Marcel Aymé figura même dans la liste des intellectuels français qui avaient signé un manifeste en faveur de la Hongrie. On y dénonçait en particulier « les dirigeants du Kremlin [qui], envoyant leurs tanks et leurs avions tirer sur les insurgés, ont refait de Moscou, comme au temps du tsarisme, la capitale de la réaction absolutiste mondiale, reprenant, face aux efforts d'émancipation des peuples, le rôle de superpolice sanglante qu'ont tenu la Sainte-Alliance et les Ver-

1. Le 26 mars 1952.

saillais. » Marcel Aymé se trouvait en excellente compagnie, puisqu'on y lisait les noms de : François Mauriac, Marcel Achard, Hervé Bazin, Roger Bésus, Pierre Bost, André Breton, Albert Camus, André Chamson, Jean Daniel, Roland Laudenbach, André Maurois, Francis Ponge, Jules Romains, Jules Supervielle, Charles Vildrac, etc.

Sollicité en mars 1957, par l'hebdomadaire *Arts* pour répondre à la lettre d'un jeune Français, il développa sans ambages sa vision de la vie politique française :

« En France, comme vous savez, nous avons trois partis. Le plus honnête des trois est le parti communiste qui dit crûment à ses électeurs : "Pour vous, camarades français, mon royaume n'est pas de ce monde, mais pour nos camarades russes, il se situe sur la terre, dans un avenir, il est vrai, lointain. Ayez donc sans cesse à l'esprit que vous devez sacrifier tout ce qui vous est cher pour le bien-être du travailleur russe."

Les deux autres partis sont la droite et la gauche, qui correspondent respectivement aux partis républicain et démocrate d'Amérique. Pas tout à fait cependant. La droite représente les intérêts de l'industrie lourde et des gros propriétaires fonciers. La gauche sert la haute banque, le grand commerce, la spéculation. Mais cette nuance même tend à disparaître car, de plus en plus, ces activités se trouvent mêlées, imbriquées, de sorte que tel banquier se trouve être maintenant l'un des plus gros agriculteurs de France, tel autre l'un des plus grands industriels. Ne soyez donc pas trop ému lorsque M. Mauriac bat le rappel de nos penseurs pour collaborer à la création d'une gauche new look, d'une gauche gamine que renouvelle la présentation. Admirez plutôt la fraîcheur d'âme de notre grand écrivain national qui, sans s'en douter, prélude à quelque vaste opération sur les blés ou les cotons ou les pétroles ».

Marcel Aymé n'était pourtant pas désespéré, car il croyait en la jeunesse, qu'il exhortait ainsi :

« Ameutez vos amis, ne passez pas devant une fenêtre sans appeler au secours, sans crier qu'on assassine la France. Entre votre génération et les précédentes, décidez-vous à creuser le fossé, et séparez-vous des parents, des ganaches, des plus de trente ans, qui ont vendu votre peau ou consenti au marché. Soyez jeunes, mille fois plus jeunes qu'ils n'ont été quand ils avaient votre âge. Refusez carrément le mythe de la gauche et de la droite, qui abuse tant de pauvres gens et sert aux roublards à noyer le poisson. Habituez-vous, en matière de politique, à nommer précisément ce à quoi vous tenez. Dites par exemple : "Je suis pour l'école laïque, la neutralité et la bombe atomique." Et ajoutez rituellement : "Merde pour la droite, merde pour la gauche." »

Rejetant sans appel la bipolarisation de la vie politique française, il fut taxé d'anarchisme et, comme il avait soutenu Céline, Rebatet et Brasillach, on en fit un anarchiste de droite. Déjà, en novembre 1956, François Truffaut avait analysé *La Traversée de Paris* en notant que l'anarchisme de gauche d'Autant-Lara avait été tempéré par l'anarchisme de droite de Marcel Aymé. D'autre part, sa « *Lettre franche à un jeune Français* » avait été précédée d'un chapeau dans lequel la rédaction de *Arts* parlait de sa « violence anarchisante ». A quoi il avait répondu :

« Vous me présentez ensuite comme un furieux anarchisant, sapant systématiquement toutes les doctrines, tous les idéaux. Quels idéaux, monsieur ? Ceux de MM. Pinay, Faure, R. Schuman ? »

Revenant, en 1960, sur ce chapitre, à la suite d'une question d'Anne Guérin[1] qui lui avait dit : « On vous traite d'anarchiste de droite », il déclara :

« Ah oui ? Je suis de droite ? On le dit. Je ne sais pas pourquoi. (Non, ce n'est pas bien de dire ça). Anar-

1. *L'Express*, 3 novembre 1960.

chiste ? Aucun système politique ne me satisfait. Mais, à ce compte-là, qui n'est pas anarchiste ? hein ? »

Se situant en dehors des partis politiques[1], il n'en rejoignait pas moins alors beaucoup de ses contemporains dans la crainte de la guerre. En avril 1951, il avait salué le départ à la retraite de Camille en lui écrivant :

« Je me félicite moi aussi que tu prennes ta retraite cette année, surtout après un trimestre aussi dur. Le seul empêchement à cette mise à la retraite serait la guerre, mais si elle doit arriver, tout casser et tout disloquer, nos projets et nos personnes ne compteront plus guère. »

En mars 1957, dans sa « *Lettre franche à un jeune Français* »[2], il sera catégorique :

« Russes et Américains arment à outrance, et ce genre de compétition ne peut avoir d'autre aboutissement que la guerre. Mais deux nations ne sauraient se résoudre à une destruction mutuelle et certaine qui n'épargnerait homme ni bête. Elles ont besoin, en dehors de leurs frontières, d'un vaste champ de bataille où déverser leurs provisions atomiques. L'Europe, et plus particulièrement la France, où sont basés les avions américains, ont été choisies par les deux adversaires. En Amérique, l'anéantissement total de notre pays est une éventualité couramment admise et, à Paris même, j'ai entendu au moins deux Américains m'en parler avec une charmante naïveté, comme d'une chose qui va de soi et ne soulève aucun problème. D'ailleurs, l'idée d'un no man's land constitué par une Europe désertique plaît aux dirigeants de l'U.R.S.S. et à ceux des U.S.A. »

Sur ce point, sa vision du monde rejoignait celle de Louis-Ferdinand Céline. Il lui arrivait aussi d'enfourcher les chevaux de l'Apocalypse.

---

1. Cf. à ce sujet notre article : *Marcel Aymé, un véritable libre-penseur, Le Croquant n° 3.*
2. *Arts*, 6 mars 1957.

XVIII

Les dernières années

Le temps passait. Marcel Aymé se sentait « un vieux monsieur »[1]. A Jacqueline Vandel qui lui annonçait en 1963 qu'il avait encore au moins vingt-cinq belles années devant lui, il répondit :

« Comment ? Cela me ferait quatre-vingt-huit ans. Oh ! mais non, je ne veux pas vivre tout ce temps. A cet âge, on est un vieillard insupportable, une charge encombrante pour la famille. Vraiment, je ne peux pas vivre jusque là. Vous imaginez...[2] ».

Ses proches s'employaient surtout à l'entourer de soins vigilants. Tout nouveau médicament susceptible d'atténuer ou de guérir sa myasthénie était essayé. On cherchait les meilleurs médecins, et Marie-Antoinette avait même fini par le convaincre de ne plus fumer. Mais il ne résistait guère aux cigarettes qu'on lui offrait quand il se retrouvait entre copains, notamment dans l'atelier de Gen Paul. Comme toujours, il ironisait sur son état de santé.

---

1. *Marcel Aymé ne veut pas être un auteur classique*, *Le Figaro littéraire*, 3 juin 1963.
2. *Ibid.*

« Je vais mieux que cet hiver, écrivait-il le 15 septembre 1956 à Paulhan, sans être complètement remis, mes maux s'aggravent avec l'âge. Supplémentairement, j'ai eu un flux d'oreille il y a trois mois et l'othorino (sic) a découvert qu'ayant eu au berceau une otite double passée inaperçue, j'avais maintenant une lésion des deux rochers. J'ai décliné son offre de trépanation mais comme je lui voyais une grande envie de se dépenser, je n'ai pas osé refuser une petite opération de la cloison du nez, qui me bouchait la narine gauche. J'ai maintenant la narine libre, ce qui est agréable, mais il semble bien que l'autre soit obstruée. Il me semble que si l'Algérie était libre, je me sentirais en meilleur état ».

A la fin de 1957, il se mit à porter des lunettes,

« ainsi que Marie-Antoinette, car nous sommes allés ensemble chez l'oculiste, lequel venait de prononcer un grand discours en Sorbonne, de boire du champagne et de recevoir plus de cinquante bouquets. Il voyait la vie en rose, il disait que nous avions une vue excellente et il a cité plusieurs des bons mots qu'ont faits spécialement à son intention plusieurs des illustres clients qu'il a eus au cours de sa carrière. Je ne peux malheureusement pas te les répéter, car je les avais déjà oubliés en sortant. Les lunettes rendent évidemment l'existence plus facile et, à ce qu'il me semble, aident à se prendre au sérieux [1] ».

Du 9 ter de la rue Paul-Féval, il était descendu au 26 de la rue Norvins, car il y avait trouvé une vue imprenable sur Paris. Plus haut, les immeubles s'étaient construits, chassant les maisons basses. La vie familiale était sereine. Quand Françoise, qu'il appelait « sa grande chérie », levait sur lui ses beaux yeux gris-vert, il se sentait heureux d'être grand-père. Colette et Raymond Magne avaient eu deux enfants, Frédéric et Isabelle, en 1955 et en 1958, et il se flattait d'avoir

1. Lettre à Camille, 27 décembre.

acheté la maison de Grosrouvre pour accueillir toute cette famille. Le printemps venu, il quittait Montmartre pour la campagne où il séjournait de longs mois. En plein été, l'on partait tout de même, soit pour Saint-Raphaël, retrouver Camille et son mari, soit pour Cap-Ferret. Marcel Aymé n'était pas un chauffeur émérite. C'était Vivi qui lui avait servi de moniteur dans les années cinquante. Marie-Antoinette, qui avait son permis depuis l'avant-guerre, n'avait pas apprécié car il gagnait ainsi une autonomie qu'il n'avait jamais eue. Il conduisait plutôt lentement, très droit sur son siège. On passait parfois à Villers-Robert ou à Dole, car il se plaisait à retrouver des amis comme Charles Laurent-Thouverey ou Henri Besson qui projetait des films à l'Omnia. A la Tuilerie, il était reçu par Suzanne et Edouard Muller, entourés de leurs enfants, Jean-Louis, Marie-Louise et Marie-Hélène. On évoquait quelques souvenirs. Georges lui manquait beaucoup, depuis sa mort en 1950. Jusqu'au dernier moment, Marcel avait cherché le remède qui sauverait son frère du cancer. Mais en vain. Georges l'aîné, Georges le confident, Georges le conseiller, n'avait même pas pu aller voir *Clérambard*. Marcel s'était consolé en lui faisant lire une copie par Alix et en apprenant qu'il avait éprouvé du plaisir. Après sa mort, il était resté quelque temps dans l'incapacité d'écrire, comme en mai 1935 à la mort de la tante Léa, et sans l'obligation de suivre les répétitions de sa pièce, il aurait donné dans la neurasthénie. Son absence lui pesait d'autant plus qu'Alix avait recours à lui pour élever son fils, François, qui lui causait beaucoup de soucis. Marcel faisait ce qu'il pouvait, par respect pour la mémoire de Georges, mais il n'avait guère de succès.

« J'ai peur que François n'ait pas fini de nous valoir des ennuis, écrivait-il à Camille le 11 janvier 1953. Comme tu le dis, il est bien différent de ce qu'était Georges à son âge. Je me souviens très bien de l'année qu'a passée Georges à Villers-Robert. Je devais avoir six ans. Il est évident que son fils ne lui ressemble en rien. Je dois voir François après-demain chez le Colonel qui s'occupe de lui, mais je n'attends pas grand-chose de cette entrevue. Je sens que les mercuriales et adjurations glissent sur lui sans l'atteindre et qu'il s'en fout joyeusement. Alix affirme qu'il est d'une rare intelligence. Pour ma part, je n'ai pas eu l'occasion de m'en apercevoir et je lui trouve surtout une suffisance qui n'est justement pas le fait d'un garçon très intelligent ».

En tant que mère, Alix ne cessait de défendre son fils et d'intercéder en sa faveur auprès de son oncle. Le 19 mars 1954, il lui répondit :

« Je ne me refuse à rien de ce que vous me proposez pour François et je ne me suis jamais refusé à rien. Je crois que vos reproches à mon égard sont injustes. Je ne me désintéresse pas du tout de François, mais je suis bien obligé de constater que je n'ai pas la moindre prise sur lui. Quand j'ai essayé de lui donner des conseils ou de le mettre en face des réalités de sa propre vie, il a constamment répondu oui à tout ce que j'ai dit sans en tenir compte et il a menti très tranquillement. Convenez que cette volonté de se dérober ne facilite pas la tâche qui consiste à l'aider. Mais vous devez bien penser, Alix, que je ne lui en veux pas pour autant. Je lui reconnais bien le droit d'avoir quelques travers de caractère et d'ailleurs, ces travers font partie du problème qui se pose pour nous à son sujet. Il reste néanmoins qu'il est quasiment impossible de communiquer avec lui puisqu'il se retranche derrière ses mensonges et se fiche carrément de ce que je lui dis ! Quant à l'aide matérielle, j'ai toujours été prêt, je reste prêt à faire le nécessaire. Si j'ai très peu fait en cette matière, c'est que le colonel Chassepot, pour les raisons que vous savez, m'a demandé de ne pas faire davantage. Vous me reprochez de ne pas faire pour lui ce que je devrais au théâtre ou au cinéma. Je crois qu'il est bon de réexaminer le problème tel qu'il s'est posé et continue de se poser. D'après ce que nous avons vu à Saint-Denis, au roi Cerf, il y a un an et d'après René Simon, rien n'indique que François ait le moindre don pour le théâtre ».

Le problème était bien là : François se croyait destiné à l'art dramatique et n'y réussissait pas. Il pensait que la notoriété de son oncle était suffisante et il se trompait lourdement. A sa décharge, il faut constater que la célébrité de Marcel Aymé était considérable. Ne venait-on pas de publier plusieurs livres sur son compte ? En 1955, Georges Robert avait écrit un *Marcel Aymé cet inconnu*, puis un *Marcel Aymé insolite* en 1958 avec André Lioret. En 1959, Jean Cathelin avait fait paraître un essai critique, *Marcel Aymé ou le Paysan de Paris*, qui avait obtenu le prix Sainte-Beuve, malgré certaines erreurs.

« Il me prête le prix Populiste que je n'ai jamais eu, précisa Marcel Aymé à Dorothy Brodin[1]. Il déplore aussi chez moi un antisémitisme que je n'ai jamais eu. Il m'a cru antisémite probablement parce que j'étais un ami de Céline ».

En 1960, les éditions Gallimard lui avaient offert de figurer dans la Bibliothèque idéale en lui consacrant un volume, sous la direction de Pol Vandromme. Le livre avait beaucoup plu, avec ses témoignages et le début d'autobiographie intitulé *Les Jours*. Robert Malet, alors responsable de cette collection, avait même réussi à convaincre Marcel Aymé de demander à Jean Anouilh s'il voulait bien, lui aussi, y figurer. Marcel s'était entremis[2] et avait suggéré le nom de Nicole pour mener à bien l'ouvrage.

« C'est un livre, écrivait-il, qui sera d'une grande utilité à tous les gens qui entreprendront sur votre œuvre d'écrire des thèses ou autres travaux, en France et à

1. Le 30 mars 1962, *Le Monde comique de M. Aymé*, Debresse, 1964, p. 159.

2. Lettre du 8 janvier 1961.

l'étranger, car il contiendra tous les éléments nécessaires, biographiques et bibliographiques. Ce sera pour nous une grande économie de correspondance et de temps ».

Marcel Aymé parlait en connaissance de cause, puisqu'une universitaire américaine, Dorothy Brodin, commençait à s'intéresser à son œuvre et se proposait d'écrire une thèse sur son ironie, ce qui le faisait bien sourire. Mais il répondait aimablement à ses lettres et s'efforçait de l'aider. Il était devenu un auteur consacré. On avait même pensé à lui pour l'Académie française et, curieusement, l'idée était venue de François Mauriac qui, pourtant, en 1952, avait dit tout le mal qu'il pensait de *La Tête des autres*. De toute façon, Marcel Aymé ne l'appréciait guère et il s'était déjà bien amusé en créant dans *Travelingue* le personnage de Luc Pontdebois.

Grand écrivain bourgeois,

« c'était un homme plutôt chétif, pas très bien bâti, qui portait une grosse tête avec des yeux vifs et un grand nez mou. Romancier catholique, toute son œuvre reflétait un dieu vétilleur et un peu éteint, n'[ayant] point de racines en ce bas monde [1] ».

Au début de 1949, il avait bien ri d'avoir rencontré un François Mauriac inquiet de ce qu'il avait écrit à son sujet dans la revue *La Table ronde*.

« (...) L'autre jour, raconta-t-il à Camille [2], j'ai rencontré Mauriac qui avait entendu dire que je le prenais à partie dans un numéro à venir. Il aurait voulu savoir à quel propos, mais j'ai répondu évasivement, de façon à lui faire croire que c'était grave alors que tout ce que j'en dis tient en deux lignes. Il a paru inquiet et il est revenu plusieurs fois à la charge ».

Aussi fut-il surpris d'apprendre, en février 1959, que Mauriac avait avancé son nom pour le quai Conti,

1. Chapitre I.
2. Le 14 février 1949.

dans *Le Figaro littéraire*. Constatant, en effet, que les candidatures se faisaient rares pour la vénérable institution, il écrivait[1] :

« (...) nos cadets, du moins ceux de la génération qui suit la nôtre, font la grève. Ils ne boudent pas. Ils n'ont pas envie de la chose, simplement. Je ne crois pas que le mal soit sans remède. Il me semble discerner à certains signes que ceux qui viennent après eux auront moins de vergogne : et d'abord parce qu'ils sont presque tous de droite et que l'Académie entre plus naturellement dans les perspectives d'un écrivain de droite. La preuve en est que parmi les boudeurs, c'est à droite que nous aurons des chances d'en repêcher quelques-uns, alors qu'avec un Sartre, sinon avec un Camus, il nous faut perdre toute espérance. (...) Ce que je disais des écrivains de droite orientée vers l'Académie plus que ceux de gauche comporte bien des exceptions. Ni Marcel Aymé ni Jean Anouilh ne paraissent sensibles à notre charme. Ou, s'ils sont séduits, ils le cachent bien. Ils sont fort capables de ne pas répondre à mon clin d'œil (...) ».

Marcel Aymé lui répliqua le jour même :

« (...) C'est avec beaucoup d'émoi que je réponds à votre “clin d'œil” qui me rend très fier. Pourtant, je dois vous dire que je ne me sens pas l'étoffe d'un académicien. En tant qu'écrivain, j'ai toujours vécu très seul, à l'écart de mes confrères, non pas du tout par orgueil, bien au contraire, et plutôt par timidité et indolence aussi. Que deviendrais-je si je me trouvais tout à coup dans un groupe de quarante écrivains ? J'en perdrais la tête et, à coup sûr, je n'arriverais pas à lire mon discours. Ainsi feriez-vous une piètre acquisition.

Quant à mon appartenance à la droite, je vous en parlerai une autre fois. Je ne veux pas vous importuner

---

1. Le 28 février 1959.

aujourd'hui d'une lettre qui risquerait d'être longue (...) ».

Mais le monde littéraire parisien n'était pas de cet avis, et il insista. A un journaliste de *Carrefour*[1] qui lui en parlait à nouveau, Aymé répondit :

« Je ne comprends pas le plaisir que l'on peut avoir à être d'une société où l'on rencontre une quarantaine de personnes que l'on n'a point choisi de rencontrer. Cela dit, je suis sensible à l'hommage que me rend François Mauriac. Mais l'Académie française... non, vraiment non. »

Les immortels devaient se sentir bien seuls, car ils revinrent à la charge. Un prince de l'esprit n'est pas à dédaigner. En 1963, au cours d'un déjeuner au Décaméron qui réunissait Michel Déon, Roland Laudenbach et Kléber Haedens, celui-ci réitéra la proposition, sur les instances de Marcel Pagnol.

« Je n'ai pas oublié la tête de Marcel Aymé : écoutant gravement, sans répondre, ce qui, en fin d'après-midi (les verres s'accumulaient !), pouvait laisser à penser qu'il ne disait ni oui ni non. Enfin, l'impression que la question, bien que saugrenue et peu en accord avec son attitude générale, serait peut-être un jour lointain, à considérer, du moment que Pagnol y pensait[2] ».

Marcel Achard intervint également.

« On me promettait une élection sans visites, mais la chose ne me tentait vraiment pas. Ces représentations publiques, cet uniforme grotesque, ce dictionnaire, tout ça n'est guère tentant. Comme j'avais, parmi mes supporters, des gens très gentils, j'ai fini par dire, pour ne blesser personne — sauf Mauriac —, que je ne pouvais envisager la visite (celle-ci est obligatoire) au général. En vérité, cette raison aurait suffi à elle seule [3] ».

Marcel Aymé n'entra jamais à l'Académie française,

1. Le 18 mars 1959.
2. Lettre de Michel Déon à l'auteur, le 22 décembre 1987.
3. Lettre à Camille, le 22 janvier 1965.

préférant ses copains de la Butte, ainsi que les écrivains et les artistes qu'il avait choisis, et surtout sa liberté. Il était très attaché à son indépendance d'esprit, et souhaitait pouvoir continuer à la manifester en toute circonstance. L'actualité lui en fournit l'occasion. En 1957, il avait terminé sa « *Lettre franche à un jeune Français* » en déclarant :

« Vous m'avez demandé mon avis, toujours à propos de la jeunesse, sur l'affaire d'Algérie. Je vous en parlerai une autre fois, si l'occasion m'en est donnée. »

Il semble bien qu'il ne l'eut guère, mais il se manifesta toutefois par des prises de position qui témoignent de son attachement viscéral à la liberté. Il prit la défense de Jacques Rispal, l'un des acteurs des *Oiseaux de lune*, inquiété lors du procès du réseau Jeanson d'aide au F.L.N[1]. Il lui rendit même visite en prison. D'autre part, il signa un manifeste contre la cour de justice mise en place pour juger les atteintes à la sûreté de l'État. Le texte[2] que Antoine Blondin, Michel Déon, Roland Laudenbach et Roger Nimier lui avaient adressé était le suivant :

« Les écrivains, les avocats, les médecins, les professeurs et les journalistes dont les noms suivent, réunis au-dessus de la mêlée, estiment ne pas pouvoir participer, ne fût-ce que par leur silence, à l'atteinte flagrante que constitue pour la liberté et la dignité des Français, et pour la réputation de la justice française, le fonctionnement d'un tribunal d'exception composé moins pour juger que pour condamner. Les circonstances particulièrement inhumaines qui ont accompagné l'exécution du lieutenant Degueldre rendent cet appel urgent, de même qu'elles ont ému l'opinion publique française et mondiale. L'unité et l'honneur de notre pays exigent que soit mis un terme aux excès d'une justice de partisans. »

1. *Je est un autre*, Henri Crémieux, 1982, Chez l'auteur.
2. Aimablement communiqué par Michel Déon.

Marcel Aymé accepta de signer à condition d'ajouter cette phrase, après « condamner » :

« S'élèvent contre le fait que des soldats du contingent soient désignés pour faire office de bourreaux. »

De plus, dans un post-scriptum, il fit remarquer que :

« *De même que* [était] une regrettable faute de français et, pour mieux dire, un non-sens. Je souhaite d'ailleurs que soit supprimé ce membre de phrase ayant trait à l'opinion publique et ne correspondant pas à la réalité ».

En ce qui concernait la justice, Marcel Aymé restait intraitable. C'est pourquoi, lorsqu'on lui demanda d'apporter sa contribution[1] au discours prononcé par Léopold Florens, conseiller à la Cour d'Aix-en-Provence, sur le thème de la recherche du verdict, il répondit sans détour :

« (...) à deux reprises dans ma vie, mon attention a été fixée sur la justice de mon pays et sur son appareil : la première fois, alors qu'étant collégien, je faisais l'école buissonnière, je fréquentais les jours de grand froid le Tribunal Correctionnel dont l'audience était chauffée. A cette époque, en 1916, la justice était une justice de classe. (Il me semble qu'elle le soit encore, quoique avec précaution). J'ai été profondément remué et scandalisé par la dureté et la grossièreté avec lesquelles les juges traitaient les gens pauvres. La deuxième fois, ce fut à la Libération, le spectacle sans précédent en France, d'une justice d'exception acharnée à la vengeance, et à laquelle une magistrature craintive n'a pas ménagé son concours.

Comme tout le monde, j'ai été également au courant des nombreux scandales où la justice s'est gardée d'intervenir, sinon de venir en aide aux concussionnaires. Voilà qui n'est pas fait pour donner une idée

1. Audience solennelle de rentrée du 16 septembre 1961.

rassurante de ce qu'est devenue, en France, la plus haute des fonctions.

Certes, des juges peuvent se sentir à l'aise dans une recherche consciencieuse du verdict, lorsqu'il s'agit de l'assassinat d'une rentière ou de l'attaque d'un coffre-fort. Mais, est-ce là tout l'exercice de la justice ?

Les profanes de mon espèce attendent des juges qu'ils aient le courage de poursuivre le crime et le délit sans égards à l'argent ni au pouvoir. Il leur semble que si la justice consent à se laisser entamer dans ses positions les plus avancées, elle n'est plus la justice et qu'un juge ne peut avoir bonne conscience, même en face d'un criminel de droit commun.

Je souhaite que, dans votre discours d'ouverture, vous mettiez en garde la magistrature contre l'indifférence et la légèreté, bien sûr, mais d'abord contre toute espèce de complaisance. Et je souhaite que vous soyez entendu ! ».

En 1963, lorsque *L'Esprit public* consacra son numéro d'avril au colonel Bastien-Thiry qui venait d'être exécuté pour avoir organisé l'attentat du Petit-Clamart contre de Gaulle, Marcel Aymé accepta d'y publier un texte qui commençait tout simplement par les phrases suivantes :

« J'ai toujours été partisan d'une Algérie algérienne, et, malgré le désastre d'Evian, si la possibilité s'offrait aujourd'hui encore d'une intégration de cette Algérie dans le sein de l'ex-métropole, j'y serais plus opposé que jamais. Je le dis parce qu'il me paraît honnête d'en avertir les lecteurs de *L'Esprit public* et surtout parce que le colonel Bastien-Thiry avait sur ce point une position toute contraire. »

Il précisait même : « J'ajoute que le recours au meurtre, quels qu'en soient les mobiles, ne me paraîtra jamais satisfaisant ».

Mais pourquoi donc avait-il accepté de répondre ? En la circonstance, une provocation eût été déplacée. L'explication venait ensuite, très claire et très nette :

« Cela ne m'empêche pas d'admirer qu'un homme aussi dépourvu d'ambition que de vanité ait résigné ses plus naturels et ses plus chers intérêts pour accomplir ce qu'il croyait être son devoir de citoyen ; qu'en face de ses juges, il ait tranquillement accusé le seul homme de qui il aurait pu attendre la vie sauve. »

Il y avait aussi chez Marcel Aymé une certaine passion de la grandeur et de la noblesse. En janvier 1966, après le général Weygand, Tixier-Vignancourt, Michel de Saint-Pierre et d'autres, il signa à son tour le message annuel adressé par le Secours de France aux prisonniers politiques, dont voici les termes :

« Le régime a jeté en prison, quand il ne les a pas fusillés, les meilleurs Français, ceux qui ont tout risqué, tout sacrifié, sans attendre rien pour eux-mêmes. Dans les geôles du général, ils sont mal nourris, sans argent, et nombre d'entre eux vivent dans l'angoisse parce qu'ils ont laissé au dehors une famille sans ressources. Le Secours de France aide les prisonniers, aide leurs familles, et épaule les libérés. Ceux-ci, lorsqu'ils ont accompli leur peine, se trouvent sur le pavé, sans moyen d'existence et, le plus souvent, sans métier. Il s'agit donc d'opérer un reclassement, ce qui demande des mois, du temps, de l'argent et la bonne volonté des souscripteurs. Que ceux qui ont la chance d'être libres, quelle que soit la couleur de leurs opinions, n'oublient pas ces hommes d'un désintéressement exemplaire, et leur viennent en aide de leur mieux. Il n'y eut jamais manifestation de solidarité plus justifiée que celle-ci ».

A soixante-quatre ans, Marcel Aymé ne désarmait pas. Il luttait toujours pour le triomphe de la liberté et du respect d'autrui. C'est au nom de ces deux principes qu'il s'était dressé, quelques années auparavant, en 1962, contre Robert Kanters. Roger Nimier, l'ami, s'était tué une nuit sur l'autoroute de l'Ouest, au volant de son Aston-Martin. La voiture, qui devait rouler très vite, avait arraché plusieurs bornes de béton et rebondi sur le parapet d'un pont. Roger Nimier et sa passagère, Mme Cazalis, étaient décédés peu après, à l'hôpital de Garches. Or, dans *L'Express*, Robert Kanters avait avancé que ce n'était peut-être pas un hasard.

« Et il y a bien dans ce vieux pays, disait-il, un parti de jeunes gens qui se sentent étrangement attirés par la mort — le parti de Drieu La Rochelle, le seul finalement auquel Roger Nimier ait jamais appartenu, et on y meurt vraiment, avec la bénédiction édentée de vieillards bien portants comme M. Jacques Chardonne... [1] ».

Ce propos venait après des amabilités comme : « C'était un lion aux ongles non point rongés, mais manucurés. Le masque de l'enfant terrible commençait à grimacer un peu sur le visage de l'homme de trente-six ans. L'écrivain avait eu un succès de brio avec *Le Hussard bleu*. Depuis dix ans, il n'avait rien publié, on venait de le retrouver dans *Elle*, cette semaine, avec les premiers chapitres d'un pastiche de Dumas père [...] Il avait pris ses distances par rapport à Bernanos, mais par rapport à Cécil Saint-Laurent ? »

Le sang de Marcel Aymé ne fit qu'un tour. Quoi ! Kanters s'en prenait à Roger ! Il fallait répondre ! Mais, dans quel journal ? Il choisit le bulletin de la *N.R.F.*, sans doute parce que Kanters était aussi directeur littéraire chez Denoël, maison très liée à Gallimard. La réplique fut féroce, et réjouit fort tous ceux qui regrettaient l'absence de grands polémistes dans le monde littéraire. Robert Kanters y apparut d'abord comme quelqu'un

« qui saisit avec un jovial empressement l'occasion de cracher sa haine et son fiel dans une tombe encore ouverte, en s'accordant de surcroît le plaisir inespéré de prendre en pitié un écrivain assez simple pour

1. Le 4 octobre 1962.

n'avoir pas exploité sa réussite — une pitié qu'il n'aurait certes pas osé lui offrir de son vivant. »

Quant à ses allégations d'obsession morbide, elles relevaient aux yeux de Marcel Aymé de la calomnie et de la diffamation, « d'autant plus sale [s] que, s'en prenant à un mort, elles se doublai [en]t de lâcheté ». Au contraire, estimait-il :

« Roger Nimier était la vie même, la joie de vivre et, même pour les gens de son âge, la jeunesse. Ceux qui l'ont connu se souviendront de son solide équilibre, de sa gentillesse, de sa gaieté. Ce qu'on sait beaucoup moins, c'est que ce garçon d'un grand cœur, d'une inépuisable bonté, se dépensait inlassablement pour des amis, des inconnus, et aussi bien pour des gens qu'il savait lui être hostiles, leur trouvant du travail, les aidant à écrire, à vivre, à respirer, les aidant de sa chaleur et souvent de son argent, et toujours avec une exemplaire discrétion ».

Marcel Aymé esquissait ensuite un parallèle entre Nimier et Kanters :

« D'un côté, la générosité de cœur, de l'autre, l'envie encore inapaisée et la fureur nécrophage me permettent d'imaginer facilement quelle fut la joie de M. Kanters à la nouvelle de cette mort, la joie qui s'étale si crûment dans son misérable article. Le critique haïssait probablement l'écrivain d'être tout ce qu'il ne serait jamais, et d'abord un homme au plein sens du mot ».

La brouille fut définitive, et quand Marcel Aymé acceptait un dîner chez Florence Gould, il n'avait pas de souci à se faire à propos de l'éventuelle présence de Robert Kanters. Jean Denoël, maître de cérémonie, connaissait le monde des lettres... Lorsqu'il fallut présider le premier prix Roger Nimier, en octobre 1963, Marcel Aymé consentit, malgré son aversion pour ce genre de mondanités. Il est vrai que le jury, composé de Florence Gould, Paul Guimard, Antoine Blondin et André Parinaud, lui convenait tout à fait. Jean Freustié en fut l'heureux lauréat pour *La Passerelle*.

À la fin de sa vie, Marcel Aymé resta fidèle à la méthode qu'il avait toujours observée : écrire quelques lignes ou quelques pages chaque jour. Il le fit, du moins tant que sa santé le lui permit, car il souffrait alors d'un cancer du pancréas. Marie-Antoinette prenait beaucoup de précautions pour lui cacher son état et le conduire à Villejuif, mais était-il dupe ?

Pendant les périodes de rémission, il poursuivait son œuvre. En 1960, il était revenu au roman avec *Les Tiroirs de l'inconnu* qui avaient eu du succès malgré une composition extrêmement libre. Un peu à l'image du nouveau roman, il avait cassé le récit traditionnel pour mêler des monologues intérieurs, divers documents rédigés par ses personnages, un début d'essai sur l'amour et des fragments de scénario de film ou de pièce de théâtre. Il en tira d'ailleurs *La Convention Belzébir*. Mais, à l'exception d'un curieux inédit[1] dans lequel un homme soliloque face à un blessé dans une clinique, il a ensuite entièrement délaissé le roman pour le théâtre. Il semble bien qu'il y ait consacré l'essentiel de son temps jusqu'à sa mort. Même la télévision, pour laquelle il a fini par écrire une pièce, *Le Modèle*, ne l'en détourna pas.

Au théâtre de l'Oeuvre, en février 1963, Pierre Dux avait imaginé de représenter des comédies de Molière en les faisant suivre de pièces contemporaines. André Roussin avait ainsi proposé *L'Ecole des autres* après *L'Ecole des femmes*. Marcel Aymé, lui, fit jouer *Consommation* après *Le Misanthrope*. Il n'y avait aucune commune mesure entre les problèmes soulevés par Alceste et Philinte, et ceux de l'impromptu de Marcel Aymé, qui ne fut pas toujours bien reçu. D'ailleurs, Pierre Dux renonça peu après à son idée et, au mois de mai suivant, *Don Juan* apparut seul à l'affiche, Marcel

1. Cf. *Denise, Cahier Marcel Aymé* n° 13-14.

Achard ayant abandonné le projet de donner ensuite sa *999e Femme*. A l'automne, Marcel Aymé prépara sa rentrée au théâtre des Bouffes-Parisiens avec deux œuvres : l'une adaptée d'une pièce de Kopit, *Le Placard*, et l'autre, *Le Minotaure*. La première fit problème parce que son jeune auteur, arrivé à Paris lors des ultimes répétitions, s'opposa totalement au côté scabreux de l'adaptation et de la mise en scène de Jean Le Poulain. La générale fut reportée et le nom de Marcel Aymé changé en celui de Victor Dupont... Par solidarité, Jean Le Poulain et Jean-Denis Malclès, auteur des décors, retirèrent leurs noms. Mais il eut plus de chance avec *Le Minotaure*, pièce en un acte, jouée en deuxième partie par Edwige Feuillère et Jean Le Poulain, dans laquelle un jeune diplomate, nostalgique du retour à la terre, introduit un tracteur dans son salon et suscite l'engouement de snobs qui y voient l'objet en soi.

Il fallut attendre trois ans avant de revoir le nom de Marcel Aymé à l'affiche d'un théâtre parisien, avec *La Convention Belzébir*. Il la soumit en cours de rédaction à André Barsacq, directeur de l'Atelier qui lui répondit[1] :

« Je trouve le sujet de vos trois actes original et plein de possibilités. Tout dépendra du IVe acte, car dans les trois premiers, c'est le IIe acte qui, à mon avis, domine nettement les autres. Il faudrait que le IV rejoigne et dépasse la folie collective qui se déchaîne au II et qui pour l'instant me semble en retrait dans le III.

J'attends donc avec le plus grand intérêt la suite et la fin de *La Convention Belzébir* ».

Marcel Aymé était inquiet. Malgré tout, Barsacq émettait des réserves et elles s'ajoutaient au refus de Jean-Louis Barrault qui datait de février. Certes, il l'avait fait avec une courtoisie qui n'avait pas laissé l'auteur insensible.

1. Eté 1966, Bibliothèque de l'Arsenal.

« Votre très gentille lettre, lui répondit- il[1], m'a fait un très grand plaisir : j'ai toujours beaucoup aimé les compliments. Je regrette seulement que les vertus scéniques de *La Convention* ne vous paraissent pas éclatantes. Vous me demandez, cher ami, de vous convaincre, de vous confondre. Je n'en ai pas le pouvoir, mais si je l'avais, je me garderais bien d'en user. Rien ne vaut une impression personnelle, un jugement ne devant rien aux voisins (...) ».

En définitive, André Barsacq dut être du même avis que Jean-Louis Barrault, car la pièce ne fut pas montée à l'Atelier, mais à l'Athénée, avec une brillante distribution qui comprenait notamment Yves Robert, Jean-Pierre Darras, Christiane Minazzoli, Catherine Allégret, Maurice Chevit et Françoise Arnaud. Ce dernier nom était celui que sa « grande chérie » avait adopté pour la scène. Influencée sans doute par la carrière d'auteur dramatique de Marcel Aymé qu'elle appelait « parrain », Françoise avait préparé le Conservatoire et repris le nom de jeune fille de Marie-Antoinette. Elle commençait alors à jouer, et fut fort émue de tenir un rôle dans *La Convention Belzébir*. Malheureusement, la pièce, qui reposait pourtant sur un postulat intéressant, l'achat d'une licence pour tuer son prochain, n'eut pas un succès considérable.

La totalité de l'œuvre dramatique de Marcel Aymé n'a été ni publiée, ni portée à la scène. Pendant ses dernières années, il a ainsi écrit *Le Commissaire*, *Le Cortège*, *Le Mannequin*, pratiquement inconnus de nos jours[2], et adapté *La Nuit de l'iguane* de T. Williams, ainsi que *Le Météore* de Dürrenmatt, représenté en 1977 par le Théâtre d'Aubervilliers.

A la fin de sa vie, il fut à nouveau beaucoup sollicité pour des préfaces qu'il ne voulait ou ne pouvait pas

1. Le 11 février 1966, B.M de Dole.
2. Cf. toutefois le *Cahier Marcel Aymé n° 4*.

toujours éviter. Déjà, en 1956, il avait écrit à sa sœur[1] :

« Ma chère Camille, je peux t'écrire tranquillement car je viens de terminer une préface pour une édition de Rabelais, qui m'a donné du souci. Ecrire vingt pages sur de tels sujets n'est guère mon affaire. Je n'avais pas osé refuser, car l'homme qui me le demandait me rappelait qu'il avait été l'un des premiers à parler de *Brûlebois* dans Les Treize de *L'Intran*. Enfin, c'est fait ».

Des années soixante à son décès en 1967, il accepta de rédiger quelques introductions à des ouvrages du passé : *Enfance et adolescence* de Tolstoï, les *Contes* d'Andersen et de Perrault, ainsi que *Les Caractères* de La Bruyère. Toujours fidèle à ses amis, car Marcel Aymé fut l'homme de la fidélité, il signa aussi des avant-propos aux œuvres de Pierre Véry, Georges Simenon, Antoine Blondin, Robert Brasillach et Louis-Ferdinand Céline. Il reprit en partie l'essai qu'il avait consacré à ce dernier dans *Les Cahiers de l'Herne*, pour présenter ses *Œuvres complètes*, chez Balland en 1966. Mais, au préalable, le 1er octobre, *Combat* en avait offert de larges extraits à ses lecteurs, sous le titre significatif de « *Non, Céline n'était pas un homme au cœur dur* ». Il consentit également à écrire un texte en hommage à Jean Flory :

« Il était rare, assurait-il, de le rencontrer dans les coulisses de l'Atelier. Pour le voir, il fallait lui rendre visite à son bureau de secrétaire général où il était souvent occupé à la lecture des nombreux manuscrits qui affluaient au Théâtre. On était accueilli avec d'autant plus de chaleur qu'il n'était pas fâché de pouvoir se distraire un moment de son redoutable travail. Avec une bonne humeur qui n'allait pas sans un peu de mélancolie, Jean Flory expliquait le fonctionnement de son ministère. Il lisait avec un soin scrupuleux, même les

1. Le 25 septembre.

pires élucubrations, en prenant des notes, et répondait aux auteurs, encourageant ceux dont les tentatives contenaient quelques promesses et ne désespérant de personne, car il considérait qu'écrire une très mauvaise pièce est encore un acte méritoire en même temps qu'une façon honorable d'occuper ses loisirs. Il déplorait toutefois l'infime proportion des manuscrits offrant quelque intérêt et, bien loin de s'irriter contre le grand nombre des gens qui s'improvisaient auteurs dramatiques, souhaitait qu'il y en eût davantage encore pour augmenter ses chances de découvrir la perle rare. Combien de manuscrits a-t-il ainsi dépouillés ? Des centaines et des centaines et peut-être des milliers, ce qui ne l'empêchait pas de se tenir au courant de l'actualité littéraire et, bien entendu, théâtrale. Ainsi nourrissait-il des sympathies pour un certain nombre d'écrivains dont il lisait tous les livres. Je suis fier de compter au nombre de ces écrivains-là et je pense avec gratitude à cette « présentation de l'auteur », si amicale, qu'il a écrite pour moi à l'occasion de *La Tête des autres* et qui a continué à figurer dans le programme chaque fois que j'ai donné une pièce à l'Atelier (...) ».

Le nom de Marcel Aymé parut même sur la pochette du disque d'un débutant, un certain Gainsbourg.

« (C'est) un pianiste de vingt-cinq ans (...) devenu compositeur de chansons, parolier et chanteur. Il chante l'alcool, les filles, l'adultère, les voitures qui vont vite, la pauvreté, les métiers tristes. Ses chansons, inspirées par l'expérience d'une jeunesse que la vie n'a pas favorisée, ont un accent de mélancolie, d'amertume et souvent la dureté d'un constat. Elles se chantent sur une musique assez avare où, selon la mode de notre temps, le souci du rythme efface la mélodie. Je souhaite à Gainsbourg que la chance lui sourie autant qu'il le mérite et qu'elle mette dans ses chansons quelques taches de soleil[1] ».

1. *Confidences et propos littéraires*, *op. cit.*, p. 386.

Si Marcel Aymé finissait par consentir à ces textes de circonstance, il refusait obstinément toute rencontre publique. A Jean Devyver qui lui en proposait une, il répondit[1] :

« Je vous suis très reconnaissant d'avoir bien voulu penser à moi pour votre réunion et votre banquet du 6 février[2], mais je ne pourrai pas être des vôtres et pour vous dire toute la vérité, c'est que j'ai une horreur profonde des réunions et des banquets. J'aimerais mieux dîner en tête à tête avec mon percepteur (...) ».

Son seul domaine était donc l'écriture qu'il ne délaissait pas. Bien que moins actif, il n'oubliait pas, en particulier, le journalisme. Outre ses articles polémiques déjà cités à propos de Bastien-Thiry ou de Nimier, il s'en est pris[3] aux vertueux censeurs du *Satyre de la Villette*, pièce de René de Obaldia jouée à l'Atelier au début de 1963. Toujours prompt à s'indigner pour défendre la liberté d'expression et pourfendre la critique, il concluait ainsi :

« Ce qui, à moi, me paraît scandaleux, c'est que des hommes dont c'est le métier de tout entendre au théâtre soient aussi vétilleux et se montrent si empressés à se scandaliser. La rencontre d'Eudoxie[4] et d'un pseudo-satyre leur fait pousser des cris d'horreur. Savent-ils qu'à Paris seulement, il existe des milliers et des milliers de familles n'ayant pour tout logement qu'une pièce unique où la promiscuité est telle que des petites filles, souvent plus jeunes qu'Eudoxie, assistent très habituellement à la vie intime de leurs parents — et je n'en dis pas plus. Je sais bien qu'aucun critique ne peut rien contre cette calamité, mais je crois qu'en considération de ces grandes misères de l'enfance, la sagesse et la décence voudraient qu'on mesurât l'ex-

1. Le 24 novembre 1963.
2. Et pourtant il s'agissait des amis de Robert Brasillach.
3. *Sur un prétendu scandale, Le Monde*, 4 avril 1963.
4. Jeune fille de douze ans dans la pièce.

pression de son horreur et de son courroux en parlant d'une pièce fort innocente et au demeurant des plus divertissantes ».

Notre imprécateur n'avait rien perdu de sa verve. On s'en aperçut encore en décembre 1964[1] lorsque Jacques Laurent publia son *Mauriac sous de Gaulle*. Visiblement ravi que l'on s'en prît au général, Marcel Aymé emboîta le pas à Jacques Laurent pour fustiger celui qui avait laissé exécuter Brasillach et emprisonner beaucoup d'autres. Il ne portait guère à son actif que d'avoir choisi l'arme atomique pour la France. Mais il ne pouvait lui pardonner les exactions de l'épuration et l'avilissement de la justice. En conclusion, il citait Jacques Laurent pour mieux ironiser au sujet de de Gaulle et de son vertueux chantre, François Mauriac :

« Je ne saurais mieux finir qu'en mettant sous les yeux du lecteur ce passage de Mauriac, cité par Laurent : “Sur le prie-Dieu de sa paroisse à Colombey-les-Deux-Eglises, ou peut-être le soir, au pied de son lit démesuré, que dit-il à l'Être infini, s'il lui parle ? Et de quel ton lui parle-t-il ?” A cette approche du sacré, le frisson nous court sur l'échine. On pense à Moïse au Sinaï. Mais de quel ton parle-t-il à Dieu ? redoutable question ; en tout cas, il me semble que si j'étais Dieu, je me méfierais, surtout s'il me disait : “Je vous ai compris.” »

En bonne logique, à la fin de 1965, il ne fut pas l'un des électeurs de de Gaulle :

« (...) Je viens d'aller voter pour Mitterrand, écrivit-il à Camille[2], en qui je n'ai aucune confiance. La première fois, j'avais voté pour Marcilhacy qui, à les voir défiler les uns après les autres sur l'écran, m'avait paru le plus honnête, le plus sincère. Quel que soit le résultat ce soir, je suis sûr de n'en avoir aucune satisfaction (...) ».

1. *Combat*, 5 décembre.
2. Le 19 décembre.

En mai 1965, le prix Roger Nimier était revenu à André de Richaud pour *Je ne suis pas mort*, véritable cri qu'il lançait de l'asile de vieillards où son infortune l'avait relégué. Dans *Arts*[1], Marcel Aymé fit suivre la présentation des délibérations du jury d'un article en faveur de son malheureux confrère. Souhaitant son insertion dans une troupe théâtrale, il estimait que « la direction des Arts et des Lettres s'honorerait en créant dans un centre un poste d'auteur dramatique et en lui affectant les quelques crédits indispensables ». Après André de Richaud qui avait écrit : « Cinq heures et demie. J'ai déjà mangé ou fait semblant, et je suis tout seul jusqu'à demain matin dans ma chambre », Marcel Aymé ajoutait :

« Pour qui a quelque idée de ce qu'est un hospice et de la vie ralentie et végétative qu'y traînent des vieillards et des idiots de village, la citation se passe de commentaires. Ces journées d'été qui finissent à cinq heures et demie... non, pour André de Richaud, ce n'est pas possible. Il me semble qu'André Malraux ne peut manquer d'agir en faveur d'un confrère malchanceux et malheureux ».

Le cœur de cet homme de soixante-trois ans n'était pas desséché et revenu de toutes les désillusions. La générosité et la fraternité l'habitaient encore.

Léonce Peillard qui dirigeait en 1967 les *Livres de France*, put s'en apercevoir lorsqu'il lui demanda un article pour le prochain numéro de ses publications, consacré au thème de la jeunesse. Au nom de l'amitié, Marcel Aymé accepta et fit part d'une découverte considérable[2] :

« La jeunesse d'aujourd'hui, adolescents compris, est à peu près ce qu'elle était il y a cinquante ans. »

1. *Un appel d'homme*, 12 mai 1965.
2. *Le Figaro littéraire*, 23 octobre 1967 et *Livres de France*, novembre 1967.

Seuls les décors et quelques « accessoires » avaient changé. A ces exceptions près, concluait-il :

« Nos adolescents ont aujourd'hui les mêmes inquiétudes qu'autrefois, les mêmes goûts, qu'il s'agisse de jeux, d'amour, de religion, de lecture. Les grands livres de la jeunesse sont toujours signés Dumas, Jules Verne, comtesse de Ségur ».

Ce fut son dernier article. Quelques mois auparavant, il avait signé aussi son ultime manifeste, en faveur d'Israël. C'était le 6 juin, un appel du Comité de solidarité française avec Israël déclarait :

« Les soussignés, profondément émus par les nouvelles en provenance du Proche-Orient, expriment leur sympathie au peuple israélien et adjurent les hommes d'État responsables d'assurer la navigation dans le golfe d'Akaba et de garantir les conditions d'une existence pacifique à l'État d'Israël, membre des Nations-Unies, qu'un chef d'État arabe menace de détruire, au mépris du droit international et de la morale humaine ».

Si Marcel Aymé apprit, quelques jours plus tard, le succès de l'armée israélienne sur les troupes égyptiennes, il ne put suivre longtemps l'évolution de la situation. Son cancer du pancréas avait entraîné un œdème pulmonaire. Déjà, en février 1966, il avait dû s'aliter pour une congestion et, en juin, il avait durement ressenti le décès de Raymond Magne. Soigné à la streptomycine au début de 1967, il souffrait beaucoup, notamment d'une perte d'équilibre. Le mal empirant, ses proches obtinrent d'un assistant du professeur Mathé l'arrêt des piqûres. Il s'en trouva bien et passa agréablement la fin de ses vacances au Cap-Ferret, jouant tous les soirs aux cartes avec des amis pharmaciens, les Rebière, qui lui prêtaient depuis des années une petite cabane dans leur villa, où il pouvait écrire tranquillement.

« Il lui arrivait alors, loin des regards de Mme Aymé, de fumer une cigarette, ce qui lui était défendu. Nous le laissions faire, tant il y prenait de plaisir, sachant bien, hélas, que son état actuel n'était qu'une rémission[1] ».

Le dernier après-midi au Cap-Ferret fut paisible. Le temps était beau et l'on fit des photos des amis et de la famille, avec Marie-Antoinette, Colette, Françoise et Isabelle. On se sépara sur la promesse de se revoir à Pâques. Marcel Aymé prit l'avion à Mérignac, parfaitement détendu et heureux de vivre. C'était en septembre. Un mois plus tard, le 14 octobre, il mourait. Se sentant brusquement fatigué, il était allé se coucher, peu après dix-neuf heures. Deux heures plus tard, sa respiration était entrecoupée de râles, et l'équipe de réanimation des hôpitaux de Paris, appelée à son chevet, tenta vainement de le ramener à la vie. La respiration artificielle, les massages cardiaques et les insufflations d'oxygène n'y purent rien.

Antoine Blondin, Paul Guimard, Claude Maupommée, et beaucoup d'autres, alertés, vinrent se recueillir auprès de son corps. Les obsèques furent célébrées le mercredi 18 octobre en l'église Saint-Pierre-de-Montmartre, à la demande de Marie-Antoinette et malgré les réticences des autorités ecclésiastiques. L'abbé Barrau prononça une oraison pleine d'intelligence et de sensibilité qui fit oublier les coupables hésitations de sa hiérarchie. Une foule particulièrement émue l'accompagna jusqu'au cimetière Saint-Vincent où il repose. A la fin de la cérémonie, il était environ onze heures et demie. Pierre Tchernia et Raymond Devos, qui s'étaient un peu attardés, sortirent du cimetière. A ce moment, une école voisine a ouvert ses portes. Les gosses sont partis en hurlant, et un tout-petit a crié : « Chat perché ! »

1. Lettre de Pierre Rebière à l'auteur, 4 octobre 1985.

Marcel Aymé par Pierre Berger. *Avenue Junot,*
Les Bibliophiles de l'Étoile, 1949 *(D.R.)*.

Rechute. Pointes sèches de Jean Edelmann, Gizard, 1949 *(D.R.)*.

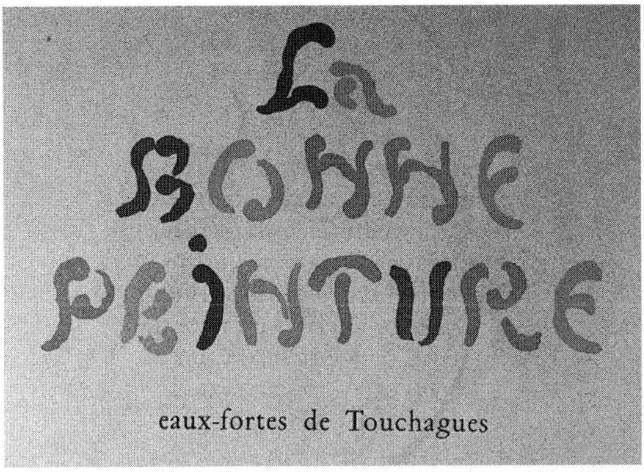

La bonne peinture. Eaux-fortes de Touchagues,
Grégoire, 1947 *(© Adagp, Paris, 1997)*.

Contes choisis. Cuivres originaux de Gaston Barret,
Cercle Grolier, 1962 *(D.R.)*.

POSTFACE

Le 16 octobre 1967[1]*, Jean Anouilh a rendu à Marcel Aymé le merveilleux hommage que voici :*

Il a retrouvé La Fontaine

Sans Légion d'honneur, sans jeune ministre ému, sans honneurs militaires et sans brochette de vieillards déguisés, le plus grand écrivain français vient de mourir.

Je l'aimais trop pour lui écrire un adieu ému. Je ne parlerai même pas de celui qui, dans des temps d'imposture, avait mérité le nom de « Môme courage », ni de sa bonté, de son humanité profonde, de cette tranquille simplicité, qui en faisaient ce phénomène presque introuvable à Paris : un homme.

Je veux simplement prendre date avec les encore tout jeunes professeurs du siècle prochain pour qui notre bruit, notre fureur, les fabuleux tirages et l'orchestration publicitaire de nos génies ne seront plus qu'une pantomime incompréhensible et dérisoire, et leur dire ce qui sera l'évidence pour eux : le plus grand écrivain français de nos années est mort sans bruit, un soir d'octobre. C'est-à-dire qu'il a simplement quitté

1. Dans *L'Aurore*.

son image, cher visage indéchiffrable de bouddha pour ceux qui ne savaient pas y lire ; c'est-à-dire qu'il commence à nous parler enfin intarissablement, le cher muet. Il a retrouvé La Fontaine et les auteurs des fabliaux du Moyen Âge, il a retrouvé la vraie France — dont il a beaucoup moins parlé que les professionnels de la chose, mais qu'il était.

Il s'est simplement mis, avec son petit sourire modeste et un peu triste, à sa place, là où l'intelligentsia française — qu'il agaçait et qui l'agaçait — ne peut plus rien.

BIBLIOGRAPHIE

ROMANS

Brûlebois, Cahiers de France, 1926.
Aller retour, Gallimard, 1927.
Les Jumeaux du Diable, Gallimard, 1928.
La Table-aux-Crevés, Gallimard, 1929.
La Rue sans nom, Gallimard, 1930.
Le Vaurien, Gallimard, 1931.
La Jument verte, Gallimard, 1933.
Maison basse, Gallimard, 1935.
Le Moulin de la Sourdine, Gallimard, 1936.
Gustalin, Gallimard, 1937.
Le Bœuf clandestin, Gallimard, 1939.
La Belle Image, Gallimard, 1941.
Travelingue, Gallimard, 1941.
La Vouivre, Gallimard, 1943.
Le Chemin des écoliers, Gallimard, 1946.
Uranus, Gallimard, 1948.
Les Tiroirs de l'inconnu, Gallimard, 1960.

ESSAIS

Silhouette du scandale, éditions du Sagittaire, 1938.
Le Trou de la serrure, Les tirages à part du Palimugre, 1946.
Le Confort intellectuel, Flammarion, 1949.
De l'Amour, éd. G. Guillot, 1957.
Sur une légende, Cahier de l'Herne n° 3, 1963.

RECUEILS DE NOUVELLES

Le Puits aux images

Le Puits aux images, La retraite de Russie, Les mauvaises fièvres, A et B, Pastorale, Les clochards, L'individu, Au clair de la lune, La lanterne, Enfants perdus, Noblesse. Gallimard, 1932.

Le Nain

Le Nain, La canne, La liste, Deux victimes, Rue Saint-Sulpice, Bonne vie et mœurs, L'affaire Touffard, Le mariage de César, Trois faits divers, L'armure, Sporting, La clé sous le paillasson, Le Dernier. Gallimard, 1934.

Derrière chez Martin

Le romancier Martin, Je suis renvoyé, L'élève Martin, Le temps mort, Le cocu nombreux, L'âme de Martin, Rue de l'Évangile, Conte de Noël, La statue. Gallimard, 1938.

Le Passe-muraille

Le Passe-muraille, Les Sabines, La carte, Le décret, Le proverbe, Légende poldève, Le percepteur d'épouses, Les bottes de sept lieues, L'huissier, En attendant. Gallimard, 1943.

Le Vin de Paris

L'indifférent, Traversée de Paris, La grâce, Dermuche, La fosse aux péchés, Le faux policier, La bonne peinture. Gallimard, 1947.

En arrière

Oscar et Erik, Fiançailles, Rechute, Avenue Junot, Les chiens de notre vie, Conte du milieu, Josse, La vamp et le normalien, Le mendiant. Gallimard, 1950.

Enjambées

Les chiens de notre vie, Oscar et Erik, A et B, Les bottes de sept lieues, La fabrique, Au clair de la lune, Le proverbe. Gallimard, 1967.

La Fille du shérif

La Fille du shérif, Premier prix de comédie, Premier prix de tragédie ou Les grandes récompenses, Caïn, Et le monde continua, L'œil, Les frères Legendum, Bergère, Le train des épouses, Noblesse, Le diable au studio, Entre les pages, Confidences, Augmentation, Le monument, Un crime, Knate, 17 noir impair et manque, Samson, Manquer le train, Un poète nommé Martin, Un coureur à pied du nom de Martin, Héloïse, Accident de voiture, Le nez des Jumelles, Le couple. Gallimard, 1987, (recueil posthume).

CONTES

Les Contes du Chat perché :

Le loup, Les bœufs, Le chien, Le petit coq noir. Gallimard 1934.

L'éléphant — Le mauvais jars. Gallimard, 1935.

La buse et le cochon. Gallimard, 1936.

L'âne et le cheval — Le canard et la panthère. Gallimard, 1937.

Le paon — Le cerf et le chien. Gallimard, 1938.

Les cygnes. Gallimard, 1939.

Le mouton. Gallimard, 1940.

Les boîtes de peinture. Gallimard, 1941.

Les vaches. Gallimard, 1942.

La patte du chat. Gallimard, 1944.
Le problème. Gallimard, 1946.

POÉSIE

Cœur à nu. La bouteille à la mer, n° 53, juin 1947.

NOTICE

La Fontaine des Innocents de J. Guirec, Albin Michel, Paris, 1957.

THÉÂTRE

Les grandes étapes, L'image, 18-08-1933.
Vogue la galère, Grasset, 1944.
Lucienne et le boucher, Grasset, 1947.
Clérambard, Grasset, 1950.
La Tête des autres, Grasset, 1952.
Au triple galop. (nouvelle adaptée par Jean Le Poulain), inédite, 1953.
Les quatre vérités, Grasset, 1954.
Les sorcières de Salem (adaptation), Fayard, 1955.
Les oiseaux de lune, Gallimard, 1956.
La mouche bleue, Gallimard, 1957.
Vu du pont. (adaptation), Paris-Théâtre, 1958.
Patron (comédie musicale), 1959, Cahier Marcel Aymé n° 5, 1987.
Louisiane, Gallimard, 1961.
Les maxibules, Gallimard, 1961.
La chaloupée (argument de Marcel Aymé et Roland Petit), Choudens, 1962.
Le Placard, d'après Kopit, sous le pseudonyme de Victor Dupont, 1963.
La convention Belzébir (Le Minotaure, Consommation), Gallimard, 1967.
La nuit de l'iguane (adaptation), posthume, Laffont, 1972.

Le météore (adaptation), inédit, Théâtre d'Aubervilliers, 1977.

Le mannequin,. Cahier Marcel Aymé n° 4, 1985.

Le commissaire, Cahier Marcel Aymé n° 4, 1985 (extraits).

Le cortège ou *Les suivants*, Cahier Marcel Aymé n° 4, 1985 (extraits).

EN COLLABORATION

La Femme sacrée (textes de M. Aymé, Colette, Cocteau, M. Achard, L. de Vilmorin, G. Nouveau), Magazine *Elle*, 1948.

Désert vivant (textes de Marcel Aymé, Louis Bromfield, Albert Camus, J. Huxley, François Mauriac, André Maurois, Henry de Montherlant), Payot, Lausanne, 1954.

Paris que j'aime (Aymé, Blondin, Clébert), éditions Sun, Paris, 1956.

PRÉFACES

Enfants, par Ergy Landau, éditions O.E.T., Paris, 1936.

Dubout, éditions Arts et technique, Monaco, 1942.

Femmes et modèles, Touchagues, Denoël, 1944.

L'âne, Lucien de Samosate, éditions Terre latine, Bruxelles, 1946.

Les contes du vent frivolant, M. A. Meraville, Horizons de France, 1946.

Contes de Tchekhov, Guilde du livre de Lausanne, 1947.

27 bêtes pas si bêtes, G. De Coster, imprimerie Daragnès, 1950.

16 eaux-fortes de H.-M. Cahours, Paris, 1950.

Le Village inspiré, J. Vertex, chez l'auteur, Paris, 1950.

Meilleures histoires de Marius, collection « Elle est bien bonne », 1951.

L'hôpital, dessins de Rio, éditions Amiot-Dumont, 1951.

Catalogue de l'exposition itinérante en France d'outre-mer, Montmartre, 1951 (Madeleine Horst, Montmartre capitale de la jeune peinture, Creixams, Jean d'Esparbès, Jean Dufy).

Complaintes sans paroles, M. Siné, J.-J. Pauvert, 1956.
Alix Aymé, Exposition, Paris, 1958.
Où va la droite ?, P. Sérant, Plon, 1958.
Jacques Rozier, Exposition, Bordeaux 1959.
R. Bertin, Exposition, Paris, 22 mars 1960.
L.-F. Céline, N. Debrie-Panel, éditions E. Vitte, Paris, 1961.
Enfance et adolescence, Tolstoï, Livre de poche, n° 727, 1961.
Enfance au pays dolois, Jura Français, juillet 1961.
Pierre Véry mon ami, Denoël, 1961.
Cinquante-cinq histoires extraordinaires, Gründ, Paris, 1961.
Papazoff, Exposition, 1961.
Guy Vignoht, Exposition La Vouivre, 1963.
Les enfants du Bon Dieu, Blondin, Le Meilleur Livre du mois, 1963.
Œuvres complètes, Brasillach, éditions Les Sept Couleurs, Paris, 1963.
Contes d'Andersen, Livre de poche, 1963.
Henri Crémieux, Exposition, 1963.
Contes de Perrault, Club des libraires de France, 1964.
Cinq Livres de Rabelais, Magnard, 1964.
Polygames, J. Doré, Gallimard, 1964.
Un Grand Patron, Rombaldi, 1964.
Januarius di Decarli, Exposition, Genève 1964.
Qui sait ce qu'est l'amour ? 13e Exposition des peintres témoins de leur temps, Musée Galliéra. 1964.
Marcel Leprin, Exposition au Musée Galliéra, décembre 1964.
Œuvres complètes, L.-F. Céline, Balland, Paris, 1966.
A toujours Monsieur Jouvet, M. Oseray, Buchet-Chastel, 1966.
Souvenirs d'une franc-comtoise, M.-C. Broc-Saillard, Nouvelle Revue franc-comtoise, 1967.
Les Caractères de La Bruyère, Club des classiques, Paris, 1968.
Le Chien jaune, Simenon, Livre de poche, n° 2916, 1971.
Gino Milani, Exposition, s.d.
Robert Naly, Exposition, s.d.
Blanche Van Parys, Exposition, s.d.

FILMS

La Rue sans nom, P. Chenal, dialogues de Marcel Aymé, 1933.

Crime et Châtiment, P. Chenal, dialogues de Marcel Aymé, 1935.

Le Domino vert, P. Chenal, dialogues de Marcel Aymé, 1935.

Les Mutinés de l'Elseneur, P. Chenal, dialogues de Marcel Aymé, 1936.

Nous les gosses, L. Daquin, dialogues de Marcel Aymé, 1941.

Le Club des soupirants, M. Gleize, scénario de Marcel Aymé, 1941.

Le Voyageur de la Toussaint, L. Daquin, dialogues de Marcel Aymé, 1942.

Madame et le mort, L. Daquin, adaptation de Marcel Aymé, 1942.

Belles vacances, R. Arcy-Hennery, dialogues de Marcel Aymé, 1946.

La Belle Image, C. Heymann, roman de Marcel Aymé, 1950.

Le Passe-muraille, J. Boyer, nouvelle de Marcel Aymé, 1950.

La Table-aux-Crevés, H. Verneuil, roman de Marcel Aymé, 1951.

Papa, maman, la bonne et moi, J.-P. Le Chanois, scénario de Pierre Véry, Jean-Paul Le Chanois, Marcel Aymé, 1954.

Papa, maman, ma femme et moi, J.-P. Le Chanois, scénario de Pierre Véry, Jean-Paul Le Chanois, Marcel Aymé, 1955.

La Traversée de Paris, Claude Autant-Lara, nouvelle de Marcel Aymé, 1956.

La Jument verte, Claude Autant-Lara, roman de Marcel Aymé, 1958.

Le Chemin des écoliers, M. Boisrond, roman de Marcel Aymé, 1959.

Le voyage à Paris, P. Mathieu et J. Espagne, dialogues de Marcel Aymé, 1960.

La Française et l'amour, sketch *La femme seule*, J.-P. Le Chanois, scénario de Marcel Aymé, 1960.

La Bourse et la vie, Jean-Pierre Mocky, dialogues de Marcel Aymé, 1965.

MESSAGE

Pour le Secours de France, Noël 1965.

CHANSONS

Ah ! Quelle journée !, paroles de Marcel Aymé, musique de Guy Béart, disques Temporel, n° 1, 2, 3.
Le jardin d'Elvire, paroles de Marcel Aymé, musique de Guy Béart, disques Temporel, n° 1, 2, 3.
La Chabraque, paroles de Marcel Aymé, musique de Guy Béart, disques Temporel, n° 1, 2, 3.
Ne tirez pas le Diable, paroles de Marcel Aymé, musique de Guy Béart, disques Temporel, n° 1, 2, 3.
Complainte, Cahier Marcel Aymé n° 3, 1984.
Pour mes quinze ans, Cahier Marcel Aymé n° 3, 1984.

PRÉSENTATION DE DISQUE

Gainsbourg, Philips Mono, 6313150, PG 195, 1958.

ÉTUDE HISTORIQUE

Henri IV, inédite.

ARTICLES

1929

Un jeune romancier nous parle du roman, *Le Quotidien*, 9 décembre.

1930

Roman paysan et littérature prolétarienne, *Nouvelles littéraires*, 9 août.
Marcel Aymé juge trois films soviétiques, *Revue du cinéma*, 1er septembre.
Influence éventuelle du cinéma sur la littérature, *L'Ordre*, 26 octobre.

1931

Les films de guerre, *Revue du cinéma*, 1er mai.
Comment aimez-vous la Franche-Comté ?, *Franche-Comté-Monts-Jura*, juin.

1932

Le baron sur la foire, *Voilà*, 21 mai.
Vagabonds du Pacifique, *Gringoire*, 1er juillet.
Carnets de Galliéni, *Gringoire*, 15 juillet.
Faidherbe, *Gringoire*, 22 juillet.
Baiser mortel, *Gringoire*, 29 juillet.
L'empereur Constantin, *Gringoire*, 5 août.
Hors des chemins battus, *Gringoire*, 12 août.
Porte malheur, *Gringoire*, 19 août.
Sophie de Tréguier, *Gringoire*, 26 août.
Frieda, *Gringoire*, 30 septembre.
Les cousins de Vaison, *Gringoire*, 7 octobre.
Sur un brise-glace soviétique, *Gringoire*, 21 octobre.
La fugue amoureuse, *Gringoire*, 28 octobre.
Le meilleur et le pire, *Gringoire*, 4 novembre.
Un livre sur l'Indochine, *Gringoire*, 11 novembre.
Bonaparte en Egypte, *Gringoire*, 18 novembre.
Molière et son époque, *Gringoire*, 25 novembre.
Ramon Fernandez par Marcel Aymé, *Gringoire*, 9 décembre.
Histoire d'enfants, *Gringoire*, 23 décembre.
Une réhabilitation, *Gringoire*, 30 décembre.

1933

La chimie des races, *Gringoire*, 6 janvier.
La fin de Paris, *Gringoire,* 13 janvier.
Lyon de mon cœur, *Gringoire*, 20 janvier.
Les années tournantes, *Gringoire*, 27 janvier.
Un roman de Maurice Bedel, *Gringoire*, 3 février.
Mors et vita, *Gringoire*, 10 février.
L'homme de l'Alaska, *Gringoire*, 17 février.
Les papiers de Stresemann, *Gringoire*, 24 février.
Madame Tallien, *Gringoire*, 3 mars.
En frottant au jour le jour, *Marianne*, 22 mars.
Regard en arrière, *Franche-Comté-Monts-Jura*, avril.
En frottant au jour le jour, *Marianne*, 5 avril.
Des bagues plein les doigts, *Marianne*, 19 avril.
Vive la race !, *Marianne*, 3 mai.
Sujet réservé, *Marianne*, 17 mai.
L'âge d'or, *Marianne*, 31 mai.
Le vieillard et la culotte, *Marianne*, 14 juin.
L'énigme du Palais-Royal, *Fantasio*, 16 juin.
Chœur de tziganes, *Marianne*, 28 juin.
Le gendarme, *Marianne*, 12 juillet.
Le délit, *Marianne,* 26 juillet.
Tentation, *Paris-Magazine*, août.
La sagesse du cancre, *Marianne*, 9 août.
La Franche-Comté, *Marianne*, 18 août.
Coupe d'oreilles, *Marianne*, 23 août.
Le livre d'or, *Marianne*, 30 août.
Amour et décence, *Paris-Magazine*, septembre.
Chasseurs, *Marianne*, 6 septembre.
Le poisson de Paris, *Marianne*, 13 septembre.
Le détective amateur, *Marianne*, 27 septembre.
Chairs brûlées, *Paris-Magazine*, octobre.
Au concours Lépine, *Marianne*, 4 octobre.
Marine, *Marianne*, 18 octobre.
Poils et duvets, *Paris-Magazine*, novembre.
Une idée de génie, *Marianne*, 1er novembre.
Au concours Lépine, *Action jurassienne*, 4 novembre.
Tapisseries de Beauvais, *Marianne,* 8 novembre.
Les chiffres, *Marianne*, 22 novembre.
Cafés d'aujourd'hui, *Marianne*, 29 novembre.

La femme fatale, *Paris-Magazine*, décembre.
Les chiffres, *Action jurassienne*, 2 décembre.
Les surprises d'une collaboration, *Paris-Soir*, 2 décembre.
La crise et la cloche, *Marianne*, 6 décembre.
Quand il fait froid, *Marianne*, 13 décembre.
Signes de ralliement, *Marianne*, 20 décembre.
Couvrez ce sein, *Marianne*, 27 décembre.
Marine, *Action jurassienne*, 30 décembre.

1934

Mélancolie des étrennes, *Paris-Magazine*, janvier.
Le monstre, *Marianne*, 3 janvier.
Primes à la natalité, *Marianne*, 10 janvier.
Cent ans après, *Marianne*, 17 janvier.
Le cinéma et l'amour, *Paris-Soir*, 20 janvier.
Chansons, *Marianne*, 24 janvier.
Coup de théâtre, *Marianne*, 31 janvier.
Le meilleur mois, *Paris-Magazine*, février.
A cheval, *Marianne*, 7 février.
Providence, *Marianne*, 14 février.
Les signes extérieurs, *Marianne*, 21 février.
Le XXIe siècle, *Marianne*, 28 février.
Travestis, *Paris-Magazine*, mars.
Banco, *Marianne*, 7 mars.
Sélaciens, *Marianne*,14 mars.
Le crime et la crise, *Marianne*, 21 mars.
Honneur aux vétérinaires, *Marianne*, 28 mars.
Poisson d'avril, *Paris-Magazine*, avril.
Les désespérés, *Marianne*, 4 avril.
Les gangsters, *Marianne*, 11 avril.
Les amis du million, *Marianne*, 18 avril.
Collections, *Paris-Soir*, 24 avril.
Figuration, *Marianne*, 25 avril.
Le jour du muguet, *Paris-Magazine*, mai.
Debout, *Marianne*, 2 mai.
Aventures, *Marianne*, 9 mai.
L'arbitre, *Marianne*, 16 mai.
Brutus, *Marianne*, 23 mai.
Les perles, *Marianne*, 30 mai.

Le lépreux, *Marianne*, 6 juin.
Le billet du pendu, *Marianne*, 20 juin.
Préparatifs, *Marianne*, 27 juin.
Cinéma régional, *Franche-Comté-Monts-Jura*, juillet.
La meunière, *Marianne*, 4 juillet.
Vieillesse, *Marianne*, 11 juillet.
14 juillet, *Marianne*, 18 juillet.
Vitriol, *Marianne*, 25 juillet.
Vague de pudeur en Amérique, *Marianne*, 1er août.
Lettre recommandée, *Marianne*, 8 août.
Couleurs, *Marianne*, 15 août.
Les parents et les jeux, *Marianne*, 22 août.
Les jeux du hasard, *Marianne*, 29 août.
Manifestations, *Marianne*, 5 septembre.
Bagarre, *Marianne*, 12 septembre.
L'édredon, *Marianne*, 19 septembre.
Ecoliers, *Marianne*, 26 septembre.
Propos guerriers, *Marianne*, 3 octobre.
Jeu de massacre, *Marianne*, 10 octobre.
Chiens écrasés, *Marianne*, 17 octobre.
Incestes, *Marianne*, 24 octobre.
La réforme, *Marianne*, 31 octobre.
Fausse monnaie, *Marianne*, 7 novembre.
Matuska, *Marianne*, 14 novembre.
Poing tendu main ouverte, *Marianne*, 21 novembre.
L'impératrice des îles Galapagos, *Marianne*, 28 novembre.
Les cancres, *Marianne*, 5 décembre.
Semaine de violence, *Marianne*, 12 décembre.
Peine de mort, *Marianne*, 19 décembre.
La fin de la piquette, *Marianne*, 26 décembre.

1935

Les noms neufs, *Marianne*, 2 janvier.
Oracles, *Marianne*, 9 janvier.
Défense des faibles, *Marianne*, 16 janvier.
Patriotisme, *Marianne*, 23 janvier.
Les négriers, *Marianne*, 30 janvier.
L'immoralité, *Marianne*, 13 février.
Le relief au cinéma, *Marianne*, 6 mars.

Les grands nombres, *Marianne*, 13 mars.
Simplicité, *Marianne*, 20 mars.
Fin du nu, *Marianne*, 27 mars.
Les grandes inventions, *Marianne*, 3 avril.
Restrictions, *Marianne*, 10 avril.
50 francs, *Marianne*, 17 avril.
Ceux qui ne voteront pas, *Marianne*, 1er mai.
Le métèque et le noble étranger, *Paris-Soir*, 10 mai.
Dernier cancan, *Voilà*, 25 mai.
Radiesthésie, *Marianne*, 12 juin.
Le tricentenaire d'un Parisien, *Paris-Soir*, 20 juin.
Jeunesse, *Marianne*, 26 juin.
Le rentier, *Marianne*, 7 août.
Les belles découvertes, *Marianne*, 4 septembre.
Nostalgie, *Marianne*, 25 septembre.
Controverse, *Marianne*, 2 octobre.
Commandements, *Marianne*, 9 octobre.
Une signature, *Marianne*, 16 octobre.
Enfants, *Vu*, 26 octobre.
Plaisirs de l'anonymat, *Marianne*, 30 octobre.
Hors-d'œuvre, *Paris-Midi*, 6 novembre.
L'avenir des pieds, *Marianne*, 6 novembre.
Les belles relations, *Paris-Midi*, 7 novembre.
Une audience joyeuse, *Paris-Midi*, 8 novembre.
Ceux qui n'y sont pas, *Paris-Midi*, 9 novembre.
Un trou malencontreux, *Paris-Midi*, 10 novembre.
La vedette, *Paris-Midi*, 23 novembre.
Pour les enfants, *Marianne*, 18 décembre.
Assistance, *Marianne*, 25 décembre.

1936

Parents pauvres, *Marianne*, 15 janvier.
Veille de clôture, *Paris-Midi*, 17 janvier.
Objets d'art, *Marianne*, 29 janvier.
Pêcher, *Mieux-Vivre*, juin.

1937

Le livre anonyme, *Marianne*, 12 mai.
Le Cygne de Léda, *La vie réelle*, 17 décembre.

1938

Que pensez-vous du roman autobiographique ?, *Marianne*, 31 août.
Romanciers, lisez-vous les faits divers ?, *Journal de Shangaï*, 25 décembre.

1940

Illusions d'hier, *Aujourd'hui*, 27 septembre.
Ironie des mesures de pénitence, *Aujourd'hui*, 16 octobre.
De la ville à la campagne, *Aujourd'hui*, 31 octobre.
Vivent les dragons de la lune, *Le Matin*, 12 novembre.
Compartiment vide, *Les Nouveaux Temps*, 16 novembre.
L'enfant naturel, *Aujourd'hui*, 20 novembre.
Les grands travaux de plume, *Les Nouveaux Temps*, 5 décembre.
Changement de programme, *Les Nouveaux Temps*, 17 décembre.

1942

Regard en arrière, *Almanach Petit Comtois*.
Chas Laborde, *Je suis partout*, 10 janvier.
Chas Laborde, illustrateur, *Je suis partout*, 31 juillet.
Brillat-Savarin, *Je suis partout*, 21 août.
Les danseuses de Jodelet, *Je suis partout*, 20 novembre.

1943

Trois illustrateurs montmartrois, *Je suis partout*, 26 novembre.

1944

Retour à l'amour, *(retrouvé sans indication de la revue qui l'a publié)*.
Les jeunes et les autres, (*idem*).
Verlaine, poète populaire, *Echo des étudiants*, 15 mars.
Mon curé sur les quais, *Chronique de Paris*, avril.
Verlaine, poète populaire, *Voici la France*, mai.

1945

Légende, XXe *siècle*, 11 octobre.

1946

Musique de film, *Almanach Paris-Cinéma*.
Le point de vue du facteur, *Toujours*, 29 janvier.
Pensum sur le théâtre, *Spectateur*, 22 octobre.
Lectures d'enfance, *Gazette des lettres*, 7 décembre.
La fidélité, *Jardin des modes*, 25 décembre.
L'enfance et le merveilleux, *Plaisir de France*, 25 décembre.

1947

Le pain et l'esprit, *Gazette des lettres*, 4 janvier.
Critique d'art, *Opéra*, 5 décembre.
Y a-t-il une crise du roman français ?, *Nouvelles littéraires*, 18 décembre.

1948

L'auteur passe facilement pour la cinquième roue du carrosse, *L'Intransigeant*, 7 avril.
Serais-je un auteur du dimanche ?, *Spectateur*, 13 avril.
Ce que je pense du théâtre, *Carrefour*, 28 avril.
Lucienne et le boucher présentée par son auteur, *L'Ordre*, 2 juillet.

Le théâtre et son public, *Le Figaro*, 24 août.
Féeries enfantines, *Revue française de l'élite*, décembre.
Odorifériques, *Parfumeries de France*, 25 décembre.

1949

Attente, *Almanach théâtre*.
La lettre de cachet, *Carrefour*, 23 février.
Les médecins avec le penthotal [...], *La Bataille*, 24 février.
Pétition en faveur de M. Bardèche, *Paroles françaises*, 1er avril.
Louis-Ferdinand Céline, *Le Libertaire*, 15 août.
Deux salles à la Comédie-Française ?, *Le Figaro*, 22 août.
L'Europe buissonnière, *Aspects de la France*, 17 novembre.
Humour rose et noir, *Nouvelles littéraires*, 29 décembre.

1950

Croyez-vous à la guerre ?, *Carrefour*, 15 août.
Existe-t-il une nouvelle avant-garde ?, *Le Figaro*, 21 août.
L'épuration et le délit d'opinion, *Le Crapouillot*, octobre.

1951

En Franche-Comté, *Plaisir de France*, janvier.
Il y a dix ans mourait Chas Laborde, *Nouvelles littéraires*, 15 février.
Le théâtre a-t-il rencontré Dieu ?, *Réforme*, 26 mai.
De qui les écrivains sont-ils amoureux ?, *Opéra*, 19 septembre.
Comment un romancier devient auteur dramatique, *Carrefour*, 10 octobre.
C'est immoral, *Opéra*, 5 décembre.
Vogue la galère, *Carrefour*, 12 décembre.
Noël, *Opéra*, 26 décembre.

1952

Lettre au strapontin, *L'Aurore*, 15 janvier.
Un précurseur, *Liens*, 1er février.
Comment j'ai écrit *La Tête des Autres*, *Opéra*, 6 février.
La Tête des autres telle que je la vois, *Arts*, 22 février.
Témoin à décharge, *Plaisir de France*, mars.
La Tête des autres, *Bibliofis*, mars.
Valsez, saucisses, *Bibliofis*, mars.
Marcel Aymé vous présente d'Esparbès, *Arts*, 7 mars.
Marcel Aymé répond aux autres, *Opéra*, 19 mars.
La liberté de l'écrivain est menacée, *Carrefour*, 26 mars.
Marcel Aymé dans *Carrefour*, *Aspects de la France*, 28 mars.
Une tête qui tombe, *Arts*, 10 avril.
Livres conseillés pour les vacances, *Carrefour*, 16 juillet.
En marge des *Fous de Dieu*, *Combat*, 6 décembre.

1953

Paysages et personnages, *Bulletin Flammarion.*
Liberté d'expression, *La Parisienne*, janvier.
Bonté de la maison, *La Parisienne*, janvier.
Les films [...] des enfants trouvés, *Carrefour*, 13 mai.
A. Reybaz ou le théâtre dans le sang, *Arts*, 3 juillet.
La critique décourage le public, *Arts*, 24 septembre.
Eugène O'Neill, auteur de tragédies antiques, *Carrefour*, 28 octobre.
Antoine Blondin, *La Parisienne*, novembre.
Antoine Blondin, *La Parisienne*, décembre.

1954

Antoine Blondin, *La Parisienne*, janvier.
Vœux pour un jeune confrère, *Nouvelles littéraires*, 7 janvier.
Marcel Aymé vous dit *Les quatre vérités*, *Combat*, 22 janvier.
Antoine Blondin, *La Parisienne*, février.
Antoine Blondin, *La Parisienne*, mars.
Antoine Blondin, *La Parisienne*, mai.
Antoine Blondin, *La Parisienne*, juin.

Antoine Blondin, *La Parisienne*, juillet.
Antoine Blondin, *La Parisienne*, août.
Marcel Aymé juge *Caterina*, de Félicien Marceau, *Arts*, 17 novembre.
Je veux bien être pendu comme une sorcière, *Arts*, 15 décembre.

1955

Le libérateur, *Défense Occident*, février.
Les romanciers devant l'écran, *Nouvelles littéraires*, 10 février.
Il faut donner un théâtre à Jacques Fabbri, *Arts*, 13 avril.
L'humeur vagabonde, marque de vocation [...], *Arts*, 11 mai.
Victoire du théâtre sur la betterave, *Arts*, 18 mai.
Faut-il politiser le théâtre ?, *Arts*, 2 novembre.
Si le Goncourt était le guide Michelin, *Paris-Presse*, 1er décembre.
Les surprises du fantastique, *Arts*, 28 décembre.

1956

S'expliquer [...] avec les critiques, *Figaro littéraire*, 11 février.
Ecrire pour les enfants, *Nouvelles littéraires*, 22 mars.
Gardez-vous à gauche ?, *Carrefour*, 29 août.
Méfiez-vous des femmes d'artistes, *Arts*, 3 octobre.
Un vague souvenir, *Arts*, 10 octobre.
Une somme de misère et de pureté, *Arts*, 17 octobre.
Je voudrais dénoncer un scandale, *Arts*, 21 novembre.
L'humour et le social, *Pensée française*, 15 décembre.

1957

La deuxième rue à gauche, *Paris-Presse*, 26 janvier.
Lettre franche à un jeune Français, *Arts*, 6 mars.
Lettre à Marcabru, *Arts*, 22 mai.
L'Amérique a peur de l'amour..., *Arts*, 28 août.

Réponse à Michel de Saint-Pierre, *Nouvelles littéraires*, 3 octobre.
Sur une levée de boucliers, *Figaro-Dimanche*, 11 novembre.
Sur une tête, *Le Figaro*, 11 novembre.
Réponse à Thierry Maulnier, *Artaban*, 29 novembre.
Hommage à Albert Paraz, *C'est-à-dire*, décembre.

1958

La mégère transformée par les Frères Jacques, *Carrefour*, 9 janvier.
Ce qui est passionnant..., *Icare*, mars.
Réponse au questionnaire Marcel Proust, *Biblio*, octobre.
Vlaminck est mort heureux mais désespéré, *Arts*, 15 octobre.
Une pratique déplorable, *Arts*, 17 décembre.
Réponse à une enquête de J. Cartier, *Arts*, 24 décembre.

1959

Les polytechniciens ne descendent plus..., *France-Soir*.
Ionesco m'intéresse, *Carrefour*, 4 mars.
Je ne crois pas en la justice, *Arts*, 25 mars.
Remettez vos rendez-vous, *L'Express*, 30 mars.
J'avais parié pour Berne, *France-Soir*, 15 mai.
L'homme de ma vie, *Arts*, 14 octobre.

1960

France-Irlande, *Arts*, 27 janvier.
Chessmann et la tête du gouverneur, *Arts*, 24 février.
Deux garçons d'honneur, *Arts*, 16 mars.
Premiers manuscrits, *Nouvelles littéraires*, 17 mars.
Comment naît une pièce, *Nouvelles littéraires*, 14 avril.
Antoine Blondin, *L'Avant-Scène*, 15 septembre.
Jean Anouilh le mystérieux, *Biblio*, octobre.
Un écrivain de grand talent : Pierre Véry, *Carrefour*, 19 octobre.

1961

La rencontre, *Le Figaro*, 6 avril.
Quant à la vie de l'esprit, *Figaro littéraire*, 22 avril.
Pierre Véry mon ami, *Nouvelles littéraires*, 8 juin.

1962

Roger Nimier vu par Marcel Aymé, *Livres de France*, février.
Allez au théâtre du Tertre, *Paris-Presse*, 4 juillet.
Roger Nimier par Marcel Aymé, *Bulletin N.R.F.*, 11 novembre.

1963

Pour saluer Bastien-Thiry, *L'Esprit public*, avril.
Sur un prétendu scandale, *Le Monde*, 4 avril.
Brasillach fut le romancier de la tendresse, *Arts*, 19 juin.
De quoi parle Malraux ?, *Arts*, 20 novembre.

1964

Le hussard démobilisé, *Accent grave*, février.
Il s'était laissé envahir [...], *Combat*, 1er février.
Le génie, la barbe et les bottes, *Nouvelles littéraires*, 3 décembre.
Mauriac sous de Gaulle, *Combat*, 5 décembre.

1965

Hommage à Brasillach, *Cahier Amis de Robert Brasillach*, février.
Hommage au *Crapouillot*, *Le Crapouillot*, mai.
Un appel d'homme, *Arts*, 12 mai.

1966

Aristophane, dans *Ecrivains célèbres*, éditions Mazenod.
Céline, n'était pas un homme au cœur dur, *Combat*, 1er octobre.

1967

A quoi rêvent les jeunes gens, *Figaro littéraire*, 23 octobre.
Adolescence, *Livres de France*, novembre.

PRINCIPAUX OUVRAGES CONSACRÉS A MARCEL AYMÉ

Audoin-Hölbling S., *L'attitude politique de M.A publiciste et romancier*, Mémoire de Maîtrise, Klagenfurt, 1997.
Bartosova M., *L'ambiguïté dans les contes et nouvelles de M.A*, Thèse 3e cycle, Paris X, 1983.
Bataillard B., *L'influence du Jura dans les romans de M.A*, Université de Feltre (Italie),1992.
Bendick R., *Der politische Bewubtseinswandel in M.A werk infolge von occupation und liberation*, Thèse, Fribourg, 1990.
Brodin D., *Le monde comique de M.A*, Debresse 1964.
Cassir G., *La satire dans le théâtre de M.A*, Thèse 3e cycle, Paris IV, 1976.
Cathelin J., *Marcel Aymé*, Nouvelles éditions Debresse, 1958.
Chastanier F., *Une communauté rurale française sous la IIIe République*, Thèse de 3e cycle, Clermont-Ferrand, 1975.
Collombon D., *Variation et contraste dans les nouvelles de M.A*, Thèse de 3e cycle, Rennes II, 1975.
Collier S, *Le théâtre de M.A*, Studies in French Literature, Manchester, 1968.
Dufresnoy C., *Le milieu paysan dans La Vouivre*, D.E.S Enset, 1958.
Dufresnoy C., *Le comique dans les romans et nouvelles de M.A*, Thèse de 3e cycle, Grenoble III, 1972.
Dufresnoy C., *Ecriture et dérision : le comique dans l'œuvre*

littéraire de M. A., Thèse d' État, Grenoble III, 1978, éditée par Lille III, 1983, diffusion Didier.

Dufresnoy P., *La guerre dans l'œuvre de M. A.*, Mémoire I.E.P, Grenoble, 1984.

Dumont J.-L., *M.A et le merveilleux*, Nouvelles éditions Debresse, 1967.

Etienne-Favennec M.C., *Les chances d'épanouissement de l'enfant dans les romans et nouvelles de M. A.*, Thèse de 3e cycle, Brest 1982.

Favre Y.-A., *Œuvres romanesques complètes de M. A.*, La Pléiade, Tome I, Gallimard 1989.

Hemmerling H.-P., *Fonctions du merveilleux dans l'œuvre de M. A.*, Mémoire de Maîtrise, Nancy II, 1995.

Jaunay P., *La condition de l'homme dans deux romans de M. A. : Le Chemin des écoliers et Uranus*, Mémoire de Maîtrise, Poitiers, 1991.

Juillard A., *Le Passe-Muraille*, Foliothèque n° 43, Gallimard, 1995.

Klassen M., *Aller retour*, Thèse, Université d'Alberta, Canada, 1989.

Lécureur M., *La société française dans l'œuvre de M. A.*, Thèse de 3e cycle, Nantes, 1978.

Lécureur M., *La comédie humaine de M. A.*, La Manufacture, 1985.

Lécureur M., *La fille du Shérif*, recueil de nouvelles de M. A., Gallimard, 1987.

Lécureur M., *M. A. et la presse écrite*, thèse d'État, Pau, 1988.

Lécureur M., *M. A.*, La Manufacture, 1988 (biographie).

Lécureur M., *Du côté de chez Marianne*, recueil d'articles de M. A., Gallimard 1989.

Lécureur M., *Vagabondages*, recueil d'articles et de préfaces de M. A., La Manufacture, 1992.

Lécureur M., *Confidences et propos* de M. A., Les Belles Lettres, 1996.

Lécureur M., *Marcel Aymé, un honnête homme*, Les Belles Lettres, 1997 (biographie).

Lécureur M., *De l'amour et des femmes*, d'après M. A, Les Belles Lettres, 1997.

Lee Hi-Jung, *M. A. à travers son théâtre*, Thèse, Paris IV, 1980.

Lejeanvre A., *La misogynie dans l'œuvre romanesque de M. A.*, Thèse de 3e cycle, Grenoble III, 1981.

Lord G., *L'irréel dans l'œuvre de M. A.*, Thèse, Paris IV, 1973.

Lord G., *The short stories of M. A.*, West Australia University, 1980.

Melville B., *La morale dans l'œuvre de M. A.*, Thèse, Emory University, Dissertation Abstracts International, n° 11, 1973.

Muller D., *Discours réaliste et discours satirique : l'écriture dans les romans politiques de M. A.*, Thèse, Zurich, 1990, et Slatkine, Paris-Genève, 1993.

Murachaha M., *La souffrance dans le théâtre de M. A.*, Thèse, Grenoble III, 1993.

Oberreiter S., *Aymé als humorist*, Thèse, Wien, 1973.

Pardo P., *Transgressions de la narration* (...), Thèse, Cadix, 1993.

Parisot N., *L'humour et les personnages des contes et nouvelles de M. A.*, Mémoire de Maîtrise, Paris-Sorbonne, 1993.

Rankin W.B., *Dream and identity in M. Aymé's fiction*, Thèse, Oregon University, Dissert. Abstracts International, n° 5, 1972.

Rebatet L., *Marcel Aymé*, Dynamo, Liège, P. Aelberts, 1969.

Robert G., *M. A. cet inconnu*, Défense de l'esprit, 1955.

Robert G., *M. A. est revenu*, P. Tisseyre, Montréal, 1990.

Robert G. et Lioret A., *M. A. insolite*, Revue indépendante, 1958.

Rouffiange R., *Le parler paysan dans les romans de M. A.*, Association Bourguignonne de dialectologie, Dijon 1989.

Rousselot J., *La Jument verte*, Culture, Arts, Loisirs, Paris, 1968.

Saint-Laurent C., *Marcel Aymé*, Dynamo, Liège, P. Aelberts, 1968.

Scheel C.W., *Le réalisme magique de M. A. et le réalisme merveilleux de Jean Giono*, Thèse, Paris III, 1994.

Scriabine H., *L'humour contre les faux-dieux*, Mercure de France, 1963.

Scriabine H., *The humor of M. Zoschenko and M. A.*, Historical and literary perspectives, Lawrence, 1973.

Sonnapan D., *The dramatic technic of Aymé*, Thèse, Exeter University, 1972.

Teynier J., *Le Passe-Muraille*, Livre de poche, n° 2513, 1969.

Thirou N., *M. A. et ses romans paysans*, Thèse, Paris X, 1973.

Vandromme P., *Marcel Aymé*, Gallimard, 1960.

Véniel J.-C., *Créateurs, créatures et création dans l'œuvre de M. A.*, Thèse, Lille III, 1988.

Véniel J.-C., *L'œuvre de M. A., de la quête du Père au triomphe de l'Écrivain*, Aux Amateurs de livres, Paris, 1990.

Wandzioch M., *La Vouivre*, Katowice, 1978.

Zee Hwang, *Le monde paysan dans les œuvres romanesques de M. A.*, Thèse, Lyon II, 1988.

PRINCIPAUX ARTICLES SUR MARCEL AYMÉ DEPUIS OCTOBRE 1967

Angelelli J.-P., La France de 1940 à 1945, *Actes Colloque M. A.*, 1985.

Anouilh J., Marcel le bavard, *Biblio*, 1977.

Bartosova M., La Bonne peinture, *Cahier M. A.* n° 2, 1983.

Bedner J., Les fantasmes des Contes, *Actes Colloque M. A.*, 1985.

Bedner J., (...) fantasmes dans La Jument verte, *Cahier M. A.* n° 8, 1991.

Beucler A., Les silences de M. A., *Cahier M. A.* n° 1, 1982.

Blondin A., Marcel est au jardin, *La Table ronde*, 9-73.

Blondin A., Cet immense orphelin, *Magazine littéraire*, 5-77.

Bordillon H., La Vouivre, *Cahier M. A.* n° 1, 1982.

Bory J.-L., Le pays derrière l'arbre, *Magazine littéraire*, 5-77.

Bost P., Un écrivain irremplaçable, *Figaro littéraire*, 24-10-67.

Boudard A., Mes bons amis, *Magazine littéraire*, 6-82.

Boudard A., Sous le charme de M. A., *Le Monde*, 29-7-83.

Brenner J., Un dosage miraculeux, *Le Quotidien de Paris*, 1-3-83.

Brincourt A., Merci de revenir (...), *Figaro littéraire*, 23-4-77.
Brissaud A., Un des plus grands (...), *Carrefour*, 18-10-67.
Calmel M., Le Passe-Muraille, *Cahier M. A.* n° 7, 1990.
Camera Pérez C., Parabase et métalepse, *Cahier M. A.* n° 11, 1994.
Casamayor, M. A. le bon voisin, *Esprit*, 12-67.
Cessole (de) B., La revanche du Mal Aymé, *Figaro Magazine*, 1-7-89.
Charmont F.-L., La Femme dans les Nouvelles, *Actes Colloque*, 1985.
Clavel B., M. A. Franc-Comtois de Paris, *Cahiers ORTF* 4-5-68.
Clavel B., Le Jura (...), *Le Figaro*, 7-73.
Clavel B., M. A., *Cahier dolois* n° 4, 1980.
Clavel B., La Franche-Comté de M. A., *Le Figaro*, 4-8-82.
Crouzet F., Dans le grenier de M. A., *Spectacle du monde*, 2-97.
Delbourg P., Aymé passionnément, *L'Evénement du jeudi*, 6-4-89.
Déon M., Lettre à M. A., *Figaro littéraire*, 12-10-87.
Deschodt E., M. A. iconoclaste, *Spectacle du monde*, 6-89.
Descotes M., Clérambard, *Actes Colloque M. A.*, 1985.
Descotes M., La Tête des autres en appel, *Cahier M. A.* n° 7, 1990.
Devyver J., Autour de M. A., *La Semaine d'Anvers*, 21-5-82.
Dormann G., Il traquait la bêtise, *Le Quotidien de Paris*, 1-3-83.
Dorman G., M. A. à l'index, *Le Figaro*, 20-3-86.
Dorman G., M. A. observateur, *Figaro littéraire*, 12-10-87.
Ducout D., Essai de bibliographie, *Cahier dolois* n° 4, 1980.
Ducout D., Manuscrits de M. A., *Cahier M. A.* n° 11, 1994.
Dufresnoy C., M. A. peintre du malaise, *Cahier M. A.* n° 1, 1982.
Dufresnoy C., Extraordinaire (...), *Cahier M. A.* n° 2, 1983.
Dufresnoy C., Présence du comique, *Actes Colloque M. A.*, 1985.
Dufresnoy C., L'Allemagne et les Allemands, *Cahier M. A.* n° 9, 1992.

Dufresnoy P., Manipulation temporelle, *Cahier M. A.* n° 3, 1984.
Dufresnoy P., Le Commissaire, *Cahier M. A.* n° 4, 1985.
Dufresnoy P., La guerre dans l'œuvre, *Actes Colloque M. A.*, 1985.
Dufresnoy P., Le thème américain, *Cahier M. A.* n° 6, 1988.
Dufresnoy P., Le thème de la force publique, *Cahier M. A.* n° 7, 1990.
Dufresnoy P., Le visage du mort, *Cahier M. A.* n° 10, 1993.
Dumur G., Pour qui, pourquoi ? *Nouvel Observateur*, 26-9-86.
Dutourd J., Les bons tours (...), *Le Point*, 6-2-78.
Escarpit R., Le soir des magiciens, *Le Monde*, 16-10-67.
Farcy G.-D., Dramaturgie de M. A., *Cahier M. A.* n° 4, 1985.
Farcy G.-D., Analyse de Lucienne, *Actes Colloque M. A.*, 1985.
Favre Y.-A., Le genre satirique de M. A., *Cahier M. A.* n° 1, 1982.
Favre Y.-A., M. A. moraliste, *A Rebours*, 10-83.
Favre Y.-A., Les Oiseaux de lune, *Cahier M. A.* n° 2, 1983.
Favre Y.-A., Lettres à P.Varillon, *Cahier M. A.* n° 3, 1984.
Favre Y.-A., Art et métaphysique, *Actes Colloque M. A.*, 1985.
Favre Y.-A., Patron, *Cahier M. A.* n° 4, 1985.
Favre Y.-A., M. A. Eaux et forêts, *Cahier M. A.* n° 7, 1990.
Fleury R., Avant-propos, *Cahier M. A.* n° 4, 1985.
Frossard A., Il tire à boulets rouges, *Le Figaro*, 23-11-85.
Ganne G., M. A. anticonformiste, *L'Aurore*, 16-10-67.
Garguilo R., Le (...) merveilleux, *Cahier M. A.* n° 2, 1983.
Gourg J.-L., M. A., les peintres et la peinture, *Le Peintre*, 15-4-81.
Gourg J.-L., Peintres et peinture, *Actes Colloque M. A.*, 1985.
Goutierre C., M. A. et Joigny, *Cahier dolois* n° 4, 1980.
Gripari P., Pour une année M. A., *Rivarol*, 13-1-77.
Gripari P., Le fantastique chez M. A., *Cahier M. A.* n° 2, 1983.
Gripari P., Le Confort intellectuel, *Ecrits de Paris*, 2-86.

Guimard P., Œuvres romanesques (...), *Flammarion-Actualités*, 3-77.
Issacharoff M., Lucienne et le boucher, *Magazine littéraire*, 5-77.
Jamet D., Un génie gaulois, *Le Quotidien de Paris*, 1-3-83.
Jamet D., Marcel le tant Aymé, *Le Quotidien de Paris*, 22-10-87.
Josselin J.-F., L'homme à fables, *Le Nouvel Observateur*, 2-2-89.
Kaganovskaïa E., L'ironie (...), *Cahier M. A.* n° 13-14, 1997.
Koster S., Le ton narquois de M. A., *Le Monde*, 27-5-83.
Laforge F., Romans de la terre (...), *Cahier M. A.* n° 6, 1988.
Leclercq P.-R., Le biftèque fantastique, *Cahier M. A.* n° 2, 1983.
Leclercq P.-R., Notre Comédie humaine, *Actes Colloque M. A.*, 1985.
Lécureur M., M. A. et les valeurs, *Cahier dolois* n° 4, 1980.
Lécureur M., A droite ou à gauche ? *Cahier dolois* n° 4, 1980.
Lécureur M., M. A. critique littéraire, *Cahier M. A.* n° 1, 1982.
Lécureur M., M. A. et la politique, *Commentaire*, 12-83.
Lécureur M., Fantastique et réalisme, *Cahier M. A.* n° 2, 1983.
Lécureur M., Dix lettres à Georges, *Cahier M. A.* n° 3, 1984.
Lécureur M., A propos du Cortège, *Cahier M. A.* n° 4, 1985.
Lécureur M., M. A. et les bourgeois, *Actes Colloque M. A.*, 1985.
Lécureur M., Préface, *Cahier M. A.* n° 4, 1985.
Lécureur M., Un prétendu coupable, *Actes Colloque Reims*, 1989.
Lécureur M., M. A. et les autres, *Anthologie*, Cêtre 1992.
Lécureur M., M. A. et les autres, *Mémoire du Collège*, Fontenay 1991.
Lloyd C., La Vouivre, *Actes Colloque M. A.*, 1985.
Lord G./Lericolais M., Short stories, *Cahier* M. A. n° 3, 1984.

Lord G., A cynic on love (...) *French literature*, 11-79.
Lord G., Aller retour (...), *Australian journ*, 5-80.
Matignon R., Le temps d'Aymé, *Le Figaro*, 13-5-85.
Matignon R., La vie à cloche-pied, *Le Figaro littéraire*, 19-12-96.
Matzneff G., Marcel de moins en moins, *Minute*, 21-10-87.
Mayoralas Garcia J., Le problème, *Cahier M. A.* n° 6, 1988.
Mien A., M. A. et la philosophie, *Anthologie*, Cêtre 1992.
Muller D., Mais pourquoi ce Duthilleul, *Cahier M. A.* n° 10, 1993.
Muller S., Jeunes années de M. A., *Cahier dolois* n° 4, 1980.
Natter P., Le ton du parler paysan, *Cahier M. A.* n° 1, 1982.
Natter P., Les quatre curés (...), *Actes Colloque M. A.*, 1985.
Nimier R., Une étude sur M. A., *N.R.F*, 9-69 (réédition).
Nucéra L., Marcel le bienheureux, *Magazine littéraire*, 6-82.
Nucéra L., Eloge de l'amitié, *Nouvel Observateur*, 10-5-94.
Nucéra L., Le Mal Aymé, *Nouvel Observateur*, 22-8-96.
Nucéra L., M. A. passe le mur, *Figaro Magazine*, 16-11-96.
Perret J., Les raisons d'Aymé, *Nlles littéraires*, 12-5-77.
Perret J., M. A. que c'est beau !, *Minute*, 21-10-87.
Peuteuil S., Hommage à M. A., *Jura français*, 1-68.
Peuteuil S., A bâtons rompus, *Cahier dolois* n° 4, 1980.
Poirot-Delpech B., L'auteur de Clérambard, *Le Monde*, 17-10-67.
Poulet R., Portraits d'écrivains, *Ecrits de Paris*, 1-79.
Poulet R., M. A. quelqu'un de bien, *Présent*, 16-10-85.
Pruner F., M. A. auteur dramatique, *Cahier dolois* n° 4, 1980.
Pruner F., M. A. et le Jura, *Cahier M. A.* n° 1, 1982.
Réal E., Gustalin, *Cahier M..* n° 3, 1984.
Réal E., Le Puits aux images, *Actes Colloque M. A.*, 1985.
Rebatet L., Il est vivant parmi nous, *Rivarol*, 19-10-67.
Rebatet L., M. A., *Rivarol*, 28-9-84.
Robert G., Entretiens avec M. A., *L'Analyste*, 1988, Montréal.
Rolin G., Un conteur entre deux mondes, *Le Monde*, 17-10-67.
Rolin G., L'humour vertu théologale, *Le Monde*, 29-4-77.
Rolin G., Un Jurassien (...), *Magazine littéraire*, 5-77.

Rolin G., Pas de purgatoire pour M. A., *Le Matin de Paris*, 7-2-84.
Rouart J.-M., Un air de liberté, *Le Quotidien de Paris*, 1-3-83.
Saint-Laurent C., (...) Dans le miracle, *Paris-Match*, 28-10-67.
Salinesi-Penot A., Le personnage de Museau, *Cahier M. A.* nº 6, 1988.
Scheel W., M. A. conteur magico-réaliste, *Cahier M. A.* nº 12, 1996.
Touzot J., L'image dans la poétique, *Actes Colloque M. A.*, 1985.
Vallas J.-L., Marcel Aymé, *Cahier M. A.* nº 4, 1985.
Van Cauwelaert D., La défense de M. A., *Figaroscope*, 30-9-87.
Vandromme P., Les imprudences de M. A., *Nlles littéraires*, 19-10-67.
Vandromme P., Ce muet aux paupières (...), *Le Quotidien de Paris*, 1-3-83.
Vandromme P., L'organisation (...), *Cahier M. A.* nº 2, 1983.
Véniel J.-C., Les réponses de M. A. (...), *Actes Colloque M. A.*, 1985.
Vier J., Le Confort intellectuel, *Cahier M. A.* nº 1, 1982.
Vrigny R., Nécessaire scandale, *Le Point*, 27-8-73.
Wolfromm J.-D., Des contes à rêver, *Magazine littéraire*, 5-77.
Ysmal P., Aperçus sur le théâtre, *Magazine littéraire*, 5-77.

PRINCIPAUX OUVRAGES ÉVOQUANT MARCEL AYMÉ

Albérès R.-M., *La révolte des écrivains*, Correa, 1949.
Albérès R.-M., *L'aventure intellectuelle au* XXe *siècle*, Nlles Éd. Debresse, 1950.
Arland M., *Lettres de France*, A. Michel, 1951.
Arland M., *La grâce d'écrire*, Gallimard, 1955.
Assouline P., *Gaston Gallimard*, Balland, 1984.
Assouline P., *Simenon*, Julliard 1992.
Astorg (d'), *Aspects de la litté. européenne (...)*, Seuil, 1952.

Audouard Y., *Monsieur Jadis est de retour*, Fixot, 1994.
Badré F., *Paulhan le juste*, Grasset 1996.
Baldensperger F., *Littérature française*, Lyman House, 1941.
Bardèche M., *Suzanne et le taudis*, Plon, 1957.
Baronian J.-B., *Panorama de la littérature fantastique*, Stock, 1978.
Besson A., *Mon pays comtois*, France-Empire, 1980.
Bitton J.-L. et Cousse R., *Emmanuel Bove*, Le Castor Astral 1994.
Blanchot M., *La part du feu*, Gallimard, 1949.
Blanchot M., *L'espace littéraire*, Gallimard, 1955.
Blondin A., *Ma vie entre les lignes*, Table ronde, 1982.
Boisdeffre (de) P., *Métamorphose de la littérature*, Alsatia, 1950.
Boisdeffre (de) P., *Une histoire vivante*, Livre contemporain, 1958.
Boisdeffre (de) P., *Anthologie vivante*, Librairie Perrin, 1965.
Boissier D., *Dictionnaire des anecdotes littéraires*, Éd. du Rocher, 1995.
Bothorel J., *La vie de Louise de Vilmorin*, L d P, Grasset, 1993.
Boudard A., *Le Corbillard de Jules*, La Table ronde, 1979.
Brasillach R., *Les quatre jeudis*, Balzac, 1944.
Brasillach R., *Ecrits à Fresnes*, Plon, 1967.
Brasillach R., *Notre avant-guerre*, Plon, 1941.
Brand P., *The modern french fairy tale*, Dissert. Abstracts, 1983.
Bray R., *Préciosité et Précieux (...)*, Albin Michel, 1948.
Brée (G.) et Guiton (M.), *An age of fiction*, Rutgers Univ.-Press, 1957.
Breton A., *Entretiens*, N.R.F, 1952.
Brincourt A., *Les écrivains du* XXe *siècle*, Retz, 1979.
Briselance M.-F., *Voyage en F.-Comté litté.*, Cêtre, 1991.
Brodin D., *Présences contemporaines*, Nlles Éditions Debresse, 1955.
Brunet J., *Le livre d'or de l'esprit français*, Productions de Paris, 1962.
Caradec F., *Trésors du pastiche*, P. Horay, 1971.
Caradec F., *Histoire de la littérature enfantine*, A. Michel, 1977.

Charensol G., *D'une rive à l'autre*, Mercure de France, 1972.
Chazelle J., *Voyage littéraire* (...), Cêtre, 1996.
Clouard H., *Histoire de la littérature française*, A. Michel, 1949.
Corman L., *Brûlebois et La Lune*, PUF, 1978.
Cornaton M., *M. Aymé*, Le Croquant n° 3, été 1988.
Cornut-Gentille G., Michel-Thiriet P., *Florence Gould*, Mercure, 1989.
Crémieux B., *XXe siècle*, Gallimard, 1927.
Crémieux B., *Inquiétude et reconstruction*, Corrêa, 1931.
Criticus, *Le style au microscope*, Calmann-Lévy, 1949.
Curtis J.-L., *Haute école*, Julliard, 1950.
Curtis J.-L., *Un rien m'agite*, Flammarion, 1985.
Demonpion D., *Arletty*, Flammarion, 1996.
Dorian J.-P., *Ecoute le temps*, A. Michel, 1980.
Ganne G., *Interviews impubliables*, A. Bonne, 1975, Presses Pocket.
Gautier J.-J., *Deux fauteuils d'orchestre*, Flammarion 1962.
Gautier J.-J., *Théâtre d'aujourd'hui*, Julliard, 1972.
Gibault F., *Céline*, Mercure de France, 3 vol., 1977-85.
Girard M., *Guide illustré de la littérature française*, Seghers, 1949.
Godenne R., *Nouvellistes contemporains*, Atelier du Gué, 1983.
Gravier G., *Les Villerobertises*, Nlle Revue Franc-Comtoise, 1983.
Gripari P., *Critique et autocritique*, L'Âge d'Homme, 1981.
Gripari P., *Nouvelles critiques*, L'Âge d'Homme, 1987.
Guay J.-P., *Lorsque notre littérature était jeune*, P. Tisseyre, Montréal, 1983.
Guth P., *Quarante contre un*, Denoël, 1951.
Haedens K., *Histoire de la littérature*, S.F.E.L.T., 1949.
Harris F., *Encounters with darkness*, Oxford Univ. Press, 1983.
Hebey P., *La N.R.F des années sombres*, Gallimard, 1992.
Jamet C., *Images de la littérature*, Sorlot, 1943.
Jamet C., *Images mêlées* (...), Ed. de l'Élan, 1947.
Janicot C., *Anthologie du cinéma invisible*, J.-M. Place, 1995.
Kanters R., *Des écrivains et des hommes*, Julliard, 1952.
Kemp R., *La vie du théâtre*, A. Michel, 1956.

Krause G., *M. A., A. Dhôtel*, Diesterveg Francfort-Berlin, 1959.
Lalou R., *Histoire de la littérature*, PUF, 1940.
Lannois G., *Pages françaises*, Pergamon Press, London, 1969.
Laurent J., *Histoire égoïste*, La Table ronde, 1976.
Léautaud P., *Journal littéraire*, Mercure de France, 1964.
Le Bobinnec C., *Gen Paul à Montmartre*, Chalmin & Perrin 1995.
Maack A., *Die rezeption franzosischer* (...), Grundmann, Bonn, 1978.
Magny C.-E., *L'âge du roman américain*, Seuil, 1948.
Magny C.-E., *Histoire du roman français*, Seuil, 1948.
Mankin et Szogyi, *Anthologie d'humour français*, Scott, 1971.
Marcireau J., *L'art de composer un livre*, ELJM, Poitiers, 1949.
Mason, G.A., *A la façon de J. Anouilh*, Ducray, 1950.
Matalon P., Guiguet C., Pinturault J., *P.Chenal*, Dujarric, 1987.
Maurois A., *Etudes littéraires*, Maison française, 1941.
Mignon P.-L., *Panorama du Théâtre au* XXe *siècle*, Gallimard 1978.
Montéty (de) E., *Salut à K. Haedens*, Grasset 1996.
Nadeau M., *Littérature présente*, Corrêa, 1952.
Nimier R., *Journées de lecture*, Gallimard, 1965.
Nucéra L., *Mes ports d'attache*, Grasset, 1994.
Ory P., *L'anarchisme de droite*, Grasset, 1985.
Paucard A., *Gripari mode d'emploi*, L'Âge d'Homme, 1984.
Perrin M., *Monnaie de singe*, Calmann-Lévy, 1952.
Peyre H., *The contemporary French novel*, Oxford Univ. Press, 1955.
Pillement G., *Le théâtre d'aujourd'hui*, Le Bélier, 1970.
Plume et Pasquini, *Bourvil*, Bréa, 1983.
Poulet R., *Parti pris*, Les Ecrits, Bruxelles, 1943.
Poulet R., *Aveux spontanés*, Plon, 1963.
Poulet R., *Kaléidoscope*, L'Âge d'Homme, 1980.
Poulet R., *Billets de sortie*, Nlles Éd. Latines, 1975.
Prouteau G., *L'équipe de France*, Plon, 1972.
Rebatet L., *M. Aymé*, Dynamo, Liège, Aelberts, 1969.
Reybaz A., *Têtes d'affiche*, La Table ronde, 1975.

Rim C., *Le Grenier d'Arlequin*, Denoël, 1981.
Robert G., *Interrogeant la mer*, G. Le Pape, Montréal 1975.
Robert J., *Dictionnaire des Parisiens*, Solar, 1970.
Robert Y., *L'homme de joie*, Flammarion, 1996.
Robichez J., *Précis de littérature*, PUF, 1985.
Roy C., *Descriptions critiques*, Gallimard, 1949.
Sadoul G., *Historique du cinéma mondial*, Flammarion, 1949.
Schoell K., *Das franzosische drama*, Gottingen, 1970.
Schuhl P.-M., *L'imagination et le merveilleux*, Flammarion, 1969.
Secchi G., *Contemporanei letteratura francese*, Roma, 1978.
Spang-Hansen E., *Le fini et l'extra-fini*, Uppsala, 1977.
Surer P., *Le théâtre français contemporain*, SEDES, 1964.
Todorov H., *Vision du monde*, Bull. Analyse Litté. bulgare, 1977.
Vandromme P., *Marcel, Roger et Ferdinand*, Revue Célinienne, 1984.
Vandromme P., *Le Fil rouge*, La Table ronde, 1974.
Wardi C., *Le Juif dans le roman français (1943-48)*, Nizet, 1973.

REMERCIEMENTS

Outre à mes proches qui supportent avec patience ma passion pour Marcel Aymé, mes sentiments de reconnaissance vont à :

Marie-Antoinette Aymé (†), Suzanne Aymé-Muller (†), Colette Magne, Françoise Arnaud, Marie-Hélène et Jacques Sennepin, Malorie Collin-Muller, Simone Aymé, Alix Aymé (†), Jacqueline Monamy, Marcelle Duval née Aymé, Françoise Lepeley, Edouard Muller (†), Gilbert Guillaud, Nicole Anouilh, Robert Arnaut, Hubert Artigues, Claude Autant-Lara, Pierre Baget et Madame, Roger Bertin, Jean-Luc Bitton, Alphonse Boudard, André Briotay, André Brissaud, Jean Cathelin, Pierre Chenal (†), Françoise Christophe, Pierre Citron, Bernard Clavel, Georges Curie, Jean-Pierre Dauphin, Marc Debreuille, Michel Déon, Lucette Destouches, Jean Devyver, Geneviève Dormann, Jacques Duby, Danièle Ducout, Mme Dupuy-Varillon, Yves-Alain Favre (†), Robert Fleury, Jacques Fombeure, Stéphane Fournier, Lieutenant Gaignault, Claude Gallimard (†), Aleth Gallissot, Jean-Paul Gaudeau, J.-P. Gervais, François Gibault, Henri Godard, Chantal Goutierre, Claude Guet, Philippe Guyot, Jean-Paul Herbert, Claude Jet, Marc Laudelout, Bernard Lavalette, Eric Le Roy, Mme Lesage, Renée Mahaut, Paul et Odile Maillet, Mme Maillotte (†), Jean-Denis Malclès, Jean-José Marchand, Massin, Claude Maupommée, Monique Morelli (†), Pierre Monnier, Nadine Nimier, Louis Nucéra, Louis Pauwels (†), Michel et Marie-Hélène Payard, Léonce Peillard, Pierre Rebière, Mme Rey, Georges Robert, Sylvain Roumette, M. Saget (†), Robert Simier, Pierre Tchernia, Henri Tisseyre, M.Tricot, Didier Van Cauwelaert, Paulette Varechon, Guy Vignoht, G. Vlaminck.

Aux Responsables des Archives départementales de la Haute-Saône, de l'Yonne, du Jura, d'Indre-et-Loire, de Loire-Atlantique, de la Gironde et de la Côte-d'Or.

Aux Responsables de l'État civil de Joigny, Lure, Gray et au Président du Cercle généalogique de l'Aube.

À MM. les Maires de Villers-Robert, Le Deschaux, La Chassagne, Dole.

Aux Responsables de la Bibliothèque nationale, et en particulier à Annie Angremy (Département des Manuscrits), ainsi qu'à la Bibliothèque de l'Arsenal.

Aux Responsables des Archives nationales et des Bibliothèques Sainte-Geneviève et J. Doucet, Mazarine, Forney, Tours, Dole, Joigny, Lausanne, Gray, Lure et Méjanes d'Aix-en-Provence.

Aux Responsables de l'IMEC.

À l'Association des Anciens Elèves du Collège de l'Arc, Aux éditions Gallimard et Grasset, Au Grand Maître du Grand Orient de France, À M. le Conservateur du Musée du Compagnonnage de Tours, À Mme la Présidente de la Société d'Histoire et d'Archéologie de Lure, À France-Inter, Au Service historique des Armées et au Lieutenant Gaignault du 1er Dragons, À M. le Conservateur du Musée du Souvenir de Saint-Cyr, Aux Responsables des Archives de la Banque de France, À la Cinémathèque de Perpignan, Aux Archives Pathé et Gaumont, À M. le Directeur du C.H.U. de Tours, Aux Responsables du Wildenstein Institute.

J'en oublie sans doute... Je leur demande de bien vouloir m'en excuser.

Ajoupa Bouillon — Le Havre
1987-1997

Les éditeurs tiennent à remercier pour leur participation à cet ouvrage Mademoiselle Nathalie Mongin et Monsieur Daniel Crouet.

INDEX DES TITRES

INDEX DES NOMS

Aymé-Muller Suzanne : 16, 17, 18, 19, 39, 40, 45, 46, 52, 53, 54, 56, 57, 58, 62, 63, 71, 74, 76, 85, 89, 128, 135, 139, 235, 365
Aymé-Muster Camille : 16, 17, 19, 20, 32, 35, 39, 40, 45, 46, 47, 51, 52, 53, 54, 56, 62, 66, 70, 75, 79, 80, 81, 82, 83, 87, 88, 89, 90, 91, 101, 102, 105, 110, 111, 113, 117, 118, 120, 123, 124, 125, 126, 128, 131, 135, 136, 138, 139, 152, 168, 173, 175, 183, 199, 200, 229, 231, 232, 235, 269, 278, 295, 296, 297, 298, 306, 307, 326, 342, 350, 361, 364, 365, 368, 370, 380, 383

TABLE DES MATIÈRES

Ce volume,
publié aux Éditions Les Belles Lettres
a été composé
par Nord Compo
et achevé d'imprimer
en septembre 1997
dans les ateliers
de Normandie Roto Impression s.a.,
61250 Lonrai

N° d'éditeur : 3450
N° d'imprimeur : 971917
Dépôt légal : septembre 1997
Imprimé en France